KB077447

한중관계의 재구성

:과거를 넘어 미래로

※이 책은 한국국제교류재단의 정책연구 지원을 받아 수행된 연구 결과물입니다.

한반도
연도보고
2015

한중관계의 재구성
:과거를 넘어 미래로

이희옥 · 한바오장 편저

성균관대학교
출판부

한중 **사회** 관계

한중 **문화** 관계

부록

권두언

올해로 한국과 중국이 수교한 지 23년이 되었다. 그동안 양국관계는 꾸준히 심화되었으며, 오늘날에는 전략적 협력동반자관계로까지 발전했다. 이는 한국과 중국이 양자관계는 물론 지역과 국제문제를 함께 논의하는 공동 발전의 길을 걷고 있다는 것을 의미한다. 특히 박근혜 정부와 시진핑 정부가 출범하면서 한중관계의 내실을 강화하고 이를 성숙화하기로 합의한 이후 정치 · 경제 · 문화영역에서 다양한 사업이 전개되고 있다.

그러나 이러한 많은 변화에도 불구하고 남북 간 분단이 지속되고 있고, 한반도 정세는 긍정적 전환의 징조를 좀처럼 찾기 어렵다. 일부에서는 이를 '뜨거운 평화(hot peace)'로 보기도 한다. 주변 환경의 안정과 한반도 문제의 해결을 위해서는 각자의 더 많은 노력과 시간이 필요하다는 의미다. 한중관계의 관점에서 본다면 한반도 문제의 해결은 양국에게 부여된 시대적 사명이기도 하다. 이 문제가 해결되지 않는 한 이는 아시아의 평화와 안정을 유지하는 데 걸림돌이 될 수 있고 동아시아 통합과정의 가장 큰 장애요인이 될 수도 있다.

2014년은 한중관계 발전상 많은 진전을 이룬 해이다. 2013년 박근혜 대통령의 중국 방문에 이어 2014년에는 시진핑 주석이 한국을 방문했다. 이러한 정상회담은 양국 간 신뢰를 공고화하고 소통 메커니즘을 마련하는 계기가 되었고, 양국 국민의 상호인식에도 긍정적 영향을 주었다. 뿐만 아니라 국방과 군사 교류 영역에서도 협력이 이뤄졌고, 오랫동안 양국 간 숙원사업이었던 한중 FTA가 실질적으로 타결됨으로써 한중 경제 관계가 한 단계 격상되었다. 사회문화적 영역에서도 인문유대를 강화하는 다양한 협력사업이 이뤄지며 한중관계의 기반이 튼튼해졌다.

그럼에도 불구하고 한중관계에서는 작은 문제가 외교적 사안으로 발전하지 않도록 세심하게 관리할 필요가 있다. 이미 양국은 무역분쟁이나 역사문제가 정치적 갈등으로 비화되면서 많은 비용을 치른 경험이 있다. 따라서 사소한 오해가 정치적 오판으로 이어지지 않도록 다양한 정책적 노력을 기울여야 하고, 학문적으로나 외교적으로 신중(prudence)해야 하며, 특히 문제가 발생했을 때 이를 효과적으로 논의하고 소통하는 위기관리 시스템을 도입하는 것이 매우 필요하다. 이 외에도 민간의 학술 활동이나 교류를 통해 상호 이해를 높이고 공감대를 발전시킬 필요가 있다.

이러한 인식하에 성균관대학교 성균중국연구소와 중공중앙당교 국제전략연구소는 학술교류 협약을 체결하였고, 상호 이해를 높일 수 있는 다양한 교류를 진행해왔다. 공동 학술회의와 전략포럼을 개최하였을 뿐 아니라 최근에는 양자 간 협력하에 성균중국연구소가 국제전략연구소의 중국전략보고 제1권『중국의 매력국가 만들기: 소프트파워 전략』과 중국전략보고 제2권『세계, 중국의 길을 묻다: 전 세계 싱크탱크가 본 중국』을 번역하여 한국에서 출판했다. 이를 통해 학문적 우애를 증진시켰을 뿐 아니라 한중 간 현안에 관한 양측의 다양한 의견을 교환해왔다. 국경을 초월한 이러한 협력은 양국 간 전략적 협력동반자관계를 내실화하고 미래지향적 관계 발전을 위해 함께 손잡고 나아가는 여정이자 지적 실험이었다. 올해 두 연구소가 또한 법고창신(法古創新)의 자세로『한중관계의 재구성: 과거를 넘어 미래로』를 출간하게 되었으니 이는 한중관계를 발전시키고 한국의 길(韓國道路)과 중국의 길(中國道路)을 서로 이해하는 지적 플랫폼이 될 것이라 믿는다.

본 저서의 출판은 기존의 책 출판 방식과는 다소 상이한 방식으로 이뤄졌다. 우선 두 연구소가 공동으로 기획했고, 작업에 참여한 집필자들이 중국 중앙당교에 모여 국제세미나를 개최하면서 구체적인 쟁점과 의제를 선정했다. 이때 중국경제출판사의 실무진도 참여하여 본 책의 출판 의의를 공유하고 구체적인 출판 형식 등 실무적인 논의도 개진했다.

이를 통해 우리는 주제 영역(issue area)을 총론, 정치외교, 군사안보, 경제, 사회, 문화 영역으로 구분하였고, 각 영역을 양국 학자들이 집필하기로 했다. 그리고 2014년 한중관계 발전상을 온전히 반영하기 위해 양국에서 2015년 초에 동시 출간하기로 했다. 다만 한반도 연도보고를 2015년에 처음 시작한다는 점에서 우선 한중수교 이후 23년의 역사적 과정을 종합적으로 평가한 후, 2014년의 주요한 성과와 쟁점 그리고 과제를 다루기로 했다. 향후에 출판되는 연도보고에서는 해당 연도의 핵심적인 쟁점에 대해 집중적으로 분석하기로 하였다. 이외에도 한중수교 이후 양국관계 대사기(大事記), 한중관계 관련 각종 통계 데이터 및 양국에서 출간된 관련 연구 목록을 부록에 실어 독자들이 참고할 수 있도록 하였다.

한중수교 이후 양국은 수많은 세미나와 학회 그리고 전략포럼 등을 개최해왔다. 이러한 사업들이 한중관계의 발전과 소통에 많은 기여를 했지만 하나의 체계적인 연구 성과로 축적되어 이어오지 못한 아쉬움이 있었다. 우리는 이러한 점을 주목하고 한반도 연도보고 시리즈를 매년 출간함으로써 역사를 참고해 미래로 나아가는 기반을 만들자는 데 의기투합했다. 그리고 두 연구소가 함께 선정한 주제 영역에 대해 양국 학자들의 견해를 동시에 담아 그 차이점과 공통점을 함께 보고자 했다. 물론 이러한 견해가 양국 정부나 두 연구소의 입장을 공식 대변하는 것은 아니지만 한중관계에 대한 양국 학계의 연구 흐름과 학문적 경향을 객관적이고 중립적으로 반영하는 데에 주력했다. 비록 향후 가야 할 길은 멀고 어깨는 무겁지만 그러나 우리는 이를 학문적 사명으로 생각하고 과감하게 첫 걸음을 내디뎠다.

본 저서의 집필에는 성균중국연구소와 국제전략연구소의 교수들을 중심으로 양국 학계의 전문가들이 함께 참여하였다. 한중관계를 바라보는 양국 학자들의 인식에는 물론 차이가 있다. 하지만 작은 차이를 두려워하지 않고 구동존이(求同存異)의 자세로 추동화이(追同化異)를 향해 나아가야 한다. 이는 한중 양국 정상이 합의하였던 인문유대 정신의 발현이기도 하다. 우리는 이러한 작업이 향후 한중 간 국가이익 충돌 시 문제를 합리적으로 풀어가는 데 필요한 학문적 기초가 될 것이라 믿는다.

끝으로 『한중관계의 재구성: 과거를 넘어 미래로』에 참여한 모든 집필진과 이번 출판을 기획하고 추진한 한중 두 연구소에 박수를 보낸다. 편찬 및 자료 제공을 도운 모든 분께도 감사를 표한다. 또한 이 프로젝트를 적극 지원하고 한중관계 발전에 깊은 정책적 관심을 기울여준 한국국제교류재단, 그리고 어려운 여건 속에서도 출간을 위해 세심하게 배려해준 한국의 권위 있는 성균관대학교 출판부와 중국의 우수한 중국경제출판사에게도 심심한 경의를 표한다.

성균관대학교 성균중국연구소 소장 이희옥
중공중앙당교 국제전략연구소 소장 한바오장(韓保江)
2015년 2월 4일

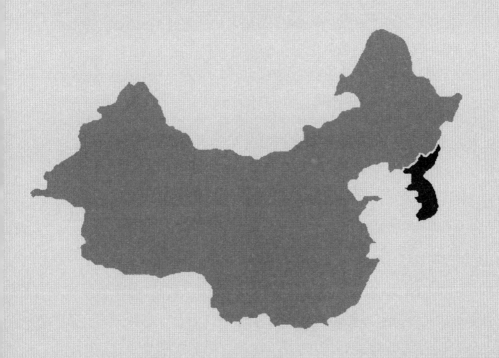

총론

한중관계의 발전과 2014년 한중관계 평가

이희옥

1. 서론

2014년은 한국과 중국이 82년 만에 국교를 재개한 지 22년을 맞이한 해이다. 탈냉전이라는 세계사적 변화 속에서 이루어진 한중수교는 동북아의 평화와 안정에 크게 기여했다. 당시 중국은 개혁개방의 '총설계사'로 불렸던 덩샤오핑(鄧小平)이 1992년 1월부터 시작된 '남순강화'를 통해 천안문사건 이후 개혁개방을 다시 독려하고 사회주의에 대한 발상의 대전환을 주문했다.[1] 그 결과 1992년에 개최된 중국공산당 제14차 대회에서 사회주의 시장경제를 도입하는 계기가 되었고 이를 통해 중국의 개혁개방정책은 한 단계 격상되었다.

당시 중국의 이러한 정책전환 배경에는 외자유치를 통한 지속가능한 개혁개방정책을 추진하려는 실용적 의도가 있었지만, 국제정치적으로는 주변국과 관계 개선을 통해 천안문 사건 이후 형성된 서구의 대중국 포위망을 돌파해야 하는 전략적 목표가 있었다. 실제로 이 무렵 중국은 베트남, 미얀마를 비롯한 대부분의 아시아 국가들과 복교하거나 수교했다. 한중수교도 이러한 중국의 새로운 전략구상 속에서 포착된 것이었다.

한국도 1987년 한국의 민주화 이후 노태우 정부가 등장하면서 탈냉전 이후

----

1 이범준, 『한국외교정책론』 (서울: 법문사, 1998).

전개되고 있는 세계사적 과제를 고민했다. 즉 분단국가인 한국으로서는 무엇보다도 남북관계의 개선을 통해 새로운 북방(北方)을 개척할 필요가 있었고 그것은 북방외교(Nordpolitik)로 나타났다. 우선 1989년 9월 11일 노태우 대통령은 자주 · 평화 · 민주의 3대 원칙 아래 과도체제인 남북연합을 실현시키기 위한 민족공동체헌장을 채택하는 단계와 남북연합단계를 거쳐 통일민주공화국 실현단계로 나아간다는 3단계 통일방안인 〈한민족공동체방안〉을 제시했다. 이 통일방안은 〈7 · 7선언〉에서 밝힌 남북한 동반자관계를 구체화했고 당시로서는 북한이 주장하는 〈고려연방제통일안〉과의 거리를 좁혔다는 평가를 받았다. 그러나 이러한 남북관계의 발전의 필수조건은 중국과 소련 등 사회주의권 국가와의 관계를 개선하는 것이었다. 이에 따라 1991년 페레스트로이카를 추진하면서 북한과 소원했던 러시아와 수교하면서 그 돌파구를 열었다. 그러나 노태우 정부의 북방정책의 완성은 역사적 기억이나 지정학적 의미에서 한중수교 없이는 불가능한 것이었다.

이처럼 한중간 정치적 이해가 합치하면서 양국은 수교협상을 시작했다. 당시 한국 방문은 북한문제와 대만문제라는 민감한 현안에도 불구하고 한중수교가 양국의 국가이익은 물론이고 냉전의 해체와 동북아 이익에도 기여할 것이라는 정치적 공감대가 있었다. 이러한 한중수교는 동북아 국제질서에 큰 파장을 불러 일으켰다. 북중관계가 일시적으로 소원해졌고 전통적으로 반공(反共)연대를 구축했던 한국과 대만관계도 크게 악화되었을 뿐 아니라 탈냉전 이후 동북아 국제정치를 다시 짜는 출발점이기도 했다. 이후 한중수교 이후 한중관계는 마늘분쟁과 같은 무역마찰, 동북공정을 둘러싼 역사마찰 등의 갈등에서 불구하고 대국(大局)의 차원에서 보면 상호 이해를 증진시키면서 지속적으로 관계가 개선되었고 정치적, 경제적 상호의존도 심화되었으며, 그 기반이 되는 민간교류도 활발하게 전개되었다. 특히 주목할 만한 것은 한중이 수교한 23년 동안 1992년 전후에 중국과 수교했던 그 어느 국가들보다 양적, 질적 관계가 발전했다는 점이다.[2]

. . . .

2 한중관계 20년의 총론적 평가에 대해서는 이희옥 · 차재복 편, 『1992-2012 한중관계 어디까지 왔나:

2. 한중수교 23년의 성과(1992-2014)

1992년 노태우 정부와 장쩌민 정부에서 우호협력관계를 수립한 이후, 1998년 김대중 정부와 장쩌민 정부 사이에 협력동반자관계를 구축했다. 양국이 처음으로 '동반자(partnership)' 외교의 틀을 구축했다. 2003년 한국과 중국은 각각 노무현 정부와 후진타오 정부가 출범해 기존의 동반자관계를 '전면적' 협력동반자관계로 심화, 확대시켰다. 이어 2008년 이명박 정부와 후진타오 정부는 '전략적' 협력동반자관계를 구축했다. 한중 양국이 '전략'관계로 격상한 것은 양자관계뿐 아니라 지역과 국제문제에 대해서도 전략적으로 협력한다는 의미를 지니고 있었다. 이것은 한중 양국 모두 지정학적으로 중요한 의미를 지닌다는 상호인식의 결과이기도 하다.[3] 이어 2013년 박근혜 정부와 시진핑 주석은 한중관계의 '충실화'에 합의하고 2014년 시진핑 주석의 한국 방문을 계기로 '성숙한' 협력동반자관계를 구축했다. 이와 같이 한중관계는 양국의 새로운 정권이 등장할 때마다 외교형식이 격상될 정도로 상호 전략적 가치가 증대되었고 이에 따른 협력범위도 확대되었다.[4]

이러한 관계발전의 성과는 무엇보다 경제 관계에서 두드러졌다. 2014년 말 양국 간 교역규모는 2,354억 달러[5]로 수교 당시 63.7억 달러에 비해 37여 배 증가했다. 중국은 이미 한국의 최대 수출국이자 투자, 수입, 대상국이 되었고 한국도 중국의 제3의 교역국이자 4대 투자대상국이 되었다. 특히 한국의 입장에서 보면 현재 중국과의 교역규모가 한미 간, 한일 간 교역규모의 총합보다 크

. . . .

성과와 전망』(서울: 동북아역사재단, 2012), pp. 18-22.

3 중국외교에서 '전략적 관계'가 지니는 의미에 대해서는 다음을 참고. Lee Heeok, "China's Policy toward (South) Korea: Objectives of and Obstacles to the Strategic Partnership," *Korean Journal of Defense Analysis*, Vol. 22, NO. 3 (September, 2010)

4 이희옥, "한중관계, 과연 무엇이 변화되었고 지속가능할 것인가" 『동아시아정책논쟁』 6호(2014. 7. 16)

5 중국의 한중교역 통계는 홍콩과 마카오 등을 경유한 수입을 포함해 산정한다. 이 경우 2013년 한중교역규모는 2,742억 달러로 한국의 2,289억 달러(2013년 말 기준)와 차이가 있다. 이렇게 보면 무역수지 적자폭을 둘러싸고 한중간 의견의 차이를 드러내기도 한다.

며, 그동안 한국경제의 지속적인 성장은 중국경제에 힘입은 바 크다. 중국도 한
중경제협력을 통해 지속가능한 개혁개방정책을 가능하게 했다는 점에서 이른
바 한중관계는 경제적 보완성을 기초로 윈윈관계를 구축했다. 이어 2012년에
는 한중 FTA 공식 협상이 시작되어 2014년 11월 APEC회의 계기로 한중 FTA
가 실질적으로 타결되어 한중경제협력을 더욱 고도화하는 기틀을 마련했다.

표 1 수교 이후 한중관계 발전과정의 동인

구분	시기	한국	중국	특징
선린우호관계	1992	북방정책, 남북관계 개선 탈냉전	경제협력, 한반도 정학 재구성 탈냉전	노태우-장쩌민
협력동반자	1998	남북관계 발전 경제협력	책임대국론, 국제관계 민주화, 경제협력	김대중-장쩌민
전면적 협력 동반자	2003	북핵문제해결 균형자외교	평화부상과 평화발전 6자회담	노무현-후진타오
전략적 협력 동반자	2008	한미동맹 강화 경제협력 고도화	한미동맹견제 조화외교 소프트파워 강화	이명박-후진타오
성숙한 전략적 협력 동반자관계 내실화	2014	북한비핵화 신뢰구축 인문교류	한반도 비핵화 신뢰구축 인문교류	박근혜-시진핑

　　정치적으로는 2014년 말까지 약 60여 회의 정상회담이 있었고 한중관계의
발전에 따라 회담의 빈도가 늘었다. 2013년 박근혜 정부가 출범한 이후 두 차
례에 걸친 상호방문을 통한 정상회담이 있었고, 이후 2014년 핵안보정상회의,
APEC 등 다양한 국제무대에서도 양국 정상이 만나 한반도 문제와 한중관계 현
안을 논의했다. 이것은 중일 간, 한일 간 정상회담이 '사실상' 없었고, 한미 간,
한러 간 정상회담의 규모와 성격에 비해 매우 두드러진 현상이었다.[6] 이러한 빈
번한 정상회담은 소통부재에서 오는 위험을 사전에 예방하고 문제가 발생하면

· · · · · · · · · · · · · · · ·

6 2014년 시진핑 주석과 아베 총리가 베이징에서 개최된 APEC 정상회의에서 만났지만, 일본은 공식적
으로 이를 정상회담을 개최한 것으로 평가했으나, 중국은 주최국으로서 일본의 대표를 접견한 형식으
로 엄밀한 의미에서 정상회담으로 평가하기 어려운 부분도 있다.

표2 대중무역통계 (단위: 억 달러, %)

년	수출		수입		수지
	금액	증감률	금액	증감률	
1992년	26.54	164.7	37.25	8.3	-10.71
1993년	51.51	94.1	39.29	5.5	12.22
1994년	62.03	20.4	54.63	39	7.4
1995년	91.44	47.4	74.01	35.5	17.43
1996년	113.77	24.4	85.39	15.4	28.38
1997년	135.72	19.3	101.17	18.5	34.55
1998년	119.44	-12	64.84	-35.9	54.6
1999년	136.85	14.6	88.67	36.7	48.18
2000년	184.55	34.9	127.99	44.3	56.56
2001년	181.9	-1.4	133.03	3.9	48.87
2002년	237.54	30.6	174	30.8	63.54
2003년	351.1	47.8	219.09	25.9	132.01
2004년	497.63	41.7	295.85	35	201.78
2005년	619.15	24.4	386.48	30.6	232.67
2006년	694.59	12.2	485.57	25.6	209.02
2007년	819.85	18	630.28	29.8	189.57
2008년	913.89	11.5	769.3	22.1	144.59
2009년	867.03	-5.1	542.46	-29.5	324.57
2010년	1168.38	34.8	715.74	31.9	452.64
2011년	1341.85	14.8	864.32	20.8	477.53
2012년	1343.23	0.1	807.85	-6.5	535.38
2013년	1458.69	8.6	830.53	2.8	628.16
2014년	1453.28	-0.4	900.72	8.5	552.56

출처: 한국무역협회

이를 신속히 처리할 수 있는 위기관리 메커니즘을 확보하는 데 크게 기여했다.

실제로 한국의 국가안보실장과 중국의 외교담당 국무위원 간 소통기제를 비롯해 다양한 전략대화채널 구축했고, 한중 총리회담과 외교장관회담이 여러 차례 열렸고 양국의 차관이 대표가 된 한중전략대화가 정례화되었다.[7] 또한 다양

• • • • • • • • • • • • • •

7 『중앙일보』(2014. 7. 4).

한 형태의 국회교류와 정당 간 교류도 활성화되었다. 특히 주목할 만한 것은 양국관계 발전의 걸림돌이었던 군사 방면에서도 군 고위급 인사교류, 정책과 연구 그리고 군사교육 교류로 발전했고, 2011년 이후 한중 양국의 국방차관이 수석대표가 되어 국방전략대화가 제도화한 이후 네 차례 개최되었다. 이러한 전략대화는 방공식별구역문제, 중국군 유해송환 등 다양한 현안을 해결하는 데 기여했고, 2014년에는 양국 국방부 사이의 직통전화를 설치하는 양해각서를 체결하기도 했다.[8]

사회문화적 차원에서 보면, 가장 중요한 인적교류가 2014년 말 약 1천만 명에 달했고 매주 수십 곳의 도시에서 830여 편 항공기가 이착륙했다. 특히 주목할 만한 것은 한국인의 방중규모가 중국인의 방한규모를 압도하기 시작했다. 중국에 상주하는 한국인 수는 약 50만 명에 달하고 있고 베이징, 상하이, 칭다오 등의 주요 도시에는 이미 '코리안 타운'이 형성되었다. 지방자치단체 간의 교류도 활성화되어 이미 130개 곳의 우호도시가 맺어졌고 지방 차원의 다양한 문화와 인문교류 활동이 전개되었다. 향후 한국 방문의 가교는 양국의 유학생이라고 할 수 있는데, 중국에 체류하는 한국유학생과 한국의 중국유학생은 각각 6만여 명에 달하는 등 교육교류의 비대칭성도 완화되었다. 한국에서는 중국어 배우기 열풍이 불었고 실제로 중국어 시험인 HSK를 세계에서 가장 많이 응시하고 있다. 반면 중국에서는 한류열풍이 식지 않고 있으며, 한국의 TV 드라마가 공전의 인기를 얻으면서 양국 지도자들의 화제에 오르기도 했다. 그 여파로 2014년 기준 약 556만 명의 요우커(遊客)가 다녀갔다. 이것은 중국의 해외여행객 1,286만 명의 44.7%를 차지하는 수치로 5년 만에 3.2배에 달했다.

이러한 인적·물적 교류를 제도적으로 지원하기 위해 한국은 중국에 베이징, 상하이, 선양, 칭다오, 광저우, 청두, 시안, 우한, 다롄, 홍콩 등 10곳에 영사관을 설치했으며 중국도 서울, 부산, 광주에 이어 제주에 영사관과 영사사무소를 운영하고 있다. 이러한 발전은 특히 양국의 정책지원 노력이 결실을 맺을 때 가

. . . .

8 『2014 국방백서』 (서울: 대한민국 국방부, 2014), pp. 121, 232.

능하다는 점을 고려해 2013년 6월 양국은 정상회담을 통해 인문유대를 강화하기로 합의하고 차관급을 대표로 하는 '한중 인문교류 공동위원회'를 구성하고 2013년 11월 첫 회의를 서울에서 개최한 바 있다.

3. 2014년 한중관계의 세 축

1) 빈번한 정상회담

한중정상은 2014년 세 차례의 정상회담을 가졌다. 3월 23일 네덜란드 헤이그에서 열린 핵안보정상회담 회의를 가졌고, 7월 3~4일에는 시진핑이 한국을 방문했으며, 11월 10일 APEC 정상회담 계기 한중정상회담이 이루어졌다. 이 것은 매우 이례적인 현상이며 한중지도자 간의 신뢰관계를 구축했으며, 6자회담, 한반도정세, 한중FTA 등 다양한 현안이 토론되었다. 이 중에서는 가장 인상적인 것은 7월 3일에서 4일까지 시진핑 주석의 국빈 방문이었다. 소치올림픽을 계기로 시진핑 주석이 러시아를 단독으로 방문한 것을 제외하면, 해외 단독 방문은 처음이다. 특히 북한보다 한국을 먼저 방문한 것도 한국을 매우 중시하고 있다는 평가를 받았다. 시진핑 주석도 한국 방문 직전 이례적으로 한국 언론에 「순풍에 돛을 달자」는 기고문을 보냈다.[9] 이를 통해 한중관계는 공동발전을 실현하는 동반자, 지역평화에 기여하는 동반자, 아시아의 발전을 추진하는 동반자, 세계의 번영을 촉진하는 동반자라는 목표를 제시했다. 중국의 국가주석으로는 처음으로 대학강연을 통해 지속가능한 발전은 미래 청년세대에 있다는 것을 강조했으며 우의의 상징으로 판다 한 쌍을 임대했다.

시진핑은 한국 방문을 통해 한중관계의 준칙으로 '네 가지 견지(堅持)'를 제시했다.[10] 첫째, 이웃과 화목하게 지낸다는 '이웃론'이다. 이웃 관계의 핵심을 민

....

9 시진핑, "순풍에 돛을 달자(風好正揚帆)",『중앙일보』(2014. 7. 3).

10 시진핑 주석의 기고문의 해설과 평가에 대해서는 이희옥, "한중관계의 네 가지 견지",『조선일보』(2014. 7. 4).

음(信)에서 찾고 무신불립(無信不立)을 강조했다. 둘째, 호혜 협력에 기반을 둔 새로운 경제협력 방식을 제시했다. 기존의 상호 보완성과 비교 우위에 기초한 전통적인 협력을 넘어 자유무역협정(FTA)의 연내 조기 타결을 통해 전방위적인 협력 틀을 구축해야 한다는 것이다. 넷째, 인문 교류의 중요성을 강조했다. 한중간 과도한 민족주의로 인해 오해가 오판을 낳는 구조를 막기 위해서는 다양한 상호 이해 프로그램을 통한 민간 협력이 중요하다는 것이다. 이를 위해 청소년 교류와 공공외교의 중요성을 특별히 강조했다.

한국 내에서 시진핑의 한국 방문에 대한 다양한 평가가 있었다. 우선 박근혜 정부 출범 이후 한중관계가 '고조기'에 접어들었다는 평가가 있는 반면 한중 간 안보구조가 근본적으로 변하지 않았다는 점에서 일종의 착시라는 평가도 있었다. 전반적으로 금년 정상회담은 한국 방문이 국제변수의 영향과는 무관하게 구동존이(求同存異)의 원칙 속에서 양국협력을 확대하고 심화시킬 수 있다는 새로운 가능성을 열었다. 특히 고위급 회담과 다양한 전략대화를 제도화하고 내실화한 것은 양국관계 발전에 의미가 크고 북한비핵화(중국은 한반도비핵화로 칭함)와 한반도에서 핵무기를 반대한다는 입장을 명확히 밝혔다.

2) 한중 FTA의 실질적 타결

2014년 7월 한중정상은 한중 FTA를 연내 타결하기로 합의했고 이후 11월 10일 APEC 정상회담 계기로 한국 방문 정상은 '합의의사록(Agreed Minutes)'에 서명하여 한중 FTA의 실질적 타결을 선언하였다. 이것은 글로벌 경기 침체가 장기화되고 있고 한국과 중국 모두 새로운 경제환경에 대처해야 하는 상황에서 글로벌 경쟁력을 확보할 뿐 아니라, 동북아의 평화와 안정 그리고 동아시아 경제일체화에 기여할 수 있다는 점에서 외교안보적 의미도 함께 가지고 있다.

한국 방문 협상단이 합의한 것은 22개 부분으로 구성되어 있다. 크게 상품 분야, 서비스·투자, 제도 분야가 각각의 챕터(chapter)를 구성하고 있다. 협상 결과 중국은 품목 수 기준으로 90.7%, 수입액 기준으로 85%를 개방하기로 하였고 한국은 품목 수 92.1%, 수입액 기준으로 91.2%를 20년 이내에 관세를 철폐하기로 했으며 즉시 철폐되는 관세규모는 수입액 기준으로 중국은 44%, 한국은 52%이다. 특히 한국은 쌀을 포함한 주요 농산품인 고추, 마늘, 쇠고기, 돼지고기, 감귤 등 610여 개 품목을 양허에서 제외했으며 농수산물은 품목수 기준 70%, 수입액 기준 40%로 관세를 철폐하기로 했다.

표 3 한중FTA 자율화율

	시기	품목수 기준	수입액 기준
중국	10년 철폐	71%(5,846개)	66%(1,104억 달러)
	20년 철폐	91%(7,428개)	85%(1,417억 달러)
한국	10년 철폐	79%(9,690개)	77%(623억 달러)
	20년 철폐	92%(11,272개)	91%(736억 달러)

이와 함께 한국 방문은 원-위안화 직거래체제를 도입하기로 합의했다. 이것은 중국의 위안화국제화에 대한 한국의 공식적인 반응이었다. 이 합의에 따라 중국 교통은행 서울지점을 직거래체제를 지원하는 청산(淸算)은행으로 지정했다. 이것은 양국이 무역과 금융거래에서 위안화 사용을 활성화한다는 의미가 있고, 이미 보유한 위안화를 투자할 수 있는 통로를 개설하는 것이다. 이것은 한국의 금융산업이 위안화 금융허브로 발전할 수 있는 새로운 기회를 제공했다.

물론 전반적인 개방수준은 한국이 다른 국가와 체결한 FTA에 비해 낮지만 중국의 성장속도나 양국 간 교역규모를 감안할 때 관세 철폐로 인한 효과와 함께 비관세 장벽완화 등의 효과도 크다는 평가가 많다. 물론 단기적으로 급속한 효과가 나타나지는 않겠지만 양국의 산업과 교역구조의 재편에도 영향을 줄 것이다.[11]

이처럼 한중 FTA는 한국으로서는 처음으로 농업보호를 전제하고 출발한 협상이었지만, 양국 경제교역구조에 많은 영향을 줄 뿐 아니라, 동아시아 FTA 체결국들의 GDP 비중을 의미하는 경제영토 확장(73%), 그리고 환태평양경제통반자협정(TPP)과 역내포괄적경제동반자협정(RCEP) 등에서 한국의 입지가 강화되게 되었다. 특히 동아시아 경제권에서 미국과 일본을 앞서 중국 내수시장에 유

....

11 성균중국연구소 편, "한중FTA의 실질적 타결 분석", 『성균차이나포커스』 16호 (2014), p. 19.

리한 조건을 확보했다는 시장선점의 기능과 새로운 경제협력 확대의 기능을 갖추게 되었다.

3) 인문교류의 활성화

2014년 11월 20일 중국 시안에서 제2차 회의를 개최했다. 이 회의에서 한국 방문은 한중인문유대 강화가 정치안보 분야의 전략적 소통 강화, 경제사회 분야에서의 호혜협력 강화와 함께, 양국 간 '전략적 협력동반자관계'를 내실화하는 중요한 한 축이라고 평가하고 향후 인문교류 사업영역의 확대, 민간부분의 사업 참여확대, 다양한 인문교류사업의 효율적 관리를 위한 공동위의 체계적 운용방안 등에 합의했다.[12] 구체적으로는 그동안 양국 인문학계 간 소통 강화, 청소년 등 미래세대 간 교류 활성화, 양국 국민 간 문화적 공감대 확산, 지방 차원으로의 인문교류 확대 등에서 성과가 있었다고 평가하고 40여 개 사업을 추진하기로 잠정 합의했다. 그리고 2015년 1월 중국의 왕양 부총리 방한을 계기로 2015년 50개의 인문유대 세부사업을 공동으로 추진하기로 했다. 구체적으로는 양국정상이 합의한 주요한 교류사업(청년지도자 포럼, 문화교류회의, 양국 관광의 해 활동 등), 사업 주관기관 및 사업영역의 확대, 사업의 연속성 확보, 사업의 쌍방향성 강화 등에 중점을 두었으며 '인문교류 테마도시' 사업으로 2015년도에 자매결연 20주년을 맞이하는 제주특별자치도와 하이난성을 선정하기도 했다.

'한중 인문유대 강화' 사업은 한중 정부가 공동으로 한중 양 국민 간 유대감과 우호감을 증진시킬 수 있는 쌍방향적 교류 사업을 전략적으로 선택하여 추진함으로써, 한중관계의 미래지향적 발전 토대를 공고히 한다는 일종의 새로운 외교이다. 한중 양국은 "근린국 국민으로서의 정서적 유대감 확인이 쉽고, 일반인의 참여가 용이하며, 지속가능성이 높은 학술, 청소년, 지방, 전통예능 4개 분야를 파일럿사업으로 우선 추진"했다. 시진핑 주석은 "국가 간 관계의 발전은 종국에 가서는 국민 간 마음이 통하고 뜻이 맞아야 가능해진다"고 밝혔고 한중

. . . .

12 『연합뉴스』 (2014. 11. 20).

정상회담 공동성명에서 "쌍방향적이고 국민체감적인 인적·문화적 교류를 통해 양 국민 간 정서적 유대감을 심화함으로써, 마음과 마음이 서로 통하는 신뢰관계를 구축해 나간다"[13]고 밝힌 바 있다.[14]

그동안 진행되고 있는 한중인문유대사업 19개 항목은 한중 인문교류 정책포럼, 한중 전통예능 체험학교, 한중 전통복식 세미나, 한국-산동성 유교문화교류회, 탈춤-변검 교류 세미나, 전주-소주 인문유산 교류, 한중 중학생 교류, 한중 대학생 교류, 정부초청장학생(GKS), 한중 교사 교류 지원 사업, 한중 인문학포럼, 국제음악 고고학회, 민간제작인력 상호교류, 우수작품 교류 확대, 한중 청소년 특별교류 사업, 한중 청년 직업 능력 개발 및 창업 교류 사업, 한중 청년 교류, 한중 지방정부 교류회의, 한중 인문교류 테마도시 등이다. 여기에 다양한 지방자치단체의 교류, 문화교류, 백서 발간 등으로 확대되었다. 이것은 한중 간 교류의 기반을 공고화하려는 양국 정부의 의지를 반영하고 있다.

4. 한중관계의 평가와 쟁점들

1) 평가

한중수교는 이처럼 다양한 영역에서 교류가 확대되었고 심화되었다. 작은 차이가 있음에도 불구하고 큰 틀에서 보면 협력이 주류를 이루었다. 다만 전방위적 교류의 결과 자연스럽게 인식의 차이와 이익의 불균형이 발생했고 이러한 차이를 안정적으로 관리하지 못할 경우 양국관계에 부정적 영향을 줄 여지가 있다. 수교 23년의 시점에서 향후 한중관계를 보다 발전시키기 위해서는 문제를 정확하게 진단하고 해결책을 찾는 노력이 필요하다. 이것은 하드파워에서 유래하는 경성적 이슈(hard issues)도 있고 소프트파워의 맥락의 연성적 이슈(soft issues)도 있지만, 이 두 요소는 매우 유기적으로 결합되어 나타난다. 이를 정치,

....

13 한중정상회담 공동성명은 http://www.newstomato.com/ReadNews.aspx?no=481043.
14 李熙玉, "韓中人文紐帶的發展方案", 『成均中國觀察』 2005年 第1期, pp. 6-12.

경제, 사회문화적 영역으로 구분할 수 있다.

우선 정치안보관계를 보면 질적인 교류가 부족하다. 이것은 미국의 동아시아 재균형 정책을 추진한 이후 새로운 동아시아 국제환경과 북한문제/북핵문제에 따른 것이지만, 이러한 요소가 한중 간 전략적 협력동반자관계를 성숙화시키는 데 한계로 작용할 가능성도 있다. 특히 중국이 한반도정책이 미중관계와 동아시아 전체를 분석틀로 보고 있다는 점에서 한중 양자관계에 외부영향이 커지고 있다.[15] 다시 말하면 한중 간에는 양자 간 갈등은 적지만, 양국에 개입된 다른 요소들인 한미동맹, 북한문제, 중국의 지역전략 등에 따라 인식 차이, 기대 차이, 역할 차이가 나타날 가능성이 있다.

둘째, 가장 활발한 교류가 이루어졌던 경제영역에서도 갈등이 나타날 수 있다. 우선 중국의 입장에서는 무역불균형과 역조 문제, 그리고 악성경쟁의 방지를 우려하고 있다.[16] 한편 한국은 중국과 교역의 80%(2014년 말 기준) 이상이 중간재, 자본재에 편중되어 있다. 이런 상황에서 중국의 내수시장에 효과적으로 진출하기 어렵고 이러한 산업구조는 대중국 투자위축으로 이어질 가능성을 우려한다. 현재 대중국교역에서 차지하는 무역흑자도 대부분 중간재 교역에서 발생하고 있는 구조적 문제점이 있고, 중국시장이 확대되면서 대중국 무역의존이 높아지는 점도 한중관계의 자율성의 공간을 위축시킬 수 있으며, 한국 방문이 기존의 교역과 투자 패턴을 질적으로 전환해야 하는 과제를 안고 있다.

셋째, 사회문화적으로도 시간이 지나면서 상대의 장점과 단점을 객관적으로 보기 시작했다. 여기에는 상호 간의 인식 차이와 기대 차이가 하나의 프레임으로 고착할 위험이 있고 중일관계와 한일관계의 악화에 따른 반사효과도 있다. 이런 점에서 한국 방문 간 상호인식은 보다 복잡한 과정을 거칠 것으로 보인다. 과거 역사 갈등, 문화원조논쟁 등이 나타났지만 대중에 가장 민감한 영역인 이

. . . .

15 鄭在浩, "中國一直有一種受困心態:一位韓國學者的觀點," 『人民論壇』 2013年 第4期, pp. 92-94.: 李熙玉,于婉瑩, "均衡的東北亞國際關係與半島安全結構," 『東北亞論壇』 2014年 第4期, pp. 83-94.

16 韓保江, "中韓貿易發展的前景展望與政策建議," 門洪華 · 辛正承 編, 『東北亞合作與中韓關係』(北京: 中國經濟出版社, 2014), pp. 196-197.

것은 한류와 한풍(漢風)에도 나타날 가능성도 있다. 더구나 이 문제는 점증하고 있는 민족주의에 역사문제가 결합하면서 문제가 수면 위로 나타날 가능성도 있다.

2) 한중관계 쟁점들

2014년 한국 양국 관계는 전체적인 발전에도 불구하고 어선문제 등 다양한 쟁점이 제기되었고 이를 합리적으로 조정해왔다. 그러나 구조적인 쟁점은 해결 과정이 오랜 많은 노력과 시간을 필요로 한다. 우선 2014년 중국은 새로운 아시아안보관의 구축에 적극적이었다. 4월 21~22일 상하이에서 러시아의 푸틴 대통령 등이 참여한 가운데 '아시아 교류 및 신뢰구축회의(CICA)'를 개최했다. 한국은 정부 대표로 통일부장관이 참석했다. 시진핑 주석은 이 회의의 기조연설에서 '공동, 포괄, 협력, 지속가능한 안보'를 핵심으로 하는 '아시아 신안보관'을 제시하고 CICA를 지역다자안보협력기구로 만들자고 공식 제안했으며, 중국은 한국의 참여도 요청했고 이런 맥락에서 아시아인프라투자은행(AIIB) 참여도 제의했다.[17] 그러나 한국은 미국이 빠진 지역안보질서 논의에 소극적이었고 이런 맥락에서 아시아인프라 투자은행에 대해서도 즉각 참여하는 대신에 안보적 요인을 포함한 다양한 차원에서 검토했다. 한국 내에서는 미래투자라는 관점에서 적극적으로 참여해야 한다는 견해와 한미관계에 기초한 신중한 현실론 등 다양한 견해가 제시되었다. 이후 한국은 아시아인프라투자은행에 참여하기로 결정하면서 중국과 설립에 관한 협의를 벌이고 있다.

둘째, 한미관계가 한중관계에 미치는 영향을 최소화하는 문제이다. 2014년에는 특히 한미동맹 이슈들이 수면 위로 등장했다. 한중정상회담에서도 상대방을 최대한 배려하면서도 이 문제를 신중하게 거론했다. 이것은 미국의 재균형정책이 중국에 대한 포위전략의 일환으로 보고 한미일 안보협력을 우려하는 중국의 우려가 반영되어 있다. 그러나 한국으로서는 북한위협이 남아있고 북한이 핵실

---

17 李熙玉, "亞洲基礎設備投資銀行與韓中關係", 『成均中國觀察』 2014年 第4期, pp. 6-10.

험을 지속해 핵능력을 강화하는 한, 한미동맹의 중요성을 다시 환기시켰다. 실제로 2014년에도 한미 간 전시작전통제권 연기, 고고도미사일인 사드(THAAD)의 한국 배치를 둘러싼 논란, 연례 한미군사훈련의 규모와 범위를 둘러싼 논의, 한미일 정보보호협정 등을 둘러싼 한중 간 미묘한 기류가 있었다. 이 과정에서 중국이 한국 정부가 공식적으로 거론하지 않은 사드문제를 공론화하자 한국 내에서 새로운 형태의 중국위협론이 나타나기도 했다. 이것을 2013년 한중 간에 발생했던 방공식별문제에 대해 원만한 협상과 대화를 통해 해결했던 방식인 차이는 인정하되 협력을 추구하는 (欄者爭議 共同合作) 방식을 적극 활용할 필요가 있다.

셋째, 한중인문교류의 방향이다. 한국 방문은 인문교류와 인문공동체 사이에서 인문유대라는 용어에 합의한 바 있다. 그러나 문제는 인문·문화교류는 기본적으로 쌍방향적일 필요가 있다. 즉 한중 양국이 '유대감'이라는 공동의 인식에 기초하여 쌍방향 교류를 내실화할 필요가 있다. 그리고 국민체감형 인문유대 사업을 발굴하고 확산시킬 필요가 있다. 이를 위해서는 인문유대 프로그램이 양국 국민들의 의식 속에 깊게 각인되어 공유될 수 있는 환경이 조성되어야 한다. 따라서 양국의 국민들이 직접 인문유대 활동에 참여하고 이들의 제안이 반영되는 대국민 서비스 강화가 필요하다. 제도적으로는 '한중 인문유대 국민 제안위원회'의 설치도 고려해볼 필요가 있다. 마지막으로 지속가능한 인문유대 사업을 구축하고 전파하는 것이다. 한중 간 인문유대 사업은 사업영역의 다양성과 함께 참여 주체의 다원성이 빠르게 확대되고 있다. 인문유대 관련 조정(coordinator)기구를 통해 인문유대 관련 정책 방향, 정책 의제, 정책 추진 전략 등 인문유대 관련 정책 기조가 결정되고 이러한 결정에 따라 개별적인 사업을 추진할 필요가 있다.

넷째, 그동안 한중 FTA는 30개월 동안 연구와 협상을 진행하여 실질적 타결에 정식 서명하였다. 그러나 품목별 원산지 기준 등 확정되지 않은 부분이 여전히 있고 이를 합의하기 위한 논의와 양국 정부의 비준을 기다리고 있다. 전반적으로 글로벌 경기 회복이 지연되고 저성장 국면이 지속되는 상황에서 한국과 중국의 밀접한 정치경제 관계를 반영하여 포괄적 협상을 진행하여 중국이 이미 체결한 FTA 중 가장 높은 수준의 개방을 이끌어낸 점은 한국과 중국이 다양한 범주에서 경제협력 방안을 모색할 수 있는 근거가 되었다. 한중관계는 지정학, 지경학적으로 중요한 위치에 있고 밀접한 관계에 있기 때문에 한중 FTA를 경제적 효율성만으로 평가하는 것을 넘어 한중일 FTA 등으로 발전시켜 나가면서 지역안보와 평화에 기여하도록 설계할 필요가 있다. 왜냐하면 지역경제통합 과정에서 체결국 간의 경제 결합이 심화될수록 정치적 논의의 기회가 증가하여 결국 충돌할 기회가 감소하여 안보에 영향을 주는 긍정적 기능이 있고, 무엇보다 북한을 한중 FTA에 간접적으로 참여시켰기 때문에 경제적 효율성과 지역과 한반도의 평화를 함께 고려하는 것이 필요하다.

5. 미래지향적 한중관계를 위한 정책제언

미래지향적이고 성숙한 한중관계를 고려하면서 현재 악화일로를 걷고 있는 중일관계를 반추해볼 필요가 있다. 중일관계는 거시적으로 보면 수교 42년 중 전반기 20년은 원만한 관계였으나 이후 20년은 많은 갈등이 본격화되었다. 이것은 양국관계가 발전하는 과정에 거치게 되는 불가피한 현상일 수 있으나, 교류가 넓어지고 깊어질수록 상대를 보는 인식이 변화하면서 양자 간 갈등을 사전에 이를 예방하는 것은 불가능해진다는 것을 의미한다.

특히 미국의 금융위기와 중국의 부상이 본격화되면서 한중관계에도 영향을 미치고 있다. 동아시아로 복귀한 미국은 중국을 견제하기 위한 정책을 투사하고 있다. 특히 미국은 대중국정책의 전초기지인 한국의 탈미친중(脫美親中)을 우려하면서 한미동맹을 강화하고 한미일 안보협력에 많은 관심을 가지고 있다. 이미 미국은 한국과 FTA를 체결하고 지역적으로는 TPP에 한국을 편입시키고자 할 것이며, 국제사회에서의 미국의 외교적 행동에 대한 지원을 요구할 가능성도 크다.

한편 중국도 한국의 대미경사를 막기 위해 북-중관계 개선, 러시아와의 전략적 동반자관계의 심화, 중국-인도관계의 발전 등을 통해 미국의 재균형정책에 대한 맞균형(counter balancing)을 취하고 있다. 뿐만 아니라 일대일로(一帶一路) 정책과 아시아인프라개발은행(AIIB)를 통해 지역 내 영향력 확보를 위한 외교적 노력을 기울이고 있다. 특히 한반도 문제에 대해서는 일종의 '중국식 재균형' 정책을 통해 한반도 전체를 외교정책의 투사(投射)단위로 보고 있다.[18] 북한에 대해서는 비핵화를 포기하지 않는 전제에서 경제협력을 강화하면서 북한의 변화에 대한 중국식 해법을 제시하고자 할 것이다.

우선 한국 방문은 인식의 영역에서 '의존의 위험'을 강조하고 역사적 기억을 불러오면서 공고화되었던 글로벌 수준에서 제기된 인식, 기대, 역할의 차이를 좁힐 필요가 있다. 또 하나는 양국 모두 기존의 양자외교, 편승외교, 진영외교의 패러다임에서 벗어나는 것이다. 왜냐하면 한중 간 '전략적 협력관계'를 강화하면서 기존의 북중 간, 한미관계를 수평적으로 바꾸는 것은 한계가 있지만, 상대적으로 기존의 틀 그대로 운영하면서 서로의 전략적 가치를 높이는 것도 현실적으로는 불가능하기 때문이다. 특히 한국은 새로운 한중관계의 위상을 수립하기 위해서는 한국의 가치를 존중받는 외교를 추진할 필요가 있고, 남북관계의 개선과 통일준비를 위한 한반도 신뢰프로세스를 적극적으로 가동하는 것이 필요하다.

이러한 한중 간 전략적 이해를 달성하기 위해서는 한국의 대중국외교의 인식을 전환할 필요가 필요가 있다.[19] 첫째, 공진(共進: co-evolution)이다. 한중 양국은 함께 가야 멀리 갈 수 있고 멀리 가기 위해서는 함께 가야 한다. 한국 방문이 전술적 협력이나 공동회피(common aversions)를 넘어 전략적 공동이익을 추구하는 과정에서 우리 사회에 뿌리 내린 미국과 중국에 대한 고정관념을 극복할 필요가 있다. 둘째, 트리플 윈(Triple Win)이다. 양자관계의 현안을 조율하는 수준을 넘어 지역문제와 국제문제의 해결에 함께 기여하고 이러한 기반에서 평화적 지

. . . .

18 이에 대해서는 이희옥, "중국의 신형대국론과 한중관계의 재구성", 먼훙화, 푸샤오위(성균중국연구소 역), 『세계, 중국의 길을 묻다(全球精英眼中的中國戰略走向)』(서울: 성균관대출판부, 2014), pp. 236-239.

19 李熙玉, "新的20年:對韓中關係新思考", 『成均中國觀察』 2013年 第3期, pp. 8-14.

역협력체 논의를 확산해 나가야 한다. 셋째, 복합적 사고이다. 한반도는 지정학적으로 해양세력과 대륙세력이 각축하는 림랜드(Rimland)이고 지경학적으로도 북한을 통해 세계와 연결하는 전략적 요충지이다. 한국 방문이 동북의 국경지역에서 실제적인 동북아 협력을 달성할 수 있는 장을 만들어야 하는 이유도 여기에 있다. 넷째, 한중관계에 대한 양국 국민의 합의(consensus)를 확대하는 것이다. 한중 양국의 국민이 한중 양국을 '있는 그대로' 보는 객관적인 인식, 중국의 부상에 대한 이미지와 실체를 구분할 수 있는 균형적인 자세, 한반도의 평화에 기울이는 한국의 노력에 대한 중국의 지지 등에 대한 공감대를 확보하는 대화의 일상화가 필요하다. 대화는 한중 양국에 대한 불필요한 오해를 줄일 수 있다.

중한 양국의 성숙한 전략적 동반자관계 구축:

발전과정, 현황평가 및 미래 전망

먼훙화(門洪華)

중한 양국관계는 1992년 수교 이래 각각 종속적인 대미관계와 한반도 상황에 절대적 영향을 받던 구조에서 차츰 벗어나 비약적으로 발전하고 있다. 또한 양국관계는 실무적 협력이 강화됨에 따라 지역 번영과 안정, 그리고 평화의 방향으로 나아가고 있다. 이처럼 중한 양국 간의 협력은 "두 국가와 국민들에게 실질적인 혜택을 가져다주며 지역 및 나아가 세계 평화와 안정에 크게 기여"하고 있다.[20] 특히 동북아 지역에서 중한 양국관계의 발전은 한반도 안보문제의 평화로운 해결에 도움이 되며 동북아 공동체 구축을 위한 정서적·제도적 바탕을 마련하여 지역의 장기적인 안정과 발전을 촉진시킨다. 중국의 입장에서 볼 때, 전략적인 중한관계 발전은 주변지역 안정, 국제무역 증대, 지역 위상 및 국제이미지 제고의 효과를 얻을 수 있으며, 지정학적인 측면에서도 국가의 전략지역을 확장할 수 있다. 한국 입장에서 볼 때, 양국의 전략적 협력동반자관계 발전은 한반도 및 동북아 문제에 대한 한국의 주도권과 발언권을 확보하고 지역 및 국제 사회에서의 영향력을 제고하며 국가의 전략적 목표 실현에 유리한 조건을 제공해준다. 중한 양국은 모두 유구한 역사를 가진 국가로서 지정학적·문화적·정서적으로 가까울 뿐만 아니라 경제적 협력 여지가 크기 때문에 현실적인

20 習近平, "全面推進互利合作, 推動中韓關係取得更大發展", 『人民日報』, 2013年 6月 28日.(제1면).

공동이익을 함께하고 있다. 이와 동시에 양국은 각기 다른 발전 조건을 가지고 있기 때문에 양국의 협력은 그야말로 동북아 양자관계의 롤모델이라고 할 수 있다.

특히 한반도 문제는 중한관계에서 세밀히 다뤄야 할 중요한 사안이다. 19세기 중엽 이후 한반도는 강대국들이 동북아지역에서 각축을 벌이는 중요한 전략적 기지이자 동북아 안보문제의 핵심 지역이었다. 제2차 세계대전 종식 후 남한과 북한이 각기 나라를 세움으로써 남북대치의 냉전 국면에 접어들었고, 그당시 한반도가 중한 양국에서 차지하는 전략적 의미는 주로 국가생존을 위한 안보적 가치에 있었다. 그 후 냉전시기가 막을 내리고 중한 양국이 수교관계를 맺자, 한반도의 대치국면은 어느 정도 완화되었다. 이에 따라 한반도 문제 해결에 새로운 전략적 선택이 가능해졌다. 21세기에 들어서 국가 역량뿐만 아니라 동북아 지정학적 환경과 국제사회 구도의 변화에 따라 한반도 문제가 중한 양국에 지니는 전략적 의미 또한 새로운 특징을 갖게 되었다.

한반도와 중국의 긴밀한 관계는 종종 순망치한이라고 표현될 정도로 한반도는 중국에게 중요한 전략적 의미를 갖는다. 첫째, 한반도 정세는 중국의 주변 환경에 중대한 영향을 준다. 중국의 두 개 성(省)이 한반도와 맞물려 있으며 더 많은 지역이 바다를 사이에 두고 서로 마주보고 있어 중국 대륙의 연장선상에 놓여있다고 할 수 있다. 따라서 한반도의 정세적 변화는 마치 한류와 난류처럼 중국 인접 지역의 정치·사회 안정 및 경제·문화 발전에 직접적인 영향을 준다. 둘째, 남북문제의 대응문제는 미중관계와 직결된다. 특히 미국이 아태지역으로 회귀하는 데 있어서 일본 및 한국과 맺은 동맹관계가 전략적으로 뒷받침을 해주고 있기 때문에 미국의 전략적 중심은 한반도에 쏠릴 수밖에 없다. 셋째, 오랜 기간 동안 한반도는 중국 대륙에 진출하는 '교두보'로 여겨졌으며, 한반도 문제 대응은 동북아 지역에서의 중국의 전략적 지평과 중국이 지역 내에서 끼치는 전략적 영향력과 밀접한 관계가 있다. 이처럼 한반도는 미중 양국이 상호 경쟁하고 견제하는 주무대이기도 하며, 이는 중국의 국가안보와 직결된다.

한국 입장에서 볼 때, 한반도는 지정학적으로 국가 소재지일 뿐만 아니라 지역적 역할을 발휘하는 주무대로서 국가전략에서 중요한 위치를 차지한다. 첫째, 한반도 문제는 국가 생존의 문제가 걸린 중대 사안이다. 남북 충돌과 북한 핵실험의 압박으로 한국의 국가안보가 크게 위협을 받고 있는 상황에서 한반도 문제가 근본적으로 해결되지 않는다면, 한국은 장기적으로 국가안보 문제로 인해 발목을 잡힐 것이다. 둘째, 한반도 문제는 남북 민족통일과 직결되는 문제이다. 한반도 통일은 한국의 국가전략 중 가장 핵심적인 목표이기 때문에 한반도 문제의 난관을 잘 해결하고 정치·사회 영역에서 통일의 길을 모색해 나가는 것은 곧 한국의 미래 발전을 위한 밑거름이 된다. 셋째, 한반도 정세는 한국의 전략적 선택과 직결된다. 한국은 전략적으로 미국에 의지하거나 친(親)중국 또는 중간노선을 택해왔고, 이는 주로 남북관계와 한반도의 전반적인 정세에 따라 결정되었다.

중한 양국은 지역 평화 유지와 한반도 정세의 안정을 위한 공통된 전략적 목표를 갖고 있으며, 양국 지도자는 한반도 핵무기 개발에 반대 입장을 표명하고 지역 안정과 평화 문제에서 입장을 같이 했다. 중국 지도자는 중한관계, 한반도 문제 및 동북아 정세에 대해 기존의 노선을 계승함과 동시에 혁신적인 로드맵을 제시했다. 또한 지역 정치관계의 발전을 통해 지역 평화와 안정을 위한 새로운 기반을 마련하고자 했다. 특히 경제적 협력을 통해 지역 안보문제를 완화하고 제도적 기틀을 확립하며, 사회·문화적 교류 활동을 통해 지역협력의 유대를 강화하도록 했다. 또한 역내 국가의 상호 소통 및 관리감독을 강화함으로써 지역 안보의 훼방꾼을 미연에 방지하도록 했다. 이러한 로드맵은 중한관계가 이미 새로운 발전의 기회에 놓여있음을 한다. 즉 상호협력을 위한 보다 넓은 공간과 무대를 마련하고 양국관계에 더욱 막중한 책임을 부여하여 중한관계가 지역 안정을 위한 든든한 버팀목 역할을 해야 한다. 이로써 양자 관계를 통해 지역 관계 개선과 발전을 도모하고 양자 간 협력 강화의 기반 위에 아시아의 부흥과 세계의 발전을 함께 도모해 나가야 한다.

중한 양국관계는 양국 지도자의 공조 하에 한반도 및 동북아 지역 평화 및 안정 유지에 핵심적인 역할을 하고 있다. 뿐만 아니라 중한관계는 동북아 지역의 문제에 국한되지 않고 세계적 전략의 구도에서 볼 때도 큰 의미를 가지고 있다. 바로 이러한 의미에서 2014년 7월, 시진핑(習近平) 중국 국가주석이 방한 기간 박근혜 한국 대통령에게 중한의 전략적 포지셔닝을 제시하였다. 이는 중요한 시사적 가치를 가지고 있다. 즉 공동발전, 지역평화, 아시아 부흥 및 세계번영을 위한 동반자 관계를 실현하는 것이다.[21]

전략적 협력동반자 관계의 형성(1992-2012)

유구한 역사를 가진 중한 양국의 관계는 1992년 공식적으로 외교관계를 수립한 이래 여러 난관을 극복해왔으며, 실무 협력의 증가와 함께 비약적인 발전을 거듭해왔다. 양국 협력은 "두 국가와 국민들에게 실직적인 이익을 가져다주었으며 지역 및 세계 평화와 안정에 크게 기여"하고 있다.[22] 역대 중한 연합성명, 연합공보 및 한국정권 교체의 내용을 주요 근거로 한 중국 제18차 당대회 이전의 중한관계는 총 5단계로 구분할 수 있다.

1. 양국 수교를 통한 관계 돌파(1992)

구소련의 해체와 함께 세계의 양극 구도가 무너지면서 그 여파가 동북아까지 미치게 되었다. 중국은 1978년 개혁개방 이후 경제 발전을 중심으로 본격적인 발전기에 들어섰으며, 전반적으로 실리적인 전략을 취해왔다. 이에 따라 양국의 교역과 민간교류는 날로 증가했다. 즉 빠른 경제성장을 이룩한 한국은 중국 시장에 관심을 가졌고, 중한관계 개선을 통해 남북관계의 정세 완화와 한반도 통일을 도모하고자 했다. 이러한 거시적 배경과 미시적 수요를 바탕으로 양국 간 실무접촉이 시작되었다. 1992년 4월, 첸치천(錢其琛) 중국 국무위원 겸 외무부장관과 이상옥 당시 한국 외무부장관은 양자관계 개선을 위한 실무접촉에 대해 협의를 맺었다. 이를 토대로 중한 양국은 수교 협상에 들어갔으며, 1992년

. . . .

21 "中華人民共和國和大韓民國聯合聲明", 『人民日報』, 2014年 7月 4日. 제3면.
22 習近平(2013), 제1면.

8월 24일 외교관계 수립을 공식적으로 선포했다. 이로써 오랜 기간 단절상태에 있었던 중한관계는 새로운 단계로 진입했다. 이는 중국 외교가 노선 변경을 통해 이룩한 중대한 성과 중 하나이다. 중한 수교는 한반도뿐만 아니라 나아가 동북아 안보의 안정과 지속적인 발전에 역사적으로 중요한 의미를 가지며, 중한 양국의 통상·문화 교류에 제도적 뒷받침을 해줌으로써 양자관계가 급속히 발전할 수 있는 계기를 마련해주었다.

2. 선린우호 협력 관계(1993-1997)

1993-1997년 중한 양국은 주로 경제, 통상 및 인적교류 영역을 중심으로 양자관계를 발전시켜왔다.[23] 그중 특히 정치 및 외교적 협력관계가 괄목할 만한 성장을 거두었다. 양국 지도자의 빈번한 접촉과 상호 방문 및 다양한 정부간 협정을 통해 중한관계의 제도적 틀과 외교적 공감대를 형성했다. 또한 경제무역 분야에서의 평등·호혜·상호보완적 관계는 양국이 서로 의존할 수 있는 연결 지점이 되었다. 뿐만 아니라 양국은 과학·교육·문화 등 다방면에 걸쳐 교류가 활발해졌고 군사 안보 분야에서도 상호 대사관에 무관처(武官處)를 설립하여 군사적 교류의 초석을 다졌다.[24] 지역 협력 차원에서 양국은 남북협상을 적극 지지하고 '4자회담'을 함께 추진하여 한반도에서의 영구 평화체제 구축에 힘썼다. 중한 양국은 한반도에 대한 '공통된 인식'을 통해 거시적 틀 안에서 한반도 통일에 대한 공감대를 형성할 수 있었다. 이처럼 1993-1997년은 중한관계의 걸음마 단계로서 정치적 상호 방문과 경제적 교류를 주요 원동력으로 삼아 양국 협력의 효과적인 방법을 탐색해냈다.

3. 협력동반자관계(1998-2002)

1998-2002년 중한 양국은 주로 고위급 인사 교류 확대 및 정치, 외교 분야

. . . .

23 鄭載興, "韓中合作強化方案考察", 『當代韓國』 2012年 第3期 , pp. 34-47.
24 王宜勝, "中韓安全關係的現狀及前景展望", 『東北亞論壇』 2007年 第4期, pp. 50-53.

협력의 포용적 관계 강화에 힘썼다.[25] 정치적 관계를 보면, 1998-2002년 당시 장쩌민 중국 국가주석과 김대중 한국 대통령은 평균 매년 한 차례 회동했으며, 기타 고위급 인사의 상호방문은 더욱 빈번하게 이루어졌다. 양국은 2002년 아세안과의 "10+3" 공식 회동을 통해 중일한 간의 장기적 협력의 장을 열었다. 중한 양국은 경제 협력·인력·자금·기술 및 환경 등 분야 협력에서도 좋은 성적을 거두었으며, 문화적 교류 차원에서는 각종 문화·스포츠 활동 및 전시회를 개최했다. 또한 관련 연구기관 증설, 연구인원 확충뿐만 아니라 유학생·연수생을 상호 적극 파견했다. 군사 안보 차원에서 볼 때, 이 시기 한반도의 비핵화는 중요 의제이자 컨센서스다. 양국은 군 당국의 고위급 상호 방문체제를 구축하고 해군 및 공군의 상호 방문 실현을 통해 안보 분야의 협력을 강화해 나갔다. 전반적으로 중한 협력동반자관계 시기의 양국관계는 정치·경제·문화적 교류체제가 초기 형태를 갖추는 등 더욱 활발해졌다. 이처럼 양국관계의 발전 동력은 정치적 상호방문과 경제적 의존의 토대 위에서 민간교류와 안보협력 등의 내용을 확충하게 되었다.

4. 전면적 협력동반자 관계(2003-2007)

2003-2007년 중한 양국은 정치·외교·안보·경제·통상·문화 등 영역에서 전면적이고 실무적인 협력관계를 발전시켜 나갔다.[26] 이 기간 양국은 정치적 협력이 더욱 심화되었으며, 기타 국가들과의 협력을 통해 여섯 차례에 걸쳐 적극적으로 '6자회담'을 이끌어냈다. 양국의 경제무역 의존도는 한층 높아져 중국은 한국의 가장 큰 교역대상국, 수출시장 및 흑자대상국이 되었으며,[27] 한국은 중국의 세 번째 무역대상국, 네 번째 수출시장 및 두 번째로 큰 수입대상국이 되었다. 양국의 문화적 교류는 지속적으로 발전하여 정부 차원에서 점

....

25 鄭載興(2012), 상게서, pp. 34-47.

26 鄭載興(2012), 상게서, pp. 34-47.

27 李敦球, "冷戰後中韓關係的發展與東北亞格局—中韓建交15年來雙邊關係的回顧與展望", 『當代韓國』 2007年 第2期, pp. 1-7.

차 민간 차원의 교류로 확대되었다. 2004년 말 세계 첫 중국공자학원 및 아시아 첫 중국문화센터가 한국 서울에서 문을 열었다.[28] 양국 안보분야 협력 또한 강화되어 국방부 장관이 수차례 상호 방문하였고 군사적 학술교류가 이루어졌다. 2005년과 2007년에는 두 차례에 걸쳐 해상 연합 수색구조훈련을 진행했다. 2003-2007년 중한 양국은 그간 다져온 관계를 기반으로 '업그레이드' 버전의 전면적인 협력동반자관계를 구축해 나감으로써 양국의 경제무역 의존도는 점차 높아졌고, 중한관계는 동북아 지역에서의 영향력이 더욱 강화되었다. 양국은 협력 범위를 구체화시켜 나갔을 뿐만 아니라 고정체제를 통해 다양한 구상을 현실화했다.

5. 전략적 협력동반자관계(2008-2013)

2008년 이후 중한관계는 전략적 차원을 높인 시기이다. 2008년 5월, 이명박 대통령이 방중하여 양국 지도자는 5월 28일 「중한 공동성명」을 발표하고 양국 관계를 '전면적인 협력동반자관계'에서 '전략적인 협력동반자관계'로 격상시키기로 했다. 같은 해 8월 25일, 당시 중국 국가주석 후진타오는 국빈 방한했고, 양국은 「중한 공동성명」을 발표하여 전략적 협력동반자관계를 더욱 구체화 및 제도화하기로 했다. 2010년 4월, 양국 전문가 공동연구위원회는 양국 정부에 「미래 공동발전을 위한 중한 전략적 협력동반자관계」 제하 공동연구보고서를 제출하여 양국관계의 향후 발전을 위해 중요한 이론적 근거를 마련했다. 2012년 1월 9일, 이명박 대통령은 중국을 공식 방문하고 양국은 「중한 공동언론발표문」을 발표하여 전략적 협력동반자관계의 내용을 더욱 보완했다. 2008-2012년 중한 양국은 지속적인 정치적 신뢰관계를 쌓고 양국 정상의 빈번한 접촉을 시도하여 총 11차례의 정상회담과 20여 회의 기타 고위급 회담 등 정기적인 교류체제를 형성했다. 이로써 호혜 상생과 경제무역 협력의 장 또한 넓혀 나갔다. 한국은 중국의 세 번째 무역 파트너 및 수출대상국이자 두 번째 수입대상국이

· · · · · · · · · · · · · · · · ·

28 "中韓建交13周年 兩國雙邊文化交流取得豐碩成果", http://www.gov.cn/zwjw/2005-11/14/content_97977.htm

되었고 중국은 한국의 가장 큰 무역 파트너, 수출대상국 및 수입대상국이 되었다. 이 밖에 안보 협력을 강화하여 지역 안정을 함께 도모하고, 정기적인 국방정책 실무 회의, 비정기적 육·해·공 군사적 교류 외에 중국 군사과학원-한국 국방연구원 간의 교육·연구 교류 등을 제도화했으며, 수차례 해상 군사훈련을 공동 실시했다. 또한 양국의 인문·문화교류가 점차 증가하고 교육 분야의 협력이 강화되어 중한 양국 간 유학생 수가 지속적으로 증가세를 보였다. 이것은 양국관계 발전의 튼튼한 초석이 되었다.

18차 당대회 이래 중한 전략적 협력동반자관계의 발전

중국 18차 당대회 개최 이후 시진핑 등 국가 지도자가 기존 중한 양국의 전략적 협력동반자관계를 기반으로 한국 지도자와 긴밀한 협력을 이루어 양국관계는 지속적으로 내실을 다지고 발전시킬 수 있었다. 이는 실무적 협력과 정서적 교류를 중시하는 시대적 특징을 잘 반영한 것이다. 이러한 성과는 특히 2013년 6월과 2014년 7월에 발표한 「중한 미래 비전 공동성명」과 「중한 공동성명」에서 잘 나타난다. 양국 지도자는 국가 관계의 미래 발전방향을 명시하여 양국 간의 전략적 협력동반자관계를 양자 간 및 지역적 차원에서 뿐만 아니라 국제사회 평화·발전을 위해서 추진해야 한다고 강조했다. 또한 향후 양국관계 발전의 기본 원칙을 세웠는데, 여기에는 상호 이해와 신뢰 증진, 미래를 위한 호혜적 협력 강화, 평등원칙과 국제관계 준칙 존중의 내용을 담고 있다. 이로써 지역 및 국제사회의 평화 발전과 인류복지 증진을 위해 기여하도록 했다.

2013년 6월 27일부터 30일까지 박근혜 대통령이 방중하여 양국 지도자는 6월 28일 「중한 미래비전 공동성명」을 발표하여 상호신뢰를 바탕으로 양국이 전략적 협력동반자관계를 발전시켜나갈 것을 재천명했다. 또한 양국관계 발전의 방향, 원칙 및 중점 추진 분야를 제시하여 중한 양국의 전략적 협력동반자관계가 새로운 발전 단계에 진입했음을 보여주었다. 이러한 큰 틀 안에서 양국이 수행해야 할 구체적인 노력의 방향은 다음과 같이 명료해졌다. 즉 정치·안보 분야의 대화 강화, 경제·사회 분야의 협력 확대, 민간 차원의 다양한 교류 촉진과 인문유대 활동의 적극 추진 등이다. 이에 따라 양국은 세부 이행계획을 세워 새로운 시대에서 전략적 협력동반자관계가 심화·내실화될 수 있도록 명확한 길을 제시했다.[29]

2014년 7월 3~4일, 시진핑 주석은 국빈 방한하여 박근혜 대통령과 정상회담을 갖고 「중한 공동성명」을 발표했다. 양국 지도자는 1년간 중한 양국이 거둔 성과를 높이 평가하고 "공동발전을 실현하는 동반자, 지역 평화에 기여하는 동반자, 아시아의 발전을 추진하는 동반자, 세계 번영을 촉진하는 동반자"를 중한 동반자 관계의 미래발전 목표로 삼았다. 또한 정치적 소통, 경제적 혁신, 인문 교류 및 국제 협력 영역에서 구체적인 발전 방향을 제시하여 「중한 미래비전 공동성명」 내용을 확대하는 등 양국관계의 새로운 도약을 위한 이정표를 세웠다.[30]

중국의 18차 당대회 이후 중한 양국의 전략적 협력동반자관계는 점차 발전과 심화과정을 거듭하여 다음과 같은 실질적인 성과를 얻었다.

첫째, 정치적 신뢰 증진과 지역 평화 발전 지지. 2013년 6월 28일 공표한 「중한 미래비전 공동성명」을 통해 양국은 정치·안보 분야에서의 전략 소통 강화와 전략적 상호신뢰 제고를 내세웠다. 이를 위해 중한 양국 지도자는 다양한 방식을 통해서 정상급의 상시 소통을 추진하고 외교부처 고위급 전략 대화를 매년 두 차례로 확대한다는 결정을 내렸다. 또한 양국 간 외교·안보 대화, 정당 간 정책 대화, 국가 정책 연구기구 연합 전략적 대화 등을 추진해 나가기로 했다.[31] 아울러 2014년 7월 4일 공표한 「중한 공동성명」에서는 양국 정부가 상호 신뢰를 기반으로 각 급별 공통 관심 사안과 중장기적 문제에 대해 수시로 소통하여 보다 성숙된 전략적 협력동반자관계를 구축한다고 강조했다. 구체적인 실행방안으로는 양국 지도자의 상호 방문을 정례화하는 것인데, 2013년과 2014

· · · · · · · · · · · · · · · · ·

29 "中韓面向未來聯合聲明", 『人民日報』, 2013年 6月 28日 (第2面)

30 "中華人民共和國和大韓民國聯合聲明", 『人民日報』, 2014年 7月 2日 (第2面)

31 "中韓面向未來聯合聲明"(2013), 제2면.

표1 역대 중한 공동성명 주요 내용(1992-2014)

명칭	시기	주요 내용	국가원수	의의
중한수교 공동성명	1992. 8. 4.	장기간 지속된 선린우호 협력 관계를 발전시키고 한국은 '하나이 중국' 원칙을 인정함. 중국은 한민족의 평화로운 한반도 통일 실현을 지지함. 대사급 외교관계 수립	장쩌민 (江澤民) · 노태우	양국의 공식적인 외교관 세 수립
중한 공동성명	1998. 11. 7.	양국은 21세기형 협력동반자 관계 구축에 동의. 아시아 금융위기 극복을 위한 협력 강화. 4자회담 추진을 통해 점진적으로 한반도 평화체제 구축. 양국 지도자, 정무부처, 국회 및 정당 간 교류 확대	장쩌민 · 김대중	정치 · 경제 분야의 상호 신뢰와 협력 강화를 통해 21세기 양국관계를 위한 방향 제시
중한 공동성명	2003. 7. 8.	양국은 전면적 협력동반자 관계 구축에 동의. 한반도 문제에 대한 협력 강화. 정치적 협력과 대화체제 확대. 새로운 경제 협력 분야와 방안 도입. 민간 교류와 문화적 협력 확대. 아태지역 협력 프로세스 공동 추진. 비전통 안보 분야의 협력 강화	후진타오 (胡錦濤) · 노무현	전면적 협력동반자 관계 구축, 양국관계의 장기적 발전을 위한 제도적 보장 마련
중한 공동성명	2005. 11. 17.	양국 간 각 분야 교류 및 협력 확대에 동의. 제4차 6자회담 적극 추진. 동북아 지역 협력 및 통합 추진. 양국 외무부장관 핫라인 개설, 외무부 차관급 정기 교섭체제 설립. 한국은 중국의 시장경제 지위를 인정함. 2007년을 '중한 교류의 해'로 제정	후진타오 · 노무현	전면적 협력동반자 관계 구축 이후 양국 협력 · 교류를 긍정적으로 평가하고 구체적 협력 방안을 제시하여 양국관계의 심화 발전을 도모함
중한 공동성명	2008. 5. 28.	양국관계를 '전략적 협력동반자 관계'로 격상시키기로 합의. 양국 외교부서 고위급 전략적 대화체제 구축. 중한 FTA 적극 추진. 인적 · 학술적 교류 확대. 《제4차 6자 회담 공동성명》 실현을 위한 건설적인 노력 방침. 중일 한 상시 교류 유지	후진타오 · 이명박	전략적 협력동반자 관계 구축. 협력의 영역 확대, 협력의 전략적 수준 제고. 동북아 안정과 발전을 위한 양자관계의 역할 강화
중한 공동성명	2008. 8. 26.	양국이 전략적 협력동반자 관계 추진에 합의. 정치 · 안보 대화교류 강화, 중한 해역 경계획정 문제 조속히 해결. 양자 간 무역액 제고. 인적 · 문화적 교류 확대. 6자회담 틀 안에서 제2단계 행동 실행. 인류 생존 · 발전에 중대한 문제에 대해 적극 협력 개진	후진타오 · 이명박	중한 전략적 협력동반자 관계의 중요성 강조. 미래 협력 및 교류를 위한 중요한 체제적 보장 마련
중한 공동언론 발표문	2012. 1. 12.	미래비전 전략적 협력동반자 관계 내실화. 양국 외교, 국방부처 간 교류 · 협력 강화. 2015년 교역액 3000억 달러 목표 실현. 한국 측의 국내 절차 종료 후 중한 FTA 협상 개시. 6자회담의 조속한 재개를 위해 공동 노력. 중일한 FTA 창설 적극 추진	후진타오 · 이명박	전략적 협력동반자 관계를 내실화하여 지역의 안정과 발전에 기여
중한 미래비전 공동성명	2013. 6. 27.	전략적 협력동반자 관계를 한층 더욱 발전시키고 내실화함. 양국관계 발전을 위한 방향, 원칙 및 중점적 추진 영역 제시. 정치 안보 분야 전략적 소통 강화, 경제 사회 분야 협력 확대, 양국 인문유대 활동 추진 강화. 이와 관련된 세부 이행계획 제정	시진핑 (習近平) · 박근혜	중한관계 발전과정을 종합평가하고 전략적 협력 동반자 관계의 심화 · 내실화를 위한 중대한 방향과 원칙 제시. 안보분야의 협력을 새로운 전략적 수준으로 제고
중한 공동성명	2014. 7. 3.	공동발전을 실현하는 동반자, 지역평화에 기여하는 동반자, 아시아의 발전을 추진하는 동반자, 세계번영을 촉진하는 동반자를 목표로 하여 성숙한 전략적 협력동반자 관계 구축. 동아시아 경제통합, 세계경제회복을 위해 공동 노력, 지역 및 세계 경제성장 견인. 인적 · 문화적 교류를 통해 마음을 나누는 신뢰관계 구축. 각종 지역 및 국제 이슈 상의 협력 강화. 지역 평화안정 및 세계발전과 공영을 위해 기여	시진핑 · 박근혜	4대 '동반자 관계' 제시를 통해 중한 전략적 협력동 반자 관계의 내용 확대, 향후 양국관계에 방향 제시

출처: 중국외교부 누리집, 중국 주한대사관 누리집 등

년 중한 최고지도자간 정상 회담으로 점차 고정체제가 형성되고 있다. 또한 양국 외무부 장관의 연례 상호 방문을 실현하고, 양국 정부와 민간이 공동으로 참여하는 1.5채널 대화체제를 구축하기로 했다. 또한 국방·군사관계의 양호한 발전추세를 유지하고 상호 이해와 신뢰를 지속적으로 증진하며 2015년 해역 경계 획정협상 등을 가동하기로 했다.[32]

또한 중한 양국은 적극적으로 역내 협력을 추진하고 있다. 2013년 6월 28일 공표한 「중한 미래비전 공동성명」에 따르면 양국은 "중한관계 발전, 한반도와 동북아의 평화·안전, 지역 협력 및 글로벌 이슈의 해결에도 함께 기여한다"고 밝혔다. 특히 한반도 문제에 있어서 중국은 한국이 제시한 '한반도 신뢰 프로세스' 구상을 환영했다. 아울러 남북관계 개선과 긴장국면 완화를 위한 한국의 노력을 높이 평가하고 박근혜 대통령이 제시한 '동북아 평화협력 구상'에 대해서도 원칙적으로 지지 의사를 보였다. 중한일 협력은 동아시아 통합을 이끄는 중요한 틀로써 지역 발전에 매우 중요한 역할을 한다. 「중한 미래비전 공동성명」에 따르면 "중한일 3국 정상회의를 정점으로 하는 3국 협력체제가 안정적으로 발전해 나가야 하며 올해 제6차 3국 정상회의가 성공적으로 개최될 수 있도록 공동 노력하기로 했다."[33] 중한관계의 강화가 중한일 3국의 역내 및 국제이슈에 대한 소통과 조율을 촉진시켰다. 2014년 7월 3일 「중한 공동성명」에서 양국은 지역 평화를 위해 기여하는 동반자가 되고 한반도와 동북아의 평화·안정 증진을 위해 협력을 강화하겠다고 밝혔다. 또한 동아시아 지역경제 통합을 위해 함께 노력하여 지역경제 성장의 견인차 역할을 하며, 각 지역문제에 대한 양국 간 협력을 강화하여 동북아 지역의 평화 안정을 위해 기여한다고 했다. 아울러 중한 양국은 한반도 비핵화 실현과 한반도의 평화·안정 유지가 6자회담 참가국들의 공동의 이익에 부합되며, 관련 당사국들이 대화와 협상을 통해 중대한 과제를 해결하는 데에 인식을 같이 했다. 또한 양국은 관련 당사국들이 한반도 비핵화 실현을 위해 6자회담 프로세스를 꾸준히 추진하며, 6자회담 참가국들이

· · · · · · · · · · · · · · · ·

32 "中華人民共和國和大韓民國聯合聲明"(2014), 제2면.

33 "中韓面向未來聯合聲明"(2013), 제2면.

공동인식을 모아 6자회담 재개를 위한 조건을 마련해야 한다는 데에 견해를 같이 했다. 중한 양국은 지역의 평화, 협력, 상호 신뢰와 번영을 실현하기 위해 양자 및 다자 차원에서의 협력을 강화하고 소지역 내 협력을 검토해 나가기로 했다. 중한관계는 역내 협력에 중요한 역량으로 부상했으며, 양국의 적극적인 협력하에 중한일 협력 또한 전면적이고 구체적인 방향으로 발전해 나가고 있어 동아시아 통합 프로세스를 추동하고 있다. 아울러 중한 양국은 UN, WTO, APEC과 같은 국제기구에서 아태지역의 공동사안에 대해 지속적으로 소통과 협력을 강화해 나가고 있다.

둘째, 호혜공영(互利共贏)의 심화, 경제협력 분야의 확대. 중한 양국은 경제협력 분야에서 비약적인 발전을 거쳐 현재 기존 협력분야를 확대하는 동시에 지속적으로 새로운 협력 분야와 프로젝트를 개발해 나가고 있다. 오늘날 한국은 중국의 세 번째 무역 파트너이자 수출대상국이며 두 번째 수입대상국이다. 중국은 한국의 첫 번째 무역 파트너, 수출대상국, 수입대상국이자 해외투자 대상국이다.

중한 협력은 실무협력체제 구축과정에 진입했으며, 그중 가장 대표적인 것이 중한 자유무역협정(FTA)의 연구·협상이다. 2013년 6월 28일 「중한 미래비전 공동성명」에 따르면 "양측은 실질적인 자유화와 폭넓은 범위를 포괄하는 높은 수준의 포괄적인 중한 FTA 체결을 목표로 한다는 점을 재확인했다. 양측은 모델리티 협상의 실질적 진전을 평가하고, 중한 FTA 협상팀이 협상을 조속히 다음 단계로 진전시킬 수 있도록 노력을 강화할 것을 지시하였다."[34] 또한 2014년 7월 4일 발표한 「중한 공동성명」에서는 "중한 양측이 높은 수준의 포괄적인 자유무역협정을 체결하기 위한 협상의 진전을 긍정적으로 평가하고, 연말까지 협상을 타결하기 위한 노력 강화를 약속한다"고 재천명했다.[35] 2013-2014년 양국은 여러 차례 협상을 통해 상품 무역, 서비스 무역, 투자 및 규범 등의 분야에서 성과를 보여주며 실무적 협상을 완료했다.

. . . .

34 "中韓面向未來聯合聲明"(2013), 제2면.

35 "中華人民共和國和大韓民國聯合聲明"(2014), 제2면.

이에 따라 중한 경제협력은 보다 실무적인 단계에 진입해 중한일 3국의 FTA 협상과 동아시아 '10+3' 등 지역의 경제 틀 구축과 발전을 촉진시키기에 이르렀다. 양국은 에너지·정보통신·금융·물류·인력 등과 같은 중요한 분야에

표2 중한 수출입 교역액 및 성장률 통계(1992-2014)

(단위: 억 달러)

연도	수출액(성장률)	수입액(성장률)	총액(성장률)	무역 수지
1992	24.4(11.9%)	26.2(144.9%)	50.6(55.7%)	-1.8
1993	28.6(17.2%)	53.6(104.6%)	82.2(62.5%)	-25.0
1994	44.0(53.8%)	73.2(36.6%)	117.2(42.6%)	-29.2
1995	66.9(52.0%)	102.9(40.6%)	169.8(44.9%)	-34.0
1996	75.0(12.1%)	124.8(21.3%)	199.8(17.7%)	-49.8
1997	91.3(21.7%)	149.3(19.6%)	240.6(20.4%)	-58.0
1998	62.5(-31.5%)	150.1(0.5%)	212.6(-11.6%)	-87.6
1999	78.1(25.0%)	172.3(14.8%)	250.4(17.8%)	-94.2
2000	112.9(44.6%)	232.1(34.7%)	345.0(37.8%)	-119.2
2001	125.2(10.9%)	233.9(0.8%)	359.1(4.1%)	-108.7
2002	155.0(23.8%)	285.7(22.2%)	440.7(22.8%)	-130.7
2003	201.0(29.4%)	431.3(51%)	632.3(43.4%)	-230.3
2004	278.2(38.4%)	622.5(44.3%)	900.7(42.4%)	-344.3
2005	351.1(26.2%)	768.2(23.4%)	1119.3(24.3%)	-417.0
2006	445.3(26.8%)	897.8(16.9%)	1343.1(20.0%)	-392.5
2007	561.4(26.1%)	1037.6(15.6%)	1599.0(19.1%)	-476.2
2008	739.5(31.0%)	1121.6(8.1%)	1861.1(16.2%)	-382.1
2009	536.8(-27.4%)	1025.5(-8.5%)	1562.3(-16.0%)	-488.7
2010	687.7(28.1%)	1384.0(35.0%)	2071.7(32.6%)	-696.3
2011	829.2(20.6%)	1627.1(17.6%)	2456.3(18.6%)	-797.9
2012	876.8(5.7%)	1686.5(3.7%)	2563.3(4.4%)	-809.7
2013	911.8(4.0%)	1830.7(8.5%)	2742.5(7.0%)	-918.9
2014	1003.4 (10.1%)	1901.5 (3.9%)	2904.9 (5.9%)	-898.1

출처: 1992-1999년 통계수치는 李延·杜楊·張炳政, 『整理中韓貿易—2000年中韓貿易統計數據對比』(『中國海關雜誌』, 2002, no.2, pp. 32-36)에서 재인용. 2000-2010년 수치는 중화인민공화국 주대한민국 대사관 누리집에 게시된 『中韓貿易簡明統計(1992-2010)』(http://kr.mofcom.gov.cn/article/zxhz/tjsj/201002/20100206776027.shtml, 2013-6-16) 참조. 2011년 수치는 중국 해관총서 누리집 참조(http://www.customs.gov.cn/publish/portal0/tab44602 /module 108994/info348295.htm). 2012년 수치는 중국 해관총서 누리집(http://www.customs.gov.cn /publish/portal0/tab44602/module108994/info412938.htm) 참조. 2013년 수치는 중국 해관총서 누리집(http://www.customs.gov.cn/tabid/2433/InfoID/690424 /frtid/49564/Default.aspx) 참조. 2014년 수치는 중국 해관총서 누리집(http://www.customs.gov.cn/publish/portal0/tab49666/info729723.htm) 참조.

서도 괄목할 만한 성과를 거두었다. 이처럼 경제 분야는 그야말로 중한관계 발전에서 가장 중요한 부분이며, 경제협력은 양국의 전략적 관계에서 초석과도 같다.

표 3 한국의 대중국 투자현황 일람표(1992-2014)

연도	직접투자액(건)	중국 비중	실제 사용액(억 달러)	중국 비중
1992	650	1.33%	1.19	1.09%
1993	1748	2.09%	3.74	1.36%
1994	1849	3.89%	7.23	2.14%
1995	1975	5.34%	10.43	2.78%
1996	1895	7.72%	13.58	3.25%
1997	1753	8.35%	21.42	4.73%
1998	1309	6.61%	18.03	3.97%
1999	1547	9.14%	12.75	3.16%
2000	2565	11.48%	14.90	3.66%
2001	2909	11.13%	21.52	4.59%
2002	4008	11.73%	27.21	5.16%
2003	4920	11.98%	44.89	8.39%
2004	5625	12.88%	62.48	10.31%
2005	6115	13.89%	51.68	8.57%
2006	4262	10.28%	39.93	6.07%
2007	3452	9.12%	36.78	4.92%
2008	2226	8.09%	31.35	3.39%
2009	1669	7.12%	27.00	3.00%
2010	1695	6.18%	26.92	2.55%
2011	1375	4.96%	25.51	2.20%
2012	1306	5.24%	30.38	2.74%
2013	1371	6.02%	30.54	2.60%
2014	-	-	39.7	3.53%

출처: 1992-2000년 수치는 중국 상무부 누리집에 게시된 『2007 中國外商投資報告』(http://www.fdi.gov.cn/pub/FDI/wzyj/yjbg/zgwstzbg/2006chinainvestmentreport/t20061226_71594.htm.)에서 재인용. 2001-2010년 출처는 中國商務部外國投資管理司 · 商務部投資促進事務局編의 『2011 中國外商投資報告』(北京: 經濟管理出版社, 2011, 第1版, p.46)에서 재인용. 2011-2012년 수치는 『國際貿易』 2013年 第2期(p.69)에서 재인용. 2013년 수치는 『國際貿易』 2014年 第2期(p.69)에서 재인용. 2014년 수치는 중국 상무부 누리집에서 인용(http://data.mofcol.gov.cn/channel/indludes/list.shtml?channel=wzsj&visit=E).

셋째, 안보협력 강화, 지역 안정의 공동 수호. 중한 양국은 6자회담과 한반도 비핵화 프로세스를 이끄는 중요한 견인차 역할을 하며, 양측은 한반도와 동북아 평화·안정을 위해 협력을 강화해 나가고 있다. 양국의 고위급 상호 방문은 점차 제도화되어 가고 있다. 양측은 여러 차례 중한 안보포럼의 장을 통해 국방부 장관 회담을 개최했으며, 해상 수색·구조 등 공통 관심 사안에 대해 합동훈련을 실시하는 등 전통적 안보분야에서의 협력을 한 단계 높였다. 비전통적 안보분야에서는 자연재해의 예방·대응 영역에서의 협력을 강화하고 신속한 정보 공유와 함께 구조작업 협력을 강화했다. 또한 환경보호 분야의 협력 강화를 통해 해양 환경오염 대응책과 황사 예방·완화 방안에 대한 의견을 나누었다. 아울러 국제 테러리즘과 마약·해적·금융사기·인터넷 범죄 등 각종 범죄 분야에서도 협력을 강화했다. 이처럼 안보·군사협력은 양국의 전략적 협력동반자관계에서 가장 획기적인 새로운 분야라고 할 수 있다.

넷째, 인적·문화적 교류 촉진을 통해 민간 차원의 상호 이해 심화. 중한 전략적 협력동반자관계 중 인적·문화적 교류는 매우 중요한 요소이다. 중국은 한국의 가장 큰 유학생 송출국이자 최대 아웃바운드 여행지다. 재중국 한국인 유학생과 여행객 수의 비율 역시 중국에서 장기간 상위권을 기록하고 있다. 2013년 6월 28일 「중한 미래비전 공동성명」에서는 "양국 국민 간 다양한 형태의 교류를 촉진하고, 특히 인문유대 강화 활동을 적극 추진한다. 이를 위해 학술·청소년·지방·전통예능 등 다양한 인문분야에서 교류를 적극적으로 추진한다. 아울러 양국 간 공공외교 분야에서의 협력, 그리고 다양한 문화교류도 가일층 촉진시킨다. 이를 통해, 양국관계의 장기적·안정적 발전의 기반이 되는 양국 국민 간의 상호 이해와 신뢰를 제고한다"[36]고 밝혔다. 나아가 2014년 7월 4일 공표한 「중한 공동성명」에서는 "쌍방향적이고 국민체감적인 인적·문화적 교류를 통해 양국 국민 간 정서적 유대감을 심화함으로써, 마음과 마음이 서로 통하는 신뢰관계를 구축해 나간다"고 강조했다.[37] 한국 아산 정책연구원의 조

. . . .

36 "中韓面向未來聯合聲明"(2013), 제2면.

37 "中華人民共和國和大韓民國聯合聲明"(2014), 제2면.

사에 따르면, 이명박 정부 시기 조사 응답자 중 76%가 '만약 다시 한국전쟁이 발발한다면 중국은 북한의 편일 것'이라고 답했지만, 이 비율은 2014년 4월에 35%까지 떨어졌다고 한다.[38] 이러한 사실은 최근 중한 양국이 나눈 정서적 교류의 성과를 잘 보여준다.

최근 중한 양국의 문화교류는 날로 활발해지고 있다. 양국은 인문유대를 강화하기 위해 정부 간의 조율기구인 '중한 인문교류공동위원회'를 설립하고, 이로써 인문교류 관련 협력사업 계획 수립 및 이행 지도를 수행하도록 했다. '중한 인문교류공동위원회'는 2013년 11월 제1차 연례회의를 열어 청소년 교류, 정부 교환 장학금, 전통예술 체험, 지방정부 · 도시 교류 등 19개 세부사업을 실시하도록 했다. 인적 왕래에 대하여 중한 양국은 2014년 7월 「중화인민공화국과 대한민국 간의 영사협정」을 체결하여 양국 인적 왕래의 법률적 기초를 보다 확실하게 다졌다. 이로써 양국은 자국민이 상대국가에서 합법적인 권익을 누릴 수 있는 법적인 근거를 마련했다. 관광 분야에서 양국은 2015년과 2016년을 각각 '중국 방문의 해'와 '한국 방문의 해'로 지정하여 2016년까지 양국 간 인적 교류 연인원 1천만 명의 목표를 달성하기 위해 노력한다고 밝혔다. 교육 분야에서는 2014년 9월 24일 20번째 공자학원이 한국 원광대학에서 출범하면서 한국은 이미 아태지역에서 공자학원이 가장 많은 국가가 되었다.[39]

전반적으로 볼 때, 중국 공산당 제18차 당대회 이후 중한 양국은 "지도자 간 소통을 긴밀히 유지하고, 각 급에서의 다양한 전략대화 메커니즘을 신설하는 등 이전에 볼 수 없었던 높은 수준의 전략적 소통 관계를 구축했다. 또한 창조와 혁신을 원동력으로 하는 새로운 경제체제 구축과 관련한 협력을 증진하고, 양국 경제협력의 제도적 기반을 착실히 다져왔다. 인문유대사업 활성화, 공공외교 분야 협력 개시, 교육 · 문화 교류 강화 등을 통해 인적 · 문화적 교류의 깊이와 폭을 심화 · 확대해왔다."[40] 이처럼 중한 지도자들의 공동선도 아래 양국

38 雷默, "中韓關係升溫與東北亞新局", 『南風窓』 2014年 第15期, pp. 22-24.
39 공자학원 홈페이지 참조 http://www.hanban.edu.cn/confuciousinstitutes/node_10961.htm
40 "中華人民共和國和大韓民國聯合聲明"(2014), 제2면.

관계는 각 분야에서 비약적인 발전을 거듭하여 중국은 한국의 최대 무역 파트너, 수출 시장, 수입대상국이자 최대 해외투자 대상국이 되었으며, 한국은 중국의 가장 중요한 무역·투자 협력 파트너 국가 중 하나가 되었다. 또한 양국은 서로에게 가장 많은 여행객과 유학생의 송출국이 되었다. 중한 양국을 방문하는 연인원은 이미 800만 명을 넘었으며, 양국 국민은 서로의 문화에 대해 매우 친숙하며 호감을 가지고 있다. 한풍(漢風)과 한류(韓流)는 서로 조화를 이루며 시너지 효과를 내고 있다. 이와 함께 중한 양국은 지역과 국제 이슈에서 긴밀한 소통과 조율을 유지했으며, 양국의 협력은 공동의 이익을 다지고 국민 간의 거리를 더욱 좁혔다. 이로써 양국관계의 장기적 발전을 위한 견고한 기반을 마련했다. 요컨대 중한 양국은 전략적 협력동반자관계가 심화되면서 정치·경제·안보·문화 등 다양한 분야의 협력에서 전략성·협동성을 보여주었다. 양국은 현재 전략적 협력동반자관계의 내실화라는 목표 실현을 위해 나아가고 있다.

중한 양국의 전면적 전략 협력동반자관계 심화에서의 기회와 도전

20여 년간 공동의 노력으로 중한 양국의 전략적 협력동반자관계는 그 어느 때보다 좋은 여건 속에서 심화·발전해 나가고 있다.

첫째, 중한 양국의 상호 수요 급증. 한국 입장에서는 중국의 이해와 지지 없이는 한반도 통일과 국내 경제부흥의 목표를 실현하는 데 어려움이 있다. 중국의 지속적인 경제발전과 긴밀한 중한 무역 관계는 한국이 경제부흥 계획을 이룩하는 데 가장 중요한 외부 요소이다. 뿐만 아니라 중국은 남북 양측에 모두 중요한 역할을 하고 있고, 중국의 정책 조정이 한반도 화합과 통일프로세스에 직결되기 때문에 한국은 더욱 중국의 이해와 지지를 필요로 한다. 중국 입장에서는 미국의 아시아로의 회귀와 냉각된 중일관계 속에서 한국과 같이 중국의 전략적 동반자이자 미국의 동맹국인 국가가 '중개자' 역할을 해줌으로써 지역의 안보정세를 완화시킬 필요가 있다. 중한 양국은 모두 새로운 경제 성장점을 찾아야 하는 난제에 직면해 있으며, 양국의 경제발전은 자원고갈 · 인구고령화 · 산업고도화 요소 등으로 인해 병목현상이 우려된다. 향후 양국은 상호교류 · 협력 · 배움을 통해 새로운 동북아 발전 모델을 도출해야 할 것이다.

둘째, 비슷한 발전의 꿈으로 중한 양국관계 발전을 위한 공통어 마련. 한국의 박근혜 정부는 경제 부흥 · 국민 행복 · 문화 융성이라는 시정목표를 내세우고 '국민 행복 시대'를 열어갈 것을 강조해왔는데, 이것은 '중국의 꿈'과도 상통한다. 중한 양국의 꿈의 공통성과 공유성은 국가 · 사회 간의 상호 교류 · 배움 · 신뢰에 목표기반과 정신적 원천을 마련해주었다. 또한 양국의 꿈은 상호 심도 있는 교류를 나눌 수 있는 공통어가 되었다.

셋째, 동북아 경제발전과 번영, 지역 안보 · 안정은 중한 양국의 긴밀한 협력 · 교류를 필요로 함. 동북아 경제발전 모델의 문제와 일본의 주변국가 관계 악화는 역내 경제협력에 정체현상을 가져왔다. 이때 중한 양국은 협력을 통해 새로운 경제성장 모델을 모색해야 한다. 왜냐하면 중한 양국의 경제무역 관계 발전과 그 스필오버 효과(Spillover Effect)는 이미 양자 간 차원을 넘어 역내 기타 국가가 지역 내 경제협력을 더욱 주목하게 만들었으며, 지역 경제 융합에 새로운 활력을 제공하고 있기 때문이다. 북핵문제는 항상 지역안보를 위협하는 가장 핵심적인 문제이며, 중한 양국이 골머리를 앓고 있는 문제이기도 하다. 양국은 한반도와 동북아 평화 · 안정을 유지하기 위해 전략적인 공감대를 형성했다. 중국은 오랜 시간 한반도와 동북아 평화 · 안정을 위해 노력해왔으며, 동북아 안보대화체제 구축을 주장했다. 한국 박근혜 정부는 국제사회와의 긴밀한 협력을 통해 한반도 안보 위기를 해결해 나가는 동시에 동북아의 평화적 협력 증진을 도모하는 선순환을 만들어 나가자고 제안했다. 중한 양국의 참여 · 지지 · 협력 없이는 북핵문제의 해결책을 찾을 수가 없다. 지역 안정을 유지하기 위해 중한 양국은 함께 리스크를 관리해야 한다.

한편, 중한 양국은 민족 정서, 역사 · 문화 기원, 경제적 마찰, 안보 문제 등 다양한 분야에서 어느 정도 문제를 가지고 있다. 중한관계의 구조적 모순은 상당히 두드러진 편이다. 즉 양국은 정치 · 안보 · 경제 · 문화 등 많은 영역에서 공통점을 지니고 있으며, 이러한 공통 이익은 양국관계의 신속한 발전에 원동력이 되어 왔다. 그러나 양국 간에는 대미관계·대북관계, 상호 이해 측면에 내재된 구조적 갈등이 존재하며, 이러한 이견은 향후 상당 기간 동안 근본적으로 해결되기는 어렵다.[41]

이처럼 중한관계는 여러 외부적 요소의 저해를 받고 있는 동시에 근본적인 어려움이 존재한다. 이에 따라 양국의 전략적 협력동반자관계를 심화해 나가는 과정은 장기적이고 어려운 과제라고 할 수 있다. 중한 양국은 비록 서로를 중시하는 '전략적 관계'를 구축했지만, 이와 동시에 서로에 대한 인식의 차이와 상호 역할에 대한 기대차를 드러냈다.[42] 향후 양국은 전략적 신뢰도를 더욱 높여야 하며 오해를 해소하는 것이 매우 중요하다. 구체적으로 설명하면 다음과 같다.

첫째, 외부 방해 요소로 인한 중한 정치적 상호 신뢰도 저하. 북핵문제와 한반도 통일 문제는 한국의 가장 큰 관심사이자 가장 민감한 중요사안이다. 비록 중국이 한국을 향해 이 두 가지 사안에 대한 기본입장을 거듭 밝혔지만, 역사적 원인으로 형성된 북중관계의 특수성 때문에 한국은 중국이 대북 편향적 정책을 시행할 수 있다고 우려한다. 한국 입장에서 보면, 중국이 남북한 사이에서 전략적 균형을 유지하는 것은 중한 전략적 협력동반자관계의 시금석이 된다. 중한 양국은 이미 동북아 안보협력 문제에 대해 원칙적인 합의를 이루었다. 그러나 만약 한국이 계속해서 미국에 편향된 대외전략을 세워 한·미·중 3자간 대칭의 균형관계를 이루지 않고 미국의 동아시아 전략 판도의 포석을 자처한다면, 안보상의 어려움과 신뢰 부재 문제는 지속적으로 존재할 것이다. 또한 중한 양국 간 전략적 협력의 시나리오에도 차질을 빚게 될 것이다. 현재 사드(THAAD) 배치 문제는 동북아 군사 안보 분야의 핫이슈이다. 이와 관련하여 한국은 사드 배치를 먼저 자청하지 않았으며, 미국이 결정한 문제라고 주장한다. 하지만 중국 입장에서 보면 한국 내 사드 배치는 중국을 겨냥한 것이다. 이처럼 양국 간

----

41 石源華·文恩熙, "試論中韓戰略合作伙伴關係中的美國因素", 『東北亞論壇』 2012年 第5期, pp. 15-22.

42 李熙玉, "韓中建交二十周年及今後韓國對華政策的方向", 『當代韓國』 2012年 第3期, pp. 17-26.

에 존재하는 거대한 인식의 간격은 중한 양국의 전략적 신뢰관계를 시험대에 올리고 있다.

둘째, 군사분야의 교류와 안보협력의 정체. 이러한 교류 형식을 갖춘 데에는 역사적 원인뿐만 아니라 현실적인 정책의 영향이 있었다고 할 수 있다. 한미동맹은 한국에 중요한 안전보장을 제공해주었고, 한국의 역대 정부는 선미국-후 중국이라는 대외전략을 유지하며 한미 양국의 군사·안보 분야 협력을 강화해 왔다. 이와 대조적으로 중한 간 안보 협력 및 군사 교류는 매우 빈약했다. 이는 군사동맹의 배타성과 잠재적 적대성으로 인해 중한 양국이 서로 경계해왔기 때문이다. 군사안보분야의 교류 정체성은 상호 신뢰의 부재를 초래했고, 중한 양국의 전략적 협력동반자관계가 정치적 선언으로 전락하게 한 주된 원인이라고 할 수 있다.

셋째, 사회적 이해 부족으로 인한 민족주의 정서 심화. 중한 양국의 국민들은 상당히 짙은 민족주의적 정서를 가지고 있다. 특히 한국의 민족주의 정서는 중국위협론의 영향을 받아 중국의 미래 전망에 대해 불안감을 가지고 있다. 농후한 민족주의 정서는 양국관계의 건전한 발전에 악영향을 끼칠 뿐만 아니라 두 나라의 사회적 교류와 상호 신뢰의 기초를 흔들기도 한다. 중국 국민들은 한국이 '소국(小國) 심리'에서 벗어나 급부상하는 중국을 다시 바라보아야 한다고 생각하며, 한국 국민들은 중국이 '피포위 심리(Siege Mentality)'에서 벗어나야 하며 '전통 질서로의 회귀'라는 포부를 버려야 한다고 여긴다. 양국 국민들이 자아성찰과 상대에 대한 이성적인 이해, 가치관에 대한 상호존중, 심리상의 '안보 딜레마'와 '잘못된 인식' 탈피는 향후 중한관계가 극복해 나가야 할 전략적 과제이다.

넷째, 중한 무역 마찰의 조짐. 빠른 속도로 발전한 중한 경제 관계는 일찍이 양국관계의 기반이 되어왔다. 그러나 양국 교역이 급증하면서 한국은 상당한 중국제품에 대해 관세장벽, 반덤핑 혹은 차별성 검역기준 등의 방법을 적용하여 중국에 무역적자를 가져왔으며, 이는 중국의 대(對)한국 수출에 많은 영향을 주었다. 보호무역주의에 반대하고 상호 이익과 관심사에 주목하며, 외부의 경제적 리스크에 공동 대응함으로서 보다 넓은 차원의 윈윈(Win-Win)과 상생발전을 실현해 나가는 것이야말로 중한 경제 관계가 건전한 방향으로 발전해 나갈 수 있는 전제조건이다.

다섯째, 일부 역사 인식 문제상의 의견차 존재. 중한 양국은 예로부터 일의대수(一衣帶水)의 지정학적 관계에 있다. 고구려와 발해는 중국의 긴 역사 속에서 존재했으며, 양국의 문화는 많은 부분에서 상통한다. 고대사 문제는 객관적이고 엄정한 자세로 공정한 해석과정을 필요로 한다. 역사문제에 대해서 양국은 개방적·포용적인 태도로 지식층의 객관적·과학적 연구와 허심탄회한 교류를 장려하며, 학술문제의 정치화를 막아야 한다.

중한 전략적 협력동반자관계 심화를 위한 제안

중한 양국은 향후 양자관계의 강화와 영향력 확대가 가지는 중요한 의미를 함께 깊이 인식하고 있다. 이는 중한관계의 새로운 포지셔닝에서도 나타난다. 즉 "공동발전을 실현하는 동반자, 지역평화에 기여하는 동반자, 아시아의 발전을 추진하는 동반자, 세계번영을 촉진하는 동반자"를 제시한 것은 양자 간 전략적 협력관계 심화의 원동력과 전망을 보여준다. 이에 몇 가지 사항을 다음과 같이 제안한다.

첫째, 중한관계의 전략적 의미를 더욱 제고하여 중한 양국의 전면적인 전략 협력동반자관계의 새로운 포지셔닝을 확립한다. 중국은 중한관계를 전략적인 지축(支軸)과 동북아지역 전략의 기점으로 삼아 공동이익 확대라는 목표와 제도적 협력이라는 경로를 통해 경제적 교류·군사적 상호신뢰·문화적 교류를 실행하는 방안을 고려할 수 있다. 한국은 전략적 결심과 실행 가능한 조치로서 한국 외교전략에서 차지하는 중국의 지위를 실질적으로 격상시키며, 특히 중한미 3자관계에서 대칭적 균형을 맞춰야 할 것이다.

둘째, 중한 전략적 관계를 동북아 안정과 발전의 핵심으로 발전시켜야 한다. 동북아는 국제관계의 중요한 각축장으로서 국가 이익이 복잡하게 얽혀 있으며, 그 구도는 허브 앤 스포크(Hub and Spokes), 복합적 상호의존(Complex

Interdependence), 규범적 공동체(Normative Community) 등의 요소가 교차적으로 구성된 형태를 보인다.[43] 양자관계의 측면에서 보았을 때, 동북아 지역은 그동 안 다자주의 전통이 부재하여 주로 군사동맹과 양자주의가 주축을 이루었던 곳 이다. 동북아 안보구도는 주로 미일연맹, 한미동맹, 북중의 전통적 양자 간 우 호관계, 그리고 북중러 등의 일방적인 구조로 이루어져 있다. 이 가운데 비교적 완전한 안보의 틀은 바로 미국이 구축한 양자 간 군사동맹이다. 하지만 이러한 배타적 군사동맹은 전략적으로 서로 의심하게 만들어 지역 전체를 책임지지 못 한다. 오히려 실제로는 상호 대항적 · 제어적 행동을 초래하여 동북아 안보협력 을 저해하게 된다.[44] 단시간 내에 동북아에서 지역적 기구가 출현할 가능성은 크지 않기 때문에 소지역적 협력을 중요시할 필요가 있다. 중한 양국은 양자관 계로서 다자관계를 추진하는 체제를 구축하여 이러한 협력을 통해 양자 간 공 동이익을 실현해야 할 것이다. 기존의 중한관계를 기반으로 지속적인 고도화 · 제도화를 거쳐 혁신적인 중한 '전략적 공동체'를 구축하고 중한관계를 동북아 안정과 발전의 핵심으로 만들어 나가야 한다.

셋째, 중한 FTA를 통해 동북아 경제 협력을 이끌어내고 동북아 공동체 의식 을 구축한다. 중한 FTA는 전략적 협력동반자관계의 중요한 일환으로써 중한 경제협력 확대에 실질적인 촉진 역할을 할 것이다. 또한 중한 협력의 분야를 확 대하고 협력의 새로운 패러다임을 구축하는 데 기여할 것이다. 중한 양국은 경 제발전모델, 국정 경험, 도시화 및 농촌현대화 개조 등의 의제에 대해 더욱 다 양한 협력을 통해 양국의 지혜를 모아 동아시아 발전에 부합하는 발전모델을 모색해 나갈 수 있을 것이다. 한편, 중한 FTA는 중한무역뿐만 아니라 동북아 공 동체를 추진하는 핵심적인 절차이다. 중한 양국의 양자 간 FTA가 선행될 때 동 북아 지역의 경제협력 촉진과 정치적 상호신뢰 강화를 가져올 수 있다. 이것은 공동이익의 기반에서 동북아 공동체의식을 구축하여 동북아 통합 프로세스에

· · · · · · · · · · · · · · · ·

43 David Shambaugh ed., *Power Shift: China and Asia's New Dynamics* (Berkeley: University of California, 2005), pp. 12-13.

44 門洪華, "東北亞安全困境及其戰略應對", 『現代國際關係』 2008年 第8期, pp. 16-22.

힘을 실어줄 수 있을 것이다.

넷째, 다층적인 차원에서 중한 전략적 대화를 강화하고 상호 이해 심화를 통해 오해를 해소해 나간다. 대화는 상호 보완의 가교 역할로써 전략적 대화는 중한 양국의 전략적 협력동반자관계에서 중요한 부분이다. 중한 양국은 이미 제도화 외교와 국방전략 대화를 마련했으며, 이는 양국의 정치적 교류와 안보협력 촉진에 건설적인 역할을 하고 있다. 중한 양국의 전략적 협력동반자관계의 심화 및 내실화를 통해 1.0과 1.5 또는 2.0 채널 등 다층적 차원의 전략적 대화를 심화하고 확대해 나갈 필요가 있다. 이와 동시에 인문적 교류 강화를 통해 중한 양국 사회에서 서로의 가치관을 포용하고 배워나가는 분위기를 형성하여 민간 차원의 상호신뢰의 기초를 다져야 한다.

다섯째, 실제 행동을 통해 양국 싱크탱크의 교류·협력을 강화해 나간다. 중한 양국은 적극 선도·자금 지원·정보 공유 등의 방식을 통해 양국 싱크탱크의 교류·협력을 강화해야 한다. 이로써 정치 안보·경제무역·사회문화·군사적 상호신뢰 분야에서의 공동 연구를 통해 양국관계의 지속적 발전에 영향을 주는 잠재된 불확실한 요소를 제거하며, 중한 양국의 전면적 전략적 협력동반자관계 구축을 위해 지식적인 기반을 마련해야 한다.

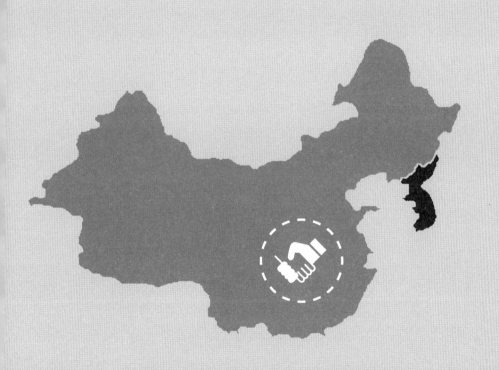

한중 정치외교 관계

한중 정치외교 관계의 발전과정과 현황

이동률

1. 서론

한중관계는 수교 이후 짧은 기간에 비약적인 발전을 이루어냈다. 과거 50여 년간의 적대와 단절, 그리고 비공식적 교류의 시기를 감안할 때 수교 이후 22년에 이루어낸 눈부신 성장은 "불가사의"라 하기에 충분하다. 한중관계는 정치외교적 측면에서, 수교 이후 약 5년을 주기로 하여 양국관계가 변화 발전되어 왔다. 즉 한국과 중국은 1998년에 '협력동반자관계'(合作夥伴關係), 2003년에 '전면적 협력동반자 관계'(全面合作夥伴關係)를 맺은 데 이어, 2008년에는 '전략적 협력동반자 관계'(戰略合作夥伴關係)로 발전했다.[45] 전략적 협력동반자 관계라 함은 한국과 중국이 군사 분야를 포함한 모든 영역에서 협력을 강화하는 것은 물론 지역 및 세계적 차원의 이슈에 대해서도 상호 긴밀한 논의와 함께 협조체계를 구축한다는 의미이다.[46] 그리고 2013년과 2014년 연이은 정상회담을 통해 '전략적 협력 동반자관계'의 '내실화'와 '성숙화'을 위해 공동 노력하기로 합의했다.

수교 이후 한중관계의 비약적 발전은 사실상 중국의 본격적인 부상과 시기

---

45 각각 1998년 11월 김대중 대통령, 2003년 7월 노무현 대통령, 2008년 5월 이명박 대통령의 방중 때 양국 정상회담을 통해 합의, 선포되었다.

46 이태환 편, 『한반도 평화와 한미중 협력』(성남: 세종연구소, 2010), 제1장 참조.

를 함께하고 있다. 한중관계의 괄목할 만한 발전은 기본적으로는 불가분의 역사적, 지정학적 특징으로 형성된 구조적 원인, 경제협력이라는 기능적 동인, 그리고 양국의 환경변수, 즉 미국요인과 북한요인이 복합적으로 작용한 결과라고 볼 수 있다. 경제적 동기가 양국관계의 외형적 급성장의 주된 동력이었다면 북한 및 미국 요인은 양국 간 '특수한 밀월관계'의 배경이었다.

그런데 최근 이러한 관계발전을 촉진시켜왔던 동인들의 작용이 축소 또는 변화하고 있는 반면에 양국관계가 다변화되면서 양국의 국내정치 사회문제들이 양국관계의 새로운 변수로 등장하고 있다.[47] 즉, 지금까지 관계발전 초기의 탐색, 그리고 북한이라는 특수한 변수의 작용으로 그동안 잠복 또는 봉합되어 왔던 갈등요소들이 현안으로 부상하게 될 가능성이 높아지고 있다. 아울러 양국관계는 지난 22년의 모색과 발전과정을 거치면서 특수한 밀월관계에서 탈피하면서 호혜를 기반으로 하면서도 동시에 양국의 이해가 보다 적극적으로 모색되는 관계로 전이해가는 과정에 진입하면서 국내변수들의 영향이 확대될 수 있는 상황에 직면해 있다.

이 글은 이처럼 단기간에 비약적인 성장을 이룩한 한중관계의 발전과정을 정치 외교 영역을 중심으로 주요 맥락을 포착하면서 정리하고 이를 바탕으로 한중관계 발전의 특징을 살펴보았다. 아울러 2013년 이후 한중 양국의 새로운 정부가 거의 동시적으로 출범하면서 한중관계는 '새로운 발전단계'로 전이가 모색되고 있는 현상에 주목하면서 그 변화의 내용과 특성을 분석하여 한중관계가 안고 있는 새로운 과제가 무엇인지를 제시한다.

. . . .

47 이동률, "중국의 초강대국화와 한반도의 미래", 이동률 편, 『중국의 미래를 말하다』 (서울: 동아시아연구원, 2011), p. 264-267.

2. 수교 이후 한중관계의 발전과정과 특징

1) 한중수교와 관계 발전

수교 초기 한중 정치관계에서의 가장 큰 쟁점은 북한문제였다. 한국은 북중 관계를 능가하는 한중관계의 실질적 발전을 기대, 요구한 반면에 중국은 북중 관계의 "혈맹"적 특수 관계를 유지하려는 줄다리기가 전개되었다. 중국은 수교 초기까지도 북한과는 기존의 특수 관계를 유지하고, 한국과는 경제협력에 중점을 두는 한반도외교에 있어서 이른바 '북정남경(北政南經)'의 정경분리의 기조를 유지해왔다.

그런데 이후 중국외교의 실용주의화 현상이 두드러지고, 한중 간의 경제협력이 심화, 구조화되면서 자연스럽게 이를 뒷받침할 수 있는 정치안보영역에서 교류의 필요성도 증가하기 시작했다. 1994년 1차 북한 핵문제가 우여곡절 끝에 중국의 중재를 통해 "평화적으로" 일단락된 직후 이루어진 11월 리펑 총리의 방한 과정에서 중국의 실리외교는 구체적으로 표출되기 시작했다. 1992년과 1994년 한국의 노태우, 김영삼 두 대통령의 연이은 중국 방문이 있은 이후, 비로소 성사된 최초의 중국 총리의 한국 방문에서 당시 리펑 총리는 남북한관계에 있어서 자주독립의 원칙을 견지할 것을 강조하면서 남북한에 대한 실리 외교 추진 의지를 내비쳤다.

중국의 한반도 실리외교는 기존의 한반도 관련 정치, 안보쟁점에서의 북한에 대한 일방적 지지 태도의 변화를 의미하는 것이다. 중국이 한반도 평화체제 전환 문제와 관련하여 공개적으로 북한과는 다른 입장을 표명한 것이 대표적인 사례다. 1994년 11월 리펑 총리는 한국 방문 시 기자회견에서 "새로운 평화체제가 수립되기 전까지는 기존의 정전체제가 유효하며, 따라서 정전협정이 준수되어야 한다"고 밝힘에 따라 당시 정전협정 자체를 무력화시키고 미국과 직접 평화협정을 논의하려던 북한과 다른 입장에 있음을 분명히 했다.[48]

. . . .

48 李鵬 총리의 제주도 기자회견에서의 발언 내용. 劉金質, 楊淮生 (編), 『中國對朝鮮和韓國政策文件匯編 5 (1974~1994)』, p. 2672.

뿐만 아니라 북한은 기존의 한반도 정전체제에서 평화체제로 전환하는 과정에서 북미 양자회담을 고집하면서 한국을 대화 상대국으로 인정하지 않으려 했던 반면, 1996년 중국의 첸지천(錢其琛) 당시 외교부장은 오히려 한국은 정전협정의 서명국은 아니지만 직접적인 이해당사국임을 분명히 하면서 한국의 '적절한 역할'의 필요성을 공식 표명했다.[49]

중국의 태도 변화의 배경에는 물론 중국이 "남북한 당사자 간의 자주적이며 평화적 해결"이라는 기존의 원칙을 재확인한다는 대의명분용의 성격도 지니고 있지만 보다 중요한 이유는 첫째, 덩샤오핑의 '남순강화' 이후 경제발전이 최우선 국가목표로 강조되면서 한국과의 경제협력의 중요성이 부각되었고, 둘째 천안문사건과 냉전종식으로 촉발된 미국과의 갈등관계가 1993년 최혜국 대우 연장문제로 더욱 악화되고 있는 상황에서 한반도 문제 해결과정에 자신의 영향력이 약화되고 상대적으로 미국의 세력이 확대되는 것을 저지하려는 전략적 고려가 내재되어 있었기 때문이다.

2) 한중 동반자관계로의 발전

한중관계는 1998년 11월 김대중 대통령의 중국 방문을 계기로 이른바 '동반자관계'라는 새로운 형태로의 관계 진전이 이루어졌다. 김대통령의 방중기간 '21세기 협력적 동반자 관계(面向21世紀合作夥伴關係)'로 발전을 공식선언한 데 이어서 2000년 10월 주룽지(朱鎔基) 총리 방한 시 한중 양국은 군사안보 분야를 포함하는 협력분야의 다변화에도 합의하였다.[50]

동반자관계로의 발전은 김대통령의 방중 이전인 1998년 4월 후진타오(胡錦濤) 중국 국가부주석의 방한 시에 이미 논의되기 시작했다. 즉 기존의 경제협력 위주의 양국관계를 정치·안보분야를 포함하는 보다 다양한 영역으로 발전시켜야 함을 강조하였던 것이다. 이에 따라 1999년, 2000년 한중 국방장관의 상호방문 회담 개최에 이어서 2001년 10월과 2002년 5월에 각각 한국 군함의 상

49 『人民日報』(1998. 8. 27).
50 '21세기 협력적동반자 관계'에 대해서는 『人民日報』(1998. 11. 13) 참조.

해기항과 중국 군함의 인천기항, 그리고 2002년과 2003년의 공군수송기 상호
방문으로 확대되었다. 이처럼 한중관계는 그동안 금기시되었던 군사안보 분야
로까지 교류의 영역이 확대되는 진전이 이루어졌다.

이러한 양국관계의 변화 · 발전과정은 결국 중국의 한국과의 협력의 주 동인
이 기존의 경제협력 중심에서 이제는 한반도 및 동북아 지역의 질서 및 안보와
관련된 전략적 영역으로 확대되어가고 있음을 보여주는 것이며, 특히 군사 분
야의 교류는 중국이 그동안 한중관계 발전의 주된 제약요인으로 거론했던 '북
한요인'으로부터 상당히 자유로워지고 있거나, 아니면 현실적으로 한중관계의
발전에 더 비중을 두고 있음을 시사하는 것이라 해석할 수 있다.

그러나 다른 한편 한중 정치관계는 이러한 전반적인 외형적 발전 추세 속에
서 적지 않은 문제들이 수교 10년을 즈음한 2002년에 이르러 불거지기 시작했
다. 예컨대 탈북자문제, 조선족문제, 달라이 라마 방한문제, 어로분쟁, 마늘분쟁
등 기왕에 잠복되어왔던 현안들이 한국 방문의 특수한 밀월관계에 미묘한 파장
을 불러일으키기 시작했다. 양국관계가 다변화하면서 양국의 국내요인들이 새
롭게 변수로 등장하게 된 것이다. 이들 갈등요인들이 양국관계의 발전 필요라
는 대세 앞에서 관계발전의 걸림돌로까지 확대되지는 않았지만 그동안 성장일
변도의 양국관계에 간과되어왔던 갈등의 현실성에 대한 각성을 불러오기에는
충분한 사례들이었다.

그리고 이어서 한국 방문은 2003년 7월 노무현 대통령의 중국방문을 통해
2000년 이후 사실상 진행되어온 양국협력 및 교류의 확대를 '전면적 협력동반
자관계(全面合作伙伴關係)'로 발전시키기로 합의함으로써 공식화하게 되었다.[51] 이
후에도 양국은 2005년 11월 후진타오 국가주석의 부산 APEC 회의 참석, 2006
년 10월 노무현 대통령 실무 방중, 그리고 2007년 4월 원자바오(溫家寶) 총리의
방한에 이르기까지 정상급 상호방문이 이어지면서 긴밀한 관계를 유지해왔다.
특히 원총리의 방한을 계기로 한중 해상수색구조협정을 체결하고 양국 해공

---

51 '전면적 협력동반자 관계'에 대해서는 중국외교부 누리집 참조. http://www.fmprc.gov.cn/
chn/3721.html.

군간 직통통신망을 구축하기로 한 것은 주요한 실질적 진전이라 할 수 있다.

3) 한중 전략적 협력동반자관계로의 발전

한중 양국관계는 2008년 5월 이명박 대통령의 중국 방문을 계기로 기존의 '전면적 협력동반자관계'에서 '전략적 협력동반자관계(戰略合作伙伴關係)'로 격상되었다. 그리고 같은 해 8월에 있었던 후진타오 중국 국가주석의 방한을 통해 양국정상은 '전략적 협력동반자관계'를 구체화하는 내용의 공동성명을 발표한 바 있다.

중국의 전략적 동반자관계로의 발전은 이른바 평화굴기, 평화발전론 등 중국의 대국화 담론 제기와 시기적으로 일치하고 있으며 2008년 4월 한미 전략동맹 관계가 강화된 직후에 추진되어 이에 대한 반응의 일환이라는 분석도 있다.

한중 전략적 동반자관계 형성은 한중관계가 한 단계 더 발전했다는 외견상의 의미보다는 중국의 입장에서 한국과의 관계에서 전략적 요소의 중요성이 부각되고 있음을 시사한다. 실제로 당시에 한미 간 FTA 체결 합의, 북핵 2.13합의와 이에 따른 북미, 북일관계 개선 움직임 등 일련의 한반도를 둘러싼 동아시아 역학구조의 변화 조짐이 나타났고, 한반도 평화체제, 동북아 안보협력 문제 등이 한중관계에서 중요한 현안으로 부각되었다.

한중 전략적 협력 동반자관계 격상이 과연 어떠한 의미인가에 대해서는 외교부 당국자들조차 향후 양국 간 논의를 통해 구체적인 내용을 채워가야 한다는 소위 '빈그릇론'이 제기될 정도로 모호했다. 격상 이후 1여 년이 지나면서 비로소 점차 그 의미와 내용이 구체화되어 갔다. 한중 양국은 전략적 동반자관계가 대체로 세 가지 영역에 초점을 맞추고 있는 것으로 공감대가 형성되고 있다. 즉 첫째, 협력의 범위를 지역적·세계적 차원의 현안으로 확대한다는 것이고, 둘째 양국 간 협력 분야를 군사·안보분야까지 포괄하는 다양한 영역으로 확대해간다는 것이다. 셋째, 양국관계가 당면한 현안과 더불어 중장기적 비전을 갖고 발전을 지향해간다는 것이다. 대체로 거시적이고 포괄적이며 미래지향적이면서 추상적인 내용들이다.

그런데 한중관계는 2008년 전략적 협력동반자관계로 '격상'된 이후 오히려 한미동맹, 북핵문제 등 중요한 전략적 이슈를 둘러싸고 갈등이 노정되는 역설적 상황이 전개되었다. 중국은 이명박 정부의 '비핵개방 3000'이 사실상 대북압박 정책이라 인식하고 이러한 대북정책이 한반도를 포함한 중국 주변 정세의 긴장을 고조시켰으며, 아울러 한미동맹의 강화가 부상하는 중국을 견제하려는 의도가 있는 것으로 인식하고 강한 우려와 경계를 표시했다. 반면에 한국은 북핵 및 북한문제에 대한 중국의 이중적 정책에 대해 불만을 표출하였다.[52] 특히 한중관계는 2010년 천안함 및 연평도 포격사건 이후 양국 간의 북핵문제와 한미동맹을 둘러싸고 전략적 간극이 더욱 확대되었다.

양국 간 전략적 이슈를 둘러싼 갈등이 고조되고 있는 상황에서 중국어선의 불법 조업, 탈북자 문제, 김영환 고문사건 등 다양한 현안이 연이어 불거지면서 갈등을 증폭시켜갔다. 특히 북한의 핵실험 등 연이은 도발 공세, 남북한관계의 경색, 중국의 예상외의 가파른 부상과 공세적 외교의 전개, 미국의 동아시아 재균형전략, 동아시아 국가 간 역사 및 영토분쟁의 격화, 그리고 동아시아에서의 미중 간 경쟁 등으로 인해 동아시아 정세의 불안정성과 불확실성이 고조되는 상황이 한중 간 전략적 불일치와 중첩되면서 양국 간 긴장관계는 더욱 두드러져 보였다.

4) 한중관계 발전의 특징

한중관계는 지난 23년 동안 외형상 단계적으로 발전해왔다. 이러한 단계적 발전과정은 한중관계의 진전과정인 동시에 중국의 강대국으로의 부상과 그에 따른 외교전략의 조정과정이기도 하다. 첫째, 1992년은 덩샤오핑의 남순강화 이후 보다 적극적인 경제발전전략을 추진하면서 경제협력선의 다변화와 평화적 안보환경 조성을 위해 인접국에 대한 선린외교가 전개되었고, 이 과정에서 한국 방문의 수교도 진행되었다.

둘째, 1994년 리펑 총리의 한국 방문과 중국이 기존의 '북정남경'의 한반도

. . . .

52 전성흥 외, 『중국의 한반도 정책 변화와 한중관계의 실질적 개선 방안』 경제인문사회연구회 대중국 종합연구 협동연구 총서 11-03-23(2011), p. 30.

정책 기조에서 실리외교로 전환하기 시작한 시점을 전후하여 중국은 천안문사건 이후 지속된 미국의 대중 봉쇄정책에서 탈피하기 위해 전방위 외교를 적극적으로 전개해 나갔다.

셋째, 1998년 김대중 대통령의 중국 방문을 통해 한중 동반자관계를 공식화한 시점에 중국은 15차 전당대회를 통해 국내적으로 장쩌민(江澤民)체제를 공고화하고, 경제발전과 국제적 지위 향상에 대한 자신감을 바탕으로 책임대국론, 신안보관을 통해 미일 신안보조약 체결로 강화된 미국의 중국의 부상에 대한 견제에 대응하였다. 즉 중국의 국제적 위상과 영향력을 제고하고 미국의 일방주의를 견제하기 위한 다극화전략을 제기하며 다양한 형태의 동반자외교를 적극적으로 전개하였다.

넷째, 노무현 대통령의 중국방문과 한중 전면적 협력동반자관계를 확정한 2003년은 후진타오체제가 출범하면서 '평화굴기(和平崛起)'론을 통해 중국의 부상을 공식화하고 북핵문제 해결을 위한 3자 및 6자회담을 적극적으로 중재하는 등 국제사회에서의 '책임대국'으로서의 역할을 과시하기 시작한 시점이기도 하다.

다섯째, 중국은 2008년 후진타오체제 2기의 출범과 베이징 올림픽 개최를 전후하여 중국의 강대국화 일정을 보다 구체화시켜 가고 있었으며 그러한 맥락에서 주요 외교 대상 국가들과 연이어 기존의 동반자 관계를 전략동반자관계로 전환시켜갔다. 예컨대 한국뿐만 아니라, 프랑스, 영국(2004) 등 유럽강국, 인도, 파키스탄(2005), 베트남(2008), 한국 등 지역 미들파워, 그리고 나이지리아, 남아공화국(2006) 등 남미와 아프리카 자원 부국들과 연이어 전략적 동반자관계로의 격상을 진행시켜 왔다.

중국의 부상과 더불어 진행된 한중관계의 발전은 다음과 같은 함의를 지니고 있다. 첫째, 한중관계의 괄목할 만한 발전은 기본적으로는 불가분의 역사적, 지정학적 특징으로 형성된 구조적 원인, 경제협력이라는 기능적 동인, 그리고 양국의 환경변수, 즉 미국요인과 북한요인이 복합적으로 작용한 결과라고 볼 수 있다. 경제적 동기가 양국관계의 외형적 급성장의 주된 동력이었다면 북한 및 미국요인은 양국 간 '특수한 밀월관계'의 배경이었다.

중국은 90년대 초반부터 미국과의 제한적 경쟁관계에서 선린외교(睦隣外交)가 적극적으로 추진되었고, 그 과정에서 한국과의 관계발전도 적극 모색되어 왔으며, 한국 역시 중국의 북한에 대한 긍정적 영향력에 대한 기대, 그리고 2차에 걸친 북핵이라는 위기 공감대가 중국과의 관계를 안정적으로 유지하게 하는 주요한 동인으로 작용했다.

요컨대 중국의 부상, 미중관계 그리고 한중관계는 상호연동되어 왔으며, 이들 삼자의 관계는 2008년 이전까지는 큰 틀에서 선순환과정, 즉 중국의 부상, 그에 따른 미중 간의 제한적 경쟁과 협력의 공존, 그리고 한중관계의 비약적 발전으로 진행되어 왔다.

둘째, 중국이 강대국으로 부상함에 따라서 중국의 다극화 및 대국화 전략에서 차지하는 한국의 전략적 비중 또한 단계적으로 증대해왔다. 특히 한중관계의 5단계에 걸친 발전과정은 한국이 미국과의 동맹체제를 유지하고 있는 전략적 요충지역이라는 측면에서 중국에게 여타의 인접 국가들과는 다른 특별한 전략적 함의를 갖고 있음을 시사하고 있다.

즉 중국의 부상이 진행됨에 따라 중국 외교전략에 있어서 대미전략의 비중이 증대되는 것에 비례하여 그 종속 변수로서의 한국의 전략적 중요성 또한 증대되는 것을 의미하는 것이다. 따라서 중국의 부상이 가속도가 더 해질수록 중국의 대한반도 정책과 한중관계는 중국의 대미전략과 미중관계에 점점 더 많은 영향을 받게 될 것으로 보인다.

셋째, 중국이 부상하는 과정에 비례하여 한국의 전략적 가치에 대한 평가도 제고되었다는 것은 중국의 한국에 대한 영향력 확대의 필요성이 커지는 것을 의미하는 것이기도 하다. 실제로 한중관계 발전은 일정 정도 중국의 한반도에 대한 영향력 확대 의지가 반영된 결과라 할 수 있다. 특히 1990년대 이후 한중 간 경제협력이 확대되고 경제적 상호의존성이 증대되는 상황에서 중국외교에서 미국의 비중이 커지고, 중미 간의 협력과 경쟁이 공존하는 관계가 진행되면서 더욱 중국에서 한국에 대한 영향력 확보 필요성이 증대되어 왔던 것이다.

넷째, 한중관계에서 미국요인의 중요성이 갈수록 증대되는 반면에 한중관계의 가장 중요한 전통적 변수였던 북한요인은 그 비중이 상대적으로 감소하는 경향을 보이고 있다. 2003년 북핵문제가 불거지면서 외형상 북한요인이 다시 부각되는 듯 보였지만 그 실상은 전통적인 북한요인과는 다른 차원과 내용으로 한중관계에 작용하고 있다. 즉 중국은 북핵문제를 전통적인 북중관계 차원에서 인식·접근하고 있기보다는 중미관계, 그리고 동아시아 안보질서에 영향을 주는 현안으로 인식하고 있다. 중국은 북핵문제를 해결하는 과정에서 일정 정도 중국의 영향력 확대를 모색하면서 동시에 북핵문제로 인해 중미관계 또는 한중관계에 부정적 영향을 미치지 않도록 주의하는 태도를 취했다.

3. 2013년 이후 한중관계의 발전 현황과 특징

1) 2013년 한중 정상회담의 성과와 의미

이명박 정부 집권기간 전략적 이슈로 인해 긴장관계가 지속되었던 한중관계가 2012년 후반기에 들어서면서 점차 관계 개선의 움직임이 나타났고 마침내 한중 양국이 동시에 새로운 정부가 출범하면서 보다 적극적으로 관계개선 의지들이 표출되었으며 2013년 6월 양국 정상회담을 통해 구체화되었다. 2013년 한중관계는 지난 5년과 대비되면서 마치 수교 이후 21년의 기간 중 전반기의 '밀월기'로 회복되는 듯한 외형을 보여주고 있다.

2013년 한중관계에서 가장 중요한 사건은 역시 6월 27일 박근혜 대통령의 중국 국빈 방문을 통한 한중정상회담 개최였다. 한중정상회담은 개최 준비단계에서부터 이미 '한중관계 발전의 새로운 전기'가 될 것이라는 한중 양국의 평가 속에서 양국관계 발전에 대한 기대가 고조되었다.

6월 정상회담의 특징과 성과를 구체적으로 정리하면 첫째, 양국관계 '격상'을 상징적으로 보여주고자 정치적 수사를 동원해 포장했던 관행에서 벗어나 기존의 전략적 협력동반자관계를 '내실화'하는 데 초점을 맞추었다. 2008년 '전략적'이라는 수사를 덧붙여 양국관계의 '격상'을 상징했으나 오히려 논란을 야기했던 사례가 반면교사가 되어 이번에는 불필요한 수사 사용 대신에 실질적인 관계발전을 추진하고자 하는 의지가 담겨 있다. 그만큼 양국관계 자체 발전에 집중하려는 의지를 피력한 것으로 평가된다.

둘째, 청와대, 정부, 정당, 전문가 등 다층적인 전략적 소통 채널 마련을 통해 전략적 관계의 '내실화'에 걸맞은 다양한 소통 및 협력기제를 창출하고자 하였다. 예컨대 청와대 국가안보실장과 중국 외교담당 국무위원 간의 전략대화를 비롯하여 외교장관 간 상호방문의 정례화, 그리고 기존의 차관급 전략대화의 연 2회로 증대, 정당 간 정책대화, 국책연구소 간 합동 전략 대화 등 상당히 촘촘한 소통채널을 구성하였다.

그리고 주목되는 것은 앞서 합의된 대화체의 대부분이 실질적으로 2013년 내에 실행되었다는 것이다. 가장 대표적인 합의 내용이었던 김장수 국가안보실장과 양제츠(楊潔篪) 국무위원 간의 전략대화가 11월 18일 개최되었고, 11월 19일에는 한중 외교차관이 제1차 한중 인문교류공동위원회를 개최하여 인문유대 강화를 위한 첫발을 내디뎠다. 그리고 12월에는 한중 국책연구기관 합동전략대화를 개최하였으며, 한중 양국의 외교부와 국방부 국장급을 수석대표로 하는 제1차 한중 외교안보대화가 23일에 베이징에서 개최되었다.

셋째, 박대통령의 중국 방문을 '심신지려(心信之旅)'라 표방하고 양국관계의 발전 목표 또한 '전략적 협력동반자관계를 신뢰에 기반한 내실화'라고 설정하면서 양국 간 신뢰 강화에 방점을 둔 것 또한 한중관계가 직면한 현실이 무엇인지를 비교적 정확하게 읽어내고 이를 반영한 것이라 할 수 있다.

넷째, 동아시아 질서가 빠르게 재편되는 시기에 한중관계의 새로운 미래를 위한 비전을 공유하려 한 시도 역시 시의 적절한 합의 내용이었다. 특히 5년 정권임기를 넘어선 장기적 비전을 구축하고 양국관계의 구조적 내실화를 지향했다는 측면도 긍정적으로 평가된다.

정상회담이 앞서 언급한 대로 몇 가지 중요한 의미와 성과가 있음에도 불구하고 정상회담의 성과만을 가지고 한중관계가 새로운 '밀월기'에 진입했다고 단정하기에는 여전히 해결해야 할 과제들이 적지 않아 보인다. 한중관계가 회복되었다고 평가하기 위해서는 무엇보다 우선 지난 5년 한중관계의 갈등을 야기했던 북핵문제와 한미동맹 문제에 대해 양국이 어느 정도 의견 접근이 이루어졌는지를 검토해야 한다. 그런데 이번 정상회담에서도 이들 쟁점에 대해 양국 간 새로운 합의 내지는 공감대가 형성되었다고 보기는 어렵다.

중국은 향후 해양으로의 진출 의지를 분명히 하는 한편, 여전히 미국의 동아시아 재균형전략이 중국을 겨냥한 것이라는 전략적 불신을 지니고 있다. 반면 일본은 미국과의 동맹 강화를 통해 중국을 견제하고자 하며, 미국 또한 한국이 미일동맹에 전향적으로 참여하기를 기대하고 있다. 따라서 향후 동아시아에서의 미중관계는 여전히 유동적이며 이러한 미중관계의 변화에 따라 언제든 한중 간에 다시 한미동맹 문제가 현안으로 대두될 가능성이 있다.

2) 2014년 한중정상회담과 한중관계의 발전 현황

한중관계는 2013년 양국 새로운 정부가 동시 출범하면서 이전 어느 때보다도 적극적인 관계 개선 의지를 표출하였고 그 기조에서 한중관계는 2014년에도 시진핑 주석의 국빈방문을 포함하여 세 차례의 정상회담이 양국 간 우호적 분위기를 주도하며 지속해오고 있다.

시진핑 주석은 2014년 7월 정상회담을 통해 한국과의 관계 발전에 대한 강한 상징적 메시지를 전달하고자 했다. 시진핑 주석의 국빈 방문은 중국 최고 지도자가 북한보다 한국을 먼저 방문한 첫 사례였을 뿐만 아니라 한국 단독방문이라는 특별한 상징성을 지니고 있었으며 중국은 이를 강조하며 한중관계 발전 의지를 과시했다.

2014년 시진핑 주석의 방한을 통해 가진 정상회담은 2013년 정상회담의 합의를 재확인하고 보완하는 성격을 지녀 기본적으로 2013년 정상회담의 연장선상에서 진행된 것으로 평가할 수 있다. 2013년에 합의한 다층적인 대화채널을 정례화하는 데 합의하고 새롭게 정부와 민간이 참여하는 1.5트랙 대화체와 한중 청년지도자 포럼을 신설하기로 합의했다. 2013년에는 상대적으로 취약했던 군사, 안보 분야의 협력 내용도 보완했다. 청년장교의 상호방문 교류를 실시하고 양국 국방부 간 직통전화 개통에 합의했다.

특히 2015년에 해양경계획정 협상을 가동하기로 한 것은 중요한 새로운 합의 사항이다. 한중 양국은 1996년 이후 16차례 해양 경계획정 협상을 진행해왔지만 합의에 난항을 겪다가 2011년 이후에는 그마저 사실상 지속되지 못했다.

따라서 이번 정상회담에서 교착상태에 빠진 협상을 재가동하기로 한 것은 그 자체로 중요한 의미를 갖는다.[53]

그리고 2014년 공동성명의 내용은 2013년 미래비전 공동성명과 비교할 때 북핵문제, 한반도 통일 등 중요한 쟁점에서는 그 기본 내용이 크게 다르지 않다. 중국은 한반도 통일과 관련해서 남북이 대화를 통해 관계를 개선하고 화해와 협력을 해나가는 것을 지지한다고 하는 기존의 입장을 고수하였다. 북핵문제에서도 중국은 '한반도 비핵화'라는 기본 원칙을 재확인했다. 즉 북한과 관련된 부분에 있어서는 북한을 특정하지 않고 한반도 비핵화를 주장하거나 한반도 통일에 있어서도 기존의 주장과 다를 바 없는 입장을 견지하였다. 한중 간에 외형상 비쳐지는 관계 발전에도 불구하고, 중국은 기본적으로 한반도의 현상유지를 선호하고 있으며, 새로운 돌파구를 모색하는 실질적인 정책 방향의 공조에는 아직도 일정한 한계가 있음을 보여주고 있다.

2013년에 비해 북핵문제에 대한 중국의 주장이 보다 분명하게 제시되고 있다. 예컨대 2013년은 "유관 핵무기 개발이 한반도를 포함한 동북아 및 세계의 평화와 안정에 대한 심각한 위협"이라는 인식을 같이했다고 한 반면에 2014년에는 관련 당사국들이 대화와 협상을 통하여 해결해야 한다는 기존의 중국 입장이 강조되었다. 한반도 비핵화 실현을 위해 관련 당사국이 6자회담 프로세스를 꾸준히 추진하며, 6자회담 재개를 위한 조건을 마련해야 한다는 점도 강조되었다.

다른 한편 성과 못지않게 한국에게는 적지 않은 과제를 남긴 정상회담이기도 했다. 중국은 한국이 선뜻 응답하기 쉽지 않은 제안들을 제기했다. 중국이 정상회담을 통해 바로 한국의 지지와 동의를 얻고자 한 것은 아닐 수 있지만 한국의 입장에서는 분명 적합한 대응을 모색해야 하는 과제로 남겨졌다. 예컨대 중국은 한국에 대해 대일본 비판 공조를 우회적이지만 다양한 방식으로 요구해 왔다. 중국 관영 CCTV 뉴스는 시진핑(習近平) 중국 국가주석이 박근혜 대통령에

· · · · · · · · · · · · · ·

53 신정승, "한중 해양경계획정회담 재개에의 기대", 『독도연구저널』 vol. 28(2014 가을), pp. 2-7.

게 "내년이 항일(抗日) 전쟁 승리와 광복절 70주년에 해당한다"며 "중한 공동 기념식 개최를 제안했다"는 내용을 보도했다. 실제로 시진핑 주석은 4일 특별오찬에서 한중 공동 기념식을 거론한 것으로 알려졌다.[54]

2013년 정상회담은 상호신뢰, 발전, 우호, 평화가 키워드였다면 2014년에는 4개의 동반자관계, 즉 양자, 지역, 아시아, 세계의 동반자로 한중관계의 발전방향과 목표를 제시하고 있다. 중국은 한중관계를 양자차원을 넘어 중국의 주변국외교, 세계전략의 차원에서 접근하고 있음을 시사하고 있다. 아시아에서의 신안보체제의 구축, 글로벌 차원에서의 신형국제관계 구축의 일환으로 한국과의 관계발전을 겨냥하고 있음을 시사해주고 있다. 중국의 이러한 적극적인 대한국 접근 외교에 대해 한국이 향후 어떻게 반응하고 응대할지가 숙제로 남겨져 있다.

4. 한중관계 발전의 과제와 전망

1) 한중관계 발전의 구조적 영향

전략적 협력동반자관계로 격상된 이후 오히려 전략적 문제를 둘러싸고 갈등이 노정되는 역설적 상황이 전개된 경험에 대한 성찰이 필요하다. 1992년 수교 이후 한중관계의 발전과정은 중국의 신속하고 가파른 부상 일정과 궤를 함께 한다. 그 결과 한중관계는 중국의 가파른 부상으로 양자차원을 넘어선 구조적 환경과 변수의 영향에 민감한 관계로 빠르게 전환되고 있다. 특히 2008년 이후 단기간에 이루어진 다양한 구조적 변화들, 예컨대 중국의 가파른 부상, 미국의 아시아로의 재균형전략, 북한체제의 위기와 도발, 역내 국가 간 역사 및 해양 영유권 갈등(중일, 한일 갈등) 등이 동시다발적으로 전개되면서 지정학적 특수성을 지닌 한반도와 한중관계에 중첩적으로 영향을 미치게 되었다. 그런데 한중관계

. . . .

54 "시진핑 '공동 항일기념식' 제안에 朴대통령 '입장 보류'", 『뉴시스』(2014. 7. 4).

는 신뢰를 만들어가는 관계의 축적과정이 생략되어 미성숙하고 급속한 성장이
진행되었다.

즉 양국관계가 충분히 성숙되지 않은 채 외형적으로 급속한 성장이 진행되
면서 양국관계에 대한 착시현상이 전반적으로 자리 잡고 있는 상황에서 한중
관계는 중국의 가파른 부상으로 인해 양자차원을 넘어서 구조적 관계로 빠르게
전이되어 갔다. 특히 2008년 이후 세계적 경제위기와 예상치 못한 미국의 쇠퇴
로 구조적 변화는 예상을 넘어서 빠르게 진행되었고 그 결과가 한중관계에 고
스란히 전달되었다.

요컨대 정상회담에서 양국 간에 연출된 돈독한 분위기에도 불구하고 한중
관계에 드리워져 있는 구조적 취약성은 오히려 더욱 강화될 수 있는 현실을 직
시할 필요가 있다. 한중관계의 이러한 구조적 취약성은 향후 양자관계의 내실
화를 통한 신뢰 강화 추진에 현실적 제약으로 작동할 가능성이 높다. 예컨대
2008년 이후 한중관계가 전략적 관계로 격상된 이후 오히려 전략적 긴장관계
가 조성된 배경에는 중국의 부상과 미국의 상대적 쇠퇴에 따른 미중관계의 변
환이라는 새로운 도전이 자리하고 있다.

향후 중국의 부상일정이 보다 적극적으로 전개될수록 이러한 취약성은 더욱
두드러질 가능성이 크다. 중국은 부상이 진행될수록 국제사회, 특히 동아시아
에서의 세력관계 변화에 민감해지고 있다. 즉 중국의 부상을 견제하려는 역학
구조의 변화가 일어나고 이것이 중국의 부상에 장애가 될 수 있다는 우려를 하
고 있다. 이러한 맥락에서 중국은 부상할수록 한국과의 관계에서는 북한체제의
변화, 한미동맹관계, 통일 등 한반도 정세변화에 예민하게 반응하게 될 것이다.

실제로 시진핑 정부 등장 이후 중국의 한국에 대한 정책 비중이 증대하고 있
지만 그 배경은 오히려 여전히 한중 양자관계 자체보다는 중국의 부상일정과
그에 따른 전략적 고려에 기반을 두고 있다는 특징이 있다. 즉 중국의 한국 정
책은 향후 미중관계, 중일관계, 그리고 북한 문제 등 외부 요인에 의해 영향을
받게 될 가능성이 커지며 따라서 중국의 대한국 관계발전 의지에도 불구하고
한중관계는 자체 관계 내실화에는 여전히 한계가 있을 수 있으며, 따라서 그만
큼 외부 요인에 취약하여 유동적일 가능성이 높다.

따라서 향후 중국의 부상과 그에 따른 미중 간의 대결 또는 타협이 구조화될 경우, 어느 경우든 한반도 문제에 대한 한국의 역할과 발언권이 약화될 가능성이 높다. 한중관계 자체의 신뢰 강화 못지않게 국제환경과 구조의 영향을 최소화하기 위한 새로운 시도가 절실해지고 있다.

2) 북핵문제와 한중협력

한중 양자 간 신뢰를 강화할 수 있는 가장 핵심적인 이슈는 안타깝게도 양국 간 지난 5년간 갈등의 배경이 된 북핵문제와 한미동맹이다. 지난 5년간의 경험을 고려할 때 양국 간의 다양한 대화채널의 구축에도 불구하고 결국에는 북핵문제 해결을 위한 공조, 한미동맹에 대한 이해가 조성되지 않는다면 사실상 실질적인 신뢰강화는 힘든 것이 현실이다.

한중 정상회담 직전에 전개된 최룡해 북한 총정치국장의 방중과 미중정상회담에서 중국 측 공식 발표내용을 복기해보면 중국은 기존의 한반도 3원칙을 재차 강조하면서 정책변화가 없음을 시사했다. 이러한 중국의 입장은 한중정상회담에서도 사실상 고스란히 유지되었다. 중국의 태도에 변화가 있었다면 외교적 유연성이 증대된 것이며, 오히려 중국은 6자회담의 조속한 재개를 통해 북핵문제를 관리하고자 하는 기존의 입장을 더욱 확고하고 적극적으로 표출했다.

중국의 리더십이 바뀌기는 했지만 중국의 대북정책이 변화할 수 있는 구조적 조건, 즉 미중관계, 북핵문제에는 변화가 없을 뿐만 아니라 향후 쉽게 변화하기 어려울 것으로 보인다. 북한의 연이은 도발이 중국을 자극할 수 있고 도발의 강도에 비례하여 중국도 보다 강도 높게 대응할 수는 있겠지만 이 역시 기본적으로 정도의 차이이지 기존의 패턴에서 크게 벗어나고 있지는 않다.

한중수교 이후 줄곧 북한, 북핵문제는 양국의 정치외교관계 전반을 압도하는 핵심 이슈였다. 이로 인해 한중 양국관계 자체의 내실화는 간과된 측면이 있었다. 그리고 그 과정에서 북핵문제는 해결의 실마리를 찾지 못한 채 오히려 중국에 대한 기대와 의존이 만성화되어 왔다. 이제는 소위 '중국역할론'에 대해서 냉철하게 검토해볼 필요가 있다. 2008년 이후 중국의 가파른 부상과 미국의 동아시아 회귀로 인해 국제환경과 구조가 급변하면서 한중 양국이 북핵 해법에 있어 합의점을 찾기 어려워지고 있는 것이 현실이다.

3) 한국 방문의 비대칭성 확대

중국의 가파른 부상은 한중관계의 비대칭성을 예상보다 빠르게 확대시켜 가고 있다. 특히 한국 방문이 수교 20여 년을 경과하면서 양적 관계 팽창에 부합하는 신뢰를 미처 형성하지 못하고 있다. 이런 상황에서 양국 간 힘의 변화가 예상보다 빠르게 진행되면서 양국 모두 이러한 변화에 신속하게 적응하는 데 어려움을 노출하고 있고, 이해관계 충돌 시 합리적 조정의 어려움에 직면하고 있다. 동시에 양국 국민들 사이에서도 상대국에 대한 인식의 격차가 커지면서 정서적 혼란을 초래하고 있으며 이 또한 양국관계를 악화시키는 변수가 되고 있다.

요컨대 한국 방문은 민간교류가 어느 양자관계보다 활발하게 진행되고 있지만 국민 인식과 물리적 힘의 비대칭성 확대 사이의 간극이 커지고 있다. 예컨대 중국인들은 한국인들이 부상한 중국의 현실을 인정치 않고 있다는 불만을 표출하고 있다. 이러한 불만이 한중 양국 간 국민정서를 악화시키는 출발이 되고 있다.

반면에 한중관계의 비약적 발전을 견인해왔던 조건들, 즉 경제협력의 상호보완성, 지리적 인접성, 역사경험의 공유와 문화적 유사성, 대북정책의 수렴, 미중관계의 제한적 경쟁 등이 양국관계 발전의 장애요인으로 변화해가고 있다. 이러한 상황에서 한중 양국이 협력하고 공감대를 형성할 수 있는 새로운 이슈들의 발굴을 통해 양자차원에서 한국의 전략적 가치를 제고해야 하는 필요성이 증대하고 있다.

그런데 현실은 한중 양국 간에 공통의 의제가 될 수 있는 지역 및 글로벌 이슈가 점차 줄어들 가능성도 제기되고 있다. 중국은 한국과의 외교에서 양자 차원보다는 미국, 일본, 여타 주변국 등 다양한 다른 외교 대상을 복합적으로 고려하고 있다. 따라서 한국의 입장에서는 양국 간 갈등을 야기할 개연성이 높은 미국, 북한 이슈를 제외하고 한국이 중국과 긴밀히 논의하거나 중국에게 전략적 가치를 가질 수 있는 사안은 무엇인지에 대해 성찰해볼 필요가 있다.

4) 한중관계에서 민족주의 정서의 영향

한중관계는 민간 교류와 접촉이 가장 활발하게 진행되고 있는 양자관계인 반면에 상호 국민 정서와 인식은 좋아지기보다는 나빠지고 있는 특징을 보이고 있다. 한중관계에서 역사 논쟁, 문화 주권, 인권 문제 등을 둘러싸고 이미 대중적 민족주의 정서가 충돌한 경험을 갖고 있다.[55] 양국 모두 상대국의 민족주의 정서 고조에 대해 예민한 특성을 감안할 때, 여론 동향이 양국관계 전반에 미치는 영향이 상대적으로 크다.

중국 내의 중화주의에 기반한 부상에 대한 높은 자긍심과 기대감은 시진핑 정부 집권 전반기에 더욱 강화되어 갈 가능성이 높다. 이 경우 중국의 핵심이익에 대한 태도는 더욱 강경하고 비타협적으로 전개될 수 있다.

한중관계는 관계 개선에도 불구하고 여전히 갈등을 초래할 수 있는 예기치 않은 사안들이 돌출할 가능성이 적지 않다. 예컨대 해상 불법 조업문제, 탈북자 문제, 양국의 불법체류자와 범법자 문제, 역사와 문화 소유권을 둘러싼 갈등 등이 민간 정서를 자극해 국가 간 갈등으로 비화될 수 있는 다양한 돌출적 분쟁요인이 내재되어 있다.

현재 양국 간 다양한 분야의 회담과 교류가 진행되고 있지만 양국 간에 갈등이 발생하면 이러한 다양한 교류가 지연되거나 취소되는 경우가 빈번하다. 갈등이 발생했을 때 이를 해결하는 기제로 작동해야 하는 대화와 교류가 오히려 단절되는 기현상이 발생하고 있는 것이다. 이는 결국 현재의 다양한 대화와 교류가 실질적인 의미를 담고 있지 못한 형식적인 성격이 강하다는 것을 의미하는 것이다.

. . . .

55 이동률, "중국 민족주의 고조의 대외관계 및 한중관계 영향",『중소연구』제35권 제4호(2011/2012 겨울), pp. 62-72.

중한 정치외교 관계의
발전과 전망

친즈라이(秦治来)

한국과 중국은 모두 동북아 지역에서 영향력 있는 국가 중 하나이고, 양국관계는 아시아태평양 지역에서 가장 중요한 양자관계 중 하나이다. 수교 이래 한국과 중국의 정치외교 관계는 주목할 만한 성과를 이루어냈다. 유례를 찾기 힘들 정도로 그 발전 속도가 매우 빨랐고, 그 영향력 역시 미치는 범위가 넓어지고 깊어졌다. 동시에 양국 사이에는 많은 정치외교 관련 문제들이 남아 있고, 이러한 난제들로 인해 때로는 양국관계의 건강한 발전이 방해를 받고 있다. 이미 나타났거나, 혹은 출현 가능성이 남아 있는 잠재적인 문제를 잘 처리하고, 그 효과적인 해결책을 찾는 일은 양국관계의 진전과 한반도 및 동북아 지역의 평화에서 매우 중요한 의미를 갖는다.

I. 중한 정치 및 외교관계의 역사적 회고

한국과 중국의 외교관계 수립은 역사적인 흐름이었다. 1992년의 중한수교는 양국이 장기간 상호 승인하지 않고 있던 단절의 역사를 끝냈다는 점에서 의미가 있으며, 양국관계가 발전할 수 있는 공간을 만들어주었다는 점에서도 그 의미를 찾을 수 있다. 비록 수교 이후 한국과 중국의 정치 및 외교관계 발전이 늘 순탄했던 것은 아니었지만, 그럼에도 대화와 협력이 중단되지 않았다는 사실이 중요하다. 시간이 지나갈수록, 사람들은 중한 수교가 당시 시대적 조류에 대한 양국 지도자들의 정확한 판단에 기초했음을 알게 되었고, 매우 중요한 역사적 의미를 갖는다는 것을 인식하게 되었다.

1. 중한 수교의 의의

한국과 중국은 장기간 상호 격리되어 있었다. 2차 대전 이후부터 수교 전까지, 중한 양자관계의 발전과정은 여러 가지 상황이 뒤엉켜 복잡한 부분이 있었으며, 국제 환경과 양국 국내 정치 등의 요인들로 인해 많은 진전을 이뤄낼 수가 없었다. 1948년 8월, 남한에 대한민국이 건립되어 이승만이 초대 대통령에 취임하였을 때, 한국은 "대미 일변도"의 외교정책을 추진하였다. 중국 역시 신중국 건립 초기 이미 양대 진영으로 편입되어버린 남한과 북한을 "일변도"의 대외정책으로 상대하였다. 중국은 북한과 외교관계를 수립하였던 반면, 한국은 타이완과 긴밀한 관계를 형성하였다. 한국은 정부 수립 이후 오랜 시간 동안 외교와 국방 등의 방면에서 미국과의 긴밀한 협조를 이어갔으며, 중국과 기타 사회주의 국가를 포위 및 저지하는 미국의 국제 전략 속에 자리하였다. 당시 중국 지도자들은 여러 차례에 걸쳐 한국과 어떠한 관계도 수립할 수 없다는 점을 공개적으로 표시하였다. 한국전쟁 종료 후, 한국과 중국은 수십 년에 걸쳐 적대적인 관계에 놓였으며, 따라서 양국 간에는 어떠한 정부 간 교류도 일어날 수 없었다.

그 후 한국과 중국의 수교 시기가 점차 논의되기 시작하였다. 1978년과 1979년, 일본과 미국이 중국과 외교관계를 수립한 이후 국제 정세에 큰 변화가 나타났다. 동서 관계가 완화되는 상황에서 많은 국가들은 객관적 현실을 중시하면서 남한과 북한의 존재를 승인하였다. 1980년대 초반, 한국 및 북한과 동시에 수교를 맺은 국가가 이미 100여 개 국가에 달했다. 동북아 및 한반도의 정세가 변화하면서 한국과 중국은 모두 상호 단절된 상황을 바꿔야 한다고 인식하였다. 한반도의 긴장 국면이 어느 정도 완화되고 한국을 이웃 국가로 대할 수 있는 여유가 생기면서, 중국 역시 전체적인 외교 의사일정에서 이 문제를 새롭게 생각할 수 있는 기회를 갖게 되었다. 게다가 중국이 개혁개방 정책을 추진하면서 중한 간 양자관계가 개선될 수 있는 공간이 넓어졌다. 1982년 중국은 적극적으로 대(對)한국 정책을 조정하여 국제무대에서의 다자 활동과 민간 교류 차원에서 과거의 경직된 방법을 고쳐가기 시작했다. 1983년 아시안게임을 유치하였을 때 중국은 한국의 참가를 명확히 요청하였다. 그리고 1986년과 1988년 서울 아시안게임과 서울 올림픽이 개최되었을 때, 중국은 모두 대표단을 파견하였다. 두 차례의 국제적인 체육행사는 다자간 국제 활동에서 전면적 대립관계의 중한관계가 상당 부분 완화되는 결과로 이어졌다. 1990년 베이징(北京)의 제11회 아시안게임에서는 북한과 한국이 모두 대표단을 파견하였다. 이와 비슷한 시기에 한국은 적극적으로 "북방외교"를 추진하였다. 1988년 노태우 정부가 취임했을 때, 임기 내에 중국과 러시아, 동유럽 등 사회주의 국가들과 외교관계를 수립해가겠다는 "북방정책"이 제기되었다. 나아가 양국은 무역 방면에서 빠른 발전을 이루었다. 1988년 양국의 무역액은 이미 10억 달러를 초과하고 있었다. 무역량이 큰 폭으로 늘어나면서, 홍콩을 경유하였던 기존의 간접적인 무역 방식이 점차 양국 간 직접 무역으로 변화하기 시작하였다. 이러한 긍정적인 변화가 중한수교로 이어지는 교두보가 되었다.

한반도와 국제정세의 변화는 중한 양국이 수교를 서두르게 되는 배경이었다. 1991년 9월, 남한과 북한은 UN에 동시 가입하였고, 동구 국가들과 한국 사이의 수교가 줄을 이었다. 1991년 11월, 첸치천(錢其琛) 당시 외교부장이 서울에서 개최되었던 아시아태평양 경제 협력 조직(APEC) 제3차 장관급 회의에 참석하였는데, 노태우 전 대통령이 그를 만났다. 중국의 고위 관리가 한국을 방문한 것은 당시가 처음이었기 때문에 이는 중국 정부의 의미 있는 행보로 간주될 수 있다. 그리고 1992년 4월, 아태경제사회위원회(UNESCAP)의 제48차 회의가 베이징에서 개최되었는데, 이상옥 당시 한국 외교부 장관이 참석하였다. 이 두 번의 고위급 관리의 상호 방문이 중한수교 협상의 개시를 예고하였다. 양국의 공동 노력과 적극적인 모색 속에서 결국은 많은 어려움을 극복할 수 있었고 양자 관계의 장애물을 제거할 수 있었다. 1992년 8월 24일, 한국과 중국은 대사급 외교관계를 공식으로 맺었다. 한국 정부는 "국제 사회에서 중국은 하나이며, 중화인민공화국이 중국의 유일한 합법 정부"임을 공식 인정하였다.[56] 40년의 묵은 원한이 사라지는 역사적인 순간이었다.

중한수교는 양국관계의 신기원을 열었다. 중한 양국은 역내 정치적 이익을 공유하고 있었고, 양국의 정치 및 외교관계는 동북아 역내 질서에 대단히 중요한 부분을 차지하고 있었다. 양국의 정치 및 외교관계의 발전은 양국 인민의 근본 이익에 부합하였을 뿐 아니라, 양국의 공동 번영, 한반도의 평화와 안정, 그리고 아시아 및 세계의 평화와 발전에도 긍정적으로 작용할 수 있었다. 우선 중한수교는 양국의 주변 안보 환경을 개선하는 효과를 가져왔고, 양국의 전략적인 공간이 넓어지는 효과를 거둘 수 있었다. 중한 양국의 이웃국가들에게도 평화와 안정의 주변 환경은 바람직한 것이었다. 개혁개방 이후, 중국은 국제무대에서 자신이 활약할 수 있는 공간을 가능한 넓히고자 애써왔는데, 1986년 4월, 덩샤오핑(鄧小平)은 "중한관계의 발전이 우리 입장에서는 역시 필요하다"고 하였다. "우선 비즈니스를 할 수 있어 경제적으로 도움이 되고, 두 번째로 한국과 타이완 사이의 관계를 끊을 수 있다."[57] 실제로 중한수교로 인해 양국관계는 전면적으로 발전할 수 있는 다양한 통로를 확보할 수 있었다. 경제 관계가 한층 더 발전할 수 있게 되었을 뿐 아니라 다른 지역에서의 협력 역시 강화될 수 있는 계기가 되었다. 중한수교의 두 번째 긍정적인 측면은 수교와 동시에 동북아 지역에서의 양국 지위 및 영향력이 제고되었다는 점이다. 중한수교는 양국 지도자들이 전략적인 차원에서 국제 정세를 깊이 있게 살핀 후 취하였던 탁견이었다. 서로 다른 사회제도와 서로 다른 규모를 가지고 있어도 평화로운 공존이 가능함을 보였던 사례였고, 따라서 중한수교는 국제무대에서도 상당한 반향을 불러일으켰다. 마지막 세 번째로 살펴봐야 할 측면은 중한수교가 동북아 지역의 냉전 구도를 해체하는 데 상당한 도움을 주었다는 사실이다. 중한수교는 동북아 지역이 세계의 냉전 사유에서 벗어나 대화와 화해로 나가는 표지가 되었고, 일정 부분 동북아 지역이 냉전적 사유를 벗어날 수 있는 계기가 되었으며,

56 劉金質, 楊淮生 主編, 『中國對朝鮮和韓國政策文件滙編(1949-1994)』(北京: 中國社會科學出版社, 1994), pp. 2611-2612.

57 錢其琛, 『外交十記』(北京: 世界知識出版社, 2003), p. 139.

나아가 한반도 정세의 안정에도 상당한 도움을 주었다.

2. 수교 이후 정치 및 외교관계의 발전

중한수교 이후, 양국의 정치 및 외교관계는 놀라운 발전을 이루었다. 양국의 지도자들이 여러 차례 상대 국가를 방문하였고, 아울러 다자간 국제 활동에서도 많은 대화의 기회를 가지면서 서로에 대한 이해와 신뢰를 도모하였다. 이를 통해 양국의 정치 및 외교관계가 한층 더 발전할 수 있었다. 역내 및 각종 국제 문제에서도 양국은 협력과 협조를 강화해 나갔다. 실제로 중한 양국은 정치와 외교 방면에서 양국이 다른 국가와의 관계에서 이뤘던 진전보다 더 빠른 발전을 이루었다.

양국 지도자들의 상호 방문이 잦아지면서 고위급 전략 대화의 기제도 만들어지게 되었다. 수교 이후 양국 지도자들의 빈번한 상호 방문과 정상회담은 양국의 우호적인 발전을 도모할 수 있는 튼튼한 기초가 되었을 뿐 아니라 중한관계가 새로운 단계로 나아갈 수 있는 계기가 되었다. 1998년, 양국의 최고 지도자들은 양국이 21세기를 지향하는 협력동반자 관계를 만들어가는 데 동의하였다. 2000년에는 중한 우호 협력 관계를 전면적 발전의 새로운 단계로 진전시켰고, 2003년 4월에는 노무현 전 대통령이 중국을 방문하여 양국관계를 "협력동반자 관계"로 발전시켰다. 양국 사이에 "전면적인 협력동반자 관계"가 세워지면서 양국 사이의 고위급 교류가 강화되었고, 양국 각 부처 및 영역에서의 대화와 교류가 확대되었다. 2005년 11월, 후진타오(胡錦濤) 전 주석은 한국 방문을 겸하여 부산에서 개최되었던 아시아태평양 경제협력 조직 제13차 정상 간 비공식 회의에 참석하였다. 그리고 2008년 5월, 이명박 전 대통령이 중국을 공식 방문하였고, 양국의 공동성명을 통해 전면적인 협력동반자 관계를 전략적인 협력동반자관계로 격상하겠다고 밝혔다. 양국관계가 현실적인 필요와 장기적인 요구를 따라 계속 발전해가야 한다는 것이다. 같은 해 8월에는 후진타오 전 주석이 한국을 공식 방문하였고, 양국은 마찬가지로 공동성명을 발표한 바 있다. 2010년에만 양국은 13차례의 정상급 회담과 15차례의 외교 장관급 회담을 개최하였다. 2012년 1월, 이명박 대통령이 다시 중국을 공식 방문하여 공동성명을 내놓기도 하였다. 이러한 일련의 과정은 중한 양국관계가 이미 상당히 높은 수준에 올라섰음을 보여주는 것이었다.

중한 간 정치 및 외교관계의 발전은 국제문제에 있어서도 협력을 강화할 수 있는 바탕이 되었다. 국제문제에서 중한은 긴밀한 협력과 상호 지지 속에서 갈수록 더 많은 공동의 이익을 발견하게 되었다. 아시아태평양 경제협력체(APEC), 아시아 유럽 정상 회의(ASEM), 10+3, 중한일 협력 등 역내 및 지역 간 협력 기제에 중한은 모두 참여하고 있으며, UN 개혁 등의 많은 국제 문제에서 그 보조를 같이 하고 있다. 우호적인 협력과 협동을 꾸준히 이어가면서, 역내 협력의 진전 및 지역 이슈의 해결, 공통 과제의 해결 등에서 갈수록 중요한 역할을 발휘하고 있다. 동북아 협력의 진전은 중한수교 이후 이룩한 가장 중요한 성과 중 하나이다. 1997년 아시아 금융위기가 발발했을 때, 중한일 3국과 아세안 10개 회원국은 쿠알라룸푸르에서 회의를 갖고서 경제 안보를 위한 장기적인 청사진을 함께 논의하였다. "10+3"은 그 결과 만들어진 협력 기제였다. 특히 북한 핵문제에서 중한 양국은 다른 관련국과 협력하여 한반도의 비핵화를 실현하기 위해 공동으로 노력하였다. 중국의 일관된 입장은 남한과 북한이 한반도 문제의 당사자이고, 남한과 북한 양국이 대화와 협력을 통해 한반도 정세의 평화 안정을 이뤄야한다는 것이었다. 중국은 한반도의 평화와 안정을 위해 건설적인 역할을 지속적으로 담당하고 싶어 한다. 한국 정부는 개혁개방을 통해 중국이 거둔 혁혁한 성과에 경의를 표하였으며, 국제 사회에 적극적으로 융합하려는 중국의 태도에 찬사를 아끼지 않았다. 동시에 한국 정부는 중국의 발전이 아시아와 세계 평화 및 안정에 도움이 될 것이며, 이미 많은 주변 국가에 중요한 이익을 가져다주었다고 보고 있다. 중한 양국의 정치 및 외교 방면의 실질적인 협력은 지역 번영과 안정, 그리고 평화를 촉진하는 데 큰 보탬이 되었다.

II. 중한 정치 및 외교관계의 현황과 평가

현재 중한 간 정치 및 외교관계는 새로운 단계로 올라섰다고 볼 수 있다. 중한 간 정치 및 외교관계는 유례를 찾기 힘들 정도로 개선되었고, 발전 방향에 대한 상호 이해 역시 깊어졌다. 다양한 부분에서 건강한 발전이 이루어져 있으며, 공통의 이익이 끊임없이 확대되고 있고, 그에 따라 전략적 협력이 전방위적으로 강화되고 있다. 외교와 반(反)테러, 대량학살무기 확산의 방지, 환경보호 등 다양한 영역에서 양국은 긴밀한 협력을 유지하고 있으며, 북한 핵과 안보리 개혁 등의 중요 과제에서도 그 소통을 이어가고 있다. 중한일, 동아시아 정상회의, 아시아태평양 경제협력체(APEC), G20, UN 등의 다자간 틀에서도 그 긴밀한 협조가 유지되고 있다. 양국 간의 공통 이익이 끊임없이 확대되고 있는 것이다. 그렇다면 중한 간 정치 및 외교관계가 가장 좋은 시기를 맞이하였다고 할 수 있으며, 양국이 더 큰 발전을 이룰 수 있는 튼튼한 기초가 이미 마련되었다고 볼 수 있을 것이다.

1. 중한 정치 및 외교관계의 새로운 진전

양국 지도부가 교체되는 시점을 중심으로 양국의 최고 지도자들은 교류를 강화하면서 그 정치적 상호 신뢰에 깊이를 더하고 있다. 2013년 1월, 중국 정부의 특사 자격으로 장즈쥔(張志軍) 외교부 차관이 한국을 방문하였다. 같은 해 박근혜 신임 대통령의 특사 자격으로 김무성 의원이 중국을 방문하기도 하였다. 2월에는 류옌둥(劉延東) 중공중앙 정치국 위원 겸 국무위원이 후진타오 주석과 시진핑(習近平) 총서기의 특별 대표 자격으로 박근혜 대통령의 취임식에 참석하였다. 그리고 4월에는 한국의 윤병세 외교부 장관이 중국을 공식 방문하였다. 정치 및 외교 방면에서 양국 고위 지도자들은 잦은 방문을 통해 중한 전략적 협력동반자관계를 내실화하고자 노력하고 있으며, 중한관계가 새로운 "국면"을 타개할 수 있도록 그 기초를 튼튼히 다져가고 있다.

양국 정상 간의 회담도 중한 간 정치 및 외교관계의 발전에서 새로운 동력과 활력으로 작용하고 있다. 2013년 6월, 박근혜 대통령이 중국을 공식 방문하였고, 양국은「중한 미래비전 공동성명」과「중한 전략적 협력동반자 관계 내실화 이행 계획」을 발표하였다. 이 두 개의 성명에는 "새로운 중한관계"의 조성과 구축을 위한 새로운 전략적 청사진과 방향이 담겨 있다. 9월, 시진핑 주석은 G20

정상회의 기간 동안 박근혜 대통령과 정상 회담을 가졌고, 10월에는 시진핑 주석과 리커창(李克强) 총리가 각각 아시아태평양 경제협력체(APEC)의 정상급 비공식 회담과 동아시아 정상 간 연쇄 회의에 참가하여 박근혜 대통령과 회담을 가졌다. 2014년 3월에는 헤이그에서 개최되었던 핵안보정상회의에 시진핑 주석이 참가하여 역시 이 회의에 참석하였던 박근혜 대통령과 정상회담을 가졌다. 그리고 7월 시진핑 주석은 한국을 공식 방문하였다. 시진핑 주석의 이번 방한은 박근혜 대통령의 "심신지려(心信之旅)"에 대한 답방이라고 말할 수 있다. 시진핑 주석이 서울대 강연에서 제일 처음 꺼낸 주제가 바로 "좋은 이웃"으로 요약될 수 있는 중한 양국 사이의 우호적인 외교관계였다. "저는 이번에 박근혜 대통령의 초청으로 한국을 공식 방문하였습니다. 이 기회에 좋은 이웃을 방문해 인사도 하고 친구들을 만나보려고 합니다."[58] 매체들은 여기서 언급되는 "좋은 이웃"의 외교로 인해 중한 협력의 공간과 무대가 넓어졌고, 중한 간 정치 및 외교관계가 더 큰 책임을 짊어지게 되었다고 평가하였다. 중한 정상 간의 상호 공식 방문은 양국이 전략적 협력동반자관계의 내실화라고 하는 목표를 실현하기 위해 애쓰고 있음을 보여준다.

2. 중한 정치 및 외교관계의 현재 양상

중한 간 정치 및 외교관계는 전체적인 양국관계와 관련되어 있다. 양국관계는 수교 당시 상호 인정에 기초한 일반적인 외교관계에서 "협력동반자관계", "전면적 협력동반자관계", "전략적 협력동반자관계" 등으로 그 발전을 거듭해왔고, 이제는 양국의 협력동반자관계를 한층 더 심화하고 발전하기 위해서 공동의 노력을 다하고 있다. "협력동반자"에서 "전면적 협력동반자", 그리고 "전략적 협력동반자"로 그 표현이 바뀌는 것에서도 중한 양국관계가 깊이를 더해가면서 점진적으로 발전해가고 있음이 드러난다. 중한 간 정치 및 외교관계의 건강한 발전은 다른 영역에서의 협력 관계에도 상당히 중요한 의미를 가지며,

. . . .

58 習近平, "共創中韓合作未來, 同襄亞洲振興繁榮", http://news.xinhuanet.com/politics/2014-07/04/c1111468087.htm

나아가 그것이 전제될 때 그 효과가 더 강화될 수 있다.

중한 간 정치 및 외교관계가 계속 고조되고 있음은 분명하다. 냉전이 종결된 이후, 중국의 양자 관계에서 중한관계만큼 극적인 변화가 일어난 경우는 아마도 거의 없을 것이다. 외교 형식에서 중한 간 정치 및 외교관계는 점진적인 다양화와 다층화의 길을 걷고 있다. 고위급 대화와 같은 수뇌부의 외교도 있지만, 그보다 급이 낮은 층위에서 진행되는 직접적인, 혹은 간접적인 교류도 진행 중에 있다. 현재 양국 지도자들 간의 상호 방문 기제가 만들어져 있고, 국무원의 외교 관련 책임자와 청와대의 국가안보실장 간의 대화 기제 역시 만들어져 있다. 양국 외교부 장관은 매년 정기적으로 상호 방문하고 있으며, 양국 정부 및 민간 기관이 공동으로 참여하는 1.5트랙의 대화 기제도 형성되어 있다. 양국의 미래를 짊어질 청년 엘리트들이 주축을 이루고 있는 "중한 청년 지도자 포럼"이 그 대표적인 예이다. 특히 양국 최고 지도자가 끊임없이 오고가면서 상호 존중과 상호 신뢰가 갈수록 깊어지고 있다. 한국의 역대 대통령은 모두 중국을 방문한 적 있고, 노무현 전 대통령은 임기 중 두 차례나 중국을 방문하였다. 물론 두 번째 중국을 방문하였을 때에는 그 시간이 하루에 불과했지만, 이 모든 사실들이 보여주는 것은 양국 간의 빈번하고 긴밀한 정치 및 외교관계이다. 중국의 국가 주석 역시 모두 한국을 방문한 바 있다. 중국은 박근혜 대통령이 취임 후 해외 방문에 나섰던 첫 번째 아시아 국가이었고, 미국 방문 이후 향했던 두 번째 대국이었다. 박근혜 대통령의 중국 방문은 그동안 한국의 역대 대통령들이 "일본을 먼저 방문한 후, 그 다음에 중국 방문"하였던 관례를 깨뜨리는 것이었다. 당시 71명으로 구성된 경제 특사단이 박근혜 대통령의 중국 방문에 참여하였는데, 이 규모는 역대 정부 중 최대였다. 이는 한국 정부가 외교 전략에서 대중관계를 중요하게 생각하고 있음을 보여준다. 시진핑 주석의 한국 방문 역시 남다른 면이 있었다. 그가 국가 주석으로 취임한 이후 한 국가만을 단독으로 방문한 경우는 한국 방문이 처음이었다. 한 국가만 공식으로 방문한다는 것은 중국 지도자의 해외 방문에서 극히 드문 예이다. 시진핑 주석은 중한 양국이 명실상부한 전략적 협력동반자관계이고, 양국관계가 가장 좋은 발전의 시기에 접어들었음을 강조하고 있다.

또한 중한 간 정치 및 외교관계의 기초가 깊어지고 있다. 한국은 중국의 주변 국가 중 가장 중요한 국가 중 하나이다. 시진핑 주석이 서울대 강연에서 강조했던 것처럼, 중한 양국은 좋은 이웃 국가이다. 백금으로는 집을 살 수도 있고, 천금으로는 이웃을 살 수도 있지만, 좋은 이웃은 돈으로 살 수 있는 것이 아니다. 역사적으로 양국은 지리적인 인접성과 인적 교류의 친근감, 문화적 공통성으로 인해 양국 인민들 간의 교류가 빈번했고 상부상조하는 전통이 형성되어 있었다. 한국 중국학의 창시자라 할 수 있는 최치원은 『계원필경(桂苑筆耕)』이라는 문집을 남겨 중한관계의 역사에서 영원히 남을 미담을 제공해주었다. 중한 간 정치 및 외교관계의 발전은 지정학적 조건 등 여러 가지 면에서 유리한 편이다. 근현대 역사에서도 양국은 동고동락을 같이한 경험을 가지고 있다. 일본 침략 당시, 양국은 공동으로 항일 구국 운동을 펼치기도 하였다. 중국 경내에는 "대한민국 임시정부 유적지"가 있을 뿐 아니라 윤봉길 의사를 기리는 상하이(上海)의 매헌(梅軒)도 있고, 옛 서안 광복군 주둔지 터도 남아 있다. 이는 모두 고락을 같이 했던 잊을 수 없는 역사를 반영하고 있다. 지금 중한 양국은 자국의 이익에 부합하는 실무적인 협력을 강화하고 있다. 중한 양국 사이에는 영토 문제가 없는데, 이는 양국관계가 발전할 수 있는 중요한 정치적 기초가 되고 있다. 한국과의 우호적인 관계를 발전시키는 것은 중국의 역내 안보와 안정을 촉진하는 데에도 도움이 되며, 중국의 주변 환경을 개선하는 데에도 유리한 부분이 있다. 한국의 입장에서 보면 한반도 문제의 해결을 위해서는 중국이 매우 중요하며, 중국이 더 적극적인 역할을 해주길 기대하고 있다.

3. 중한 정치 및 외교관계의 발전 동력

우선 중한 양국은 많은 중요한 국제 및 역내 문제에서 그 입장이 비슷하며 관련 이익 역시 크게 다르지 않다. 이것이 양국의 정치 및 외교관계의 발전을 촉진하는 데 중요한 힘이 되고 있다. 중한 양국은 모두 아세안 역내 포럼의 대화 상대자로 "10+3" 회담에 참석하고 있고, 역내 평화와 경제 발전을 위한 우호적인 소통 및 협조를 이어가고 있다. 중한 양국은 아시아 금융 위기 당시 그 영향을 최소화하기 위해 노력한 바 있으며, UN 및 기타 국제 조직에서 아시아태평양 지역이 직면한 공동 문제를 해결하기 위해 소통과 협조를 강화하고 있다.

두 번째 동력은 빠르게 발전하고 있는 경제 관계이다. 이는 정치 및 외교관계가 발전하면서 나타난 결과이기도 하지만, 또한 정치 및 외교관계의 건강한 발전을 낳고 있는 힘이기도 하다. 중한 양국은 정치적인 판단에 힘입어 외교 국면을 타개해왔지만, 그 결과는 경제 협력의 폭발적인 증가였다. 1992년 수교 당시 중한 무역 총액은 50억여 달러에 그쳤지만, 2013년 양국의 무역총액은 2,742억 달러에 달하였다. 이는 한미 간 무역 총액과 한일 간 무역 총액을 합한 것과 비슷하다. 이를 통해 양국관계의 발전에서 중한 경제 협력이 얼마나 큰 비중을 차지하고 있는지를 알 수 있다. 현재 중국은 한국의 최대 무역 상대국이며, 최대 수출 시장이고, 최대 해외 투자 대상국이자 수입국이다. 한국 역시 중국의 3대 무역 상대국이고, 다섯 번째로 큰 투자 유치 국가이다. 2012년 중국과 한국은 정식으로 자유무역협정 협상(FTA)을 시작하였고, 2014년 11월까지 중한 양국은 14여 차례에 걸쳐 그 협상을 진행하였다. 중한 양국의 경제 교류는 나날이 증대되고 있으며, 경제 의존도 역시 점점 높아지고 있다. 이것이 정치 및 외교관계의 진전에도 많은 영향을 주고 있는 것이다.

마지막 세 번째는 위에서 언급한 두 가지 측면보다 더 직접적인 이해관계이다. 즉 한반도 정세가 중한 양국의 정치관계 발전에 상당한 영향을 끼치고 있다. 특히 중요한 것은 중한관계의 정치적 기초가 안정적이어야 양국관계의 건강한 발전이 가능하다는 점이다. 중한수교 이후, 경제 협력이 주축이 된 것은 사실이지만, 정치적 요인 역시 줄곧 중요한 역할을 담당해왔다. 정치적 차원에서 중한 양국이 공통 관심사를 가지고 있었기 때문에 수교 이후 전략적 차원에서 끊임없이 가까워질 수 있었다. 역사적으로 중한관계의 발전은 한 가지 명확한 경로를 보이는데, 즉 "정치로 국면을 타개하고, 경제협력으로 추진력을 얻으며, 이후 다시 정치로 돌아가는" 양상이다. 중국의 입장에서 보면, 한국과의 관계가 발전할 수 있었던 것은 단지 경제적인 이유 때문이 아니었다. 전략적인 차원이 훨씬 컸다고 할 수 있는데, 중한관계의 발전이 한미동맹의 잠재적인 위협을 줄여가는 데 유리할 뿐 아니라 한반도 문제를 처리하는 과정에서 그 영향력을 키우는 데에도 도움이 되었기 때문이다. 한반도의 핵문제는 한반도뿐 아니라 동북아 지역의 평화와 안정, 안보와 관련되며, 따라서 한국은 직접적인 당사자라고 할 수 있고, 중국은 이익상관자라고 할 수 있다. 박근혜 대통령은 취임 후 "동북아 평화 협력 구상"을 제시하였는데, 이는 중국이 주장해왔던 한반도의 평화와 안정, 한반도 비핵화의 실현, 그리고 대화와 협력을 통한 문제 해결 등의 원칙과 기본적으로 일치하는 것이다.

4. 중한 정치 및 외교관계에서의 주요 문제

우선 한반도와 동북아 지역의 정세가 여전히 심각한 편이다. 한반도 정세는 동북아 지역의 안보와 관련되기 때문에, 동북아 지역이 안보 곤경에 처할 수 있는 중요한 요인일 수 있다. 북한 핵문제가 동북아 지역 안보에 가장 중요한 요인이라고 할 수 있는데, 반대로 이것이 동북아 지역의 안보 곤경과 모순을 집약적으로 보여준다고도 할 수 있다. 지역 안보에 영향을 미치는 기타 중요한 문제들도 대부분 북한 핵문제와 어느 정도 관련되어 있기 때문이다. 동북아 지역의 안보 초점으로서 북한 핵문제는 대국관계, 특히 미국이 지역 안보 문제에 연루되는 직접적인 계기가 된다. 북한 핵 위기가 해결되지 못한다면 한반도의 평화와 안정은 매우 어려운 일이 된다. 북한 핵문제의 해결은 북한이 핵무기를 완전히 포기하는 것을 의미하며, 한반도의 비핵화를 철저하게 실현하는 것이다. 북한 핵문제가 쉽게 해결되지 못하고 있는 데에는 많은 국가의 이익이 한반도에 집중되어 있기 때문이다. 한반도는 지금까지 다양한 모순으로 점철되어 있었다. 대국 사이의 모순, 남한 및 북한과 대국 사이의 모순, 남한과 북한 사이의 모순, 남한 및 북한 내부의 모순 등이 대표적이다. 북한 핵문제는 이러한 모순이 구체적으로 나타난 결과이다. 특히 북한과 미국 사이의 상호 불신이 북한 핵문제를 해결하는 데 가장 큰 장애가 되고 있다. 한국과 미국, 일본 사이의 군사 동맹은 끊임없이 강화되고 있고, 이로 인해 북한의 핵무기 개발이 더욱 강화되고 있다.

동북아 지역은 매우 중요한 전략적 의미를 가지고 있다. 지금까지 대국의 이익이 집중되면서 그 힘이 부딪혔던 곳이 바로 동북아이다. 냉전이 끝난 후, 동북아 지역의 안보 구조에는 심각한 변화가 일어났는데, 냉전 시기의 이원 대립

구조가 이제는 대립 면이 일정치 않은 그물 모양의 구조로 바뀐 것이다. 21세기에 접어들면서, 동북아 지역의 안보 정세 중 가장 큰 특징은 역내 국가 사이의 기본적인 상호 신뢰가 부족하다는 것이고, 역내 국가를 모두 포괄하는 효과적인 안보 기제가 부재하다는 것이다. 동북아 지역에는 많은 구조적 모순과 민감한 문제가 존재하고 있으며, 안보 형세 역시 복잡한 양상을 보이고 있다. 그 대표적인 현상으로 다음과 같은 것을 생각할 수 있다. 첫째, 주요 대국이 한반도를 지역 안보 전략의 중심으로 삼고 있다. 남한과 북한의 뒤에는 모두 대국의 그림자가 드리워 있으며, 냉전시기에도 그러했지만 지금이라고 그 양상이 변했다고 볼 수는 없다. 미국의 정치 및 군사 영향력이 동북아 지역에 여전하다는 것은 이 지역의 안보 구조에서 매우 중요한 요인으로 작용하고 있다. 둘째, 냉전의 잔재와 열전의 우환이 함께 존재하고 있다. 동북아 지역은 구름을 걷어내고 해를 보기가 쉽지 않다. 그 근본 원인은 이 지역이 냉전의 영향에서 철저하게 벗어나지 못했기 때문이다. 실제로 동북아 국가 간의 관계 구조는 기본적으로 냉전의 산물이다. 냉전시기의 대립 구조가 여전히 존재할 뿐 아니라 어떤 경우에는 냉전의 잔재가 반복되고 있다. 셋째, 역사의 원한과 현실 문제가 공존하고 있다. 동북아 각국 사이에는 복잡한 역사의 응어리가 남아 있으며, 상호 간에 오랜 원한이나 해결하지 못한 영토 분쟁이 존재한다. 예컨대, 일본과 러시아, 일본과 한국 사이의 영토 분쟁이나 민족 및 역사적 구원(舊怨)이 어느 정도 해소된 것은 사실이지만, 그렇다고 해서 근본적으로 해결되었다고 말하기도 껄끄러운 것이 사실이다. 대국 이익이 복잡하게 얽혀 있는 지역이기 때문에, 동북아 지역은 과거에도 그랬고, 현재에도 그러하며, 미래에도 대국 사이의 각축이 벌어질 가능성이 남아있다. 요컨대, 뿌리가 깊은 동북아 지역의 안보 곤경은 관련 국가들이 각고의 노력을 경주해야 비로소 해결될 수가 있다.

두 번째는 남한과 북한의 관계가 개선되기에는 아직 문제가 많다는 사실이다. 남북관계의 발전은 동북아 지역 및 아시아 지역의 평화와 안정, 발전에 직접적 영향을 준다. 형제 국가로서 남한과 북한은 양국의 대치 국면을 깨뜨리기 위해 노력해야 하고, 상호 신뢰와 공동 번영의 발전 무대를 만들어가야 한다. 그러나 한반도는 진정한 의미의 평화로운 시기를 맞이했다고 할 수 없으며, 오히려 무력 충돌과 군비 경쟁 등이 빈번히 나타나고 있다. 21세기의 두 번째 10년을 맞이하고 있는 오늘이지만, 한반도에서는 100만에 달한 남한과 북한 병력이 대치하고 있으며, 여전히 불균형과 각종 충돌이 심각한 문제로 나타나고 있다. 그럼에도 남한과 북한의 지도자들은 지금까지 단 두 번 정상 회담을 가졌을 뿐이다. 한 번은 2000년으로, 남한과 북한의 지도자들은 「남북공동선언」에 합의하여 양국이 협력을 통해 자주적으로 한반도의 통일 문제를 해결하자고 하였다. 두 번째는 2007년으로, 남한과 북한의 지도자들은 「남북관계발전 평화번영 선언」에 합의하였다. 북한은 "초강경으로 강경에 대처"하기로 유명하고, "핵반격(核戰反擊)을 불사한다"는 평가도 적지 않다. 대외관계에서 북한은 상식에 맞지 않는 명분을 내세우는 데 익숙하기 때문에 그 미래를 예상하기가 쉽지 않다. 때때로 북한은 새로운 방법으로 벼랑 끝 정책을 들고 나와 한국을 난처하게 만드는 경우가 있다. 어떤 때에는 전체적인 국면을 살피는 데 능숙해 평화의 제스처를 먼저 취해 일촉즉발의 남북관계를 완화시키기도 한다. 얼음 길이가 3척이면 하루 추위가 아니라는 말처럼, 이런 상황은 오랜 시간을 거쳐 형성된 것이라 봐야 한다. 남북 관계의 개선은 지도자의 이성적인 지혜가 필요할 뿐 아니라 양국 인민 사이의 소통과 교류가 절대적으로 필요하다. 남한과 북한은 모두 대화를 추진하겠다는 성의가 부족하다고 볼 수 있다. 많은 경우 대화를 외적 요구에 대한 반응의 차원에서 피동적으로 추진하고 있다. 동북아 지역의 안보 정세에서 남북관계가 근본적인 변화와 개선을 겪어야 "사소한 문제가 대세에 영향을 끼치는" 상황을 초래하지 않을 수 있다. 적지 않은 관찰자들이 남북 관계의 긍정적인 변화에 주의할 때면 언제나 그 취약성과 불확정성에 대해서도 함께 언급하고 있다. 상호 신뢰가 심각하게 결여되어 있고, 군사 대치와 대규모 경제 교류 및 협력이 부재한 가운데에서 남한과 북한은 새로운 국면을 타개할 수 있는 기회를 살필 수 있는 능력을 갖춰야 한다.

  세 번째는 한미 동맹의 존재가 종종 장애가 된다는 점이다. 냉전이 종결된 이후 역대 한국 정부는 모두 적극적인 외교정책을 펼쳤는데, 한미 동맹을 중심으로 미·중·일·러의 4강 외교를 중시하였고, 지역 및 국제문제에 대한 다양한 외교 무대에도 적극적으로 참여하였다. 한반도 정세를 중심으로 살펴보면, 미국과 일본, 한국 사이의 동맹이 여전히 한국 외교정책 전략의 중심이다. 예를 들어, "천안함 사건"이나 "연평도 포격 사건"이 발생하였을 때, 한국은 북한에 대한 공세적인 정책을 비교적 쉽게 취하였다. 이는 미국과 일본의 직접, 혹은 간접적인 군사 지원이 있었기 때문에 가능했다고 볼 수 있다. 한국과 미국은 서해에서 군사 훈련을 진행하고 있고, 미국과 일본은 동해에서 군사 훈련을 진행하고 있는데, 미국은 이를 통해 한미일 군사 협력을 추진하는 데 큰 힘을 얻고 있으며, 한국과 일본의 "이심(離心)" 경향을 극복하고 동북아 지역의 자기 위상을 튼튼히 하고 있다. 만약 미국이 동맹국을 통해 중국을 견제하고자 한다면 한국은 진퇴양난의 상황에 처할 수 있다. 최근 중한 간 정치 및 외교관계가 자주 난관에 부딪히는 데에는 한국 정계 및 관계, 학계의 미국식 사유가 적잖은 영향을 끼치고 있다. 즉 한미관계가 좋아야 모든 문제가 순리적으로 해결될 수 있다는 것이다. 한국의 입장에서 보면, "중한 전략적 협력동반자관계"의 비중은 언제나 "한미 전략적 동맹 관계"의 다음에 위치한다. 미중 간 국력 차이에 어떤 변화가 일어난다면, 중한 간 외교관계의 현 위치는 적잖게 문제가 될 수 있다. 한미일 간의 튼튼한 전략적 동맹이 향후 동북아 지역의 안보 구조를 바꿀 수 있으며, 심지어 새로운 지역 대립을 유발할 수 있다. 한미 군사훈련을 과장하는 여론도 조성되고 있는데, 예를 들어 "미국 항모가 서해로 진입하면, 취옹의 의도는 술에 있는 것이 아니며, 항장(項庄)의 의도는 패공(沛公)에 있다"는 식이 그렇다. 북한을 위협한다는 것은 위장이며, 진짜 의도는 중국 견제에 있다는 뜻인데, 이것이 정말 그러한지는 더 많은 논의가 필요하겠지만, 한 가지 중요한 사실은 동맹 정치가 동북아 안보 정세에 그다지 좋은 영향을 끼치고 있는 것은 아니라는 점이다.

III. 중한 정치외교 관계의 미래 전망

미래에 대한 전망에서 사람들은 중한 간 정치 및 외교관계의 발전에 대해 상당한 믿음을 가지고 있다. 최근 중한 간 정치 및 외교관계는 새로운 발전 단계로 진입하고 있는데, 곧 평화롭고 건강한 발전이라는 추세는 거스를 수 없는 대세라는 것이다. 장기적으로 보면, 미래 중한 간 정치 및 외교관계에는 기회와 과제가 함께 존재하겠지만, 과제보다는 기회가 더 많을 것으로 보인다.

1. 중한 정치 및 외교관계를 전망하는 몇 가지 관점

첫 번째 관점은 국제 질서와 지역 정세에 초점을 맞추는 것이다. 세계 조류에 순응한다면 성공을 거둘 수 있겠지만, 그에 거슬린다면 실패할 수밖에 없다. 시대의 흐름을 따라가고 싶다면 몸은 이미 21세기에 들어왔으면서도 사고를 여전히 과거에 두어서는 안 된다. 현재 세계는 냉전 이후 가장 심각하고 복잡한 변화를 겪고 있으며, 전체적인 세계 추세는 동북아 지역에도 나타나고 있다. 동북아 국가는 그 수가 많지 않지만, 그 지정학적 의미로 인해 매우 복잡한 양상을 드러내고 있다. 동북아 지역과 직접적으로 관련을 맺고 있는 대국은 네 개라고 할 수 있는데, 미국과 러시아, 일본, 그리고 중국이 그것이다. 냉전이 남겨 놓은 동맹 관계가 이곳에 형성되어 있고, 남한과 북한은 한반도에서 여전히 대치 중이다. 우여곡절 많은 북한 핵문제도 도사리고 있고, 아직 해결하지 못한 영토 주권 문제와 해양 이익 분쟁도 존재한다. 아직 사라지지 않은 일본 군국주의의 문제도 있으며, 이곳저곳에서 진행되고 있는 중미 대국 간의 게임도 고려해야 한다. 동아시아 지역에서는 중국의 국력이 성장하면서 역내 역학 구도가 변하고 있다. 한국은 중국 및 미국과의 관계에서 어떻게 균형을 맞출 것인가를 고민해야 할 것이다. 복잡한 미중 관계를 능숙하게 처리하는 것은 한국 정부에게 있어서 확실히 중요한 문제이다. 미국의 정치 및 군사적 영향이 아직 남아 있다는 사실은 동북아 지역의 안보 구도에 매우 중요한 요인으로 자리하고 있다.

두 번째 관점은 중한 양국의 국내 정세이다. 중공 18대 이후, 중국의 새로운 지도부는 주변을 자국 외교의 우선 방향으로 설정하고 있다. 중국은 중한관계를 중시하여 중국의 대외 관계에서 중요한 지위를 부여하고 있다. 처음 열린 주변국 외교 공작 좌담회에서 시진핑 주석은 주변국 외교를 확실히 붙잡아야 한다고 말한 바 있다. 주변국과 중국은 운명 공동체임을 강조하면서, "친·성·혜·용"의 주변 외교 이념을 설파하였다. 이 새로운 이념은 이웃을 선대하고 이웃을 동반자로 여겨야 한다는 태도나 혹은 목린(穆隣)과 안린(安隣), 부린(富隣)의 방침을 계승하면서도 한 걸음 더 발전한 부분도 있다. 중국은 한국에 대한 외교 정책에서 이 주변 외교의 이념을 구현하고 있다. 아쉬운 것은 중한관계가 한국의 정당 정치 및 선거의 영향을 많이 받는다는 것이며, 이는 중한 간 정치 및 외교관계가 아직 많은 시간을 필요로 한다는 것을 의미한다. 일부 한국의 정당은 정당 이익과 선거 필요 때문에 중한 간 정치 및 외교관계를 볼모로 삼는 경우가 있다. 단일 민족 국가로서 한국 국민은 다민족으로 구성된 중국을 이해하지 못하는 경우가 있으며, 이것이 혹 양국 국민 사이의 오해와 의심을 낳기도 한다.

세 번째로 봐야 할 것은 남북 관계의 상황이다. 중한 간 정치 및 외교관계가 직면하고 있는 한 가지 구조적인 문제는 "중한 전략적 협력동반자관계"와 "중조 협력 호조 관계"를 어떻게 처리할 것인가이다. 중국이 한국과 수교를 맺었을 때, 그 어려움이 단순히 양자 관계에 그쳤던 것이 아니라 중국과 북한 사이의 관계에도 있었던 것처럼, 중한 간 정치 및 외교관계가 발전하려면 북한이 한국에 대한 중국의 외교정책 조정을 이해하고 받아들이는 것이 필요하다. 남북 관계가 좋았을 때 중한관계는 비교적 큰 풍파를 적게 겪었다. 반대의 경우에는 중국이든 한국이든 상관없이 모두 시련을 겪어야 했다. 한반도에서 남한과 북한은 법리적으로 아직 냉전 상황을 끝내지 못한 상황이다. 그 분단과 대치의 상황이 이 지역의 가장 첨예한 모순이라고 할 수 있는데, 한반도가 대화와 협력의 분위기를 만들 수 있다면, 이는 동북아 지역의 구조적 모순을 해소하는 원동력이 될 수 있다. 그러나 핵문제가 오랫동안 해결되지 못하면서 남북관계 개선의 장애물로 작용하고 있다. 국제사회는 남한과 북한의 대외 정책 방향에 특히 관심을 갖고 있다. 북한은 중조 관계를 회복하는 것 이외에도 6자 회담으로 돌아가고 싶다는 뜻을 전하고 있으며, "통미봉남"의 방침을 수정하여 적극적으로 남북관계를 개선하고자 한다. 박근혜 대통령은 이명박 정부의 "선 비핵화, 후 교류협력"이라는 대북 방침을 바꾸어 드레스덴 구상을 제시함과 동시에 이를 실천으로 옮기고자 노력하고 있다. 남한과 북한 주민 사이의 정체성 회복에 주의하면서, 북한의 인프라 시설 건설과 인도적 차원의 문제 해결에도 의지를 보이고 있는 것이다. 만약 드레스덴 구상이 북한의 적극적인 반응을 이끌어낼 수만 있다면, 남북관계의 개선과 한반도 정세의 호전에 매우 중요한 역할을 담당하게 될 수 있다.

2. 중한 정치 및 외교관계 발전의 긍정적인 요소

첫 번째 긍정적인 요소는 중한 양국의 수뇌부가 전략적 협력에 있어서 상당한 합의를 이루고 있다는 점이다. 현재 한국과 중국은 모두 자국 발전에 있어서 매우 중요한 시기를 맞이하였다고 볼 수 있다. 중한 양국은 전략적 협력동반자관계를 심화하는 데 깊이 공감하고 있으며, 모두 전 방위적이고 다층적인 교류와 협력을 진행하고 싶어 한다. 지역 평화와 안정은 모두가 희망하고 있는 목표이다. 박근혜 대통령은 방중 기간 동안 한국의 꿈과 중국의 꿈이 비록 다른 길일지라도 결국 같은 곳을 지향한다고 말한 바 있다. 양국은 공통의 목표를 가지고 있으며, 그것이 공통의 이익이 자리하는 곳이다. 2013년, 시진핑 주석은 박근혜 대통령과의 회담에서 중한관계가 한 단계 발전하기 위해서는 세 가지 지표가 중요하다고 언급한 바 있다. "중한 전략적 협력동반자관계가 한층 더 긴밀하고, 한층 더 건강하며, 한층 더 활력 있게 발전하여야 양국 인민에게 더 많은 행복을 가져다줄 수 있다."[59] 여기서 등장하는 세 번의 "한층 더"는 중한관계가 한 걸음 더 나아가기 위한 세 가지 지표의 의미를 갖는다. 양국의 새로운 지도자들은 취임 이후 전략적 차원에서 양국관계의 미래를 바라보고 있으며, 발전 방향과 주요 임무, 기본 사상을 명확히 하고 있다. 이것이 향후 중한 간 정치 및 외교관계의 발전에 적극적인 요소로 작용할 가능성이 크다. 향후 중한 양국이 중요 문제에서 발전 목표와 발전 경로 차원의 공통 언어를 더 많이 발견할 수만 있다면, 양국의 전략적 상호 신뢰가 한층 더 강화될 수 있을 것이다. 예상컨대, 중한 간 정치적 상호 신뢰가 "전면 전략적 협력동반자관계"로 나아가는 데 견실한 기초가 되어줄 수 있다.

두 번째는 한반도 평화 기제와 동북아 지역의 안보 협력 기제에 대해 관련

---

59 習近平, "愿努力推動中韓戰略合作夥伴關係向前發展", http://gb.cri.cn/42071/2013/06/27/661 1s4162881.htm

국가들이 공통된 인식을 가지고 있다는 점이다. 북핵문제는 동북아의 현 안보 구조에 상당한 영향을 끼쳤을 뿐아니라 동북아 안보 구조가 더 높은 층위의 동북아 안보 기제로 발전해야 하는 이유가 되었다. 지정학적으로 동북아 지역에는 다자간 안보기제가 절대적으로 필요하다. 제4차 6자회담의「공동성명」은 처음으로 한반도 평화 기제와 동북아 안보 협력 기제를 그 내용 속에 포함시켰는데, 그런 점에서 6자회담이 한반도 평화 기제와 동북아 안보 협력 기제의 구축에서 그 단초가 되었다고 볼 수 있다. 한반도 정세 변화와 한국 외교 정책의 조정은 갈수록 상호 연쇄적인 양상을 보이고 있다. 한반도 정세의 복잡성을 고려할 때, 한국의 대외정책은 시시각각으로 변화할 확률이 높다. 특히 중한관계의 위상이 높아지면서, "한반도 신뢰 프로세스"가 북한 문제에서 중한 양국이 더 많은 협력할 수 있는 기초가 되고 있다. 한국은 "동북아 평화 협력 구상"을 실현하기 위해 더 유연한 외교 정책을 선택할 확률이 높다. 예컨대 "이웃 효과"에 천착하여 중한 간 정치 및 외교관계를 적극적으로 제고할 수 있는 것이다.

세 번째 긍정적인 요소는 미국이 동북아 지역의 안정을 희망한다는 점이다. 동북아 지역의 정세를 판단할 때 미국은 가장 중요한 요인이다. 미국이 이 지역에서 정치 및 경제적으로 상당히 중요한 역할을 담당하고 있기 때문에, 미국의 적극적인 참여가 역내 다자간 협력에서 성공을 거둘 수 있는 전제조건이라고 할 수 있다. 전략적인 차원에서 살펴보면, 미국의 전략 중점이 동쪽으로 이동한 것은 세계의 정치 및 경제, 문화 중심이 아시아로 옮겨가고 있다고 미국이 보았기 때문이다. 미국이 보기에 이곳이 이익의 중심이고, 따라서 동북아 지역에서 전쟁이 일어나는 것을 원하지 않고 있다. 게다가 미국은 이미 "신형 대국관계"라는 표현에 동의를 표한 바 있는데, 그 취지는 "실무 협력에 힘쓰면서 건설적으로 차이를 처리하는" 대국관계의 새로운 모델을 세우는 데 있다. 신형 대국관계의 주요 내용은 싸우지 않고 충돌하지 않으며 대항하지 않는 것이다. 상호 존중과 상호 협력을 바탕으로 대국 간의 대립이나 제로섬 게임을 반복하지 않겠다는 뜻이다. 미국은 전략 중심을 완전히 동쪽으로 이동하기 전에 한반도 정세에 급격한 변화가 일어나길 원하지 않고 있으며, 동시에 군사력을 동원하여 북핵문제를 해결하는 데에도 소극적이다. 북핵문제에서 미국은 더욱 실무적이고 융통성이 있는 자세를 취하고 있다. 동북아 지역의 평화와 안정을 유지하는 데 그 초점을 맞추고 있는 것이다. 제4차 6자회담의 「공동성명」에서 미국은 "북한을 공격하거나 침입할 의도가 없음"을 인정하여 6자회담이 한 단계 진전을 이룰 수 있도록 힘을 실어주기도 하였다.

3. 중한 정치 및 외교관계를 위한 정책 건의

중한 간 정치 및 외교관계의 미래를 전망할 때 희망 속에서도 갈 길이 멀다는 것을 느끼게 된다. 중한 간 정치 및 외교관계가 건강하게 발전하려면, 그래서 양국관계를 새로운 단계로 격상시키려면, 장기적이고 전체적인 상황을 바라보는 것이 필수적이다. 양국은 모두 현재 주어진 절호의 기회를 잘 살릴 필요가 있는데, 다음의 세 가지 차원에 주의하여야 중한 간 정치 및 외교관계가 새로운 시기, 새로운 정세 속에서 더 큰 발전을 이룰 수 있다.

첫째, 전략적인 상호 신뢰를 심화할 필요가 있다. 상호 존중과 신뢰 강화, 평등한 대우는 양자관계의 발전에서 기본이 되는 전제이다. 존중, 신뢰, 평등은 국가 간 관계에서 기본이 되는 전제이자 정치사상의 보증물이다. 국가는 그 크기와 발전 수준에 상관없이 정치적으로 모두 평등하다. 수교 이후, 세계 다극화와 경제 세계화, 그리고 지역 일체화가 거듭되면서 중한 양국의 전략적 이익은 끊임없이 섞이게 되었고, 공통의 언어가 갈수록 많아지게 되었다. 이 때문에 중한 양국은 일련의 전략적 소통을 위한 기제를 마련하게 되었고, 관련 정책에 대한 기본 목표나 방침, 내용에 대해 상호 소통과 협력을 이어가게 되었다. 의심이나 불신을 일소하고 중한 협력을 한층 더 심화하는 것이 한반도 비핵화를 추진하는 데 힘을 실어줄 수 있다.

"진심으로 소통하고 상호 신뢰를 증진"하는 것이 양국 간 정치 및 외교관계에서 약한 부분을 채워줄 수 있다. 중국은 위협이 아니며, 한반도의 핵문제를 평화롭게 해결하길 원하고, 또한 동북아 번영의 발동기이자 평화의 안전판이 되고 싶다는 것을 중국은 한국이 믿어주길 원하고 있다. 중국은 남북관계가 개선되길 원하고 있고, 한반도에 자주와 평화의 통일이 실현되길 바라고 있다. 멀리 있는 친척이 가까이 있는 이웃만 못한 법이다. 주변 국가는 중국이 평화로운 발전을 이룰 수 있는 중요한 근거가 되어주며, "친·성·혜·용"의 외교이념이 직접 적용되는 지역이다. 중국은 향후 이웃을 선대하고 이웃을 동반자로 여기는 주변 외교 방침을 이어갈 것이며, 최선을 다해 한국을 포함한 주변 국가들과 화목과 우호를 다져가려 한다. 중한 양국은 공동 발전을 실현하는 동반자가 되어야 하고, 지역 평화에 힘쓰는 동반자가 되어야 하며, 아시아 발전을 이루는 동반자가 되어야 하고, 세계 번영을 촉진하는 동반자가 되어야 한다. 이 "네 가지 동반자"가 가능할 때 중한 전략적 협력동반자관계가 한 단계 더 높은 단계로 올라설 수 있고, 그 시야가 더 넓어지고 높아질 수 있다. 한국 역시 중국에 보여주어야 하는 것이 있는데, 한미동맹이 결코 중국을 향한 것이 아니며, 한국은 중국 포위 전략의 한 축이 아니라는 것이다.

중한 양국은 굳건한 상호 신뢰의 기초를 쌓아야 한다. 양자 간 소통 기제를 잘 다듬어서 전략적인 상호 신뢰를 한층 더 제고하고, 이를 바탕으로 중한관계를 동북아 지역의 안정과 발전을 수호하는 중심축이 되게끔 해야 한다. 이것이 중한 간 정치 및 외교관계 발전의 주된 방향이어야 한다. 향후 일정 시기 동안 국제 정세는 매우 심각하고 복잡한 변화가 일어날 수 있기 때문에 양국은 글로벌한 시야 속에서 중한 간 전략적 협력동반자관계를 살필 필요가 있다. 중한관계 발전의 정확한 방향을 확실히 이해하여 정부와 의회, 정당 간의 교류협력 기제를 충분히 활용하고, 이를 통해 전략적 소통의 강화와 양자 간 정치적 상호 신뢰 증진에 힘써야 한다. 상대방의 핵심 이익과 관심사를 존중하고 양국 간 정치 및 외교관계가 지속적이고 안정적으로, 그리고 건강하게 발전할 수 있도록 노력해야 한다. 그 외에도 중한 양국은 정상회담을 통해 양국관계의 전체적인 발전 방향을 명확히 하는 동시에 실무적이고 일상적인 논의를 계속 유지하여 양국 간의 상호 신뢰를 증진할 필요가 있다. 그래야 오해로 인한 갈등이 최소화될 수 있고, 중한 운명공동체의 튼튼한 기초가 세워질 수 있다.

둘째, 모순과 차이를 적절히 해결해가야 한다. 중한관계의 발전과 아시아 지역의 진흥은 모두 지역의 평화와 안정에서 절대적으로 필요한 부분이다. 중한관계는 중한 전략적 협력동반자관계와 한미 전략적 동맹관계 사이의 구조적인 모순을 가지고 있으며, 이 때문에 양국의 정치 및 외교관계에는 이것이 현실 문제로 나타날 가능성이 남아 있다. 국토 면적과 정치 제도, 경제 모델 등 여러 방면에서 중한 양국 사이에는 차이가 존재한다. 중한 간 정치 관계가 외부 요인으로 인해 방해 받고 정치적 신뢰가 약해지는 결과가 나타날 수 있는 것이다. 중국이 남한과 북한 사이에서 전략적인 균형을 유지할 것인가에 한국이 상당한 관심을 내보이는 것처럼, 한국이 한미 동맹을 적절히 처리할 수 있을 것인가에 중국 역시 주의하고 있다. 만약 한국이 한미중 3국 사이에 형성된 관계에서 균형을 찾지 못한다면 중한 양국 간 전략적 협력의 틀이 온전히 유지되기가 힘들어진다. 또한 중한 양국은 서로 인접한 국가이기 때문에 껄끄러운 일들이 발생하는 것을 완전히 피하기가 힘들다. 천안함 사건이든, 연평도 포격 사건이든, 아니면 어선 충돌 문제나 탈북자 문제 및 이어도 분쟁이든 장기적으로 보면 모두 중한 간 정치 및 외교관계를 곤혹스럽게 할 수 있는 요인일 수 있다.

중한관계에 존재하는 다양한 문제와 어려움을 회피하지 말고 건설적인 태도로 적극 대처할 필요가 있다. 문제는 회피한다고 해결되는 것이 아니다. 그러나 그 해결책이 다양할 수는 있다. 중한 간 정치적 마찰이 끊이지 않는 주된 원인은 양국이 "전략적 협력"에 대한 이해가 서로 다르기 때문이다. 한국은 한반도 비핵화 문제를 중시하면서 중국에 큰 기대를 걸고 있지만, 중국은 더 큰 범주의 동북아 지역 안정과 공동 발전을 중시하고 있다. 한국의 초점은 단기적 이익과 경제적 이익에 있지만, 중국의 초점은 장기적 이익과 전략적 이익에 있다. 세상의 모든 현상은 장기적이고 열린 마음으로 바라볼 필요가 있다. 중한 양국이 모두 이성적이고 냉정한 태도로 "상대의 입장에서 생각"하는 방법을 배우길 바라본다. 모순과 차이를 줄여가는 것이 화목하게 중한 양국이 공존할 수 있는 효과적인 경로이자 믿을 수 있는 방법이다. 대화와 협상으로 합의를 이뤄야 하고, 상호 간의 양해와 양보를 통해서 차이를 처리해야 하며, 미래 지향적인 시각으로 현실 문제를 해결해야 한다. 새로운 안보 이념을 만들어 공동과 종합, 협력 및 지속가능한 안보라는 방향을 향해 대화와 협력을 깊이 있게 전개할 때 중한 양국은 상호 신뢰와 평등 협력의 동반자가 될 수 있다. 법제의 사유를 가져올 필요도 있어 보이는데, 제도로 행위를 규범화하고 법률로 책임을 명확히 한다면 민족주의 정서가 나타날 공간을 줄일 수 있을 것이다.

셋째, 국제 및 지역 외교에서 협조와 협력을 강화해야 한다. 세계 구조와 지역 정세의 심각한 변화로 인해 중한 양국은 역내 문제에서 협력을 강화할 필요가 있다. 한반도 정세가 다시 긴장 상황에 빠지면 역내 국가 사이의 대립과 상호 불신이 깊어질 수 있기 때문에, 중한 양국은 소통과 협력을 강화하고 공동으로 문제에 대처하면서 양국의 전략적 이익 및 발전의 기회를 지켜갈 필요가 있다. 양국은 "한반도 신뢰 프로세스"를 공동으로 추진해야 하고, 대화를 통해 남북관계를 개선해가는 것을 지지해야 하며, 양자 및 다자 간 차원의 협력을 강화하면서 한 단계 아래의 역내 협력을 모색해 "동북아 평화 협력 구상"의 목표를 실현해가야 한다. 그와 동시에 중한 양국은 중일한 3국 관계에 나타나고 있는 심각한 불균형의 상황을 함께 관리할 필요가 있다. 중한관계가 상대적으로 우호적인 상황에서 중일과 한일 간의 상호 신뢰는 그와 대조적으로 계속해서 약해지고 있다. 3국 협력 기제가 점차 문화 교류와 경제 교류 등의 "초보적 정치" 영역에 국한되고 있을 뿐 아니라, 정치적 관계의 악화로 인한 충격도 계속해서 커지고 있다. 이러한 상황에서 중한 양국은 중일한 3국의 관계가 새로운 방향으로 나아갈 수 있도록 적절한 협력을 진행할 필요가 있다. 가령, 중한 양국은 실무 협력을 통해 미국이 일본의 우경화 경향이 갈수록 위험해지고 있음을 인지케 할 수 있으며, 일본의 행동을 미국이 제약하게끔 독촉할 수 있다. 중일한 3국의 지도자들이 대화와 협상을 이어가는 것이 여전히 동북아 지역을 하나로 묶어줄 수 있는 주요한 통로이다.

양국이 역내 및 국제 협력 기제에서 긴밀한 협력을 강화할 필요도 있다. 역내 경제 일체화를 한층 더 추진하여 경제 혁신과 개혁 및 성장을 촉진할 필요가 있으며, 전방위적인 인프라 시설 및 네트워크 건설을 강화할 필요가 있다. 10+3이나 동아시아정상회담, 아세안지역포럼, 아시아태평양 경제협력체, 아시아유럽 정상회의 등 다자간 기제에서 정책 협조와 협력을 유지해가야 한다. 나아가 UN과 G20 등의 국제 경제 협력 기제에서도 그 협력을 강화해야 한다.

정리해보면, 중한 간 정치 및 외교관계의 건강한 발전은 중한 양국의 국가 이익을 수호하는 데, 특히 동북 지역의 평화와 안정에 중요한 의미를 가지고 있다. 과거 20년 동안, 중한 간 정치 및 외교관계는 엄청난 성취를 이루었지만, 동시에 많은 어려움을 겪기도 하였다. 중한 간 정치 및 외교관계를 한 단계 더 높은 단계로 격상하기 위해서는 양국 정부가 정치적 지혜를 발휘하여 합의를 증진시키고, 새로운 발전 기회를 잘 살려서 모순과 차이를 적절히 해소해야 한다. 이를 통해 중한 간 정치 및 외교관계의 새로운 발전을 이룰 수 있는, 우호적인 국제 및 국내 환경을 만들어가야 한다.

한중 군사안보관계

한중 군사안보 관계:
현황, 과제 그리고 전망

서정경

1992년 수교 이후 한중관계는 세계사에 유례가 없을 정도로 신속한 진전을 이뤄왔다. 그러나 경제영역의 폭발적인 관계 진전에 비해, 군사안보 영역의 발전은 비교적 지체되었다. 한국전쟁의 역사적 경험, 한미동맹과 북중관계의 병립구조, 미중 간 전략적 불신의 지속, 벼랑 끝 전술을 반복하는 북한에 의한 한반도 긴장상태, 획기적 돌파구를 찾지 못하는 남북관계 등 일련의 상황 속에서 한중 간 군사안보 교류와 협력이 심화, 발전 및 제도화되기는 어려웠다.

그럼에도 불구하고 박근혜 정부와 시진핑 정부의 등장 이후 양국관계 발전의 새로운 모멘텀이 형성되고 있다. 2014년 시주석의 한국 단독 방문을 계기로 중국에서는 "2014년은 한중관계의 최고조기"라는 평가가 대두되었고, 한국 국내에서도 이에 대한 기대가 형성되었다. 한중협력의 필요성과 기대감이 크게 높아진 가운데 양국이 전략적 협력동반자 관계에 부응하는 군사협력 심화의 기반을 마련할 수 있는지가 주목받고 있다.

I. 한중 군사안보 관계의 발전과정

한중수교 이후 양국 간 군사안보 분야의 교류나 관계 발전은 경제나 사회분야에 비해 상대적으로 지체되었다. 1992년 노태우 대통령의 최초 중국 방문 시

합참의장이 수행한 것이 양국 간 군사교류의 첫걸음이었다. 1993년 베이징에 한국의 무관부를 설치하고, 이듬해 중국이 서울에 무관부를 설치하면서 상호 군사교류가 공식적으로 시작되었다. 그러나 국방정책의 최고 수뇌부라 할 수 있는 한중 국방장관의 상호방문은 수교 이후 7, 8년이 지난 1999년과 2000년에 각각 성사되었다. 이것은 한중 군사교류에 많은 걸림돌이 있었다는 것을 의미한다. 한중수교에도 불구하고 북한과의 전략적 관계를 유지해야 하는 상황에서 중국의 한중 군사교류에 대한 태도는 비교적 수동적이었다. 북방정책의 일환으로 한러수교에 이어 한중수교를 달성한 한국이 상대적으로 중국을 포함한 대북방 군사교류에 보다 적극적이었다.

한국의 김대중 정부와 노무현 정부 집권기간 동안 한중 간 정치적 신뢰가 구축되면서 군사관계에서도 새로운 모멘텀이 나타났다. 한국은 대북 포용정책을 통해 남북관계를 개선하여 한반도의 평화와 안정을 이룬다는 전략적 목표를 가지고 있었고, 이러한 맥락에서 한반도에서의 중국역할론을 주목하면서 대중 군사협력에도 비교적 적극적이었다. 1996년 한국의 『국방백서』에는 "한반도의 안정과 평화를 지속적으로 유지하기 위해 주변국가와 밀접한 군사협력관계를 추진한다"고 명기되어있다. 중국 측도 이에 부응해 슝광카이(熊光楷) 중국군 총참모부 부총참모장이 군사대표단을 이끌고 처음으로 한국을 방문했고, 양국 국방장관의 상호 방문이 이루어져 군사교류가 발전했다. 1998년부터 2002년까지 5년 동안 군 고위급 인사들 간 상호 방문이 크게 증가한 것은 이러한 역사적 흐름을 반영하고 있다.

주목할 만한 사실은 한중 양국이 군사협력을 전개해 나가는 가운데 한국의 대중 인식 또는 경계심의 증폭이 시기별로 일정한 변화를 보였다는 점이다. 1990년대 중후반 이후 서구를 중심으로 중국위협론이 성행했다. 이는 중국의 개혁개방의 성과가 나타나면서 중국의 부상이 서구의 주목을 받게 되었기 때문이다. 그러나 한미동맹을 유지하고 있고 지리적으로 중국과 인접해 있으면서도 한국 사회에서는 중국위협론이 크게 부각되지 않았다. 여기에는 몇 가지 요인이 있다. 우선 김대중 정부와 노무현 정부가 대북관계에서 유연한 포용정책을 추구하고 한중협력을 주목하면서, 대미관계와 대중관계에서 균형을 잡고자 했기 때문이다. 중국도 2000년에 분단 이후 첫 남북정상회담이 개최되었을 때 이를 강력하게 지지하면서 한국 정부의 대북정책에 호응해왔다. 즉 군사안보적으로 '중국은 남북관계 개선의 조력자'라는 인식이 한국사회에 넓게 퍼져 있었다. 둘째, 경제적으로도 중국과의 경제협력이 확대될수록 한국경제에 유리하다는 이른바 '중국기회론'이 한국 사회에 넓게 퍼져 있었다. 동아시아 금융위기 시 중국은 위안화 평가절상을 하지 않았고 중국와의 무역에서 얻은 흑자는 한국의 금융위기 극복에 도움이 되었기 때문에 한국 사회에서는 중국에 대한 경계심보다 중국과의 교류에 관한 기대와 긍정적 인식이 넓게 퍼져있었다.[60]

그러나 중국의 부상, 특히 군사적 부상이 본격화되고 한중관계에서 경쟁구도가 나타나며, 미국의 대중국 견제가 본격화되면서, 중국외교가 도광양회 전략을 벗어나고 있는가에 대한 관심이 크게 높아졌다. 한국 사회에서도 중국의 부상에 대비해야 한다는 여론이 나타났다. 이러한 변화 속에서 상대적으로 한미동맹을 중시한 이명박 정부가 등장했고 대북정책에서도 엄격한 상호주의를 취하는 한편 북한 붕괴까지 염두에 둔 대북정책을 포함시켜 접근했다. 한편 미국의 대중국 정책이 군사적으로는 대중 포위에 중점을 두고 있다고 인식해온 중국으로서는 한미군사동맹의 강화와 한미일 삼각협력체제의 구축에 대해 우려하고 경계심을 표출하기 시작했다. 이에 중국도 북한의 전략적 가치를 다시 주목하였다. 예컨대 2010년 천안함과 연평도 사건 당시 냉정한 자제를 요청한 중국과 민간인 사망 및 도발의 직접적 피해를 입은 한국 사이에는 인식의 격차가 있었다. 한국은 북한의 도발에 대한 시위 차원에서 서해와 남해에서 한미합동군사훈련을 전개했고, 중국은 중국의 인근 바다에서 대규모로 진행되는 군사훈련에 대해 비판적으로 인식하면서 양국 간 상호인식도 악화되었다. 당시 한국에서 실시된 '통일의식조사'에 따르면 가장 가깝게 느끼는 나라로 중국을 응답한 비율이 2007년에는 10.1에 달하던 지수가 천안함과 연평도 사건이 발발한 2010년에는 4.2로 떨어졌다. 이것은 이후 한중 양국이 적극적으로

. . . .

60 서정경, "한미일 안보관계 복원과 중국: 한미동맹 강화와 중국의 인식을 중심으로", 『한반도 주변국 정세와 한국의 안전보장』 (서울: 한국해양전략연구소, 2008), pp. 76-117.

상황을 관리하고 시진핑 주석이 방한한 2014년 들어 10.3으로 회복되었다.

표 1　중국을 가장 가깝게 느낀다고 응답한 한국인의 비율

(단위: %)

	2007	2008	2009	2010	2011	2012	2013	2014
중국	10.1	7.7	6.1	4.2	5.3	5.8	7.3	10.3

출처: 서울대학교 통일평화연구원, 『2014 통일의식조사』 재구성

　이처럼 북한에 대한 상호인식의 차이는 한중 간 군사관계 발전의 가장 중요한 걸림돌이었다. 특히 북한의 핵실험(2006년 1차, 2009년 2차, 2013년 3차)과 미사일 발사 등과 같은 도발행위는 한중관계를 보다 복잡하게 만들어왔다. 양국은 모두 북한의 핵개발에 단호히 반대하지만 그 원인과 해결방식에서는 차이를 보이기도 했다. 한국은 기본적으로 북한에게 상당한 유·무상 원조를 제공하고 북한에 대한 강력한 영향력을 보유한 중국에게 적극적인 역할을 주문해왔다. 그러나 중국은 북한의 핵개발과 도발행위에 반대하고 국제사회와 보조를 같이하면서도, 남북관계 개선을 통해 북한의 도발적 행동을 사전에 억제하는'한국역할론'을 주문해왔고, 북한이 자주국가라는 점에서 중국역할론은 한계가 있다는 점을 강조해왔다. 이것은 6자회담 재개를 둘러싸고 이른바 '문턱'과 '성의'의 문제를 둘러싼 미묘한 인식의 차이로 나타나고 있다.

　그럼에도 불구하고 한중 양국 간 군사안보 분야의 협력은 점진적으로 강화되어왔다. 2005년에 양국이 「한중 국방 및 군사분야 교류의 확대」에 합의한 사실은 양국이 국방 및 군사분야의 교류 활성화를 최초로 공식문서에서 약속했다는 의미를 갖는다. 그 결과 양국 해군은 2005년과 2007년 공동으로 수색 구조훈련을 실시하였다. 이것은 양국이 단순한 교류를 넘어 초보적이나마 협력의 단계를 모색하기 시작했다는 점에서 상징적 의미를 갖는다. 아울러 양국의 국방정책에 대한 상호 소개와 협력을 위한 협의 등이 거론되었다. 비록 한국과 대만과의 일부 군사 교류로 인해 한중 간 군사교육 교류와 정보교류회의가 잠시

중단되는 과정이 있었지만[61] 총체적으로 보아 양국 간 군사안보 관계는 점진적으로 발전해왔다. 2011년 양국 국방장관 회담에서 양국 차관급 국방전략대화의 개설에 합의한 이후 현재까지 총 네 차례에 걸쳐 전략대화가 개최되어 한중 군부 간 고위급 대화체제가 정례화되었다.

표 2 한중 국방전략대화 현황

	일시	참가 대표	주요 논의 사항
제1차	2011. 7	• 이용걸 국방부 차관 • 마샤오톈(馬曉天) 중국인민해방군 부총참모장	• 한중 국방장관회담 시 합의된 국방교류협력 발전을 위한 실행방안 논의
제2차	2012. 7	• 이용걸 국방부 차관 • 마샤오톈 중국인민해방군 부총참모장	• MOU 체결 • 국방부 간 핫라인 설치 문제 • 양국 젊은 국방인재 간 군사교류 강화 • PKO 등 국제활동 협력 합의
제3차	2013. 11	• 백승주 국방부 차관 • 왕관중(王冠中) 중국인민해방군 부총참모장	• 방공식별구역, 이어도 • 국방분야 교류협력 증진방안 • 청년장교 교류 확대
제4차	2014. 7	• 백승주 국방부 차관 • 왕관중 중국인민해방군 부총참모장	• 국방부 간 핫라인 MOU 조인 • 국방교류 관련, 재난구호 상호지원, 군사교육확대 방안 관련 MOU 체결문제
제5차	2015. 4 (예정)		* 국방부 간 핫라인 설치문제 완료 기대

표 3 수교 이후 현재까지 한중 고위급 군부 인사 교류 현황

구분	장관	합참의장/총장	전략대화 개최	부대 간 교류
한국 인사의 방중	('99년, '01년, '05년, '07년, '09년, '11년) 총 6회	• 합참의장('92년, '94년, '00년, '03년, '07년, '09년, '11년) • 육군총장('01년, '08년) • 해군총장('00년, '04년, '06년, '08년, '09년, '13년) • 공군총장('02년, '05년, '08년, '09년, '13년)	차관 ('12년, '14년)	한국 제3군 사령부 –중국 지난(濟南) 군구 간 정례교류 ('06년 이후)
중국 인사의 방한	2회 ('00년, '06년)	• 총참모장('02년, '07년, '09년) • 부총참모장('98년, '03년, '07년, '08년) • 해군사령원('08년) • 공군사령원('01년)	부총참모장 ('11년, '13년)	한국제3군 사령부 –중국 지난 군구 간 정례교류 ('06년 이후)

• • • • • • • • • • • • • • •

61 박창희, "한중수교 20년과 한중군사관계 발전: 회고와 전망", 『중소연구』 제36권 제1호, 2012, p. 23.

박근혜 정부와 시진핑 정부가 출범하면서 국방협력의 가능성은 더욱 커졌다. 양국은 2013년 6월 '한중 미래비전 공동선언'을 통해 정치안보 분야에서도 포괄적 전략적 소통채널을 구축하기로 합의하였다. 한중 간 군사협력을 통해 전략적 협력동반자관계를 더욱 '충실화'하기로 하면서 군사협력 부문이 보다 주목받게 되었다. 한국의 합참의장이 중국을 방문해 중국의 총참모장과 한중 군사분야 전략적 협력확대를 주제로 회담하고 북해함대 사령부를 방문하는 단계로까지 발전했다. 당시 중국은 비교적 민감한 중국의 신형 함정에 한국의 해군 최고지휘관을 승선시켰다. 이는 중국이 한국을 안보협력의 파트너로 간주하기 시작했다는 상징적인 의미를 갖는다.[62] 이러한 한중 군사협력은 다자무대에서도 전개되었다. 2013년 8월 아세안 확대국방장관회의에서 한중 국방장관은 북한의 핵무기개발 반대와 한중 간 소통과 협력 강화에 협력하기로 합의했다.

II. 2014년 한중 군사안보 분야의 성과와 과제

2014년 한중정상회담은 군사안보적으로 지역안보에 대한 한중간 인식차를 얼마나 줄이고 양국이 협력할 수 있는가 하는 시금석이었다. 다시 말해 한미동맹을 안보전략의 토대로 삼아온 한국과, 동아시아를 둘러싸고 미국과 경쟁하고 있는 중국이 얼마만큼 안보문제에서 협력할 수 있는 조건을 창출해낼 수 있는가 하는 문제였다.[63] 2014년 한중 간 안보분야의 성과와 도전과제를 동시에 살펴볼 필요가 있다.

1. 한중 신뢰구축의 기반 형성

한중 군사관계는 단순한 교류의 차원을 넘어 협력으로 나아가기 위한 신뢰

......

62 沈丁立, "中韓軍事交流有'潜'力," 國際驅導報 http://ihl.cankaoxiaoxi.com/2013/0719/242173. shtml
63 서정경, "시진핑 주석의 방한과 한중관계", 『중국학연구』 제70집, 2014. 11. 30.

와 정책기반을 축적했다. 대표적 예로는 한국이 중국군 유해를 중국에 송환한 것이다. 1953년 정전협정 체결 시 유엔사 측과 공산군 측은 휴전 후에도 상대방 관할구역에서 발견된 상대측 시체를 발굴하기로 합의했다. 이후 시체 인도 및 인수에 관한 양해각서를 체결하고 상호 유해를 인도해왔다. 그러나 2000년 북한이 유엔사 측의 중국군 유해 인수 요구를 거부한 이후 중국은 자국군 유해를 송환 받을 길이 막힌 상태였다. 이에 박근혜 대통령이 인도적 차원에서 직접 중국에게 유해를 송환하겠다고 제의했다. 이를 위해 한국 측은 2013년 12월 파주 '북한군·중국군 묘지'에서 유해 개토식 행사를 개최하였고, 연인원 14,000명에 달하는 유해 발굴 감식단 전문 발굴 요원 및 지원 인력을 투입하였다. 그 결과 중국의 전통명절인 청명절(4월 5일) 이전에 437구의 중국 군 유해를 인도하였다. 3월 28일 인천공항에서 개최된 '유해 인도식 행사'에서 한국 국방부 차관은 "생명 소생의 계절에 내리는 봄비가 소리 없이 만물을 푸르게 변화시키듯이, 중국군 유해 송환이 봄비가 되어 한중관계 발전과 동북아 평화에 기여하는 장강(長江)이 될 것을 확신한다"고 밝혔고, 중국 측도 "이번 유해 송환을 계기로 한중관계가 한 단계 더 발전할 것을 확신한다"고 화답했다.[64] 시진핑 국가 주석을 비롯한 중국 고위급 인사들도 한국에게 공식 감사를 표했다. 이어 한국은 중국군 유해 송환을 매년 정례화하여 한중관계를 더욱 돈독히 하기로 결정했다.

둘째, 양국이 해·공군을 넘어 국방부 간 상호 핫라인을 구축하는 데 합의한 것이다. 과거 2003년 11월 합참의장 방중 시 한국 측은 서해상 우발 충돌방지 및 인도적 차원의 긴급상황에 대처하기 위해 직통전화 설치를 중국 측에 제의한 바 있다. 2007년 4월 원자바오(溫家寶) 총리 방한 시 양국은 이에 합의했고 2008년 양해각서가 체결되었다. 그러나 중국이 북중관계를 고려해 그간 구체적인 방식과 절차에 대해 비교적 소극적인 태도를 보이면서 성과를 거두지 못했다. 2014년 7월 23일 제4차 국방전략대화에서 한중 양국은 국방부 간 핫라

---

64 한국 국방부, "특별부록 3: 중국군 유해 송환", 『국방백서』 2014, pp. 231-233.

인 설치에 관한 양해각서(MOU)를 체결했다. 물론 한국의 해군 2함대는 중국 북해함대와 이미 핫라인을 구축했고 공군 제1중앙방공통제소(MCRC)도 중국 지난군구 방공센터와 핫라인을 이미 설치했다. 그러나 해공군 간 핫라인을 넘어 국방부 간 핫라인 구축에 합의한 것은 한국으로서도 동맹국인 미국을 제외하고는 처음이라는 점에서 큰 의미가 있다. 한국은 이 문제가 조만간 성사되기를 기대하고 있다.

아울러 한중 간 주요한 대화채널이 격상되고 증대하고 있다는 점도 유의미한 변화이다. 양국의 외교부와 국방부가 함께 참여하는 2+2 형식의 외교 안보 대화 채널이 개설되었다. 이것은 2013년 6월 한중 정상회담에서의 합의에 의해 창출된 것으로서, 2013년 12월 베이징에서 개최된 제1차 회의를 이어 2015년 1월에도 제2차 회의가 서울에서 개최되어 사실상 정례화에 성공했다. 양국의 참석 인사도 기존의 과장급에서 부국장급으로 격상되었다. 이 회의에서는 유해 송환 등 구체적인 문제와 함께 외교·안보분야, 한반도 문제, 지역·국제정세 등이 폭넓게 논의되었다. 한국은 이러한 대화채널을 미국과는 격년제로 가동하고 있지만 일본과는 가지고 있지 않다. 2+2 형식의 외교안보대화 채널의 개시 및 격상은 중국이 한국 안보분야의 주요한 파트너가 되어가고 있다는 상징적인 의미를 갖는다.

표 4 2014년 한중 국방교류 현황

	고위급	회의	부대 교류	학술, 문화, 체육
방한 (11건)	• 고위군사대표단(12월)	• 국방정책실무회의 (1월) • 합참 전략기획부 회의(9월)	• 국방부 대변인실(7월) • 지난군구 사령원 방한(9월) • 공군학원 대표단(9월) • 총후근부 고찰단(10월)	• 국방대 지휘원 장군반(10월) • 남경군구 배드민턴 대표(8월) • 국제전략학회 KIDA 방문(11월) • 군사과학원 대표단(10월)
방중 (11건)	• 공군참모차장 (11월)	• 국방전략대화(7월) • 해군직통전화회의 (11월) • 국방정책실무회의 (12월)	• 육군항공학교 교류(10월)	• 국군교향악단(2월) • 국방대학교 안보과정(8월) • 국방대학교 합동고급과정(9월) • 국군체육부대(9월) • 청년장교 대표단(10월) • 군 의료분야 견학단(11월)

2. 한중 군사안보 관계 발전의 과제

한중 양국 간 군사안보 관계를 획기적으로 발전시켜 나가기 위해 양국이 극복해야 할 과제가 있다. 이 문제와 관련하여 먼저 한중 양국 간 쌍무적 이슈가 아닌 중국과 미국 간 군사안보적 상호 경쟁 및 갈등이 한중관계에 영향을 미치는 점을 주목할 필요가 있다.

1) 중미 간 안보영역 불신 심화의 극복

중국의 부상에 따른 미국의 '아시아 재균형정책'이 한중 군사관계에 영향을 미치고 있다. 단순하게 일반화하면 오바마 행정부의 아시아재균형정책의 중점은 군사안보 역량의 강화이다. 오바마 정부는 동아시아에서 핵심 동맹국인 일본을 중심으로 한국, 호주, 필리핀, 태국 더 나아가 인도네시아, 싱가폴, 뉴질랜드와의 네트워크를 통해 한-미-일, 미-일-호주, 미-일-인도 삼각동맹을 중층적으로 확대시켜 나가고 있다. 오바마는 중일 간 첨예한 분쟁사안인 조어도를 미일공동방위조약의 적용대상으로 삼으면서 미일관계를 강화해왔다. 이러한 미국의 움직임에 대응하여 중국은 러시아와의 안보협력을 강화했고 조어도에서 멀지 않은 곳에서 중러 합동군사훈련을 실시했으며, 이러한 맥락에서 중국은 한국에게 미국정부가 공식적으로 언급하지 않은 '사드' 배치문제에 대해서도 선제적으로 우려를 표명했다.[65] 그리고 이러한 상황은 한중 군사관계의 발전을 제약하는 외부적 요인이다. 중미 간 갈등적 안보환경이 한중관계로 확대 전이되면서 양국 간 군사관계 발전에 부정적 영향을 미치고 있다.

또 하나는 북한 변수이다. 미국이 해공군력의 60%를 아시아로 배치시키는 등 군사적 접근을 강화하려 하자 중국은 국경과 접한 남북한의 전략적 가치를 동시에 주목하고 있다. 김정은 체제 등장 이후 2014년 말까지 북중 간 정상회담이 개최되지 못하는 등 중국이 북한을 '정상국가 대 정상국가'로 보는 인식은 점차 뚜렷해지고 있다. 그러나 북중관계가 전통적인 우의의 틀 자체를 깨고

65 서정경, 『성균차이나브리프』 제2권 제3호, 2014. 7. 1, pp. 40-41.

있는 것은 아니다. 2014년 12월 17일 김정일 전 북한 국방위원장 서거 3주기를 맞이하여 공산당 서열 5위인 류윈산(劉雲山) 중앙정치국 상무위원이 북한대사관을 방문해 조문했고 중국 정부도 외교부 브리핑을 통해 "중국 정부는 북한과 함께 양국의 전통적인 우호협력 관계 발전과, 한반도 평화와 안전 유지를 위해 노력할 것"이라고 밝혔다. 2014년 11월 27일부터 12월 8일까지 중국 관영지 '환구시보(環球時報)'에 연속으로 게재된 대북정책 관련 기고문 다섯 편 대다수가 북중관계의 중요성을 주장한 것은 주목할 만하다.[66] 즉 미중 간 군사안보적 전략적 불신이 나타나면서 중국이 보는 북한의 전략적 가치가 높아진 것으로 평가할 수 있다. 이러한 새로운 현상은 한중 양자 간 군사협력의 진전에도 불구하고 보다 민감한 군사협력으로 진전하는 데에 제약 요인으로 작용할 수 있다.

2) 중국의 신안보관과 한미동맹

중국의 국력 증대와 함께 아시아 안보에 관한 중국의 이니셔티브가 강화되고 있다. 이것은 기존의 아시아 지역에 오랫동안 존재해온 안보구조 속에서 상호 대립을 상호 협력이라는 선순환 구조로 만들 수 있는가의 문제와 관련되어 있다. 중국은 1990년대 중반에 이미 상호신뢰·상호이익·평등·협력(互信, 互利, 平等, 協作)을 표방하는 '신안보관'을 제시한 바 있다. 그리고 2014년 5월 제4차 아시아교류및신뢰구축회의(CICA)에서 '아시아신안보관'을 제창하고, 본 회의를 아시아 지역 안보문제를 논의하기 위한 협력기구로 만들자고 공식 제안했다. 1990년대 중반의 신안보관은 대상 범위가 상하이협력기구에 참여하는 몇 개국에 국한되었지만, 2014년의 '아시아신안보관'은 아시아 안보협력기구 제창을 주장하는 적극적인 태도와 함께, 참여 범위도 아시아 국가 전체로 확대시키고 있다.[67] 이것은 한국과의 군사안보 관계를 발전시키는 데에도 중요한 변수로

....

66 서정경, 『성균차이나브리프』제3권 제1호, 2015. 1. 1, pp. 39-44.

67 아시아신뢰회의 회원국은 동쪽으로는 한국, 베트남, 캄보디아, 태국, 서쪽으로는 중앙아시아, 터키, 이라크, 이란, 이집트, 팔레스타인, 요르단, 바레인 그리고 옵저버국으로 인도네시아, 말레이시아, 필

작용한다. '아시아 문제는 아시아 스스로 해결해야 한다'는 중국의 입장은 반세기 이상 한미동맹을 안보의 근간으로 삼아왔던 한국의 외교안보적 틀과 모순되며, 미국의 역외균형자의 역할을 배제한 안보협력에 대해 한국은 부정적이기 때문이다. 한국으로서는 한미동맹은 합리적 국가들이 자국의 안보를 위해 취사 선택하는 일종의 국가정책으로서, 사실상 동맹은 인류의 역사와 괘를 같이 해 온 자연스러운 현상이라는 인식을 가지고 있다. 2014년 10월 미국과의 2+2 회의에서 한국은 한미일 삼각관계의 중요성과 함께 한미동맹이 중국과의 건설적 협력관계를 지향한다는 문구를 명시하였다. 중요한 것은 한미동맹을 활용해 통일 기반을 조성하고 아시아의 주요 평화세력으로 기능하려는 한국과, 동아시아의 책임 있는 강대국으로 역할하려는 중국이 평화와 번영을 위한 선순환 구조를 어떻게 만들 것인가 하는 문제이다.

3) 중국의 부상과 한국의 경계심

중국의 부상에 따라 중국의 대외전략이 조정되는 과정에서 한국의 경계심도 표출되고 있다. 따라서 한국 사회의 대중 경계심을 완화하고 중국은 신뢰할 만한 파트너라는 인식도를 높여나가기 위한 한중 양국 모두의 노력이 필수적이다. 그러나 희망적인 것은 한국 국민 대다수가 한반도의 통일을 위해 중국과의 협력이 필수불가결하다고 생각하고 있다는 점이다. 중국도 한반도가 자주적이고 평화적으로 통일을 조기에 실현하는 것에 대한 지지입장을 한중수교 이후 줄곧 견지하고 있다.[68] 이러한 양국의 입장은 한중 안보관계의 장기적 발전에 중요한 토대이다. 향후 한중 군사협력 진전의 중요한 요인이 될 수 있다.

리펀 등이 있다.

68 중국 외교부, "중국과 한국의 외교관계 수립에 관한 공동성명(中華人民共和國和大韓民國關於建立外交關係的聯合公報)", 1992년 8월 24일자 참고.

표 5 통일을 위한 중국과의 협력 필요 여부에 대한 한국 국민의 견해 　(단위: %)

	2008	2009	2010	2011	2012	2013	2014
협력 필요	80.7	83.2	88.9	84.7	68	84.5	88.6
불필요	19.3	16.8	11.1	15.3	32	15.5	11.4

출처: 서울대학교 통일평화연구원, 『2014 통일의식조사』 재구성

III. 미래지향적 군사안보협력

수교 이후 오늘날에 이르기까지 한중 군사안보 관계는 다른 영역에 비해 발전이 지체되었다. 한중 양국이 군사안보협력을 고도화하는 것은 쉬운 과제는 아니다. 그러나 최근 양국이 비전통적 안보문제를 중심으로 신뢰를 강화하고 정책경험을 강화해야 한다는 공감대를 이루고 있다.

양국은 군사협력의 상호참관이나 군사훈련의 투명성, 사드 배치 문제 등과 같은 전략적 이슈에 대한 대화와 소통 메커니즘을 확대하고, 2015년부터 전개될 한중 간 해양경계선 확정 문제 등이 군사안보적 이슈로 전환되지 않도록 관리해야 한다. 한중 간 방공식별문제를 둘러싼 갈등과 인식의 차이를 줄여나가는 과정이 좋은 참고사례가 될 것이다.

한중 간에 이러한 양자 간 현안이 있음에도 불구하고 보다 근본적으로는 첨예한 핵심이익의 충돌, 영토문제 등 예민한 군사안보적 갈등이 표출되지 않고 있다. 이보다는 미중관계의 글로벌 이슈, 지역적 이슈가 한중관계로 전이되어 군사안보 협력을 제약하는 국면이 나타나고 있고, 북한/북핵문제의 기원, 처리 방식에 대한 일정한 인식차가 있다. 이러한 글로벌 이슈가 한중 간 군사협력에 장애가 되는 구조를 방지할 필요가 있다. 이런 점에서 미중 간 상호 불신이 강화되어 고착화되는 것은 동아시아 안보는 물론이고 한반도 안보정세에 결코 이롭지 않다. 따라서 미중 양국은 한반도 이슈를 둘러싸고 경쟁이 심화되지 않도록 신중해야 할 것이며, 한국도 보다 유연하고 적극적으로 군사협력과 동맹이슈를 새롭게 관리할 필요가 있다. 중국도 한미동맹이 실존하는 북한위협에 근

거한다는 점에서 한국외교의 공간을 열어주는 신중한 태도가 필요하다.

사실 한중관계는 전면적으로 발전해왔다. 이런 점에서 다양한 갈등이 수면위로 부상할 가능성이 높아졌고 이 모든 문제를 사전에 관리하는 것은 현실적으로 어려워졌다. 따라서 문제가 발생하면 이를 효과적이고 신속하게 관리할 수 있는 위기통제 관리시스템을 가동하는 것이 필요하다. 이것이 한중 간 전략적 협력동반자관계가 충실한 지를 가늠할 수 있는 준거가 될 뿐 아니라, 향후 한중 간 군사안보 협력관계를 진전시키는 데에도 반드시 필요한 것으로 보인다.

탈냉전 시대 한반도의 안보정세:
특징, 현황 분석 및 전망

왕쥔성(王俊生)

2014년 한반도 안보정세는 비록 파도는 쳤지만 전반적으로는 안정된 국면을 보였다. 한반도 안보정세를 불안하게 만드는 모든 문제들은 해결되지 못했으며, 핵무기 이슈는 여전히 많은 문제들이 얽혀 있는 주요 쟁점이었다. 이러한 현상은 근본적으로 한반도 냉전 구조가 지속되는 데에서 비롯되는 것이다.

이 글은 우선 탈냉전 시기 한반도 안보정세의 기본 특징을 정리하고, 한반도 안보정세에 영향을 미치는 근원적 요인을 제시할 것이다. 다음으로 2014년도 한반도 안보정세를 분석하고 형성 원인의 분석에 주력할 것이다. 더 나아가 탈냉전 시기 한반도 안보정세의 전체적 특징 및 2014년 새로 나타난 몇몇 특징들에 기반하여 2015년 한반도 안보정세의 기본 방향을 전망할 것이다. 이 글의 독자가 주로 중국과 한국 국민들이라는 점을 감안하여 한반도 안보정세와 관련하여 이 글의 후반부에서는 중한 간 안보협력의 중요성, 주요 장애요인, 그리고 향후 노력해야 할 방향 등을 중점적으로 분석하겠다. 결론 부분에서 한반도 안보정세를 개선시키기 위한 전반적인 전략적 사고에 대해 언급하였다.

Ⅰ. 탈냉전 시기 한반도 안보정세의 전체적 특징

1. 탈냉전 시기 동북아 안보환경의 변화와 한반도 안보정세의 기본 구조

한반도는 동북아 지정학적 요충지에 자리하고 있으므로 한반도 안보정세에 대한 분석은 우선 탈냉전시기 동북아 안보환경의 변화에 대한 분석이 선행되어야 한다. 동북아 지역에는 중국, 러시아, 일본, 한국, 북한, 몽골 6개국이 존재한다.[69] 만일 이 지역에 군대를 주둔시키고 있는 미국을 포함한다면 2013년 세계 군비지출 1위에서 15위까지의 국가들 중에는 동북아에만 미국, 중국, 러시아, 일본, 한국 이렇게 5개국이 있다. 이 지역에서 몽골과 북한을 제외한 다른 국가들의 군비 지출은 전 세계에서 상위에 랭크돼 있다. 동북아 각국의 군비지출의 총합은 전 세계 군비 지출의 58%를 차지하며, 그중 미국이 37%, 중국이 11%, 러시아가 5%, 일본이 2.8%, 한국이 1.9%를 각각 차지한다. GDP 대비 비율을 보자면 미국, 러시아, 한국이 모두 세계 평균보다 높다. 막대한 군비지출은 동북아가 전 세계에서 안보의 중심지대가 되었으며, 동북아 국가들이 자국의 안보를 상당히 중시하고 있음을 나타낸다.

미국의 아시아 회귀 및 재균형정책은 이 지역의 안보환경에 중대한 영향을 미치고 있다. 2011년 미국의 부대통령이 67년 만에 처음으로 몽골을 방문하였고 몽골은 미국을 "제3의 이웃"이라 공개적으로 칭했다. 미국은 동맹국 한국과 일본과의 관계도 강화하고 있다. 일본은 미국과 조어도를 대상으로 한 군사연습을 공개적으로 실시하기 시작했다. 2011년에는 중국의 근해인 황해에서 한국과 연합군사훈련을 거행했을 뿐 아니라 미국의 "조지 워싱턴호" 항모도 처음으로 연습에 참여하였다. 한미 간 군사연습의 전략적 의도와 방향은 이미 분명히 한반도 범위를 넘어섰다. 중일 간 영토분쟁에서 미국이 일본의 국유화조치를 무시한 것은 이번 분쟁을 촉발시킨 근본 원인이다. 미국은 중국과 함께 정세를 관리하거나 문제를 해결하지 않았을 뿐 아니라, 심지어 오바마 대통령은

. . . .

69 SIPRI 자료, http://www.sipri.org/googlemaps/milex_top_15_exp_map.html.

2014년 4월 일본 방문 시 조어도가 〈미일안보조약〉의 적용 대상이 된다고 공개적으로 밝혔다. 미국 대통령이 처음으로 이러한 입장을 표명하면서 일본 우파들에게 힘을 실어주었다. 중일 간 조어도 분쟁은 여태껏 해결의 기미를 보이지 않고 있다.

이 지역의 비전통적 안보요인 또한 계속 강화되고 있다. 중국과 연관된 대표적인 사례로는 2010년 9월 일본이 중국어선 "민보어 5179호"가 관련 해역에서 불법조업을 했다는 이유로 선장을 체포한 일이 있다. 2013년 5월 16명의 중국 어민을 실은 "요보어 25222호" 어선은 북한 군부에 의해 억류되었다. 2014년 10월 10일 한국해경이 중국의 노영어 50987호 어선에 대한 법 집행 과정 중 중국 어민에게 총을 쏴서 선장이 사망한 사건이 발생했다. 이러한 어업분쟁은 이미 단순히 비전통 안보영역에만 국한되는 것이 아니다. 관련국의 민족주의와 상호 결합되면서 정치 및 안보관계에까지 영향을 미치곤 한다. 어업분쟁 외에도 역내 불법입국, 밀수 등 다국적 범죄도 점차 대두하고 있다.

이 지역의 안보환경에 영향을 미치는 또 하나의 요인으로는 역사문제가 있다. 2012년 12월 아베가 일본수상에 다시 취임한 후 역사문제에서 급격히 우경화되었다. 신사참배를 강행했으며 헌법 수정 및 집단자위권 해제를 추진함으로써 중한 양국의 경계심을 크게 자극시켰다. 중일 국민 간 상호인식은 더욱 악화되었으며 한일관계 또한 악화되었다.

한일 영토분쟁, 러일 영토 분쟁, 중미 경쟁, 러미 경쟁 등으로 인해 동북아 안보환경이 더욱 악화되고 있다. 한반도 안보정세는 바로 이러한 환경 속에서 전개되고 있다.

근원적으로 말하자면, 탈냉전시기 한반도 안보정세는 다음과 같은 세 가지 요인의 제약을 받는다. 남북관계, 미중과 남북관계 그리고 중미관계이다. 이 세 가지 요인을 둘러싼 핵심은 북미관계이다. 즉 북한에게 핵을 포기하라는 미국의 요구와 미국에게 대북 적대정책을 포기하라는 북한의 요구를 둘러싸고 진행되고 있다. 북한은 자신의 안보에 대한 위협이 주로 미국으로부터 오고 있으며, 핵무기 포기의 전제는 미국의 대북 적대시 정책의 폐기라고 밝힌 바 있다. 미국은 줄곧 소위 '북한의 위협'을 이용하여 한국과 일본과의 동맹을 공고화하고 동북아 지역에서의 대북 군사배치를 강화해왔다. 이러한 구조적 갈등으로 인해 탈냉전시기 한반도의 안보정세는 전반적으로 긴장이 지속되는 상황이었다. 하지만 북미관계를 포함한 관련국들은 모두 전쟁을 원치는 않기 때문에 갈등적 국면이 전체적으로 통제범위 내에 있다는 특징이 있다. 이와 동시에 시간이 갈수록 갈등은 더욱 심화되고 관련국들이 자신의 목표를 실현하기 위해 더욱 치열하게 대응하기 때문에 위기의 강도가 점차 증대될 뿐 아니라 무력사태 발발의 위험도 높아지고 있다. 세 차례에 걸친 한반도 안보위기가 대표적인 예라 하겠다.

2. 1993년 제1차 한반도 안보위기

1991년 미국의 위성이 북한 영변 지역의 핵개발 연구단지에서 이상 징후를 포착했다. 북한이 이미 핵무기를 개발할 시설을 갖췄다고 판단하고는 북한이 NPT 조약국이라는 이유로 북한에게 핵사찰을 요구했다.[70] 북한과 미국 간 격렬한 외교전 이후 1991년 9월 미국이 한국에 배치된 전술핵무기를 철수시키고 북한이 한국 군사기지를 사찰한다는 조건에 북한은 미국의 핵사찰을 받아들였다. 1993년 2월까지 국제원자력에너지기구(IAEA)는 북한에 대해 여섯 차례에 걸친 비정기 핵사찰을 시행했으며 북한의 핵기술 수준이 여전히 낮음을 알게 되었다. 미국은 이에 대해 의구심을 표했고, 북한이 IAEA에 사실대로 자료를 제출하지 않았다고 여기고는 북한의 미신고시설 두 군데에 대해 "특별사찰"을 실시하겠다고 밝혔다.

북한이 이를 단호히 거부하자 같은 해 3월 미국과 한국은 잠시 정지했던 연합군사훈련을 재개하여 북한을 압박했다. 북한은 이에 3월 12일 유엔안보리와 NPT조약국에게 서한을 보내 NPT조약에서 정식 탈퇴했다. 이후 미국은 군사력을 이용해 북한에 위협을 가하는 데 주력했고, 북한도 이에 강경 대처함으로써 탈냉전 시대 첫 번째 한반도 안보위기가 발발했다. 북미 간 전쟁 일보 직전 상

· · · · · · · · · · · · · · · ·

70 1985년 12월, 북한은 소련의 압박 하에 NPT조약에 가입했다.

태까지 갔을 때 미국의 카터 전 대통령이 1994년 6월 클린턴의 권한을 부여받고 평양으로 가서 김일성과의 대화를 성사시켰다. 김일성은 카터의 건의를 수용하여 북한의 핵시설 동결을 결정했고 유엔의 감독을 수용했으며 남북회담을 개최했다. 하지만 카터와의 회담 이후 김일성이 갑자기 사망함으로써 추진 중이던 남북 정상회담이 물거품이 되었다. 김정일이 북한의 최고 지도자 직위를 물려받았다. 하지만 북미회담은 결코 이것의 영향을 받지 않았으며, 4개월에 걸친 담판을 통해 1994년 10월 21일 양국이 제네바에서 핵문제에 관한 포괄적 협의를 달성함으로써 제1차 한반도 안보위기는 해소되었다.

3. 2002년 제2차 한반도 안보위기

북미 간 포괄협상 이후 미국의 중간선거 결과 공화당이 하원을 장악했다. 공화당은 클린턴 정부의 대북정책에 상당히 불만족했기에 하원의 다수석이라는 우위를 이용하여 정부에 압박을 가함으로써 정부의 포괄협상 집행을 무력하게 만들었다. 2003년 이전에 북한에게 경수로를 건설해준다는 약속을 이행하지 못했을 뿐 아니라 1997년부터 미국이 제공하기로 약속한 50만 톤의 중유 공급 또한 차일피일 늦춰졌다. 평양에 연락사무소를 설립하지도 않았다. 이에 대한 항의의 뜻으로 북한은 경수로와 연료봉의 폐쇄를 더 이상 실시하지 않겠다고 밝히고, 1998년 인공위성을 발사했다. 북미 간 외교적 교섭을 거친 후 미국은 대북정책을 새롭게 검토하였고 대북 "개입과 확대 정책"을 실시하기로 결정했다. 한반도 안보정세 또한 이로 인해 단기간의 밀월기에 들어갔다. 이러한 상황은 탈냉전시기 한반도 안보정세에 영향을 미치는 주요 요인이 북미관계임을 다시금 나타내었다.

1999년 5월 윌리엄 페리 대북특사가 평양을 방문하여 미국의 새로운 대북정책, 즉 북한이 핵무기 및 미사일 발사를 완전히 포기한다면 미국이 대북 경제 제재 완전 해제뿐 아니라 양국관계 정상화를 실현할 것이고 북한에 대해 대량의 경제원조를 제공하겠다는 의사를 밝혔다. 북한도 미국이 제재를 완화하는 기간 동안 원거리 미사일 발사를 유예하겠다고 밝혔다. 1999년 9월 북미 양국은 미사일에 관한 조약을 체결했다. 이 조약에 근거해 미국은 대북 경제제재를 재차 완화했다. 2000년 남북 정상회담 개최 이후 북미관계에도 획기적인 진전이 이뤄졌다. 북미 양국은 어떠한 형식의 테러리즘에도 반대하며, 양국관계를 근본적으로 개선시킬 조치를 취할 것이라 밝혔던 것이다. 같은 해에 북한 국방위원회 제1 부위원장과 미국의 국무부장이 상호 방문을 실현했다.

북미 간 밀월관계는 부시 2세의 집권 이후 다시금 새로운 안보위기를 맞았다. 부시 2세가 2001년 1월 백악관에 입성한 이후 북미 포괄협의는 백지화되었다. 그는 북한이 협정에 조인하기 이전에 이미 1~2개의 원자탄을 제조할 수 있는 방사성 플루토늄을 추출했다고 의심하며 IAEA의 실사를 요구했다. 북한은 이에 강하게 반발했으며 북미대화는 중단되었다. 2002년 1월 부시대통령은 연두교서에서 북한을 세 가지 "악의 축" 중 하나라고 규정했고, "선제공격" 정책도 선포함으로써 북한의 안보 우려를 가중시켰다. 아울러 미국의 정보부처는 북한의 비밀 핵계획을 포착했으며 북한이 국제시장에서 핵기술과 설비를 구매한 증거도 확보했다고 밝혔다. 2002년 10월 미국은 케리 미 국무부 동아태 차관보를 대북 특사로 파견하여 북한이 "약속을 어긴" 책임을 물었다. 이때 케리는 북한이 우라늄 농축에 쓰이는 원심분리기를 구매했다는 증거를 제시했다. 강석주 북한 노동당 국제비서는 처음엔 부인했지만 후에는 "그런 일이 분명 있었다"고 시인했다. 그는 북한이 현재 농축우라늄 개발계획을 추진 중이며,[71] 만일 미국이 북미평화조약 등 세 가지 조건에 응한다면 핵개발을 폐기할 준비를 하겠다고 밝혔다.[72]

미국은 그것을 협박이라 여겼다. 미국이 주도하는 한반도에너지개발기구(KEDO)는 2002년 12월부터 대북 중유 공급을 중단했다. 북한은 12월 22일 핵

. . . .

[71] Richard Boucher, State Department Spokesman, "North Korean Nuclear Program," October 16, 2002. 2002년 10월 미국은 북한 측이 비밀 우라늄 농축 핵개발 계획을 시인했다고 밝혔지만 이에 대해 북미가 지금까지 서로 다른 입장을 고수하고 있어 누구 말이 옳고 그른지 판단하기 어려운 상태다. 하지만 북한이 핵개발계획을 시인했다고 미국이 선포한 국제적 배경으로는 다음과 같은 것들이 있음을 분명히 알아야 한다. 즉 당시 한반도 남북 간 화해 협력과정이 새롭게 진행되고 있었고, 일본은 연내 북한과의 수교를 결정했으며, 고이즈미 수상의 역사적 평양 방문이 성사되었다.

[72] 강석주의 세 가지 조건: 미국은 북한을 침공하지 않을 것, 북한과 상호불가침 평화조약 체결할 것, 북한의 현 경제체제를 인정할 것.

봉인을 제거하고 IAEA의 감독설비를 철거했으며 사찰인원을 추방시켰다. 또한 2003년 1월 10일 NPT 조약에서 탈퇴할 것을 공식 선언했다. 미국은 바로 군대를 움직였다. 한미 양국은 "실전 개념"의 대규모 연합 군사훈련을 한국에서 일주일간 실시했다. 북한도 이에 굴하지 않았다. 제2차 한반도 안보위기가 발발했다. 중국이 위기관리에 개입하였고, 3자회담과 6자회담을 연달아 개최하였다. 위기는 점차 완화되었다.

4. 2013년 제3차 한반도 안보위기

2011년 말 김정일이 사망하고 김정은이 북한의 최고지도자 지위를 계승했다. 이것은 북미관계의 완화를 초래하지 않았다. 2012년 12월 12일 북한이 위성을 발사했다. 유엔안보리는 2087호 대북 제재 결의안을 통과시켰다. 2월 12일 북한은 제3차 핵실험으로 응수했다. 3월 5일 북한은 3월 11일부로 "정전협정"을 더 이상 인정하지 않겠다고 선언하고 판문점 대표부의 활동을 전면 중단했다. 유엔 안보리는 3월 7일 2094호 대북 제재 결의안을 만장일치로 통과시켰다. 같은 날 북한은 "제2차 한국전쟁이 발발할 수 있다"고 선포했다. 3월 8일에는 한국과 맺은 모든 상호 불가침조약을 폐기한다고 선언했다. 3월 19일 B-52 미군 전투기 한 대가 괌 공군기지에서 이륙하여 한미군사훈련 역내에서 약 4시간에 걸친 연속비행 및 핵탄두 모의투척 훈련을 실시하였다. 3월 21일 북한은 미국의 B-52 전투기가 이륙한 괌 공군기지, 핵잠수함이 기항한 일본 영토, 오키나와 해군기지 등이 모두 북한의 정밀타격 사정거리 안에 있다고 밝히며 미국에게 핵공격을 감행할 것이라 위협했다.

3월 27일 북한은 한국과의 핫라인을 끊겠다고 선포했다. 이것은 남북 간 최후의 통신 루트였다. 3월 29일 핵타격능력을 갖춘 미국의 B2 스텔스전투기 두 대가 한국 상공에서 미국이 "위협성"이라 언급한 비행임무를 완료했다. 3월 30일 북한은 한국과의 전쟁 상태에 돌입한다고 선포했다. 4월 2일 북한은 연변의 원자력에너지연구센터의 2008년 폐쇄되었던 원자로 한대를 재가동시켜 플루토늄을 생산하겠다고 선포했다. 4월 8일 북한은 개성 공단의 모든 노동자를 철수시키고 단지를 폐쇄하겠다고 선언했다.

이러한 상황들로 보아 이번 안보위기는 그 강도나 정도 면에서 과거 두 차례의 위기보다 심각했다. 4월 12일 존 케리 신임 미 국무부장관이 동아시아를 순방하며 대화를 촉구하면서 위기가 점차 완화될 수 있었다. 하지만 이번 위기를 초래한 모든 문제들은 하나도 해결되지 못했기에 2014년의 한반도 안보정세는 완화와 긴장국면이 서로 교차될 수밖에 없는 상태였다.

II. 2014년 한반도 안보정세

1. 파도는 쳤지만 전반적으로는 안정됨

2014년 남북관계는 미사일 발사, 무인기, 한미 연합군사훈련 등의 문제들로 인해 표면상으로는 여전히 경색돼 있었다. 이 중 북한의 빈번한 미사일 발사가 가장 국제사회의 주목을 받았다. 유엔안보리는 3월과 7월 각각 공식성명을 통해 이를 비난했다. 2월 21일 남북 간 이산가족 상봉이 진행되는 가운데 북한이 돌연히 로켓을 발사했다. 이는 그해 북한의 첫 번째 미사일 발사였다. 한국의 언론보도에 따르면 9월 초에 이르기까지 북한은 19차례에 걸쳐 총 111기의 단거리 또는 중거리 미사일을 발사했다.[73] 북한의 빈번한 미사일 발사는 한국의 경계심을 상당히 초래하였고 그 결과 한때 상호 포격이 이뤄지기도 했다. 3월 22일 북한이 남북 간 논쟁 대상인 북방한계선(NLL)에 대해 포탄을 발사한 후 한국의 박근혜 대통령은 한미 간 연합방위를 강화할 것이라 밝혔다. 3월 31일 북한은 "북방한계선" 이북 해역을 향해 여섯 번에 걸쳐 500여 발의 포탄을 발사했고, 그중 10여 발은 한국영토 안에 떨어졌다. 한국은 즉각 K-9자주포로 반격하고 300여 기의 포탄을 발사했다. 북한도 공군 F-15K전투기와 해군함정을 서부해역에 출동시켜 경계임무를 진행했으며 해공군이 모두 고도의 경계태세에

---

73 "朝鮮向半島東部海域發射3枚短程飛行物, 疑似新型戰術導彈", 한국 연합뉴스 중문 홈페이지, 2014년 9월 6일, http://chinese.yonhapnews.co.kr/international/2014/09/06/0301000000A CK20140906000100881.html.

돌입했다. 한국의 연합참모본부도 동시에 긴급 소개령을 내려 백령도, 연평도 등 서부해역에서 북한과 근접한 5개 섬의 4,000여 명의 주민들을 방공호로 긴급 대피시켰다.

2014년에는 또한 소위 "북한무인기 한국 침입" 이슈가 불거졌다. 한국은 3월 24일과 31일 각각 경기도 파주시와 서부해역의 백령도에서 두 대의 무인기가 추락해 있는 것을 발견했다. 기체에는 소형 카메라가 달려 있었고 한국의 군당국은 무인기가 북한에서 제조된 것이라 발표했다. 4월 6일 한국 군당국은 동부 삼척시의 한 야산에서 또다시 추락한 무인기 한 대를 발견했다. 북한은 이러한 무인기와 자신과의 관련성을 부인했다.

한국은 미국과 몇 차례에 걸쳐 대규모 연합군사훈련을 진행했다. 양국은 4월 11일에서 25일까지 한반도 상공에서 역대 최대 규모의 연합공중 전투훈련을 개최했다. 맥스선더(Max Thunder)로 명명된 이번 군사연습에는 총 103대의 비행기와 1,400명의 군인이 참가했다. 한미 간 연합합동야외기동연습(Foul Eagle)도 시행되었다. 8월 18~29일에는 또한 "을지프리덤가디언" 연합군사훈련도 실시했다. 양국 군사는 이번 연습기간 동안 처음으로 "맞춤형 억제전략"을 정식으로 취하여 "북한의 핵무기 등 대규모 살상무기의 위협"에 대응했다.[74]

하지만 비록 남북 간에 이러한 한 치도 양보 없는 군사적 대치행위가 벌어지긴 했지만 과거 두 해의 남북 간 군사적 대치와 비교해볼 때 그 정도와 강도는 상당히 약해진 것이었다. 더욱이 이러한 행위들은 방위성이 더욱 강한 것들로서 전반적으로는 안정된 상태를 보였다. 2014년에 상당히 주목받은 북한의 미사일 실험발사를 예로 들자면 2월에 시작된 미사일 실험발사는 마침 미한 연합군사훈련이 실시된 기간에 이뤄진 것이기에 견제 성격을 강하게 띤 것이다.[75] 3월 말의 미사일 실험발사는 미일한 삼국 정상이 3월 26일 네덜란드 헤이그에서

74 이 계획에 따르면 만일 북한이 핵무기를 사용하려는 조짐이 보인다면 한미연합군은 육 · 해 · 공 연합의 선제공격을 가하려는 것이었다.

75 "키 리졸브"와 "독수리(Foal Eagle)훈련"은 한미 양국이 방위를 목적으로 하는 정기 훈련이다. 전자의 훈련 기간은 2월 24일부터 3월 6일까지다. 후자의 연습 기간은 2월 24일부터 4월 18일까지다.

삼자회담을 막 끝낸 때였기에 북한의 행동이 한미일의 한반도정세 관련 논의에 대한 강한 견제성을 가진 것이었다. 논쟁이 되고 있는 "북방한계선"에 대한 북한의 발사 또한 북한이 ㄱ를 인정하지 않음을 ㅂ이려는 데 ㄱ 의두가 있다. 빈번한 미사일 실험발사도 박근혜 정부의 대북정책에 대한 불만을 나타내기 위한 것이었다.

아울러 북한도 미사일 기술을 테스트하고 발전시키기 위해 재래식 군사훈련을 실시한 것으로 보인다. 가령 6월 27일 북한은 한 매체를 통해 자신의 신형 "정밀도" 전술적 유도미사일을 자랑하였다. 한국의 매체는 "이러한 미사일 발사는 분명 지금의 KN-02형 미사일의 사정거리보다 더욱 원거리의 신형미사일을 발전시키기 위한 것이다"라고 평했다. KN-02형 미사일의 사정거리는 170킬로미터이다.[76]

남북 모두 실제로 전쟁을 일으킬 의도는 없었다. 가령 북한이 2014년 감행한 가장 크고 위험한 미사일 발사는 3월 31일 북한이 북방한계선 이북 해역을 향해 쏜 것이었다. 북한이 비록 실탄 연습을 종종 진행해왔지만 이번의 경우가 비교적 남다른 것은 북한이 연습을 거행하기 전에 한국 측에 각서를 보냈다는 사실이다. 이것은 제2차 연평도 사태를 초래하지 않으려 했던 것임이 분명하다. 한국이 미국과 실시한 연합군사훈련 또한 대부분 그 이전에 미리 계획되었던 것이었다. 가령 4월에 거행된 한미역사상 가장 규모가 컸던 연합 공중작전연습은 2013년에 이미 양국이 계획해놓은 것이었다. "을지프리덤가디언" 훈련도 1975년부터 매년 한미양국이 거행해오던 군사훈련이다. 2014년 한미가 처음으로 취한 "맞춤형 억제전략" 또한 한미 국방장관이 2013년 10월에 이미 달성했던 합의에 의한 것이었다. 남북 모두 실제로는 전쟁을 피하고자 했기에 외교적으로도 노력했다. 6월 30일 북한 국방위원회는 한국에게 "특별제안"을 했다. 인천아시아올림픽 기간 동안 "을지프리덤가디언" 연합군사훈련을 잠시 중단해줄

76 "朝鮮向半島東部海域發射3枚短程飛行物, 疑似新型戰術導彈", 한국 연합뉴스 중문 누리집, 2014년 9월 6일: http://chinese.yonhapnews.co.kr/international/2014/09/06/0301000000ACK20140906000100881.HTML.

것, 남북 7·4공동성명 42주년을 맞아 남북이 7월 4일 0시를 기해 군사적 적대행위를 전면 중단하자는 것이었다. 8월 15일 광복절을 맞아 그 전날인 14일 북한 평화통일위원회(조평통)는 한국에게 북한의 "3대 입장" 즉 한국이 미국의 간섭에서 벗어날 것, 남북 간 협의를 실행할 것, 남북 간 적대 행위를 중지할 것을 요구했다. 또한 한미 간 "을지프리덤가디언" 연합군사훈련의 취소가 가장 긴급히 해결되어야 할 거라고 밝혔다.

한국의 청와대 국가안보실은 8월 13일 공개된「희망의 새 시대, 국가안보전략」책자를 통해 "남북 간 군사적 신뢰구축을 통해 진정한 군비통제를 추진할 것이다. 조건이 성숙된다면 평화체제를 어떻게 구축할 것인지도 논의할 수 있다"라고 밝혔다.[77] 평화체제라는 용어 자체를 피하려 한 이명박 전임 정부와 비교하면, 이러한 표현은 남북관계를 개선하려는 청와대의 강한 정치적 바람을 드러낸 것이라 할 수 있다. 남북 간 관계 개선 무드는 10월에 이르러 고조되었다. 10월 4일 황병서 북한 국방위원회 부위원장 겸 북한인민군총정치국장, 최룡해 북한노동당중앙위원회 서기 겸 북한국가체육지도위원회 위원장, 김양건 북한 노동당중앙위원회 서기 겸 통일전선부 부장으로 구성된 북한 고위급대표단이 인천에 도착했다. 당일 오후 김관진 한국 국가안보실장, 유길재 한국 통일부장관 등 한국의 고위층과 회담을 가졌다. 양측은 남북 간 고위급 회담을 재개하고 양국관계를 개선하자는 바람을 피력했다.

그 원인으로는 북한의 경우 김정은 집권 이후 외교가 일종의 학습과정을 거쳤다는 것을 들 수 있다. 북한이 2013년의 한반도 전쟁위기를 통해 조금의 성과도 얻지 못했음을 경험하면서[78] 전쟁으로 치닫는 벼랑 끝 정책도 거진 끝이 나게 된 것이다. 김정은 정권이 점차 공고화되는 과정 속에서 북한정권으로서는 대내적 경제 발전과 민생문제 해결, 대외적 고립 탈피가 시급한 과제였다.

. . . .

77 "青瓦台: 可以討論韓朝之間的和平體係", 新華網, 2014년 8월 14일, http://news.xinhuanet.com/world/2014-08/14/c_126870552.htm.

78 2013년 한반도 안보 정세에 관한 분석으로는 王俊生, "戰爭陰云籠罩的2013年朝鮮半島局勢", 李向陽 편,『亞太地區發展報告(2014)』, 社會科學文獻出版社 2014년 1월 참조할 것.

그리고 남북 간 "신뢰 프로세스"에 주력하는 한국의 박근혜 정부는 2013년에 집권 2년차를 맞아 남북관계 개선정책이 점차 실현될 수 있기를 원했다. 즉 남북 모두는 한반도 안보정세를 개선시키려는 강한 바람을 가지고 있었다. 하지만 다른 한편으로는 과거 두 해, 특히 2013년의 한반도전쟁위기를 겪으며 김정은 정부와 박근혜 정부가 격렬한 대치를 경험한 터라 화해무드를 조성할 필요가 있었을 뿐 아니라 신뢰를 재건할 시간이 필요했다. 양측 모두 관계를 대폭 개선시킬 시기는 여전히 성숙되지 않았던 것이다.

중미 양국의 대북정책 또한 중요 요인이다. 중미 양국은 모두 한반도전쟁 방지라는 공동목표가 있는 한편, 2013년의 경우에는 양국 모두 일정 정도는 한반도 안보정세를 관망하는 입장이었다. 미국은 2·29협상의 폐기, 북한의 제3차 핵실험과 초강경적 전쟁불가피적 정책 그리고 북한의 핵무기 공격 위협 등을 겪은 바라 김정은 정권에 대한 평가가 비교적 낮았으므로 여전히 관망정책을 지속했다. 중국은 북한의 제3차 핵실험 이후 북핵 관련 북한과의 갈등이 여전히 근본적으로 해결되지 않자 한반도 안보정세에 관해 "냉정히 처리"한다는 태도를 취했다. 아울러 2014년 이후 중미 간 전반적 관계에서 경쟁국면이 심화됨에 따라 한반도 문제에 관해서도 양국 간 실질적 협력을 이루기 어려웠다.[79]

2. 여전히 "시한폭탄"인 북핵문제

2014년 3월 28일 유엔안보리는 북한의 중거리미사일 발사실험을 비난했다. 이틀 후 북한은 새로운 핵실험을 진행할 거라고 맞섰다. 여기서 소위 "새로운" 이란 우라늄을 연료로 한 미사일 발사거나 또는 대륙간탄도미사일에 탑재할 수 있는 소형 핵탄두를 발사한다는 의미일 가능성이 컸다. 8월 7일에는 이미 진행 중인 한미 "을지프리덤가디언" 연합군사훈련에 대해 북한이 핵실험으로 대응할 수 있다고 다시금 위협했다. 12월 20일 북한은 11월 18일 EU와 일본이 공

. . . .

79 미국과 중국 간 "New Type of Major Country Relationship"에 대한 정의를 이해하려면 http://csis.org/publication/pacnet-4-redefining-new-type-major-country-relationship-between-united-states-and-china 참조.

동 제출한 북한인권결의안을 유엔이 통과시킨 것에 대해 공식성명을 발표하였다. 미국이 대북인권에 대해 전면적으로 대결하는 이 순간 한반도비핵화라는 이념은 더 이상 존재하지 않으며, 북미 간 상호 주권 존중, 평화 공존하기로 한 9·19성명을 포함한 모든 북미 간 협의는 이미 사문화되었다는 주장이었다. 11월 23일 미국, 일본, 한국 등의 북한인권에 관한 반북적 도발에 대해 북한이 "역사상 유례가 없는 초강경 대응"을 하겠다는 성명을 발표하자 국제사회에는 북한이 제4차 핵실험을 감행할 지도 모른다는 전반적인 우려가 생성되었다.

아울러 국제사회에는 북한이 현재 제4차 핵실험을 적극 준비 중이라는 소식이 여기저기서 흘러나왔다. 미국의 싱크탱크인 과학과 국제안보 연구소(ISIS)는 올해 6월 30일과 4월에 촬영한 위성사진 비교를 통해 북한이 줄곧 농축우라늄 원심분리기가 있는 건축물 내에서 프로젝트를 진행해왔으며 그 규모도 확대되었다고 주장했다.[80] 한국도 위성 감측을 통해 북한의 풍계리 지역에 차량이 끊이지 않고 움직이는 것을 발견하였고, 북한이 이미 중장거리 미사일을 발사할 준비를 마쳤다고 판단했다. 이것이 제4차 핵실험의 전조라고 여겼다.[81]

2002년 말 제2차 북핵사태 발발 이후 몇 차례에 걸쳐 진행된 6자회담이 북핵문제를 해결하지 못했을 뿐 아니라 안보에 대한 북한의 우려도 해결하지 못하면서 북한은 외교전략을 "핵포기로 평화 교환"에서 "핵으로 안전보장"으로 이미 조정하였다. 김정은 집권 이후 "핵으로 안전보장" 외교전략을 유지했고, 2013년 2월에 제3차 핵실험을 진행하였다. 같은 해 3월 노동당 중앙위원회 전체회의에서는 경제건설과 핵무력 건설 병진이라는 새로운 전략노선이 제창되었다. "선군 북한의 핵무기는 달러로 교환하는 상품이 아니며, 북한의 무장을 해제하려는 의도를 가진 대화 장소나 담판에서 논의되는 정치적 레버리지 또는 경제적 교역품 또한 아니다. 지구상에 제국주의와 핵위협이 존재하는 한 우리

· · · · · · · · · · · · · · · ·

80 "朝鮮仍在生產核武原料", 聯合早報網, 2014년 8월 8일, http://www.zaobao.com/special/report/politic/korea/story20140808-374959.

81 2014년 7월 30일 중국 사회과학원 아태및세계전략연구원 회의실에서 한국 대사관 관료와의 좌담회를 통해 필자가 갖게 된 관점이다.

는 절대로 핵무장을 포기하지 않을 것이다"라는 것이다.[82] 2013년 4월 1일 북한 최고인민회의는 〈자위적 핵보유국 지위를 한층 더 공고화하는 것에 관하여〉라는 법령을 통과시켰다. 이는 북한이 처음으로 자국 핵정책의 구체적인 내용들을 전 세계에 공개한 것이다. "핵으로 안전보장"이 북한의 정책이 되었기 때문에 논리적으로 보나 기술적으로 보나 북한이 핵실험을 재감행할 가능성은 매우 크다.

북한의 과거 핵실험의 동기나 그 시기를 볼 때 두 가지가 눈에 띈다. 하나는 오판이고 다른 하나는 "인내의 한계"이다. 북한은 미일한과 여전히 외교관계를 수립하지 못했을 뿐 아니라 중러 등 국가와의 다층적 소통 또한 매우 부족했다. 이로 인해 국제사회는 북한을 진정으로 이해하기 어려웠고, 또한 북한도 불가피하게도 국제사회의 의도를 오판했던 것이다. "인내의 한계"란 북핵문제 관련국들 중에 북한의 상황이 가장 열악했음과 연관된다. 북한은 최대한 빨리 국제적 고립상태를 벗어나고 외부환경을 개선시킴으로써 국내 경제발전 및 민생 개선을 이뤄야 했다. 이러한 목표가 다른 방식으로는 실현되기 어렵다고 판단한 북한은 핵실험이야말로 가장 유력한 방식이 될 수 있다고 오판했을 수 있다.

김정은은 집권 이후 단 한 차례도 해외 순방을 나가거나 타국의 원수를 접견한 적이 없다. 따라서 북한의 오판 가능성은 더욱 커졌다. 북한의 3차 핵실험과 2013년의 전쟁 문턱까지 갔던 정책으로 인해 북한의 국제적 고립은 더욱 심화되었다. 2014년 이후 북한은 일본과의 관계 개선에 주력하였고, 9월에는 유럽 방문을 위해 핵심 외교인사를 파견하였다. 10월에는 국방위원회 부위원장 등을 한국의 인천아시아올림픽 폐막식에 파견했다. 11월에는 최룡해를 김정은의 특사로 러시아를 방문토록 했다. 이러한 것들은 모두 국제고립을 탈피하려는 북한의 다급한 심정을 나타낸다. 북한의 국제고립 타파의 핵심은 중미 양국과의 관계 개선에 있다. 그 원인으로는 오늘날 국제경제체계를 미국이 주도하는 점, 중미 양국이 유엔 안보리 상임이사국인 사실, 중북 간 긴 접경선 그리고 양

. . . .

82 "核武裝是朝鮮國寶不是談判籌碼", 新華網, 2013년 4월 3일, http://news.xinhuanet.com/world/2013-04/03/c_124536376.htm.

국 간 긴밀한 경제무역관계 등을 들 수 있다. 따라서 짧은 시간 내에 북한의 핵무기정책이 근본적으로 바뀌지 않는 한 중미 양국과의 관계도 근본적으로 개선되기 어려우며, 국제적 고립상태도 타파하기 어려울 것이다. 그렇기 때문에 북한이 다시금 핵실험을 통해 국제적 관심을 불러일으키려는 정책적 오판을 하게 될 가능성도 커지고 있다.

오늘날 이 문제를 해결하는 관건은 북한이 먼저 북핵 포기 문제에서 성의를 보이고, 6자회담을 곧바로 개최하며, 중북 간 정상회담을 실현하는 것이다. 중북 정상회담은 남북 간, 북미 간 고위층 상호 방문으로 이어질 수도 있다. 이렇게 되면 북한의 핵포기가 정상궤도에 진입할 수 있게 될 뿐 아니라, 북한과 외부세계와의 관계 또한 크게 개선될 수 있다. 하지만 2014년 이후 6자회담 재개 조건에 대한 각국의 입장에도 큰 차이가 있다. 미국은 6자회담 재개를 완전히 반대하는 것은 아니지만 북한에게 먼저 성의를 보이라고 요구하고 있다. 이것의 근본 원인은 김정은 집권 이전에 북미 간 이뤄졌던 '2·29협의'가 북한에 의해 쉽게 폐기되었고, 2013년에 북한이 전쟁의 문턱까지 가는 초강경 자세를 취하며 미국에게 처음으로 핵타격 위협을 가하는 등의 일들로 인해 미국이 김정은 정부에 대한 신뢰를 갖지 못하게 되었고, 심지어는 김정은을 아직도 대화 상대로 간주하지도 않는다는 데 있다. 그리하여 미국은 핵문제를 포함한 북한 관련 문제에서 관망태도를 취하고 있다. 2014년 미국의 6자회담 관련 정책은 사실상 북한과 중국의 다음 조치를 보고 자신의 정책방향을 결정하려는 것이었다.

6자회담 재개문제에서 한국은 미국과 기본 입장을 같이 한다. 6자회담 재개 조건 관련 한국이 가장 중시하는 것은 "검증가능성"이다. 한국은 2008년의 6자회담이 중단된 것은 당시 IAEA 기구의 검증 요구에 북한이 농축우라늄 프로젝트가 발각될까봐 시찰을 거절한 탓이라고 여기고 있다. 박근혜 대통령 집권 이후 남북 간 긴장국면은 그다지 호전되지 않았으며 상호 신뢰는 바닥까지 내려갔다. 2014년 한국은 여러 번에 걸쳐 북한이 먼저 성의를 보이라고 요구하고 있다. 특히 향후 핵포기 관련 "검증가능"이라는 전제가 충족되어야만 6자회담이 재개될 수 있다는 입장이다.

아울러 미국과 한국은 모두 중국이 북한핵무기 발전능력에 대한 평가보고서를 제공하지 않았기 때문에 6자회담에 빨리 복귀하라는 중국의 요구는 설득력이 부족하다고 여기고 있다. 중국의 전문가들은 그동안 다양한 기회를 통해 미국과 한국에게 북한의 핵무기발전은 아직 "소형화, 경량화"의 단계에 이르지 못했다고 밝혀왔다. 그래서인지 미국과 한국은 북핵문제의 해결을 그리 급하게 여기지 않고 있다. 또한 북핵문제에 관해 관망정책을 취할 시간이 있다는 잘못된 판단을 내리고 있다.

2014년 한반도 안보정세는 비록 전반적으로는 완화국면을 보였다. 하지만 북한의 제4차 핵실험 가능성이 줄곧 보일락 말락 하는 상태다. 한반도의 시한폭탄인 것이다. 북한이 제4차 핵실험을 감행한다면 한반도의 안보정세는 분명 또 다른 악성 순환단계에 돌입하게 될 것이다. 비록 2014년에는 북한의 제4차 핵실험이 이뤄지지 않았지만 한반도 핵실험에 영향을 미치는 상술한 요인들은 결코 사라지지 않았다. 시간의 흐름에 따라 더욱 커지는 추세다. 한반도 안보정세에 영향을 미치는 모든 문제들도 여전히 해결되지 않았다. 따라서 2015년의 한반도 안보정세는 여전히 매우 불확정적이다.

III. 한반도 안보정세의 방향과 중한 안보협력

1. 한반도 안보정세의 방향과 중한 안보협력의 중요성

상술한 바와 같이, 탈냉전 시기 한반도 안보정세의 방향의 가장 큰 변수는 북미 양국의 정책이었고 2014년에도 예외가 아니었다. 북미 양국의 정책 추세에서 보건대 북한은 가까운 시일 내에 계속 외교 공세를 강화하여 외교적 고립상태를 벗어나고자 할 것이다. 미국의 경우 북한에 대한 "관망"정책을 변화시킬 동력이 존재하지 않는다. 특히 최근 대북 인권보고, "김정은 살해" 내용을 담은 영화가 상영되면서 미국에 대한 북한의 비난은 한층 더 심화되었다. 양국 간 해커의 공격도 격렬하게 전개되었다. 북한이 소위 "핵을 버리려는 성의"를 보이기 이전에 미국이 현재의 대북정책을 변화시킬 가능성은 크지 않다.

오늘날 중북관계에 영향을 미치는 주요한 변수로는 북한의 2013년 1월 북한의 제3차 핵실험 그리고 그 후에 나타난 초강경적인 전쟁 직전까지의 도발 정책이다. 2014년 북한의 적극적 외교행위는 후자에 대한 중국의 우려에 반응한 것일 뿐이다. 북한은 핵문제 관련해 여전히 유연한 자세를 보이지 않고 있다. 2014년 북한의 활발한 대외행위는 또한 마치 중국을 피하려는 의도가 있는 것처럼 보이기도 한다. 오늘날 중국의 대북정책은 새로운 시대적 배경 속에서 형성한 가장 합리적인 정책-원원 원칙과 마지노선 원칙-이다. 따라서 2015년 중국의 대북정책은 북한이 대중관계를 보다 개선시킬 성의를 보이지 않는다면 그리 큰 변화를 보이지는 않을 것이다.

북한은 비록 2014년에 한국, 러시아, 일본에 주동적으로 접근했지만, 한반도 안보정세라는 기본적 구조에 의해 제약받았다. 러시아와 일본의 영향력은 제한적이며, 한국은 미국과 정책적 공조를 지속할 가능성이 크다는 점, 그리고 중미 간에는 정책을 변화시킬 동력이 적다는 상황에서 보건대 2015년 한반도의 안보정세는 주로 북한의 대외정책 추이에 영향받게 될 것이다.

북한의 향후 추세로는 다음과 같은 세 가지 가능성이 있다. 첫째, 오늘날의 외교적 공세를 지속함으로써 핵포기 문제에서 오늘날의 강경한 입장을 지속하는 것이다. 둘째, 오늘날의 외교적 공세 속에서 핵포기 문제에서 성의를 보이는 것이다. 이는 다음과 같은 두 가지 방향이 될 수 있다. 우선 현재까지의 6자회담에서 달성된 협의들을 준수하겠다고 천명한다. 다음으로 핵무기 동결 후 일정한 수준의 국제시찰을 받아들인다. 세 번째 가능성은 북한이 외교적 노력을 기울여도 고립상태를 타개하기 힘들다고 여기거나 더 나아가 정책적 오판을 할 경우 미사일 또는 핵실험으로 이어질 수 있다. 만일 첫 번째 경우라면 2014년의 한반도 기본 안정 추세는 계속 지속될 것이다. 어떠한 성과도 없지만 상황이 악화되지는 않을 것이다. 하지만 한반도의 안보정세에 영향을 미치는 모든 문제들은 해결되지 못할 것이며, 문제와 갈등이 뒤로 가는 것에 불과할 것이다. 만일 두 번째 경우라면 국제사회, 특히 중국의 외교적 노력하 북핵 포기 및 한반도 냉전 구도의 해결을 위한 6자회담이 재개될 가능성이 매우 크다. 김정은도 방중하고 북한이 국제적 고립상태를 면하게 되면서 다른 문제들도 연달아 해결될 것이다. 한반도의 안보정세가 새롭게 전환될 것이다. 만일 세 번째 경우라면 한반도 안보정세는 분명 새로운 악성 순환을 경험하게 될 것이다. 최근 북한 핵포기 문제 관련하여 국제협력에 대한 공감대가 커졌다는 점에 비춰볼 때 관련국들이 모두 "패배자"가 될 것이며 북한은 가장 큰 패배자가 될 것이다. 아울러 중국을 포함한 국제사회도 핵문제의 해결방면에서 더욱 큰 어려움에 봉착하게 될 것이다.

따라서 국제사회는 북한을 두 번째 가능성으로 유도하고, 세 번째 가능성이 발생하지 않도록 하는 데 주력해야 할 것이다. 이를 위해 국제사회는 북한이 외교적으로 노력하도록 계속 장려해야 하며, 한국과 미국은 북한을 자극하지 말아야 할 것이다. 중국은 다양한 방식을 통해 북한이 러시아, 일본을 포함한 국가들과 외교적으로 접촉하도록 권고해야 할 것이며, 아울러 중북관계를 일정한 탄력적 범위 내에서 유지하되, 절대로 국내 일부 극단적 언론에서 주장하듯 툭하면 "북한을 버려라", "북한을 벌해라"하지 말아야 할 것이다. 이런 점에서 보자면 일정 수준의 중국판 "전략적 인내"는 합리적인 것이다. 또한 미국과 한국의 언론은 북한을 자극하지 말아야 한다. 김정은 암살 내용을 담은 〈인터뷰〉 영화나 북한인권보고서는 부정적 결과만을 야기할 뿐이다. 2015년에는 이러한 사건들이 재발하는 것을 방지해야 할 것이다. 아울러 한미 양국의 소위 북한을 대상으로 한 군사훈련의 경우 훈련장소를 그리 민감하지 않은 지역으로 옮기고, 군사연습의 강도와 수준을 낮추는 방안을 진지하게 고려해야 할 것이다.

한국이 한반도 문제의 직접 당사자이고, 중한은 한반도 정세 관련 가장 주요한 이익당사자이며, 한국은 미국의 동아시아 주요 동맹국이고, 중국과 북한은 장기적으로 긴밀한 관계를 맺어온 점에 비춰본다면, 중한 간 안보협력은 북미협력에 매우 중요할 뿐 아니라, 중미 간 협력을 촉진하는 데 있어서도 큰 의의를 가지고 있다. 이는 반드시 한반도 안보정세의 발전 추세에 심대한 영향을 미치게 될 것이다. 특히 오늘날 북미 양국이 한반도 안보위기를 해결하는 문제에서 일정한 정책적 교착상태에 놓여 있다는 점을 감안하면, 중한 양국이 먼저 협력함으로써 북미 양국이 문제를 해결하는 긍정적 방향으로 나아가도록 할 수 있다.

2. 중한 간 안보협력의 장애

중한 간 안보협력은 한반도 안보정세의 유지에 커다란 공동이익을 가지고 있다. 또한 이러한 공동이익은 중한 양국의 핵심이익과도 연관된다. 그럼에도 불구하고 중한 간 안보협력은 실질적으로 나아가지 못하고 있으며 양국 간 거대한 경제무역이익, 인문이익보다 뒤처지고 있다. 이것의 가장 주요한 원인은 양국의 안보협력이 일정한 구조적 장애에 직면해 있기 때문이다.

첫째, 한국의 일부 인사들이 중국의 부상에 대해 우려하고 있기 때문이다. 이는 다음과 같은 두 가지에서 비롯된다. 첫째, 지정학적 요인이다. 주변의 많은 국가들과 마찬가지로 여전히 한국에도 많은 사람들이 이웃국 중국의 부상이 한국의 안보에 위협이 될 것이라고 여긴다. 둘째, 이데올로기적 요인이다. 중한 양국은 이데올로기가 서로 다르다. 또한 중국과 북한 간의 소위 "특수관계"는 그들로 하여금 "색깔 있는 안경"을 쓰고 중국을 바라보게 만들며, 따라서 그들은 종종 친공산주의냐, 친북이냐 아니냐를 따진다.

전략적 오판 또한 한국과 중국 간 안보 협력에 영향을 미치고 있다. 일부 한국 학자들은 날로 강화되는 한미동맹이 중국에 대한 자신들의 전략적 가치를 더욱 높인다고 여긴다. 사실상 한미동맹, 특히 한반도 범위를 넘어선 안보협력과 구체적 정책들 예를 들면 중국 근해에서 빈번하게 전개되는 연합군사훈련 및 한미일 삼자 안보협력 등은 이미 중국을 매우 민감하게 만들고 있다.

두 번째, 한미동맹의 부정적 영향이다. 중국은 한미동맹의 역사적 원인과 그것이 한국의 국가안보를 보장하는 데 갖는 긍정적 의의를 이해한다. 중국의 관점에서 볼 때 비록 중미 양국은 중국 주변에서 격렬하게 경쟁 중이지만, 하지만 중국 관방은 아태지역의 "리더"가 되겠다는 생각을 표명한 적 없을 뿐 아니라, 여러 번의 공식 성명에 걸쳐 아태지역에서의 미국의 건설적 작용을 기대한다고 밝힌 바 있다.[83] 이것은 물론 한반도의 안보문제를 포함한다. 즉 중국은 미국과 협력하여 한반도의 안보문제를 함께 해결하기를 원하고 있을 뿐 아니라 또

. . . .

83 "中美聯合聲明(全文)", 新華網, 2011년 1월 20일, http://news.xinhuanet.com/fortune/2011-01/20/c_121001428.htm.

한 이미 행동을 통해 명확히 한 바 있다. 한국의 관점에서 비록 중국, 미국과 함께 협력하여 한반도의 안보문제를 적극적으로 해결하겠다고 밝혔지만, 행동적인 면에서 이미 고의건 고의가 아니건 한미동맹만이 국가 안전 보장의 유일한 방안임을 나타낸 바 있다. 이러한 사고방식은 공동 안보, 협력 안보라는 새로운 이념에 부합하지 않을 뿐 아니라, 동북아 지역에 이미 근본적인 변화가 발생한 안보 구조적 상황에도 매우 뒤쳐져 있는 것이라 할 수 있다.

이러한 측면에서 2014년의 두 가지 사례에 주목할 필요가 있다. 첫째, 2014년 시진핑 주석이 한국을 방문하기 전에 한국의 기대가 매우 컸었다. 이것은 시진핑 주석이 국가주석을 맡은 후 처음으로 외국을 단독 방문한 것이니 중한관계 발전을 얼마나 중시한 것인지 알 수 있다. 이번 방문이 양국 간 안보관계를 포함한 전략적 동반자 관계를 추진하는 데 중대한 의미를 가지고 있기는 하다. 하지만 시진핑 주석이 한국에서 북경으로 돌아온 이후 한국의 일부 여론들은 입장을 바꾸어 이번 방문을 부정적으로 평가하기 시작했다. 그중 중요한 원인 중 하나가 바로 한국의 많은 보수진영 인사들이 이번 방문에 관한 미국의 입장을 걱정한 것이다.

둘째, 한중 양국은 최근 들어 미국이 한국에 사드를 배치할지도 모른다는 논쟁을 전개하고 있다. 중국의 입장에서 보았을 때 기술적으로 서울은 38선에서 40킬로미터가 채 안 되므로 사드가 대북 미사일 공격에 대한 방어의 기능은 크지 않다. 전략적 관점에서 남북관계를 악화시킬 뿐이다. 하지만 사드의 배치가 미국의 동북아 지역에서의 전략적 이익에 갖는 의의는 매우 크다. 무기로 중러 양국을 위협하고, 전략적으로 중한관계를 이간질시키며, 기술적으로 실질적인 미일한 삼각 군사동맹을 구축하려는 것이다. 막 취임한 주한미국대사 마크 리퍼트(Mark Lippert)의 국방부 이력만 보아도 미국이 한국의 사드 배치를 얼마나 중시하고 있는지를 알 수 있다. 만일 한국이 미국의 한국 내 사드 배치를 결국 용인한다면 이는 곧 중한 간 안보협력에 치명적인 타격을 주게 될 것이다.

3. 중한 안보협력의 대체적 전망과 주요 방향

중한 안보협력은 한반도 안전 유지에 중대한 의미가 있는 것 외에도 두 가지 국면을 잘 파악해야 할 것이다. 첫 번째, 양국 간 안보협력은 우선 중한 간 전략적 동반자 관계를 내실화하는 중요한 단계이다. 중국의 주변지역에서 중한 양국의 역사적 인문적 관계가 가장 긴밀하다고 말할 수 있다. 경제무역관계상 상호 의존이 매우 강했을 뿐 아니라 계속 발전 추세를 보이고 있다. 하지만 장기적으로 양국 안보관계는 양국의 전략적 협력동반자관계를 제약하는 중요한 요인이었다. 중국은 한미 연합군사훈련에 상당한 불만이 있고, 한국은 북중동맹에 많은 오해와 원망이 있다. 중한 간 안보협력이 추진되지 못한다면 양국 간 전략적 동반자관계는 한층 더 내실화되기 어려울 것이다. 반대로, 만일 양국의 안보협력관계가 한층 더 추진된다면 양국 간 전략적 동반자관계는 새로운 단계에 접어들게 될 것이다.

두 번째, 동북아 안보의 관점에서 중한 안보협력의 중요성을 보아야 한다. 한국은 동북아의 중심적 위치에 자리하고 있을 뿐 아니라 전통적으로 전개해온 "사강외교" 즉 대미관계, 대중관계, 대러관계, 대일관계를 모두 이 지역 내에서 전개하고 있다. 중국에게는 양안관계, 한반도, 조어도 문제 등이 모두 이 지역의 일이다. 정치적으로 경제적으로 이 지역에 중심을 두고 있으며 인구 또한 이 지역에 집중돼 있다. 이 지역에서 미, 일, 러 등 대국의 이익이 교차되고 파워게임도 가장 두드러지게 나타나고 있다. 따라서 이 지역은 양국의 다양한 부문에서의 핵심이익과 연관된 곳이므로, 이 지역의 안정과 평화가 양국의 공동이익인 것이다. 동북아에는 중국, 한국, 북한, 일본, 러시아, 몽골 이렇게 6개국이 있다. 러시아의 전략이 유럽에 주력하는 점, 일본의 잘못된 역사관 및 대내외 정책의 우경화, 핵문제로 인한 국제적 고립에 처해 있는 북한, 비교적 약한 국력의 몽골, 이러한 것들을 고려할 때 역내 평화와 안정을 지키는 주요국은 중국과 한국이다. 그러므로 역내 이익 수호 문제에서 중국과 한국의 상호 전략적 거점으로서의 기능이 날로 커지고 있음을 알 수 있다. 심지어는 이렇게도 말할 수 있을 것이다. 중한 간 안보협력이 잘 전개된다면 동북아의 평화와 안전은 희망이 있다. 그 반대의 경우도 가능하다고 여겨진다.

한반도의 안보정세와 관련하여 중한 간 안보협력에서 가장 시급한 과제로는 두 가지가 있다. 양국 간 안보협력의 장애를 없애고 북한을 자극하지 않는 것에서부터 시작해야 한다. 이를 위해서는 한국이 사드를 배치하지 않겠다는 결단을 조기에 명확한 태도와 함께 내려야 한다. 그렇지 않다면 중한 간 안보협력에서 후환이 끊이지 않을 것이다. 아울러 한미연합군사를 한국이 취소할 수 없다면 훈련장소를 그리 민감하지 않은 곳으로 옮겨서 전개하고, 군사훈련의 규모와 강도도 낮추는 것을 생각해보아야 한다. 연합훈련 관련 중국 및 북한과의 일정 수준의 소통도 필요하다.

다른 한편으로 중한 양국은 6자회담을 재개함으로써 북한의 핵포기 문제에서 더욱 실질적인 협력을 전개해 나가야 한다. 시주석은 2014년 7월 한국 방문 시 박근혜 대통령과 네 가지 협의에 도달했다. 한반도 비핵화, 한반도 평화와 안정이라는 목표의 실현을 함께 강조하였고, 6자 간 체결한 "9.19공동성명"을 반드시 이행해야 한다고 강조하였으며, 비핵화과정을 견지하여 각국의 우려를 해소하자고 함께 강조하였고, 또한 회담을 재개하기 위해 공감대를 이루고 조건을 창출해야 함으로 함께 강조하였다.[84] 이를 위해 중한 양국은 북한에게 절대로 핵보유를 용납하지 않겠다는 메시지를 분명하게 전달함으로써 북한이 오판하지 않게 해야 한다. 2014년 북한의 외교공세를 보면 다른 것들은 다 논할 수 있는데 "핵포기"만큼은 절대로 논할 수 없다는 입장이다. 이것은 북한이 계속 노력하기만 하면 인도나 파키스탄의 경우처럼 국제사회가 북한의 핵보유국 지위를 인정해줄 수 있으리라는 오판을 하는 것에서 비롯된다.

한국과 중국은 한반도 핵무기 개발의 최대 피해자로서, 반드시 북한의 핵보유를 받아들일 수 없다는 의지를 국제사회에 분명하게 지속적으로 전달해야 한다. 이와 관련하여 중국 국내에서는 "북핵포기에 관한 비관론"적 시각이 나타났을 뿐 아니라 한국에서도 "북한의 핵포기"와 남북관계 해결을 어느 정도 서로 분리해 다뤄야 한다는 관점이 나타났다. 이 두 가지 관점은 모두 매우 위험

84 "中韓夢交彙的歷史性訪問", 人民網, 2014년 7월 5일, http://opinion.people.com.cn/n/2014/0705/c1003-25242511.html.

하다. 북한의 핵문제는 한반도 안보문제의 가장 핵심사안이다. 한반도 안보문제의 해결을 위해 반드시 지나칠 수 없는 문제인 것이다. 해결방안은 한반도의 냉전 구조를 종식시키는 것에서부터 출발해야 하며, 북한의 안전에 관한 우려를 해결해주는 것에서부터 출발하여 하나하나 북한의 핵포기를 실현해 나가야 한다. 그렇지 않다면 잠시 문제를 회피하는 것일 뿐이며, 이 "시한폭탄"은 언제라도 다시 폭발함으로써 한반도 안보정세를 해결하려는 모든 노력들을 중단시킬 것이다.

이 외에도 6자회담 재개문제에서 중한 양국은 모두 미국 관련 함께 해야 할 일이 있다. 아울러 관련 문제에서 먼저 합의에 이를 필요가 있다. 만일 한국이 6자회담 복귀의사를 공개적으로 표명한다면 미국이 태도를 바꾸지 않을 수 없을 것이다. 한국이 우려하고 있는 문제에 관하여 중국은 긍정적으로 답할 수 있다. 가령 중앙대외연락부가 앞장서서 국내 핵연구개발 관련 기술부분을 연합하여, 북한의 오늘날 핵무기 발전 수준에 대해 평가하는 것이다. 설사 중국이 기술적 측면에서 북한의 핵무기 발전수준에 대해 객관적 평가를 내리기 어려울지라도, 우리의 과거 경험 그리고 최근 인도와 파키스탄의 핵무기 발전과정에 근거하고, 북한의 국내 정치경제 환경을 결합하여 평가를 내릴 수 있다.

Ⅳ. 중장기적 전략적 사고

김정은은 삼년간의 모색단계를 끝냈다. 북한은 이미 외부세계와의 관계를 완화하려는 강한 바람을 나타내기 시작했다. 중국의 대북정책 또한 "버릇없다"에서 "규율확립"의 단계로 전환되었고 이것은 중북 간 건강한 관계 발전에도 도움이 될 것이다. 중미한 삼자 간 한반도 문제에 관한 실질적 협력 또한 강화되고 있다. 이러한 것들은 모두 한반도 정세의 평화와 안정을 촉진시키고 있다. 하지만 한반도의 평화와 안전에 관련된 문제들이 다 해결이 안 되었으며 그중 핵문제가 한반도 안보정세에 영향을 미치는 "시한폭탄"이 되었음도 인식해야 한다. "앞으로 나가지 않으면 후퇴되는 것이다." 오늘날의 기회를 이용하여 국면이 한 단계 더 발전돼 나가도록 해야 할 것이다. 1993년 제1차 북핵위기로부터 오늘날에 이르기까지 20여 년간 추진되었던 북핵포기정책은 기본적으로 효력이 사라졌다. 한반도 정세와 중북관계 또한 더욱 복잡해졌다. 반드시 전략적 사고를 전환해야 할 시기에 도달한 것이다.

한반도 안보정세를 개선하기 위해서는 한반도의 냉전 구조를 약화시키고 북한에게 핵을 포기하라고 요구하는 것부터 시작해야 할 것이다. 이를 위해 중미 버전"의 "그랜드 바겐(Grand bargain)"도 시도해볼 만하다.[85] 냉전종식 이후 정책적 오류와 자연재해로 인해 북한은 한국과의 국력차가 크게 벌어졌을 뿐 아니라 국제적 고립상태도 더욱 심화되면서 국제사회에서 "다른 종류"의 국가가 되어버렸다. 더욱이 보수 세력들이 한국 정치에 영향을 미치고, 미국과 일본이 자국이익을 위해 훼방을 거듭 놓으면서 삼국은 실력과 의도상 모두 북한에게 막대한 실질적 위협이 되어버렸다. 북한정권은 미증유의 공황상태에 빠져버렸다. 정권 안보가 처한 막대한 공황상태에 비하여 국제사회의 설득이나 제공식량 및 석유는 북한이 보기엔 너무 적은 양이기에, 북한은 자신의 안보를 가장 잘 보장해준다고 여기는 핵무기를 버리고 대외개방을 하는 "거대한 보응"을 하지 못하고 있다.

이러한 잘못된 논리에 따라 북한은 중국이 전통적 우호 그리고 지역의 안정을 위해 제공하는 도움과 권면을 무시하거나 심지어 자기 멋대로 행동해왔다. 북한의 논리에 따르자면 우리가 북한에게 제공하는 것, 그리고 북한에 대해 응하라고 요구하는 것은 "조금 주니 조금 응한다"이다. 어떨 때는 "조금 주면서 많이도 원한다", 심지어는 "주지도 않으면서 원하는 건 많다"는 것이다. 또한 책임소재를 규명하는 메커니즘이 존재하지 않는다. 어차피 이런 것들이 다 제대로 안 되고 있는 것들이라면, 충분한 논증과 세심한 설계를 거쳐 "크게 주니 크게 답해라", 그리고 "책임 규명을 제대로 하는" 전략을 취할 수 있을 것이

· · · · · · · · · · · · · · · ·

85 그랜드 바겐(grand bargain) 방안은 한국의 이명박 전 대통령이 북핵문제를 해결하기 위해 제시했던 것이다. 북한이 핵개발 계획의 핵심적 부분을 포기하는 대신, 국제사회가 전면적으로 북한에 대해 안전을 보장하고 경제적 원조를 제공하는 것을 핵심 내용으로 한다.

다.[86] 그중에서 국제협력은 이러한 전략의 성공을 보장하는 요인이며 따라서 중한 간 안보협력이 매우 중요한 것이다.

한반도 안보정세는 동북아 안보환경의 제약을 받고 있다. 따라서 한반도 안보정세를 철저하게 개선시키려면 동북아의 안보환경을 개선시키려는 노력부터 시작해야 한다. 이를 위해 다자간 안보 메커니즘을 구축함으로써 역내 안보 딜레마를 완화해야 할 필요가 있다. 최근 들어 동북아 역내 민감한 이슈상 관련국들이 모두 "스스로 좌절하게 되거나" "모두가 패배하는" 상황이 여러 차례 나타났다. "기존의 안보딜레마를 타파하고, 관련국들의 공동의 이익을 고려하는 것은 이미 동북아 역내 각국의 공동 바람이 되었다."[87] 동북아 안보딜레마의 완화 정도가 뒤쳐져 있다는 사실은 다자간 메커니즘의 구축과 다차원적 소통에서 드러난다. 이론적으로 그리고 경험적으로 보았을 때 이 두 가지는 역내 안보딜레마를 완화하는 데 가장 효과적이다.[88]

이를 위해 다음과 같은 세 가지 차원에서 노력할 수 있다. 첫째, 조속히 6자회담을 재개하는 것이다. 북핵문제에 관해 논의할 수 있을 뿐 아니라 원래부터 양자대화가 부족했던 국가들 간에 소통과 협상의 플랫폼을 구축할 수 있다. 둘째, 각종 형식의 삼자 메커니즘을 추진하는 것이다. 중국, 몽골, 러시아 삼국 정상 간 2014년 회의가 좋은 시작이라 말할 수 있다. 이 외에도 중미한, 중러북, 중한북 등 다양한 형식의 삼자 간 메커니즘을 구축해야 한다. 셋째, 동북아 역내 다자간 안보메커니즘의 구축이 매우 어려운 것이기는 하지만 관련국들은 여전히 동북아 안보 메커니즘을 구축하기 위한 조건을 어떻게 창출해낼 것인가를 생각해야 할 필요가 있다.

· · · · · · · · · · · · · · · · ·

86 이는 필자의 최근 관점이다. 관련된 성과는 아직 정식으로 공개하지 않았다. 여기에 밝히는 이유는 이를 통해 더 많은 학자들이 생각하고 검토할 수 있도록 하기 위함이다.

87 門洪華 · 甄文東, "共同利益與東北亞合作", 『外交評論』 2013年 第7期, p.94.

88 자세한 내용으로는 王俊生, "'安全困境'的形成與緩解——以冷戰後東北亞安全爲例", 『教學與研究』 2014年 第11期 , pp.15-23 참조.

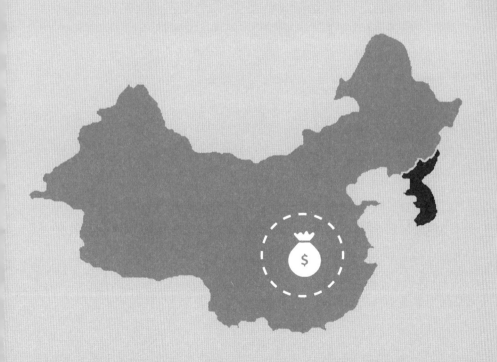

변화에 직면한 한중 경제협력과 2014년의 성과

지만수(한국금융연구원)

2013년 6월 27일 베이징에서, 그리고 2014년 7월 3일 서울에서 박근혜 대통령과 시진핑 국가주석 사이에 정상회담이 개최되었다. 두 차례의 공동성명을 통해 양국은 새로운 양국관계의 "미래비전" 아래서 "미래지향적인 전략적 경제 통상 및 산업협력을 확대하고 양국 국민의 삶의 질을 지속적으로 향상시켜 나가며, 동아시아 지역 경제통합 및 세계경제 회복을 추진하기 위해 양국이 함께 노력"하기로 하였다.

이를 현실화하기 위해 2014년 7월 공동성명에서는 높은 수준의 포괄적 한중 FTA를 체결하기 위한 노력을 강화하고, 원화와 위안화 간 직거래 체제를 구축하기 위해 적극 노력하기로 하였다. 실제로 2014년 11월에는 한중 FTA 협상이 실질적으로 타결되었다고 양국 정상이 발표하였고, 한국에서 원-위안 직거래 시장의 개설도 완료되었다. 그동안 주로 양자 간 무역과 투자의 급성장을 통해 대변되어 오던 양국 경제협력의 발전은 이제 한중 및 한중일 FTA를 매개로하는 한 지역 경제통합이나 원-위안 직거래 체제를 매개로한 금융통화 분야의 협력으로 한층 발전하고 있다.

한중수교 이후 무역과 투자의 증가

1992년 8월 양국 수교 이후 양국 간에는 무역, 투자, 정부 간 교류, 인적 교류 등 모든 측면의 양적 성장으로 이어졌다. 1992년 수교 당시 "동아시아의 기적"을 창출하고 있던 선발 개도국이었던 한국과 "남순강화"를 계기로 본격적으로 글로벌 경제로 편입되기 시작한 중국은 "선후발 개도국 사이의 제조업 분업"이라는 경제적 동반자 관계를 형성하고 동아시아가 세계 최대의 제조업 생산기지로 부상하는 변화를 함께 주도했다.

무역과 투자 등 측면에서는 양적 성장은 바로 이 제조업 분업관계의 형성을 매개로 이루어졌다. 한국의 대중수출과 투자가 급증하였고, 한국은 중국에 대한 중간재 및 자본재 수출을 통해 막대한 무역수지 흑자를 누렸다. 중국 역시 동부 연해지역에서 제조업 수출기지가 형성되면서 지리적으로 인접해 있고 산업의 보완성을 갖추고 있는 한국에서 중국이 필요로 하는 원자재와 설비를 도입하였고, 2만 개가 넘는 한국기업의 투자를 통해 수출산업을 발전시켰다.

1992년 60억 달러 수준에 불과하던 양국 교역은 2013년 한국의 대중수출 1,458억 달러, 대중수입 830억 달러로 교역액 2,000억 달러를 넘어섰다. 그 결과 중국은 2003년부터 한국의 가장 큰 수출시장이 되었으며, 한국은 2013년 현재 중국의 수입시장에서 가장 큰 파트너이다. 2013년 한국의 중국 및 홍콩에 대한 수출은 한국 전체 수출의 30% 수준에 달하고 있다. 또 중국의 수입시장에서 한국의 점유율도 2005년 11.6%까지 높아진 이후 2013년에도 9.4%를 유지하면서 일본을 제치고 중국 수입시장에서 1위의 점유율을 기록하였다.

특히 이러한 무역의 성장은 중국에 투자한 한국기업들이 주도하였다. 한국수출입은행에 따르면 2014년 9월까지 모두 23,865개 사에 달하는 한국기업이 총 475억 달러에 이르는 금액을 중국에 투자하였다. 특히 그중 373억 달러가 제조업에 투자되어 양국 간의 국제분업을 매개하였다.

동반자 관계의 다층화

그런데 그동안 한중 경제협력의 발전이 단순히 무역과 투자의 양적 확대라는 단선적 과정으로만 이루어진 것은 아니다. 1992년 수교 직후부터 양국 간에는 수출지향형 제조업 육성을 추구하는 선후발 개도국 사이의 협력이라는 구조가 형성되었다. 1990년대 초 한국은 자본집약적 산업으로의 산업고도화를 막 완료하고 생산된 제품의 수출시장을 개척하는 선발 개도국의 입장이었다. 반면 중국은 1992년 "사회주의 시장경제" 선언 이후 본격적으로 유입되기 시작한 외자기업들을 매개로 동부 연해지역에 노동집약적인 제조업 수출기지를 구축하기 시작한 후발 개도국이었다. 선후발 개도국 사이의 소득(임금)수준의 차이와 산업의 수직적 보완성 덕분에 양국 간의 무역과 투자는 큰 충돌 없이 매우 호혜적으로 확대될 수 있었다.

1990년대 말에 이르면 양국은 세계화라는 공동의 도전에 직면해 고통스러운 국내의 제도개혁과 구조조정을 수행하는 경험을 공유하였다. 1997년 동아시아 금융위기가 발발하면서 한국은 이른바 IMF 체제 아래서 과감하고 고통스러운 구조조정을 수행하였다. 중국 역시 2001년 12월에 성사된 WTO 가입을 추진하는 과정에서 1990년대 말부터 미국과 EU 등과 힘겨운 양자협상을 시작하였다. 그 과정에서 수천 개에 달하는 국내 법령을 개정하는 등 어려운 과제에 직면하였다. 즉 이 시기 양국은 "세계화 시대를 함께 맞이하는 동반자"로서 경제적 경험을 공유하였다.

또한 2000년대 들어서 한국은 IMF 체제하의 구조조정과 개방을 바탕으로, 중국은 WTO 가입을 출발점으로 적극적인 지역주의적 경제협력, 즉 동아시아 경제통합 논의를 제기하고 이를 실천하기 시작했다. 2000년대 내내 동아시아에서는 다양한 양자 간 및 다자간 자유무역협정(FTA)이 시도되고 체결되었다. 특히 한국과 중국은 ASEAN+3라는 동아시아 협력의 기본구도에 대한 공감대를 바탕으로 시종 동아시아 지역주의 논의를 주도하였다. 그 연장선에서 양국은 2004년부터 민간공동연구라는 형태로 한국 대외경제정책연구원(KIEP)과 중국 국무원 발전연구중심(DRC)이 참여하는 한중 FTA 논의를 시작하였다.

2008년 미국발 금융위기는 양국 간 경제협력의 새로운 차원을 여는 데 기여했다. 선진국발 경제위기에 직면해서 선진국 간 협의체였던 G7을 대체해 선진국과 신흥국이 함께 참여하는 G20라는 새로운 논의구조가 등장했고, 이 G20 체제 안에서 한국은 선진국과 신흥국 사이의 가교 역할을 자임하고 중국은 신흥국의 대표주자로서 발언하였다. 양국이 동아시아를 넘어 글로벌 경제질서 전체를 놓고 공동의 목소리를 내는 경험을 하게 된 것이다. IMF나 세계은행에서 신흥국 지분을 확대하는 문제에서나, 보호무역 기조에 대한 경계의 목소리를 내는 데 있어서나, 국제 통화질서의 안정을 요구하는 데 있어 양국은 동일한 보조를 취했다.

표 1 한중 경제협력의 중층적 구조 형성과정

협력 관계 (시기)	내용	참고
선후발개도국 (1992~1997)	• 제조업 분업체제 구축시기 • 한국 원자재 부품 + 중국 노동력 토지 + 글로벌 자본 + 글로벌 시장	수출형 개도국 보완, 인접, 유사성
세계화의 동반자 (1998~2001)	• 한국: 1997년 외환위기 이후 세계화 수용 • 중국: 2001년 WTO 가입 전후 세계화 수용	중국 환율안정 중국 MES 인정(2005)
동아시아 지역주의 (2002~2008)	• EAVG(1998), 동아시아 역내 FTA, ASEAN+3, 한중 FTA, 한중일 FTA, RCEP, FTAAP ….	한중 FTA 논의 시작 (2004)
G20 체제 (2009~)	• 한국: 신흥국/선진국 가교 국가 • 중국: 신흥국 대표	국제기구 과소대표, 제조업 수출국: 한, 중, 독
새로운 협력비전 필요 (2015~)	• 중국의 성장전략 전환 • 중국 1만불 시대 진입(동부지역 2만 불)	한중 FTA 타결(2014) 2023년 중국이 미국 추월 (OECD)

이처럼 1992년 수교 이후 최근까지 양국의 경제협력은 무역과 투자의 규모로 나타나는 양적인 측면에서만 확대되었던 것이 아니라, 그동안 나타난 많은 경제적 이슈들 속에서 다양한 협력을 경험하는 경제협력 차원의 다층화 또한 경험하였다. 한중 경제협력의 내용 속에서도 동태적인 진화가 발견된다는 것이다. 즉 수교 이후 23년간 양국의 경제협력은 양국이 세계경제에서 차지하는 위

상의 변화나 세계경제 구조의 변화에 발맞추어 매우 동태적으로 진화해왔으며, 그 과정에서 경제협력의 내용도 지속적으로 풍부해졌다.[89]

그리고 이러한 경제협력의 질적 변화는 수교 이후 한중 양자 간 외교관계를 수사적(修辭的)으로 정의하는 과정에도 반영되었다. 즉 수교 직후의 "선린우호관계"는 1998년 "협력동반자 관계"로, 2003년에는 다시 "전면적 협력동반자 관계"로 2008년에는 "전략적 협력동반 자관계"로 변화하여왔다. 동아시아 선후발 개도국 간의 제조업 분업구조를 표현하는 호칭이었던 "협력동반자"는 동아시아 지역주의(regionalism)적 협력을 포함하는 "전면적 협력동반자"로 바뀌고, 다시 2008년 금융위기 이후 글로벌 경제질서 변화에 대한 공동대응을 포함하는 "전략적 협력동반자"로 변화해온 것이다.

확대의 시기에서 둔화의 시대로

빠른 양적 성장과 풍부한 내용적 진화를 경험해 온 한중 간의 경제 관계는 글로벌 경제위기를 전후하여 투자가 위축되고 교역증가율이 둔화되는 새로운 현상에 직면했다.

먼저 한중 사이의 국제분업을 직접 연결하는 역할을 했던 한국기업의 대중투자가 2007년을 정점으로 줄어들기 시작했다. 2001년 6억 5,400만 달러 수준에 불과했던 한국기업의 대중투자는 2007년 53억 달러 수준까지 늘어났다. 그렇지만 그 이후 대중투자의 증가세는 사실상 멈추었다. 또 기업 수를 기준으로도 매년 중국에 신규투자하는 기업의 수가 2001년 처음으로 1,000개를 넘어선 이후(1,056개) 급증하여 2004년부터 2007년까지 매년 2,000개를 넘었으나, 2007년 이후 급감하여 2013년에는 830개로 2007년의 절반에도 미치지 못하는 수준

. . . .

89 한중 동반자 관계의 진화에 관한 보다 상세한 서술은 지만수, "경제협력", 이희옥, 차재복 외, 『1992~2012 한중관계 어디까지 왔나-성과와 전망』, (동북아역사재단, 2012), pp. 73-84.

으로 줄어들었다.

이에 따라 한국의 전체 대외투자 중에서 중국에 대한 투자가 차지하는 중요성도 약해졌다. 2005년 대중투자는 그해 한국의 해외투자 전체 중에서 약 40%를 차지하고 있었으나 2008년 이후 한국기업의 해외투자 전체 중에서 대중투자가 차지하는 비중은 10%대로 줄어들었다.

또한 2012년부터는 수교 이후 연평균 20% 수준의 속도로 급성장했던 양국 간 교역 증가율이 빠르게 둔화되었다. 한국의 대중수출 증가율은 2012년 0.1%, 2013년 8.5%%, 2014년 11월까지 −0.6% 수준의 낮은 증가율을 기록하고 있다. 2001~2013년 동안 한국의 대중수출 평균 증가율은 18.3%였고 2011년까지 두 자릿수 증가율을 유지했으나(2001년, 2009년 제외), 2012년 이후 대중수출 증가율이 뚜렷하게 둔화되었다.

한국의 대중수출이 둔화된 가장 직접적인 원인은 중국의 경기가 둔화되었기 때문이다. 특히 중국의 대세계 수출증가율 둔화가 직접적인 원인이라고 볼 수 있다. 중국의 대세계 수출증가율은 2009년(-15.9%)을 제외하고는 2002년 ~2011년 사이 매년 20% 이상 증가해왔는데 2012년부터는 그 증가율이 급격

그림 1 한중 교역의 성장

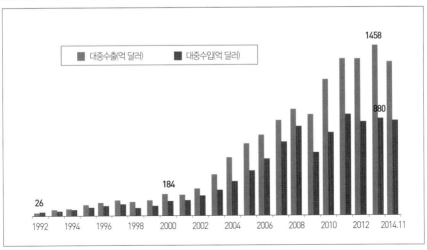

출처: KITA

히 둔화되어 2012년 7.9%, 2013년 7.8%, 2014년 9월까지 5.1%를 기록 중이다. 그런데 2013년을 기준 한국의 대중수출의 품목은 1차산품 0.5%, 소비재 3.1%, 자본재 24.0%, 중간재 72.4%로 구성되어 있다. 즉 주로 중국의 수출산업에 사용되는 중간재가 70% 이상을 차지한다. 따라서 중국의 대(對)세계 수출증가율의 둔화가 한국의 대중수출 둔화로 즉시 연결된다.

이러한 변화가 나타나게 된 가장 중요한 원인은 중국의 발전과 변화이다. 사실 그동안 양국 간의 경제 관계를 변화시켜온 동력은 주로 중국 측에서 제공하여 왔다. 전 세계적으로 가장 빠른 경제성장과 구조변화를 경험한 나라가 중국이었기 때문이다.

우선 중국의 산업수준과 중국인의 소득수준이 꾸준히 높아졌다. 일인당 GDP가 이미 7,000달러를 넘은 중국은 더 이상 저임금 제조업 기지가 아니다. 한국과 협력이 활발한 중국의 연해지역은 이미 일인당 GDP가 10,000달러를 넘어섰으며, 일부지역은 20,000달러에 육박하고 있다. 즉 과거와 같이 양국 산업 간의 수직적인 분업이나 중국의 상대적인 저임금을 활용하는 경제협력 모델이 더 이상 지속할 수 없게 된 것이다.

다음으로 글로벌 경제위기 이후 중국에서 본격화되고 있는 "성장전략의 전환"도 중요하다. 우선 성장의 속도가 변화했다. 30년간 평균 10%를 넘나들던 중국의 고도성장은 2012년부터 7%대로 고착되고 있다. 중국의 신지도부는 고도성장의 회복에 연연하지 않겠다는 입장이다. 성장의 내용도 바뀌고 있다. 즉 수출과 투자가 주도하는 고도성장 전략에서 내수소비를 중심으로 하는 안정적 성장을 추구하는 전략으로 성장전략을 바꾸고 있다.

원래 1992년 한중수교 이후 23년간 한중 경제협력의 눈부신 성장을 설명하는 경제외적 환경으로 그동안 자주 지적되어 온 요소는 양국 간의 지리적 인접성, 산업의 보완성, 문화적 동질성이었다.

즉 중국의 개혁개방이 본격화된 이후 중국의 동부 연해지역에 형성된 새로운 글로벌 생산기지에 한국이 지리적 인접성, 산업의 보완성, 문화적 동질성을 활용하여 적극적으로 원자재와 부품을 수출하고, 투자를 확대함으로써 한중 경제협력은 빠르게 성장하였다. 덕분에 그동안 중국의 성장을 활용하는 데 있어,

한국은 다른 어떤 경쟁국들보다도 유리한 조건을 누렸다.

그런데 한국이 가진 이러한 이점은 주로 중국이 세계적인 제조업 거점이자 수출기지로 성장하는 과정에 초점을 맞추고 있었다. 말하자면 수출과 투자가 주도하는 중국의 고도성장의 시대에 최적화되어 있었다는 것이다. 그렇지만 중국의 성장과 변화 속에서 이러한 협력구조는 한계에 직면하고 있다.

2014년 한중경제 관계: 한중 FTA

2014년은 양국 간 경제협력에서 특기할 만한 해다. 무역과 투자 분야에서 가장 중요한 양자 간 경제협력 수단인 FTA를 체결했고, 금융과 통화 분야에서 중국과의 가장 전면적인 협력을 포함하고 있는 원-위안 직거래 체제가 도입되었다.

2014년 11월 베이징에서 개최된 APEC 정상회담에서 양국은 별도의 정상회담을 갖고 한중 FTA의 "실질적 타결"을 선언했다. 2004년 한국의 대외경제정책연구원(KIEP)과 중국 국무원 발전연구중심(DRC) 사이에 민간공동연구가 시작된 이후 10년 만의 결실이다.

한중 FTA 협정문은 총 22개의 챕터로 구성되어 있으며, 상품과 서비스 관련 조항들 뿐 아니라 지재권, 경쟁, 투명성, 환경, 전자상거래, 경제협력 등 다양한 규범분야 이슈들을 협정에 명문화함으로써 문안의 구성면에서는 중국이나 한국이 맺은 어떤 FTA보다도 포괄적인 협상의제들을 논의하였다.

상품분야의 개방성과를 보면, 양국은 한중 FTA를 통해 향후 20여 년에 걸쳐서 품목수 기준 90%, 체결 당시 교역액 기준 85% 수준으로 상품시장을 개방하기로 했다. 한국 측의 우려가 컸던 농수산물은 대부분 초민감품목으로 매우 소폭의 관세인하만 이루어졌거나 쌀과 같이 아예 양허대상에서 제외하였다. 또 각종 비관세 장벽을 낮추기 위한 노력도 이루어졌다. 특히 700달러 이내의 소액 거래에서는 원산지 증명서 제출 의무를 면제하기로 했고 한반도 내의 역외 가공지역에 대한 원산지 지위를 인정하는 등의 합의도 이루어졌다. 통관에 있어서도 48시간 이내 통관 원칙에 대한 합의가 이루어졌다.

표 2   한중 FTA의 상품분야 개방수준

	한국	중국
즉시 철폐	• 품목수 50%, 수입액 52%	• 품목수 20%, 수입액 44%
5년 내*	• 품목수 59.6%	• 품목수 45.3%
10년 내	• 품목수 79%, 수입액 77%	• 품목수 71%, 수입액 66%
20년 내	• 품목수 92%, 수입액 91%	• 품목수 91%, 수입액 85%

출처: KOTRA 2015. 1, KIEP 2015. 1, *: 5년 내의 품목수는 KIEP 품목수 출처에서 역산

본래 한중 FTA의 상품시장 양허안은 한국 측의 농수산업 및 중소기업 보호에 관한 관심 때문에 높은 수준이 되기 어려울 것이라는 관측이 지배적이었다. 그러나 2014년 말까지 공개된 내용으로 볼 때, 한중 FTA는 양국의 취약 산업뿐아니라, 한국의 자동차, 냉장고, 세탁기, 중국의 자동차, 냉장고, 에어컨 같이 양국의 대기업들이 생산하는 주력산업 분야까지 10년 가까이 개방을 늦추는 매우 보호주의적인 FTA로 귀결되었다. 품목수를 기준으로 볼 때 한중 FTA 발표 5년이 지나도 한국 측은 전체 품목의 59.6%, 중국 측은 45.3%의 품목에 대해서만 관세를 철폐할 예정이다.

서비스 분야에서는 중국 엔터테인먼트 산업에 한국이 49%까지 지분을 획득할 수 있도록 했고, 기업인과 주재원의 체류조건도 완화하였다. 그렇지만 서비스 분야에서는 금번 타결에 그치는 것이 아니라, 협정 체결 후 2년 후부터 네거티브 방식을 전제로 한 후속협상을 개시하여 2년 내에 마무리하기로 합의하였다. 지속적인 협상의 여지를 남긴 것이다. 특히 중국이 서비스 산업 및 국내 규제시스템을 열거주의(positive system)에서 포괄주의(negative system)로 전환하겠다는 의지를 밝히고 있어 2년 후 후속 협상을 통해 높은 수준의 개방효과를 달성할 수 있을 것이라고 기대된다.

비록 오랜 협상에도 불구하고 상품분야에서 개방수준이 높지 않고, 서비스 분야 협상도 2년 후로 미루어졌으나 2014년 중 한중 FTA 협상이 타결이 양국 정상에 의해 선언되었다는 점은 한중 경제협력의 역사에 있어 의미가 큰 사건이다.

2014년 한중 경제 관계: 원-위안 직거래 체제[90]

한편 2014년 7월 한중 정상회담을 통해 양국은 원-위안 직거래 체제를 도입하기로 합의하였다. 이는 중국이 최근 적극적으로 추진하고 있는 위안화 국제화 노력에 대한 한국의 화답이다.

정상회담 공동선언에서 양국은 "원화와 위안화 간 직거래 체제를 구축하기 위해 적극 노력하며, 한국 서울에 위안화 청산체제를 구축하고, 중국 측은 한국 측에 800억 위안 규모의 위안화 적격해외기관투자자(RQFII) 자격을 부여하기로 합의"하였다. 또한 한국에 원-위안 직거래시장을 우선 개설키로 하였고, 위안화 채권을 한국에서 발행하는 데 대해서도 합의하였다. 이 합의에 따라 양국은 중국 교통은행 서울지점을 직거래 체제를 지원하는 청산은행으로 지정하였다.

원-위안 직거래 체제란 한마디로 양국 간의 무역 및 금융거래에 위안화 사용을 활성화하자는 것이다. 그런데 이 체제는 몇 가지 구성요소로 나누어볼 수 있다. 첫째, 무역결제 통화로서 양국 통화, 특히 위안화 사용 확대이다. 지금까지 주로 달러화를 결제통화로 사용하였던 상호 무역에서 위안화 결제를 선택할 수 있게 되면 불필요한 달러 환전비용을 줄일 수 있다. 현재 양국의 주요 은행들은 위안화 무역결제 서비스를 갖추고 기업의 수요에 대비하고 있다.

둘째, 보유한 위안화를 투자할 수 있는 통로를 개설하는 것이다. 중국은 금융시장을 외국인에게는 제한적으로만 개방하고 있다. 그렇지만 직거래 체제가 만들어짐으로써 한국은 보유 위안화를 직접 중국 금융시장에 투자할 수 있는 통로를 확보하게 된다. 즉 정상회담에서 합의한 RQFII(위안화 적격 외국인 기관투자자) 쿼터 800억 위안을 활용하거나 중국 기업 및 금융기관이 한국에서 위안화 채권을 발행함으로써(즉 위안화 자금을 한국에서 조달함으로써) 해당 위안화 자금을 중국에 투자할 수 있다. 위안화를 매개로 닫혀 있는 중국 금융시장에 대한 접근이 이루어지는 것이다. 이미 자산운용사들을 필두로 위안화로 중국의 주식과 채권에

· · · · · · · · · · · · · · · ·

90 위안화 직거래 체제의 내용과 의미에 관한 내용은 지만수, "원-위안 직거래 체제의 리스크 점검", 주간금융브리프, 2014. 11. 15. 한국금융연구원의 내용을 보완한 것임.

투자하는 RQFII 상품을 먼저 출시하기 위한 경쟁이 치열하게 전개되고 있으며 일부 위안화 금융상품은 중국 금융당국의 허가를 기다리고 있다.

셋째, 이러한 거래를 뒷받침하기 위한 시스템으로 위안화 청산은행과 한국은행이 주도하는 원-위안 직거래 시장이 개설되었다. 청산은행을 통해 국내 금융

그림 2 한국의 대중투자와 전체 해외투자 중 대중투자의 비중 변화

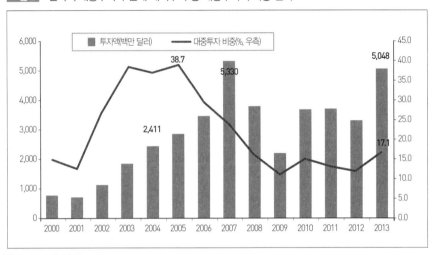

출처: 한국수출입은행

그림 3 중국의 수입증가율과 한국의 대중수출 증가율

출처: CEIC

기관들이 위안화 거래를 적기에 청산하고 필요한 위안화 유동성을 조달할 수 있다. 또 은행 간 외환시장에 원-위안 직거래 시장을 개설함으로써 원-위안 환전에 따른 거래시간과 비용을 최소화할 수 있다. 그 결과 청산은행으로 지정된 중국 교통은행이 2014년 11월 6일 청산은행 서비스 출범식을 갖고 관련 서비스를 시작했다. 또한 한국은행도 2014년 11월 3일 12개 국내외 은행을 원-위안 직거래 시장의 시장조성자로 지정하였고 12월부터 은행 간 외환시장에서 원-위안 직거래를 시작하였다. 시장조성자로 선정된 은행은 신한·우리·기업·산업·스탠다드차타드·씨티·외환은행 등 7개 한국계 은행과 위안화 청산결제은행을 맡은 중국 교통은행, 공상·도이치·제이피모간체이스·홍콩상하이은행 등 5개 외국계 은행의 국내 지점이다.

동 직거래 시장의 2014년 12월 중 거래 규모는 하루 평균 8억 8,000만 달러(54억 위안) 수준이다. 이는 1996년 말 원·엔 시장의 1일 평균 거래량 300만 달러, 현재 일본 엔·위안 시장 거래량 2억 달러를 크게 웃도는 수치다. 이에 따라 한국 정부는 특히 시장조성자 은행들이 적극적으로 나서면서 전반적으로 시장이 활성화되고 있다고 평가했다. 거래량이 가장 많은 은행은 외환은행이며, 신한은행, 중국계 공상은행, 기업은행, 산업은행 등이 뒤를 이었다.[91]

이 위안화 직거래 체제란 한국이 중국의 위안화 국제화에 협력하는 대신 중국 금융시장에 대한 접근권을 확대하는 이익 교환의 결과물이다. 국제적으로 자유롭게 통용되지 않는 위안화를 결제통화로 허용하는 대신 이를 투자통화로 사용해 아직 열려 있지 않은 중국 금융시장에 대한 한국 금융사들의 접근성을 높이는 조치인 셈이다. 태환성이 충분히 보장되지 않는 외환을 사용하는 거시경제적 비용을 지불하는 대신, 금융시장에서의 접근성을 획득하는 미시경제적 이익을 얻는 교환이다.

이 위안화 직거래 체제는 장차 한국 금융산업이 위안화 금융허브로 발전할

· · · · · · · · · · · · · · · ·

91 위안화 직거래 시장 거래동향은 "원-위안화 직거래시장 하루 평균 9억 달러… 조기정착 성공", 디지털타임즈, (2015. 1. 7.) http://www.dt.co.kr/contents.html?article_no=2015010802100457803001 참조.

수 있는 기회를 제공한다. 지금까지 국제자본의 중국에 대한 금융투자는 대부분 홍콩을 통해 이루어졌는데, 앞으로 한국도 국제자본의 위안화 조달 및 투자 통로, 즉 위안화 금융허브가 될 수 있다는 것이다. 또한 한국 금융기관이 미래 중국 금융시장을 개척할 경험을 축적하는 계기가 된다. 아직까지 외자의 접근을 제한하고 있는 중국 금융시장에서 원-위안 직거래 체제를 통해 먼저 진입하여 위안화 금융서비스 경험을 축적함으로써 향후 그 시장이 개방되었을 때 남보다 경쟁력 있는 금융서비스를 제공할 능력을 키울 수도 있다는 것이다.

이 원-위안 직거래 체제가 실제로 성과를 거두기 위해서는 한국이 중국의 위안화 국제화 노력에 협력한 만큼 그에 상응하는 중국의 한국에 대한 자본시장 개방이 이루어져야 한다. 위안화 사용을 매개로 한국에 대한 중국 자본시장의 개방이 충분히 이루어져야만, 중화권 이외의 지역에서 가장 중요한 위안화 역외 허브가 성공할 수 있기 때문이다. 특히 국제자본의 이동이 내포하는 위험을 누구보다도 잘 알고 있는 한국이야말로, 중국의 위안화 국제화 및 자본시장 개방을 실험할 수 있는 가장 좋은 파트너가 될 수 있다.

중한 경제무역 협력(1992-2004년):
성과와 문제 그리고 전망

스옌메이(史姸嵋)

중국과 한국은 1992년 수교 이후 양국 우호관계가 발전함에 따라 수차례에 걸쳐 양국 정상의 상호 방문이 있었고, 인적교류도 급속히 증가하였다. 이는 각 분야의 협력이 강화되는 계기가 되었고, 양국 경제 무역협력의 급속한 발전은 큰 주목을 끌었다. 2013년 한중 교역총액 및 중국의 한국 수출입규모는 빠르게 증가하였고, 일부는 최대 규모를 달성하였다. 한국의 대중국 투자는 안정적으로 증가하는 추세에 있는 등 한중 양국 경제는 산업, 무역, 금융, 투자 등 다양한 분야에서 눈부신 발전을 하였다. 2014년 중한 경제협력 중 가장 눈에 띄는 것은 중한자유무역협정(한중 FTA) 타결로 실질적 진전을 이뤘다는 점이고 중한 FTA는 향후 양국 경제협력에 매우 중요한 영향을 미칠 것이다. 2015년 중한 양국 경제무역 협력은 전방위적이고 심층적이며 상호이익에 따른 경제협력 환경이 구축되어 무역과 투자가 더욱 활성화될 것이고 경제협력 메커니즘은 더욱 개선될 것이며 협력 범위와 수준 역시 꾸준히 확대될 것으로 보인다. 특히, 화폐금융, 전신 등의 산업과 교통물류, 신에너지와 기술, 직접투자 등의 분야에서 적극적인 협력이 예상된다.

중한 경제협력의 주요 성과

1. 양국 간 교역의 급속한 성장

　1992년 중한수교 당시 양국 교역총액은 50억 3천만 달러에 불과하였으나 22년간 교역은 연평균 20.97%로 급속히 증가하였다. 중국은 단일국가 기준으로 연평균 최고 성장률을 기록하였고 양국 교역액은 약 55배 증가하였다. 2013년 양국 간 교역액은 2,742억 달러로 동기대비 7% 증가, 수출은 911억 7,586만 달러로 4% 증가, 수입은 1,830억 7,261만 달러로 8.5% 증가하였다.[92] 중한 양국 교역액은 중국 교역총액의 약 7%를, 한국 교역총액의 20.1%를 차지하였다. 5년간의 짧은 기간 동안 1,000억 달러에서 2,000억 달러로 증대하는 비약적인 성과를 이루었다. 2014년 1월 한국 산업통상자원부 발표에 따르면 2013년 한국의 대중국 수출 비중은 26.1%로 사상 최대를 기록하고 있다. 현재 중국은 한국의 최대 무역대상국으로 최대 수출국이자 최대 수입국이고, 한국은 단일국가로서 중국의 제3대 무역대상국이다.

　다른 국가들과 비교하였을 때 중한 교역은 몇 가지 특징을 보이고 있다. 첫째, 급속한 성장이다. 중한 무역통계에서 보듯이 중한무역은 주요 동반자 관계 중 발전이 가장 빠르다. 중국의 국가별 무역 통계에 따르면 1992년 중한 양국 무역총액은 50억 3천만 달러이고, 2013년 2,742억 달러로 21년간 55배로 증가하였다. 상대적으로 중국의 최대 무역대상국인 미국의 교역액은 같은 규모로 증가하는 데 27년 소요되어 1980년 중미 교역액은 50억 달러에 불과하였으나 2007년 11월 2,700억 달러, 2007년 한해 3,000억 달러를 돌파하였다. 중일 교역액은 30년이 소요되어 1978년 50억 달러였던 교역액이 2008년 2,600억 달러 정도였다. 2001~2013년 중국의 3대 무역대상국 중 중한 무역이 19%, 중미 무역은 17.6%, 중일 무역은 12.8% 증가하여 중한 무역 연평균 증가율은 미국과 일본보다 각각 1.4%, 6.2% 더 높다. 둘째, 교역액이 매우 크다. 한국 국토 면적

92　牛林傑, 劉寶金, 『韓國發展報告(2014)』 (北京: 社會科學出版社, 2014), p. 227.

은 크지 않고 인구도 많지 않지만 2,742억 달러의 높은 교역을 하고 있으며 중국과 교역하는 다른 국가들보다 많다. 셋째, 거래 품목 범위가 비교적 넓다. 중한무역은 하이테크 제품에서 일용품까지 포괄하고 있다. 넷째, 적자 폭이 크다. 한국은 이미 중국의 대외무역 적자의 가장 큰 요인으로 한국 정부 보고에 따르면 2013년 한국의 대중 수출 증가율은 8.6%이며 대중 수출 흑자는 17%로 628억 달러 정도이다.

2. 양국 투자규모의 증가

"중일한 투자보장협정"은 2014년 5월 17일 발효되었다. 본 협정은 중일한 간 최초로 추진된 것으로 3국 간 투자행위를 보호하는 법률 문서이자 제도적 장치이다. 3국 투자자에게 제공되는 안정되고 투명한 투자환경은 3국 간 투자를 촉진시키고 투자협력을 강화하여 3국 간 무역 촉진에 많은 영향을 미칠 것으로 보인다.

중한 수교 초, 양국 간의 투자는 미비했다. 22년 동안 한국의 대중 투자규모는 급속히 증가하여 최근 한국의 재중 하이테크, 금융, 서비스업의 투자 비중이 증가하고 있다. 현재 중국은 한국의 최대 해외투자국이 되었다. 2013년 중국에서 한국의 신규 투자 건수는 1,371건으로 동기대비 4.98% 증가하였고 실제 사용액은 30억 5,400만 달러로 0.53% 증가하였다. 2014년 지난 5개월 동안 다른 국가의 대중 투자가 약화되는 상황에서도 한국은 반대로 상승하여 87% 증가하였다. 중국상무부 통계에 따르면 2014년 10월까지 한국의 대중 투자는 58,000개 기업, 누적 투자액 600억 달러로 중국의 제5대 해외투자국이 되었다. 2014년 1월부터 10월까지 중국에서 새로 설립한 한국기업은 1,270개 업체로 동기대비 12.2%, 실제 투자액 32.8억 달러로 동기대비 26.5% 증가하였다. 게다가 한국의 대중 투자는 가공무역의 자본절감의 "가공무역(兩頭在外)"형에서 중국 내수시장 개척 혹은 글로벌 시장 배치를 재구성하는 자원형으로 전환되고 있으며 핵심 투자지역도 연해지역에서 점차 중서부 지역으로 확장되고 있다.

2015년 1월 8일자 한국 연합뉴스는 한국 중소기업이 중국 내수시장에 아주 큰 관심을 보이고 있다고 보도하였고, 한국 중소기업 중앙회 설문조사에서

42.8%와 38.9%의 한국 중소기업이 향후 3년 내 중국이 최대 수출국이자 투자국이 될 것이고, 중국이 한국기업에게 가장 매력적인 국가인 것으로 나타났다. 또 설문조사에서 상당수의 한국 중소기업이 직접 해외시장을 개척하고 있으며 대기업과 동반 진출방식은 적은 것으로 조사되어 환율변동, 정보 획득의 어려움, 무역금융, 통관수속, 수출부대비용 등은 중소기업이 직면한 주요 난제인 것으로 나타났다. 따라서 한국 중소기업은 정부 차원에서 무역금융 확대, 해외시장 정보제공, 신용보증, 박람회 참가자금 지원 등과 중소기업 발전 촉진을 희망하고 있다.

상대적으로 중국의 한국 투자는 시작도 늦고 규모도 작다. 2013년 중국의 한국 투자액은 4억 8천만 달러로, 중국의 해외투자총액 902억 달러의 0.5%에 불과하다. 최근 한국 투자 증가폭은 높은 수준을 유지하고 있어 2013년 비금융 분야의 직접투자는 2억 4,700만 달러로 동기 대비 121.4% 증가하는 등 미국과 일본 다음으로 한국은 제3대 해외투자국이 되었다. 중국통계에 따르면 2013년 12월 말까지 한국 투자는 12억 4천만 달러로 그중 중국 개인투자자의 한국 관광, 레저서비스업에 대한 투자는 점점 증가하는 추세에 있다. 4조 달러의 외환 보유고와 매년 1,000억 달러 수준의 외환 투자로 미루어 볼 때 중국은 한국에 투자할 수 있는 무한한 잠재력을 가지고 있다.

3. 금융협력의 시작

한국은 대중 금융서비스 투자에 매우 신중하게 접근하고 있다. 한국은행은 중국에 사무소를 설립하고 한국기업의 수출업무를 지원하고 있다. 중국공상은행, 중국은행 그리고 중국 건설은행은 모두 한국지점이 없다.

2013년 1월 17일 한국은행과 12개 중국의 은행은 '중한 통화스왑 자금 무역 결제 지원제도에 관한 협의'에 서명하였다. 이에 따라 한국 수출기업은 중국에서 원화로 수출대금을 회수할 수 있게 되었다. 협의에 의하면 총 64조 원(원화)의 중한 통화스왑 자금(약 3,600억 위안)은 양국 기업의 무역결제에 사용될 것이며 이는 즉, 한국기업이 위안화로 중국기업에 대금을 지불하고 중국기업이 원화를 사용하여 한국기업에 결제를 할 수 있다는 것을 의미한다. 중한 양국이 통화스완 자금을 무역결제에 사용하게 되어 수출입 기업 발전에 도움이 될 것으로 보인다. 현재 중한 무역결제의 95%는 미국달러가 사용되고 있어 환율변동 리스크에 노출되어 있다. 무역결제에서 본국 화폐 사용이 증가된다면 양국 무역은 더욱 발전할 것으로 보인다.

2014년 7월 4일, 시진핑 주석의 방한 기간 동안 중한 양국은 '중한 공동성명'을 발표하여 양국은 본국 화폐결제가 양국 무역발전에 유익하다는 점에 인식을 같이하여 위안화를 원화로 직거래할 수 있는 제도를 구축하고 전력을 다하는데 동의하였고, 중국 측은 한국 측에 800억 위안 규모의 위안화적격외국인투자자(RQFII) 자격을 부여하는 데 동의하였다. 이번 정상회담에서 원-위안 직거래시장을 설립하기로 결정하여 위안화 활용도를 높이고 위안화 청산제도, RQFII 등 다방면의 정책적 협상이 진행되었다. 중국은 위안화 국제화의 기초를 확대하기로 결정하였고, 한국은 역외 위안화 센터를 추진할 준비를 하였다. 특히 청산제도의 설립과 관련하여 중국교통은행 서울지점을 위안화 청산은행으로 지정하여 한국 금융기관과 청산은행 간의 전자결제 시스템 연결, 청산은행과 인민은행 결제 네트워크 연결, 유동성공급 장비구축 등 다방면의 법률적, 제도적의 준비를 시작하였다.

2014년 10월 10일자 『아주경제』 보도에 따르면 김종원 한국금융감독원 수석부원장은 위안화 청산은행업무 세미나에서 한국 대형 금융기관은 위안화 금융상품을 적극적으로 개발해야 한다고 강조하였다. 그는 위안화 청산과 원화 결제가 함께 증가한다면 중국으로 수출하는 기업의 거래비용이 절감될 것이고 중국과 거래규모가 증가함에 따라 교역조건이 개선되는 효과를 거둘 수 있을 것으로 보고 있다. 또한 현재 위안화결제 비중은 2013년 기준으로 1.2%에 불과하여 거래 비중을 높이려면 한국 국내은행과 중국계 은행 간 결제 편의성을 높여야 한다고 지적하였다. 이 밖에도 위안화 업무발전은 한국 금융회사의 새로운 수익창출 기회를 제공할 것으로 보고 있다. 한국 금융기관도 홍콩, 싱가포르 등 위안화 역외 허브지역의 규제 및 거래관행 등 다각적인 연구를 통해 한국의 위안화 금융 인프라 수준을 전반적으로 개선시켜 나갈 수 있도록 노력할 것이라고 지적하였다.

2015년 1월 7일자 한국 연합뉴스 보도에 따르면 한국 기획재정부는 원-위안화 직거래시장 개시 한 달 동안, 시장 조성 은행들의 적극적인 거래로 직거래 시장의 활성화를 이끌었고 일일평균 거래액이 8억 8천만 달러, 위안화 직거래 유동성 확보 등 초기 시장 정착에 성공한 것으로 평가하고 있다. 그중 외환은행, 신한은행, 중국공상은행 등의 거래량이 많으며 신한 BNP파리자산운용이 30억 위안의 RQFII 한도를 획득하였고, 외환은행은 10억 위안의 은행 간 채권시장 투자(CIBM Pilor Program) 신규한도를 획득하는 등 한국 금융기관의 중국 자본시장 투자가 전면적으로 확산될 것이며 중국 소재 현지법인의 위안화 직거래가 확대될 것으로 보았다. 또한 '위안화 금융 중심지 구축 로드맵'에 위안화 금융시장 형성을 위한 중장기 전략 및 실행 계획 등을 담아 중국 자본시장의 접근성을 높일 것이라 하였다.

위안화 직거래는 원-원 할 수 있는 제도이며 제3의 화폐 거래를 거치지 않기 때문에 거래원가와 투자원가 모두 절감시킬 수 있는 효과가 있다. 한국은행 분석에 따르면 위안화 직거래는 3~5% 정도의 거래비용을 절감 할 수 있고 달러 환리스크 절감 효과를 기대할 수 있다. 따라서 중한 통화스왑은 양국 간의 안정적인 거래활동과 투자활동에 도움이 되며 한국과 중국이 선행적으로 제시한 통화스왑은 동북아 무역투자의 일체화에서 금융일체화로 전환하는 절차로 중요한 의미를 갖는다.

4. 제조업 협력의 지속적인 추진

중한 경제무역관계가 점차 긴밀해짐에 따라 제조업 분야의 협력도 밀접해지고 있으며, 최근 대형 프로젝트와 대규모 투자가 점차 증가하고 있다. 2013년 6월 28일 한국 SK 이노베이션 계열사인 아이스카이(愛思開) 종합화학투자유한공사와 중국 시노펙(Sinopec Group)은 '우한(武漢)에틸렌합자법인'을 체결하였다. 계약 규모는 약 3조 3천만 원(약 200억 위안)으로 이것은 중한수교 이래 양국 기업이 참여한 석유화학공업 분야의 프로젝트 중 최대 규모이다. 그중 SK그룹은 35%, 시노펙은 65% 지분으로 이번 계약은 SK그룹이 중국에서 얻은 최대 성과로 중동지역 국가와 관련된 기업을 제외하고 중국 에틸렌 분야에 진출한 외자

기업은 SK그룹이 유일하다. SK그룹은 합자법인 설립을 통해 중국에서 석유화학 생산기지를 확보하고 글로벌 시장으로 진출하기 위한 발판으로 삼을 것으로 보인다.[93]

한국 동부대우전자는 대형화, 고급화, 현지화 및 경쟁기업과의 차별화 경영전략으로 중국시장에 박차를 가하고 있으며 현재 냉장고와 세탁기는 중국시장에서 좋은 평가를 받고 있다. 대우전자를 전신으로 하는 동부대우전자는 한국의 지명도 높은 백색가전 업체로 냉장고, 세탁기, 전자레인지 등이 주력 상품이다. 동부대우전자는 2013년 초 동부그룹의 회원이 된 후 주요 해외시장으로 중국을 개척하기 위해 노력하고 있으며 2013년 3월 톈진(天津)에 사업본부를 설립하고 이를 중심으로 상하이(上海), 베이징(北京), 선전(深圳)에 판매 지점을 확장하여 중국 내수시장에 적극적으로 진출하고 있다. 2013년 5월에는 중국 거란스(Galanz)와 합작하여 중국 에어컨 시장에 성공적으로 진출하였다. 2013년에는 상하이, 베이징, 항저우(杭州)에 전문 판매매장이 100개에 달하는 등 중국시장에서 기초를 다지고 있다.[94]

5. 자유무역협정으로 얻은 획기적 진전

중한 자유무역협정은 양국의 제도적인 최고의 설계이자 현재까지의 대외협상 중 가장 광범위하고 단일국가별 교역액이 가장 큰 자유무역협정이다. 2012년 5월 2일 한국과 중국은 자유무역협정 개시를 공식 선포하여 지금까지 14차 협상을 진행하였다. 2014년 11월 6일 14차 협상이 베이징에서 개최되었고, 농수산품과 공산품, 서비스시장의 개방 정도 및 제품의 원산지규정에 대한 의견을 좁히는 것이 중한 양국의 마지막 쟁점이었다. 농산물 분야는 양측 의견 차이가 가장 컸던 분야로 한국은 농수산품을 초민감 품목에 포함시키고 제로관세 품목에서 제외하기를 요구한 반면, 중국은 한국이 농수산품 시장을 좀 더 개방할 것을 요구하였다. 2014년 11월 10일, 시진핑 주석과 박근혜 대통령은 베이

. . . .

93 牛林傑, 劉寶全, 『韓國發展報告(2014)』(北京: 社會科學出版社, 2014), p. 227.
94 상게서.

징 회담에서 양국은 중한 FTA 협상의 실질적 타결을 상호 확인하였다. 회담 이후 양국 정상의 확인하에 가오후청(高虎城) 중국 상무부장관과 윤상직 한국산업통상자원부 장관은 각각 양국 정부를 대표하여 중한 FTA 협상결과를 담은 합의의사록에 서명하였다.

협상결과에 따르면 상품의 경우 양국은 품목수 기준 90%, 무역액 기준 85%로 합의하였다. 체결 범위는 상품무역, 서비스무역, 투자 및 규칙 등 17개 분야를 포괄하여 전자상거래, 경쟁정책, 정부조달, 환경 등 '21세기 경제무역 의제'를 포함하고 있다.

계약 체결 후 양국은 네거티브 방식의 후속 자유화협상을 개시하기로 합의였고 내국민대우와 네거티브 방식에 근거하여 투자협상을 진행하기로 하였다. 중한 FTA협상으로 "전반적인 이익 균형과 포괄적이며 높은 수준"의 목표가 실현되었고 중한 무역관계는 끊임없이 높고 새로운 단계에 진입하게 될 것으로 보고 있다.

중한 FTA 구축은 중한 경제협력의 획기적인 돌파구로 거시적 측면에서 양국 GDP 성장과 무역창출, 투자증가, 일자리창출 그리고 사회복지 개선에 도움을 준다. 첫째, 양국 교역량은 본 협정이 세계 무역에 미칠 영향이 클 것이라는 것을 결정하였다. 세수 등 무역장벽의 저하, 환경보호, 경쟁정책이 도입됨에 따라, 양국의 생산요소가 시장 규율방식에 부합하고 나아가 생산요소를 최대 이용하는 목적을 이룰 수 있고 글로벌 무역 자유화가 원활해지는 데 아주 큰 공헌을 하게 될 것이다. 둘째, 본 협정의 의제는 새롭고 포괄적이다. 따라서 중국이 다른 협정을 체결하고 경제체제를 전환하는 것과 같은 시범효과를 갖는다. 셋째, 자유무역협정은 글로벌 경제 거버넌스가 "법치화" 모델로의 전환이 반드시 드러나야 한다는 점이다. 어느 시대든 글로벌 경제 거버넌스와 분리될 수 없었고 아주 오랜 기간 동안 정치수단에 의존해 조절해왔다. 넷째, 본 협정은 중국이 동아시아 지역의 다른 FTA 협정을 가속화하도록 할 것이며 중국이 향후 글로벌 경제 거버넌스에서 주도권을 장악하는 데 유익할 것으로 보인다.

중국상무부 『중한FTA 연합연구보고』에 따르면 정태 모형으로 분석한 중한 FTA가 미치는 양국의 GDP 공헌율은 각각 중국 0.395%와 한국 2.443%이고 자본축적모형으로는 각각 0.584%, 3.313%의 공헌율이 발생할 것으로 보았다. 양국의 현재 GDP 기준으로 보면 FTA의 공헌율은 작은 규모가 아니다.

중한 경제협력의 급속한 발전 원인 및 문제

1. 급속한 중한 경제협력 발전의 원인

우선, 중한 양국은 에너지, 자금, 기술과 시장 등에서 비교적 강한 상호보완성을 가지고 있다. 양국 경제발전과 자연자원의 차이로 산업구조의 비교 우위가 형성됨에 따라 보완적 무역구조가 생겨났다. 중국은 자연자원과 노동력이 풍부하고 원자재, 노동원가 모두 매우 낮은 반면 한국은 자연자원과 노동력은 부족하지만 경제발전 수준이 높아 중한수교 초기, 중국이 한국에 광물, 섬유, 가죽 및 단순기술 등 저부가가치 원재료와 노동집약형 위주의 제품을 수출하였다. 반면 화학공업제품, 전자제품, 부품, 완성차, 기계, 선박, 공업용 섬유 등 기술 함량이 높고 고부가가치의 기술 집약형, 자본집약형 위주의 제품을 한국으로부터 수입하여 무역구조에서 상호 보완적 현상을 보였다. 21세기에 들어, 중국이 한국에 수출하는 1차 제품이 감소하기 시작하였고 공산품 수출이 점차 증가하기 시작하였다. 중국상무부가 발표한 2013년 중한 교역통계에 따르면 전기기계제품과 광학, 시계, 의료설비는 한국이 중국에 수출하는 주요 제품으로 대중 수출총액의 57.7%였고 한국이 중국에서 수입한 주요 제품은 전기기계제품, 저품질의 금속제품으로 약 58.1%를 차지하고 있다.

둘째, 21세기 중한 경제는 급속한 발전의 계기가 되었다. 21세기 들어 양국 경제는 지속적으로 발전하여 중국 경제는 연평균 10.1%, 한국은 4.7% 정도 성장하였다. 중국은 개발도상국의 경제대국으로 경제규모가 크고 글로벌 경제에서의 경제적 지위가 끊임없이 성장하고 있다. 중국이 WTO에 가입한 이후 무역장벽이 사라지고 시장 개방이 지속적으로 확대되어 중국의 경제발전 수준과 대외개방 수준은 끊임없이 상승하였다. 이것은 한국 제품이 중국 시장으로 진출하게 되는 새로운 계기가 되었다. 중국경제발전이 빠르고 시장수요가 크며 기회가 많기 때문에 최근 한국기업의 대중국 FDI 규모는 증가 추세에 있다. 중국경제의 급속한 발전은 중국 수출이 가능했을 뿐 아니라 수입시장을 제공하고 있기 때문이다. 한국은 중국의 거대 시장을 겨냥하였고 중국의 경제발전 전망을 잘하여 양국 무역관계는 밀접해졌고 양국 경제력이 강해지는 데 유리한 역할을 하였다.

셋째, 한국의 대중 직접투자(FDI)가 크게 증가하였다. 한국은 신흥공업국가로 자본집약형이자 기술집약형 산업 위주로 특히 전자제품, 정보통신, 반도체, 조선, 철강 등의 산업에서 경쟁우위를 가지고 있고, 산업구조는 중국보다 훨씬 더 합리적이었다. 최근 한국기업의 대중국 FDI 규모가 증가하고 있는데 이것은 한국 제품의 대중 수출 증가를 빠르게 성장시켰을 뿐만 아니라 중한 간 교역의 수직적 분업을 형성하였다. 특히 최근 몇 년 동안 한국의 대중 부품 수출이 크게 증가하였고 이러한 부품이 중국에서 조립되어 유럽과 미국 같은 선진국에 수출되는 것 외에 일부는 한국으로 재수출되었다. 따라서 중국이 한국에 수출하는 양이 다소 증가하게 되었다.

2. 중한 경제의 문제점

중한 경제 관계는 "뜨거우면서 차가운" 관계로 전체적 협력관계는 원활하지만 몇몇 문제가 발생하였고 일부 문제는 양국 경제무역 관계 발전에 장애가 되기도 한다.

첫째, 양국 무역의 불균형이다. 수교 이후 22년 동안 중국은 1992년과 1997년 약간의 흑자를 제외하고 모두 적자를 보고 있다. 최근 대(對) 한국 무역 적자 폭이 점점 증가하여 한 달 무역적자가 50억 달러에 이른다. 현재 한국의 대중 수출품은 이윤이 많은 전자, 자동차 등 고부가가치 상품 중심인 것에 반해 중국은 한국에 농산품, 광물 등 1차 상품 위주의 이윤이 적은 상품을 수출한다. 이와 같은 중한 양국의 상품무역구조는 중한무역이 불평등한 주요한 원인이 되었다. 물론 중한 FTA는 양국에게 문제를 가져올 수 있다. 예컨대 관세가 낮아지면 단기간에 중국 무역 적자는 더욱 커질 수 있고, 시장개방이 확대되면 양국이 상대적으로 열등한 제품은 충격을 받을 수 있다. 그리고 중국에 투자한 한국기업의 투자 증가, 재투자 및 공장이 증가할 수 있어 한국 본토산업의 공동화를 야기할 수 있다.

둘째, 양국 경제교류 규모는 끊임없이 비약적인 발전을 해왔지만 경제협력 방식에는 변화가 없었다. 여전히 한국은 중국 투자, 중국 노동력과 자원 이용 및 필요한 원자재와 중간재를 수출하고 있고 중국은 한국에 저가 공산품과 농산품을 수출하고 있다. 현재 이러한 경제 협력 방식에 병목현상이 발생하였다. 중국은 저가의 노동력이 유일한 경쟁력으로 여겨졌던 "세계의 공장"이 아니며 기술 분야에서 고도의 산업 국가 대열에 들어서 국가 경쟁력을 갖춘 첨단 기업이 꾸준히 배출되고 있다. 간단히 말하면 이전의 중한 양국 경제교류가 증가할 수 있는 조건과 구조는 변화하고 있다. 글로벌 시장에서 보여지듯이 중한 양국 수출항목이 중복되는 추세이고 상품 경쟁은 점점 심화되고 있다. 통계에 따르면 2012년 양국의 10대 수출 항목 중 5개 항목(선박, 반도체, 평판 디스플레이, 무선통신 설비, 전자응용설비)이 중복되어 있고, 유엔 상품무역 통계데이터에서도 나타나듯 2011년 한국은 26개 항목이 상품시장에서 "세계 최고"자리를 상실하였고 그 중 12개는 중국보다 떨어지고 있다.

셋째, 중국이 제의한 아시아인프라투자은행(AIIB) 참여에 대하여 중국 각 분야의 전문가들은 AIIB에 참여해줄 것을 희망하고 있지만 한국은 "주저하는" 태도를 보였었다. 2014년 10월 24일 중국을 포함한 21개국이 AIIB 설립 양해각서에 서명하였으나 한국은 이에 참여하지 않았다. 한국은 대부분의 지분을 가진다면 "한국은 자금만 제공하고 제 역할을 못할 것이다"라는 점과, AIIB가 중국이 미국의 동남아 지역의 영향력을 약화시킬 것이라는 우려로 참여에 신중을 기했으나 최근 결국 참여하기로 결정했다.

넷째, 체제가 다르기 때문에 양국은 경제협력 과정에서 무역마찰과 분쟁이 증가하는 등 약간의 오해가 있다는 점이다. 이러한 무역마찰의 일부는 지속적인 한국의 흑자로 인한 불평등 때문이지만 더 중요한 것은 한국의 관세와 비관세 장벽이 너무 높기 때문이다. 예컨대 2009년 한국은 중국의 63개 주요 농산품에 대하여 수입쿼터관리를 실시하여 수입쿼터 관세율이 200%에 달하고 있다. 2011년 이래 한국은 중국 녹두, 팥, 메밀, 수삼, 인삼종사, 겉땅콩, 알땅콩 등을 포함하여 23개 농산품에 "특별 긴급관세"를 징수하였고 상술한 대부분의 상품은 보통 중국에서 수입되는 상품들이다. 한국은 2011년 9월과 2012년 1월 중국에 수출하는 타이어와 에틸렌에 대하여 3년간 바덤핑 관세를 징수하기로 하였다. 관세장벽 이외에도 한국은 중국에서 비교우위에 있는 곡물, 야채, 과일, 수산물, 축산물, 중국약초 등 자원성 제품과 노동집약형 제품에 대하여 검사, 검역, 안전표준 등의 방법으로 수입 제한 조치를 취하고 있다. 수입검사와 검역은 중국 상품에 대한 차별적 정책을 취하고 있는 것으로, 동일 제품에 대해 중국 농산품의 샘플링 검사가 6% 정도인 것에 비해 미국 등의 국가는 3% 정도에 불과하다.

현재, 중국의 부상과 아시아 지역에서의 중미 역량이 변화함에 따라 지역 내 많은 국가들은 선택의 기로에서 고민하고 있다. 몇몇 국가들은 안보적인 측면에서 미국을, 경제적인 측면에서 중국을 선택하길 원하고 있다. 미국과 동맹관계에 있는 한국은 정치, 군사안보 분야에서 여전히 미국의 강력한 영향을 받고 있고, 일부 첨단기술과 군사기술 분야의 거래에서 늘 미국의 제약을 받고 있다. 이것은 중한 무역발전에 영향을 주는 중요한 요인이다.

"세대교체": 중한무역협력과 미래

중한수교 이후, 양국 경제 및 무역관계 협력은 꾸준히 발전해왔다. 이것은 양국 정부가 끊임없는 노력과 함께 밀접한 고위급 상호관계를 유지해왔기 때문이다. 수교 이래 지금까지 한국의 6대 대통령들이 중국을 방문하였다. 1998년 김대중 대통령 방중 기간 한국과 중국은 "협력동반자관계" 구축을 선포하였고, 2003년 노무현 대통령 방중 기간에는 "전면적 협력동반자관계"를 구축하였으며 2008년 이명박 대통령의 방중 기간에는 "전략적 협력동반자관계"를 구축하였다. 2014년 시진핑 주석의 방한은 2013년 6월 박근혜 대통령의 방중에 대한 답방으로 양국은 더 높은 수준의 협력과 광범위한 협력을 기대하며 "중한의 새로운 세대"를 공동 기획하였다.

2014년 7월 4일, 시진핑 중국국가주석은 서울에서 박근혜 대통령과 중한경제무역협력포럼에 동반 참석하였다. 시진핑 주석은 '상호협력, 공동미래창조'를 주제로 강연하여 양국 경제무역 협력에는 시기적, 지리적, 인적으로 특수한 우위를 가지고 있다고 언급하였다. 중국은 현재 전면심화개혁과 개방형 경제체제를 구축하고 있으며 중국의 개혁과 발전은 대규모 투자와 소비수요를 창출해 낼 것이다. 한국 역시 현재 '국민행복시대'와 '제2의 한강의 기적'을 만들기 위해 노력하고 있다. 양국 정부와 경제계는 이러한 기회를 잡아야 하고, 강점을 발휘해야 하며, 단결하여, 추세에 따라 중한 경제무역협력 수준을 높여야 한다. 이에 시진핑 주석은 다음과 같은 중한경제무역협력관계를 위한 의견을 제시하였다. 첫째, 장기적인 시각에서 조속히 자유무역지대를 설립하고 양국 경제무역협력이 더 높고 새로운 수준에서 양국 국민들이 더욱 행복할 수 있도록 한다. 둘째, 거시경제정책과 발전전략 간의 조율을 강화하여 재정과 세무, 화폐, 산업, 무역 정책교류를 확대한다. 중국은 한국이 상하이자유무역시범지대 건설에 참여하길 희망하고 있다. 셋째, 무역투자와 재정·금융 협력을 추진한다. 양국은 적극적인 조치를 통해 무역과 투자를 편리하게 해야 한다. 중국은 한국기업의 중국 투자 확대와 중국 시장개척을 지속적으로 지원하고 양국의 지방경제협력을 추진하여 중한 산업단지를 공동 건설하고 전략적 신흥산업 협력을 확대할 수 있다. 넷째, 국제협력 강화이다. 양국은 각종 형식적 보호주의에 반대하고 양국 기업은 제도 측면에서 국제표준, 국제시장개척, 지역 단일화 참여에 대하여 논의하고 협력을 전개해 나갈 수 있으며 중국은 한국과의 AIIB 건설을 통해 지역 간 상호연계와 인프라건설을 공동 추진해 나가기를 기대하고 있다.

　　박근혜 대통령은 중한 양관관계에 대하여 다음과 같은 평가를 하고 있다. "한국 방문은 지난 20년 동안 서로 신뢰하고 협력하며 함께 성장해왔다." 크기에 상관없이 양국은 최선을 다하고, 10년을 유지해야만 큰 역할을 이뤄낼 수 있다. 20년을 유지하면 사람들이 두려워할 만한 힘이 생길 수 있고, 30년을 유지하면 새로운 역사를 쓸 수 있다고 하였다. 또한 중한 무역경제협력은 갈수록 심화되고 있고 무역과 투자의 중요한 동반자이다. 중한 FTA를 조속히 이행하여 양국 경제무역 협력이 첨단산업, 금융서비스, 의료, 공동연구 분야의 발전을 촉진하여 질적 성장을 이루고, 한국은 한국 기업이 중국 특히, 중서부지역의 투자를 지지하고 있으며 중국기업의 한국투자를 환영한다고 한 바 있다. 한국은 중국이 제시한 실크로드 경제벨트에 참여하길 원하며 양국 기업이 양국관계 발전에 의지하여 상호 원윈하는 방법을 모색하길 희망한다고 하였다.

중한관계는 협력이 강화되고 있을 뿐만 아니라 새로운 영역에서의 협력을 꾸준히 개척해야 한다. 그러나 한국과 중국은 금융, 통신, 신에너지 및 기술 방면의 협력은 여전히 초보 수준에 있어 양국의 전통적 투자와 경제무역의 지위를 대신하지 못하고 있다. 2014년 상반기, 양국 정상은 2015년 중한 교역액 3,000억 달러를 목표로 하고 있다. 중장기적으로 중한 FTA는 양국 경제무역관계 발전의 새로운 성장점과 새로운 동력이 될 것이고, 향후 20년, 중한 경제무역관계는 '세대교체'되어 한층 더 깊어질 것이다.

중한 경제는 상호 보완적이면서 경쟁관계에 있다. 한국 측은 농산품과 방직업, 중국 측은 자동차와 화학공업을 민감 분야에 포함한 것과 같이 객관적으로 중한 FTA 체결 후 관련 산업은 단기적으로 타격을 받을 수 있다. FTA 체결 후 양국의 충격과 경쟁은 불가피하다. 그러나 얻게 될 이익과 윈윈 양상도 비교적 뚜렷하다. 예컨대 아시아의 "4대 용" 중 하나로서 한국 경제는 먼저 비상하였다. 중국에 비해 한국은 글로벌 산업구조에서 높은 위치에 있었고, 앞으로도 한국이 경쟁적 우위에 있는 산업은 중국의 거대한 시장에서 더욱 확대해갈 것이며 중국 산업구조에서 강화되고 향상될 것이다. 또 다른 예를 들면, 한-EU, 한미 FTA협상 체결로 인하여 중한 FTA 체결 후 한국은 중국기업의 "해외투자(走出去)"의 중요한 발판이 되었다. 한국은 글로벌 47개 국가와 자유무역협정을 체결함으로써 세계시장 진출의 관문이 되었다. 한국과 중국이 자유무역협정에 체결할 경우 한국은 미국, 유럽 그리고 중국 거대 시장을 연결하는 유일한 국가가 된다. 그 외에도 한국소비자는 경제 추세에 매우 민감하기 때문에 "한국소비자를 통해, 세계를 통한다"는 말이 있듯 한국은 동북아 기술혁신과 제품 실험의 플랫폼이다. 이것은 다국적 기업 지멘스, GE, 솔베이재단 등의 다국적 기업이 한국을 세계시장의 거점으로 선택한 이유이기도 하다.

중한 경제협력 모델은 환경 변화에 따라 변화해야 하고 새로운 경제협력방식은 반드시 양국의 우위를 강화하고 상호 요구에 부합하는 원원하는 방식이어야 한다. 중국의 우위는 거대한 시장, 거대한 인력자원 그리고 강력한 자본력에 있고 한국의 우위는 제조기술, 정보기술, 유통과 한류문화 상품에 있다. 중한 양국은 상술한 요소를 종합하여 새로운 경제협력모델을 찾을 수 있다. 양국 정부는 정책 협력을 다양화해야 하고, 기업에 대한 제도적 지원을 해야 한다.

구체적으로, 이후 중한 양국은 아래 분야의 협력을 강화해야 한다.

첫째, 무역자유화와 투자를 적극적으로 추진한다. 중한 양국은 제조업 상호 개방에 기초하여 서비스, 무역, 금융, 투자 분야의 개방도를 확대하고 시장의 대등한 개방을 실시해야 한다. 특히 한국은 중국에게 시장을 확대 개방해야 하고 중국으로부터 수입을 확대하여 양국무역이 균형적이고 안정적인 발전을 이루도록 해야 한다.

둘째, 첨단제조와 녹색 저탄소산업 영역에서의 협력 확대이다. 중한 양국경제협력이 심화됨에 따라 산업관계도 "낮은 단계에서의 보완"에서 "높은 단계에서의 경쟁"으로의 전환을 실현해야 한다. 글로벌 금융위기 이후 선진국은 미래를 주도할 산업에 대한 경쟁을 펼쳐나가고 있으며 끊임없는 전략도출, 에너지 절약 및 환경보호 추진, 신에너지, 정보, 생물 등 신흥 산업의 신속한 발전과 발전전략의 고지를 점령하기 위해 노력하고 있다. 이것은 중국과 같은 개발도상국가와 한국과 같은 신흥공업국가에게 큰 부담이 되고 있다. 중한 양국은 혁신시스템과 기술적으로 상호보완성이 강한 제조의 장점을 이용하고, 전자정보, 신에너지, 저탄소산업과 소프트웨어 응용프로그램 등의 분야에서의 협력을 더욱 강화한다면 새로운 기술 진보 장악에 유리해지고 공업기술 수준 발전의 도약을 실현할 수 있을 것이다.

셋째, 금융협력 강화이다. 비록 양국은 무역과 실물경제협력에서 눈부신 성과가 있었지만 금융분야의 협력은 여전히 미약하다. 따라서 양국은 금융분야의 협력을 확대할 필요가 있으며 양국 정부 간 정책적 협력하에 금융기관의 광범위한 전면적 협력이 필요하다. 예컨대 중한 양국의 채권 교차 발행으로 상대방이 보유한 발행 채권의 규모를 증가시키고, 국제보유자산의 다양화 추진이 가능하다.

넷째, 한국은 중국이 추진하고 있는 조화로운 지역경제 발전의 기회를 잡아야 한다. 2013년 6월 박근혜 대통령은 시안(西安) 방문 이후 중국 서부 지역은 한국의 특별한 관심을 받기 시작하였다. 서부대개발정책의 영향을 받아 중국 서부 지역은 2000년 이후 연평균 15%의 고속성장을 하였고 중국의 새로운 경제 성장 지역이자 전략적 시장이 되었다. 이러한 상황에 맞춰 한국은 중국 서부 지역에 투자를 확대해야 할 것이다.

다섯째, 한국기업과 중국기업의 해외협력의 적극적인 확대이다. 양국기업이 "해외투자"로 손을 잡을 수 있도록 해야 한다. 중한 FTA가 가속화됨에 따라 두 나라의 기업들은 글로벌 가치사슬 참여 및 협력이 강화되고 기업의 생산력, 판매 및 수출 증가를 이끌어내고 양국 간 산업구조의 상호보완성을 십분 발휘하여 거래규모를 확대하고 양국 기업이 윈윈할 수 있는 방안을 모색해야 한다. 중국 신흥산업과 한국 신흥산업의 유사성을 이용하여 신흥산업 분야에서 공생적 글로벌 가치사슬관계를 형성해야 한다. 양국은 시장점유를 위해 경쟁하기보다는 산업구조의 보완적, 공생적 글로벌 가치사슬관계를 형성하여 신흥분야의 글로벌 가치사슬에 공동참여해야 한다.

여섯째, 글로벌 거버넌스 측면에서 소통과 협조를 강화한다. 지금 세계는 복잡 다변하고 심각한 조정기를 경험하고 있다. 21세기 글로벌 변화에 주요 특징 중 하나는 중국을 포함한 신흥시장대국의 집단적 부상으로 서로 의기투합하여 국제 발언권을 적극적으로 얻어낸다는 것이다. 따라서 글로벌 경제 거버넌스에서 중한 양국은 소통과 협조를 강화하도록 노력해야 하고, 국제조직과 교류 플랫폼을 다변화하여 아시아 국가의 목소리를 더 많이 발산해야 한다.

양국관계는 여전히 많은 기회와 도전에 직면해 있고, 양국은 반드시 양국의 전반적인 정세에서 출발하여 양국관계 발전이 직면해 있는 문제를 전면적으로 자세히 들여다봄으로써 중한 양국관계가 전면적 동반자 관계가 형성되도록 적극적으로 노력하고 추진해야 한다. 정치적 측면에서 양국 간 소통과 상호신뢰를 지속적으로 강화해야 하고 특히 고위급 교류와 소통을 유지하여 중한 경제무역의 발전을 위한 강력한 정치적 보장을 제공해야 한다. 동시에 중한 양국은 한반도 문제와 동북아 문제에 있어서 서로 교류하고 협력하여 평화롭고 안정된 동북아 정치안보환경을 공동으로 조성함으로써 양국관계 발전과 이 지역의 평화발전에 기여해야 한다. 경제적 측면에서 양국 경제 무역관계의 양호한 발전 추세를 유지할 수 있는 효과적인 조치를 취하여 안정된 발전을 확대해야 한다. 중한 교역은 지속적인 증가 추세에 있어 균등하고 다양화된 교역을 추진할 수 있는 효과적인 조치를 취해야 하며 중국의 오랜 적자문제를 해결함으로써 중한 교역 관계의 전면적 발전을 추진해야 한다.

중한 수교 이래 관계 발전이 증명하듯 양국은 다양한 분야에서 광범위한 협력과 발전을 하였고 협력의 여지는 여전히 많이 남아 있다. 양국이 상호이익과 미래에 착안한 의식만이 전략적 협력동반자관계를 지속 발전시킬 수 있고 중한 경제무역 발전의 새로운 발전단계를 맞이할 수 있을 것이다.

한중 사회관계

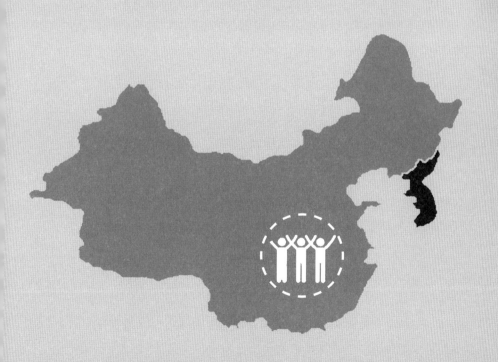

한중 사회교류 평가와 미래 전망:
상호 인식의 심화를 위한 제언

양갑용(성균중국연구소)

I. 들어가는 말

1992년 8월 24일 베이징, 대한민국 정부와 중화인민공화국 정부는 양국 국민의 이익과 염원에 부응하여 1992년 8월 24일자로 상호 승인하고 대사급 외교관계를 수립하기로 결정하고 「대한민국과 중화인민공화국의 외교관계 수립에 관한 공동성명」에 서명하였다. 반세기 가까이 적대적 관계를 유지하던 한국과 중국이 명실상부하게 협력과 발전의 동반자가 되었다. 2015년 한중수교 이후 23년째로 접어들고 있는 한중관계는 이제 청소년기를 지나 청년기로 접어들고 있으며 향후 20년의 성숙한 발전을 위한 새로운 도약의 단계로 진입하였다.

그동안 한중관계는 수교 이후 여러 가지 난관과 어려움에도 불구하고 비교적 안정되고 우호적인 관계로 발전해왔다. 한중관계는 지난 20여 년 동안 괄목할 만한 경제적 상호 관계를 증진시켜 왔다. 한국에게 중국은 이미 수출과 수입의 중요한 교역 상대국으로 자리 잡았다. 사회 문화 교류 또한 양국 국민들의 생활을 더욱 풍성하게 만들었으며 정치외교관계 또한 두터운 신뢰를 바탕으로 한반도를 둘러싼 여러 이슈들에 대해서 한중 양국은 상호 협력과 신뢰를 쌓아가고 있다. 인적교류도 활발하여 한국에 체류하는 외국인들이 연 150여만 명에 이르며, 이 가운데 중국인들이 반 정도를 차지할 정도로 많은 중국인들이 한국에서 생활하고 있다. 한중수교 이후 한중관계는 경제영역을 시작으로 전

영역으로 확산되었다. 이제 한중관계는 오랜 기간 역사적으로, 문화적으로 이웃에서 21세기를 향한 전략적 협력동반자관계로 발전하였다. 한국과 중국의 관계가 나날이 친밀해지고 있고 상호간의 교류와 협력이 현저하게 증가하고 있다.

한편 좋은 한중관계를 오랜 기간 지속하기 위해서는 미래에 대한 준비를 시작해야 한다. 과거 중국과 일본은 수교 20여 년 동안 좋은 관계를 유지했다. 그러나 수교 20년을 기점으로 양국관계가 소원해지기 시작하였다는 점에서 오늘날 한중관계 또한 중국과 일본의 전철을 반면교사 삼아야 한다. 따라서 한중관계 미래 20년의 새로운 모습을 설계하기 위해서 지난 20여 년간의 한중관계를 각 영역에서 면밀히 검토하고 문제점을 찾아내고 건설적인 대안을 모색하는 노력을 지금부터 시작해야 한다.

앞서도 언급했듯이 한중관계는 경제영역을 필두로 전 영역에서 고르고 안정되게 변화 발전해왔다. 본 글에서는 주로 인적교류, 학술교류, 인문교류, 지자체교류, 유학생교류, 민간교류 등 사회교류 방면에 초점을 맞춰서 한중관계 20여 년을 검토, 평가하고 사회교류 차원에서 어떠한 노력을 배가해야 향후 한중관계가 안정된 궤도에서 순조롭게 변화 발전해 나갈 수 있는지 몇 가지 정책적 대안을 모색하려고 한다.

II. 한중 사회 관계의 변화와 발전

1. 한중 사회 관계 발전 방향

한중관계의 정상적 발전은 1992년 한중수교와 함께 시작되었다. 한중수교 공동성명은 지난 23년간 변화해온 한중관계의 출발점이었다. 2014년 7월까지 일곱 차례 이어진 양국 정상의 국빈 방문에서 합의된 한중 공동성명의 구체적인 내용 또한 한중수교 공동성명의 틀 안에서 발전해왔다. 한중 사회교류 역시 양국 공동성명 안에서 그 방향성과 구체적인 비전이 제시되었다. 따라서 한중관계 특히 한중 사회 관계 변화의 이해는 먼저 양국 공동성명의 초보적인 이해로부터 출발해야 한다. 한중수교 공동성명의 이해 그리고 수교 이후 일곱 차례 진행된 양국 정상회담 공동성명 가운데 사회교류 방면의 내용을 검토하는 것은 한중 사회 관계의 변화를 이해하는 첫걸음이라고 할 수 있다.[95] 한중관계는 1992년 수교 이후 "선린우호협력 관계", 1998년 "21세기를 향한 협력동반자 관계", 2003년 "전면적 협력동반자 관계", 2008년 "전략적 협력동반자 관계"로 격상되어왔으며 이 과정에서 한중 사회 관계 역시 함께 변화, 발전해왔기 때문이다.

1) 김대중 정부와 한중 사회 관계

한중관계는 지난 20여 년 동안 "선린우호협력관계"에서 "전략적 협력동반자 관계"로 변해왔으며 이제는 내실화를 논하는 단계까지 발전하였다. 이 같은 양국관계의 비약적인 발전은 사실 1992년 8월 24일 한국과 중국의 역사적인 외교관계 수립에서 출발하였다. 한중 양국의 사회교류 또한 이러한 제도적인 뒷받침 속에서 내재적인 성장을 이뤘다. 한중관계는 한국과 중국의 정상회담에서 합의한 한중 공동성명을 통해서 제도적인 발전 기반을 다져왔으며 그 테두리 안에서 각 영역의 종합적 발전을 견인하였다. 특히 사회교류는 한국과 중국이 지난 2014년 합의한 '마음과 마음이 서로 통하는 신뢰 관계'를 가장 확실하게 보여준다는 점에서 향후 미래 20년의 한중관계 발전을 전망할 수 있는 주요 영역이라고 할 수 있다.

1992년 한중 외교관계 수립에 관한 공동성명은 6개항으로 이루어져 있다. 한중관계 방향에 대한 일종의 규정성 문건이라고 할 수 있다. 구체적인 세부 실천 지침은 수교 이후 진행된 여러 정상 간 공동성명의 진전에 따라 새로운 내용으

· · · · · · · · · · · · · · · · ·

95 한중관계를 규정하는 공동성명은 ①대한민국과 중화인민공화국 간의 외교관계 수립에 관한 공동성명(1992. 8. 24), ②김대중 대통령 국빈 방중 계기 한중 공동성명(1998. 11. 13), ③노무현 대통령 국빈 방중 계기 한중 공동성명(2003. 7. 8), ④후진타오 주석 국빈 방한 계기 한중 공동성명(2005. 11. 17), ⑤이명박 대통령 국빈 방중 계기 한중 공동성명(2008. 5. 28), ⑥후진타오 주석 국빈 방한 계기 한중 공동성명(2008. 8. 25), ⑦박근혜 대통령 국빈 방문 계기 한중 미래비전 공동성명(2013. 6. 27), ⑧시진핑 주석 국빈 방한 계기 한중 공동성명(2014. 7. 3).

로 채워졌다. 예컨대 1998년 김대중 대통령의 국빈 방문에서 합의한 한중 공동 성명은 모두 12개 항에 달한다. 그 가운데 사회교류 관련 핵심 내용은 10항에 자세히 담겨 있다. 지난 6년간의 한중수교 이후 양국 협력을 평가하고 양국은 미래지향적 양국관계를 발전시키기 위하여 정부 간 교류뿐만 아니라 양국 국민 간 상호 이해 증진과 다양한 교류 확대가 필요하다는 데 인식을 함께하고 각 분 야에서의 문화 교류 및 협력을 강화, 발전시키기 위하여 한중 양국 정부 간 문 화협정에 의거, '한중 문화공동위원회'를 정기적으로 개최하기로 합의하였다. 또한 양측은 1998년에 체결된 '교육교류 약정'을 기초로 교육 및 학술부문의 교류를 강화해 나가기로 했으며, 관광분야의 교류 및 협력을 강화하도록 장려 하고 양국 관광업계의 발전을 공동으로 촉진하기로 했으며 특히 각급 지방정부 간 자매결연 등 방식을 통해 경제, 문화 등 제반 분야에서의 교류를 확대해 나 가기로 합의하였다.[96]

이러한 양국의 합의 정신에 따라 양국은 「한중 형사사법공조조약」, 「한중 사 증발급절차 간소화 및 복수사증 발급에 관한 협정」 및 「한중 양국 정부 간 청소 년 교류 양해각서」 등에 서명하고 어업협정에 가서명하여 양국의 교류화 협력 을 본 궤도에 올려놓는 기반을 다져 나갔다.

2) 노무현 정부와 한중 사회 관계

2003년 양국의 공동성명에서는 수교 이후 양국의 11년 동안의 선린우호협력 관계의 발전을 평가하고 미래 지향적인 전면적 협력동반자관계를 구축하기로 합의하고 '미래지향적 경제협력 관계'를 모색하였다. 양국은 '2002년 한중 교류 의 해' 활동을 바탕으로 '한중 교류제'를 매년 정기적으로 개최하는 방안을 논 의하였으며 양국 간 문화교류와 문화산업 협력을 더욱 강화하기로 합의했다.

사회교류 차원에서 더욱 진전된 논의가 있었다. 양국은 특히 교육, 체육, 언 론 등 분야와 우호단체, 청소년 및 양국의 자매도시 간 교류를 더욱 확대하여

---

96 中華人民共和國外交部亞洲司編, 『中韓建交20周年─中韓重要演講文稿集』(北京: 世界知識出版社, 2012), p. 15.

양국 국민들 간 우호 협력의 기초를 다지기로 합의했다. 양국은 또한 인적교류의 확대를 위해 항공 협력이 필요함을 인식하고 항공 자유화를 점진적으로 추진하기로 했으며 특히 인적교류 확대를 확대하여 양국 국민들의 정상적인 왕래를 위한 법적인 보장 장치를 제공하기 위하여 영사 및 사법 분야 협력을 강화하기로 하였다. 특히 양국관계의 발전과 교류 및 협력의 확대에 기여할 수 있도록 중국 청두(成都)에 한국 총영사관을 설치하기로 합의했다. 양측은 10여 년간의 양국관계 발전, 특히 사회교류 방면에서의 성과를 높이 평가하고 양국 간 교류, 협력의 확대를 한층 도모하였다.

2005년 11월 17일 후진타오 국가주석이 한국을 방문하여 한중 공동성명을 발표하였다. 양국 정상은 2003년 7월에 합의한 「한중공동성명」이 효과적으로 이행되고 있는 데 대해 만족을 표시하였다. 특히 양국은 양국관계의 발전이 양국 국민들에게 실질적인 이익을 가져다줄 수 있도록 '전면적 협력동반자관계'를 더욱 확대, 심화시켜 나가기로 하였으며 한중 우호협력관계가 큰 틀 속에서 원만하고 안정되게 발전해 나가도록 공동으로 노력하기로 재차 합의하였다. 이를 위해 양국은 문화, 교육, 관광, 스포츠, 언론 등 분야와 우호단체, 지자체 간의 교류를 더욱 확대하여 양국민의 우호협력을 위한 기초를 공고히 해나가기로 하였다. 예를 들어 한중 양국은 수교 15주년이 되는 2007년을 한중교류의 해로 정하고 양국 차원에서 각종 행사를 기획, 조직하여 양국의 민간 교류 확대와 이해 증진의 계기로 삼자고 인식을 함께하였다.

특히 양국관계의 미래가 청소년 교류에 있음을 인식하고 「한중 청소년 교류 합의」에 따라 양국 청소년 교류를 더욱 활성화하기로 했다.[97] 이에 따라 중국은 2006년부터 방중 초청 대상 한국 청년 규모를 100명을 추가하기로 했으며 한국 또한 매년 500명의 중국 청년을 한국으로 초청하였다. 또한 양국 정상은 2005년 5월 채택한 「2005-2007년도 한중 문화교류계획」을 긍정적으로 평가하

. . . .

[97] 양국 젊은이들의 교류 강화는 후진타오 주석의 한국 국회 연설(2005년 11월 17일) '우호협력 강화를 통한 밝은 미래 창조'에서 양국의 전면적 협력동반자관계를 더욱 발전시키기 위한 장기적인 청사진 제시에서도 언급될 정도로 중요하게 인식되었다.

고 장기적으로 문화 분야의 전문가, 배우 및 관련 공무원을 상호 파견하여 학술 교류와 문화산업 협력을 추진해 나가기로 하였다. 또한 양국은 양국 국민들에게 한층 편리한 영사 업무를 제공하기 위하여 중국 시안(西安)과 한국 광주(光州)에 각각 총영사관과 영사 사무소를 개설, 운영하였다.

후진타오 주석의 방중을 계기로 양국은 또한 양국의 정상적인 경제활동과 인적 왕래를 위한 법률 및 제도적 보장을 위해 영사, 사법 등 분야의 협력을 지속 강화해 나가자는 데 동의하고 특히 서해 등 해상에서 벌어지는 조업 문제의 원활한 해결을 위하여 「해상 수색 및 구조 협정」을 조속히 체결하기로 합의한 점은 양국 국민들의 상호 이해에 긍정적은 제도적 보장이라고 할 수 있다.

3) 이명박 정부와 한중 사회 관계

한중관계가 한 단계 도약한 계기는 2008년 5월 28일 이명박 대통령의 중국 방문을 통해서 이루어졌다. 양국관계를 '전면적 협력동반자관계'에서 '전략적 협력동반자관계'로 격상시키고 외교, 안보, 경제, 사회, 문화, 인적교류 등 제 분야에서 교류와 협력을 한층 강화하기로 「한중 공동성명」에서 합의하였다. 특히 사회교류 차원에서 인적 · 문화 교류를 강화하여 청소년 상호 초청 규모를 점진적으로 확대하고 다양한 교류 프로그램을 확대하기로 합의하였다. 그리고 양국 국민 간 교류 확대를 위해 사증 편리화 조치를 적극 검토하기로 하였다. 이에 따라 한국이 우한(武漢)에 총영사관을 설립하기로 했다. 특히 양국 정부는 한중 양국의 상호 이해를 강화하기 위하여 양국 학술기관이 역사, 문화 등 분야에서 교류하는 것을 적극 지원하기로 합의하였다. 또한 양국은 「한중 수형자 이송 조약」, 「중화인민공화국 과학기술부와 대한민국 교육과학기술부 간 극지(極地)에서 과학기술 협력에 관한 양해각서」, 「한중 학위학력 상호인증 양해각서」를 체결하였다.

2008년 8월 후진타오 주석의 한국 방문은 2008년 5월에 발표한 「한중 공동성명」을 기초로 전략적 협력동반자관계를 전면적으로 추진하는 촉진제가 되었다. 양자관계가 양측 모두에게 중요하다는 인식과 함께 정치적 신뢰 증진, 호혜 협력 심화, 인적 · 문화적 교류 촉진, 지역 및 범세계적인 문제에 대한 조율과 협력 강화를 목표로 구체적인 실천 가능한 사업을 추진하기로 합의하였다. 특히 인적·문화 교류 분야에서는 연간 600만 명 수준인 인적 교류를 가일층 확대하고 이를 위해 사증 편리화 조치를 제공하기로 했다. 또한 2010년과 2012년을 각각 중국 방문의 해와 한국 방문의 해로 정하고 다양한 양자 교류 행사를 추진하여 양국 간 인적 교류를 촉진하기로 하였다. 이를 위해 중국은 광주(光州)에 있는 영사 사무소를 총영사관으로 승격하기로 했다.

한편 「한중 교육교류약정」 개정을 통해 정부 상호 초청 장학생을 각각 40명에서 각각 60명으로 확대하고 매년 상호 초청을 통한 한중 청소년 교류 프로그램을 실시하기로 했다. 양측은 또한 상호 이해를 증진시켜 나가기 위하여 양국 문화계, 언론계, 우호도시, 학술계, 민간단체 간 교류를 활성화하고 특히 양국 민간 부문에서 진행하고 있는 문화 및 언론 분야 교류행사와 역사 문화 등 분야에서의 양국 학술기관 간 교류를 정부가 지원하기로 하였다. 이를 위해 양국 외교부 간 고위급 전략대화, 경제무역공동위원회, 관광장관회의 등 양자협의체를 가동하기로 했다.

한중 양국의 이러한 전방위적인 교류와 협력은 양국관계가 상호존중, 호혜평등, 평화공존, 선린우호의 정신에 입각하여 진행된 결과이며 양국관계 발전이 양국의 번영, 양 국민의 복지증진과 한반도의 평화와 안정, 그리고 아시아의 공동 번영에도 기여해왔다는 평가에 기반하고 있다. 따라서 향후 양국관계를 양자 및 지역 차원 뿐만 아니라 국제사회의 평화와 번영을 위한 협력 차원으로 더욱 진전시켜 나갈 필요성이 과제로 대두하였다.

4) 박근혜 정부와 한중 사회 관계

2013년 6월 박근혜 대통령이 중국을 국빈 방문하였다. 양국 정상은 지난 5년의 전략적 협력동반자관계를 평가하고 향후 한중의 전략적 협력관계를 내실화하는데 대한 비전을 담은 「한중 미래비전 공동성명」을 발표하였다. 이 회의에서 양국은 양국관계의 기본 원칙으로 상호 이해와 상호 신뢰 제고, 미래지향적 호혜 협력 강화, 평등 원칙과 국제 규범의 존중, 지역·국제 사회의 평화 안정과 공동 번영 및 인류의 복지 증진에의 기여 등 네 가지를 제시하였다. 이러한 기본 원칙을 바탕으로 정치·안보 분야에서의 전략적 소통 강화, 경제·사회 분야에서 협력 더욱 확대, 양 국민 간 다양한 형태의 교류를 촉진하고 특히 인문유대 강화 활동을 중점적으로 추진하기로 합의하였다.[98]

이 결과 인문유대 활동의 강조는 한중 사회교류의 새로운 트렌드로 자리 잡았다. 양국은 인문유대 강화를 위해서 학술, 청소년, 지방, 전통예능 등 다양한 인문분야에서 교류를 적극적으로 추진하기로 했으며 아울러 양국 간 공공외교 분야에서의 협력, 그리고 다양한 문화교류도 가일층 촉진하기로 했다. 이를 제도적으로 뒷받침하기 위한 정부 차원의 협의기구로서 "한중 인문교류 공동위원회"를 설치하기로 했다. "한중 인문교류 공동위원회"를 연례 개최하여 관련 협력 사업 계획을 수립하고 그 이행을 지도하기로 했으며 교육, 관광, 문화, 예술, 스포츠 등 다양한 교류도 강화하기로 의견을 함께 하였다.

이러한 인문유대 강화를 통한 한중 사회교류의 증진은 2014년 7월 「한중 공동성명」에서 "인문유대 사업 활성화, 공공외교 분야 협력 개시, 교육·문화 교류 강화 등을 통해 인적·문화적 교류의 깊이와 폭을 심화·확대하여 왔다는 데 인식을 같이하였다"는 양국 정상의 높은 평가를 받았다. 특히 2014년에는 쌍방향적이고 국민 체감적인 인적·문화적 교류를 통해 양 국민 간 정서적 유대감을 심화함으로써 마음과 마음이 서로 통하는 신뢰관계 구축을 비전으로 제시하였다. 이는 결국 양국관계 내실화를 위해서는 상호 인식이 매우 중요하다는 점을 잘 보여준다. 또한 2014년 7월 시진핑 주석의 한국 방문은 한중 전략적 협력동반자관계를 한층 내실화하는 데 있어서 매우 중요한 전환점이었다.

한중관계 특히 한중 사회 관계는 지난 23여 년 동안 인적·문화적 교류라는 큰 틀에서 양적, 질적 성장을 거듭하였다. 특히 양자관계는 양국에 새로운 정부가 들어선 이후 한층 긴밀해졌다. 양국은 한중관계의 미래 비전으로 상호 신뢰에 기반한 성숙한 전략적 협력동반자관계 구축, 양국 국민의 삶의 질 제고 및 지역·세계 경제 성장의 견인차 역할, 양 국민 간 마음과 마음이 서로 통하는

---

98 외교부, 『중국관계자료집(내부자료)』, 2013. 10.

신뢰관계 구축 그리고 동북아 지역 평화·안정 및 세계발전·공동번영 등을 제시했다. 지난 23년간 한중관계 특히 한중 사회 관계는 이런 방향성에 입각하여 다양한 분야의 교류기 활발하게 이루어졌다.

2. 한중 사회교류 현황

1) 인적 교류

2013년 12월 통계를 보면 한국에서 체류하는 외국인은 총 157만여 명이다. 이 가운데 중국인은 77만여 명으로 전체 외국인 체류자 가운데 49.4%를 차지한다. 〈표 1〉에서 알 수 있듯이 2014년에는 한국 체류 외국인이 22만 명 정도 증가했으며 이 가운데 중국인이 12만 명 이상 증가하여 체류 증가 외국인 가운데 55%는 중국인이 차지할 정도로 중국인의 한국 체류 증가와 비중이 꾸준히 증가하고 있다. 2014년 말 현재 한국 체류 외국인은 179만여 명을 넘어섰고 이는 한국 총인구의 3.5%에 해당한다. 한국인 100명 가운데 3.5명 정도는 외국인이며 외국인 가운데 반은 중국인인 셈이다. 2014년 말 현재 한국 체류 중국인은 89만여 명으로 가장 많다.

1993년도 법무부 발표 국적별 외국인 입국자 현황 통계를 보면 당시 중국인 입국자는 1992년 대비 16% 정도 증가하여 약 10만여 명이 입국하였다. 한중수교 이전 한국에 입국하는 타이완인들이 해마다 늘고 있는 상황에서 1992년 수교를 기점으로 타이완인의 한국 입국은 1993년의 경우 오히려 전년 대비 50% 정도 입국자가 감소하고 중국인의 한국 방문은 증가 추세로 돌아섰다.[99] 그리고 지난 2014년 말 드디어 한국 체류 외국인 가운데 중국인이 과반수를 차지하게 되어 한국 체류 외국인 두 명 가운데 한 명은 중국인일 정도로 한국과 중국의 인적 교류는 비약적인 발전을 이뤘다.

．．．．．．．．．．．．．．．

99   법무부 「1993년도 출입국 통계연보」, www.hikorea.go.kr/ptimg/moj_sts/1993/index.htm.

표1 한국 체류 중국인 현황

(2014. 12. 31 현재, 단위: 명)

구분	'13년 12월 총 체류자	2014년 12월		
		총 체류자	합법체류자	불법체류자
총계	1,576,034	1,797,618	1,588,840	208,778
중국 (조선족)	778,113 (497,989)	898,654 (590,856)	828,343 (571,730)	70,311 (19,126)
총계 대비 비중	49.4%	50.0%	52.1%	33.7%

출처: 법무부 출입국·외국인정책본부, 『출입국·외국인정책 통계월보』(2014년 12월호), 2015. 1, p. 11.

이와 같이 외국인 규모에서 차지하는 중국인의 비중 못지않게 한중관계의 발전을 보여주는 지표로서 외국인 유학생 현황 또한 한중관계의 인적 교류 변화를 잘 반영하고 있다. 〈표 2〉 법무부의 외국인 유학생 연도별 증감 추이에 따르면 2014년 말 현재 한국에 유학하고 있는 외국인은 8만 6천여 명이다. 지난 몇 년간 한국의 외국인 유학생은 꾸준히 감소하는 추세를 보였다. 급기야 2012년과 2013년에는 전년 대비 마이너스 성장세를 보여주고 있어 한국이 외국 유학생들에게 매력적인 시장으로 인지되지 못하는 상황에서 중국인 유학생의 폭발적인 증가는 한국 유학 시장의 잠재력을 다시 상승시키는 결과를 만들어냈다. 2014년 외국인 유학생 규모가 증가 추세로 돌아선 데는 중국 유학생이 큰 역할을 했다.

표2 외국인 유학생 연도별 증감 추이

(2014. 12. 31. 현재, 단위: 명)

연도	2009	2010	2011	2012	2013	'14년 12월
합계	80,985	87,480	88,468	84,711	81,847	86,410
유학(D-2)	62,451	69,600	68,039	64,030	60,466	61,257
한국어연수(D-4·1)	18,534	17,880	20,429	20,681	21,381	25,138
외국어연수(D-4·7)	–	–	–	–	–	15
전년 대비 증감률	13.2%	8.0%	1.1%	-4.2%	-3.9%	5.6%

출처: 법무부 출입국·외국인정책본부, 『출입국·외국인정책 통계월보』(2014년 12월호), 2015. 1, p. 25.

지난 몇 년 동안 한국이 다양한 유학생 유치와 관리 정책을 통해서 글로벌한 유학 환경을 만들어가는 제도적인 노력을 기울이고 있지만 그 성과는 매우 미약한 수준이다. 그러나 중국 유학생의 폭발적인 증가는 분명 한중수교 이후 나타난 바람직한 현상임은 분명하다. 이와 같은 중국 유학생의 증가는 그 질적인 변화에서도 매우 고무적인 현상이 아닐 수 없다.

〈표 3〉에서 보듯, 2014년 말 현재 중국인 유학생은 전체 외국인 유학생 8만 6천여 명 가운데 63.7%인 5만 5천여 명을 차지하고 있다. 이들 중국 유학생 가운데 70%는 장기 유학생 신분으로 한국에 체류하고 있으며 30%는 한국어 연수를 위해서 한국에 체류하고 있다. 장기 유학생 비율이 매우 높다는 점은 이들이 향후 한중관계의 미래를 열어나가는 핵심 역량이 된다는 점에서 매우 고무적인 현상이다.

표 3 한국 체류 중국 유학생 현황 (2014. 12. 31. 현재, 단위: 명)

국적	총 계	유학(D-2)	한국어연수 (D-4-1)	외국어연수 (D-4-7)
총계	86,410	61,257	25,138	15
중국 (조선족)	55,008 (663)	38,761 (604)	16,244 (59)	3 (0)
총계 대비 비중	63.7%	63.3%	64.6%	20%

출처: 법무부 출입국·외국인정책본부, 『출입국·외국인정책 통계월보』(2014년 12월호), 2015. 1, p. 26.

표 4 한국 국민의 배우자 현황 (2014. 12. 31. 기준)

성별	총계	중국 (조선족)	총계 대비 비중	조선족 비중
계	149,165	60,369 (24,560)	40.5% (16.5%)	40.7%
남	22,632	12,058 (7,444)	53.3% (32.9%)	61.7%
여	126,533	48,311 (17,116)	38.2% (13.5%)	35.4%

출처: 법무부 출처실

한국인의 국제결혼 건수 가운데 중국인과의 결혼도 꾸준히 증가하고 있다. 〈표 4〉에서 보는 바와 같이 국제결혼 배우자 가운데 중국인이 40% 정도를 차지할 정도로 한국 사회와 매우 밀접한 관계를 맺고 있다. 특히 조선족 남자를 배우자로 둔 경우가 전체 중국 남성 배우자 가운데 60% 이상을 차지하는 것으로 봐서 한국 여성이 중국 남자, 특히 조선족 출신과 결혼하는 비율이 절대적인 위치를 차지하고 있는 것으로 파악할 수 있다.

이와 같이 중국과 한국의 인적교류는 수교 이후 비약적으로 성장하여 한국 전체 등록 외국인 가운데 중국적 외국인이 반을 차지할 정도로 크게 성장하였다. 한국과 중국은 역사적으로 문화적으로 매우 유사한 경험을 공유하고 있기 때문에 사회교류 차원에서도 이러한 인적교류의 빠른 성장은 양국관계의 건전한 발전에 따른 필연적인 결과이기도 하다. 한중 사회교류 가운데 이러한 인적교류 못지않게 학술교류 또한 폭발적인 성장과 발전을 이뤘다.

2) 학술교류

한국과 중국의 학술교류는 제도적으로 잘 정비된 관련 규범에 따라 이루어졌다. 예를 들어, 1992년 「한국과 중국 간의 외교관계 수립에 관한 공동성명」이다. 공동성명 ②항에서는 양국 간 항구적인 선린우호협력관계를 발전시켜 나갈 것임을 천명하여 한국과 중국이 제 분야에서 교류와 협력을 시작하게 되었음을 명문화하였다. 1992년 9월 30일에 한국과 중국은 「중화인민공화국 정부와 대한민국 정부 간의 과학 및 기술협력에 관한 협정」을 맺었다.[100] 이 협정을 통해서 한국과 중국은 상호 관심사에 대한 공동연구사업 기반을 조성하였다. 1994년 3월 「대한민국 정부와 중화인민공화국 정부 간 문화협력에 관한 협정」은 한중 포럼, 학술심포지움, 공동연구 등을 본 궤도에 올려놓은 제도적 장치이다. 이런 제도적인 토대와 기반을 바탕으로 한국과 중국의 학술교류는 지난 20여 년간 꾸준히 발전해왔다.

한중 학술교류는 관방 주도로 시작되어 민간으로 확대되었다. 그 중심에는

. . . .

[100] 「중화인민공화국 정부와 대한민국 정부 간의 과학 및 기술협력에 관한 협정」은 ①과학자·연구원·기술요원 및 전문가의 교류, ②과학 및 기술적 성격의 연구결과·기자재·간행물 및 정보의 교환, ③과학기술분야에서의 공동세미나, 심포지엄, 기타 회의 및 훈련사업 개최, ④상호 관심사항에 대한 공동연구사업 수행 등, ⑤과학기술공동위원회와 한중과학기술협력센터 설치 등을 규정하고 있다.

한국연구재단, 한국국제교류재단 그리고 한국고등교육재단 등이 있다. 한국연구재단은 국가 연구지원기관으로 2014년 말 현재 중국 중국과학원(CAS), 중국국가자연과학기금위원회(NSFC), 중국사회과학원(CASS), 중국과학기술교류센터(CSTEC) 등과 교류 협력을 진행하고 있다. 이 가운데 중국과학원과 중국국가자연과학기금위원회와는 공동연구, 세미나, 인력교류 등 세 방면의 교류를 진행하고 있고 중국사회과학원과는 인력교류, 중국과학기술교류센터와는 세미나와 인적교류를 정례화하고 있다.

한국국제교류재단은 국제교류를 목적으로 하는 각종 행사의 지원과 참가, 인사의 파견 및 초청, 국외 한국연구의 지원과 연구결과의 보급 등을 추진한다. 〈표 5〉에서 보는 바와 같이 한국국제교류재단의 2014년 활동을 보면 한국학, 문화교류, 공공외교, 출판 및 영상 분야에서 강좌운영, 펠로십, 학술활동 지원, 해외박물관지원, 인사교류, 지식공공외교, 자료 지원 등 활발한 학술교류 활동 등 학술교류 플랫폼 역할을 수행하고 있다. 한국국제교류재단은 국제사회에서 한국에 대한 올바른 인식과 이해 제고 및 국내외 여론주도층 인사들 간의 인적 네트워크 형성을 통한 미래지향적인 협력관계 발전을 도모하기 위하여 세계 주요 국가들과 지속적이고 제도화된 양자·다자 대화채널을 운영하고 있다. 중국과는 수교 이후 1994년부터 평균 매년 한 차례씩 한중미래포럼을 개최하고 있다.

예컨대 한중 외교부가 공동 주최하고, 한국국제교류재단과 중국공공외교협회가 공동 주관한 2013 한중공공외교포럼이 지난 2013년 9월 24일 서울에서 처음으로 개최되었다. "한·중 공공외교협력: 심신지려(心信之旅)를 위한 만남"을 주제로 개최된 한중공공외교포럼은 지난 2013년 6월 「한중 미래비전 공동성명」에서 양국 간 공공외교 분야에서의 협력을 촉진하기 위해 설립하기로 합의되었다. 한국과 중국의 정계, 학계, 민간단체, 언론계 등 각 분야의 공공외교 전문가들이 각국 대표단으로 참여하였다. 양국 대표단은 이번 포럼의 3개 섹션에서 각각 발제 및 사회를 나누어 맡아 양국의 공공외교 정책 현황 및 공공외교 협력을 위한 실천 방향, 양국 간 공공외교 협력 사업에 대한 의견을 교환하였고, 포럼에서 이루어진 논의의 결과를 기초로 하여 ▲청년교류사업 발굴·확대

표 5 한국국제교류재단 주요 활동

연도	한국학	문화교류	공공외교	출판&영상
2014	**[강좌운영]** KF글로벌e-스쿨 교수직 설치 현지교원 고용 객원교수 파견 **[펠로십]** 한국어펠로십 한국전공대학원생펠로십 박사후과정펠로십 방한연구펠로십 외교관한국언어문화연수 **[학술활동 및 워크숍]** 한국학센터 및 학술활동 지원 외국교육지한국학워크숍 한국어말하기대회 개최 지원	**[KF문화센터]** 전시/공연/강좌/영화 KFVN 한국어교실 KFCC뉴스레터 기타 일정 KF문화센터 정기 문화 강좌 시리즈 KF문화센터 청소년희망 나눔 연수 외국인을 위한 한국어교실 **[해외박물관지원]** 해외박물관 한국실 지원 해외박물관 한국 특별전 및 프로그램 지원 해외박물관 한국전문가 육성 사업신청 **[문화예술교류협력]** Korea Festival 전시/공연/기타 전략지역 문화예술행사 개최 재외공관 문화예술행사 지원	**[인사교류]** 해외인사 초청 차세대지도자 교류 미국평화봉사단 재방한 초청 **[지식공공외교]** KF 글로벌 세미나 KF 포럼 국가별 포럼 한국공공외교포럼 해외정책연구지원 공공외교정책연구 글로벌미디어포럼 공공외교 네트워크 (GPDNET) **[국민과 함께하는 공공외교]** KF 글로벌 인턴십 펠로십 KF 글로벌 싱크탱크 인턴십 펠로십 잘츠부르크 펠로 KF 글로벌 리더십 KF 글로벌 시티즌십 KF-EAI 코리아 프렌드십 KF 희망포럼 청년교류 민간단체지 원 국제회의 개최 지원 KF 유럽의회 트레이니십 KF 한국어교육 인턴십 KF 글로벌 뮤지엄 인턴십 KF 글로벌 도서관 인턴십	**[한국소개출판]** 기획출판 출판지원 Koreana Korea Focus **[한국소개영상]** 한국 소개 영상물 제작 한국 드라마 해외 방영 재외공관 한국영화 상영 지원 **[자료지원]** 한국연구자료 지원 한국연구전자자료 지원 북미도서관특화 컨소시엄 사회과학자료 온라인서비스

▲교육협력 강화를 통한 언어학습 기회 확대 ▲언론과 네티즌 교류 확대 ▲공공외교 연구기관 간 학술교류 사업 시행 ▲양국 국민 공동여론조사 등 9개항의 협력 방안이 담긴 '한중 공공외교 협력 강화를 위한 건의문'을 채택했다.

한중공공외교포럼은 한·중 정부 간 공공외교 분야 최초의 양자 포럼이자, 한국이 특정 국가와 공공외교 관련 양자포럼을 갖는 최초 사례이다. 양국 정부는 한중공공외교포럼이 일회성 행사가 아니라, 체계적 · 장기적인 양국 간 공공외교 협력 채널로서 기능할 수 있도록 계속 발전시켜 나간다는 입장이다. 이번 포럼은 한중 간 전략적 협력동반자 관계를 내실화하는 첫걸음이자, 양국 국민 간 상호 이해와 인식을 제고하는 장으로서의 한 · 중 공공외교 협력을 강화하는 초석이 될 것으로 평가받았다. 아울러 이러한 관방의 협력 포럼은 민간으로 확산되어 성균관대학 성균중국연구소 한중공공외교연구포럼과 중국 길림대학 중한공공외교연구포럼이 만들어져 상호교류하고 협력하는 밑거름이 되었다.

민간부문의 교류는 주로 한국고등교육재단이 두드러진 활약을 보이고 있다. 한국고등교육재단은 1974년에 설립된 비영리 공익법인으로 민간학술지원 사업을 수행하고 있으며, 베이징포럼, 상하이포럼 등을 운영하고 있고 중국 각 지역에 아시아연구센터를 운영하고 있다. 〈그림 1〉에서 보는 것처럼 대부분 중국에 포커스를 맞추고 있다.

특히 국제 학술교류 지원사업을 통해 중국의 소장파 연구자들을 지원하여 한국 내 연구 활동을 장려하고 특히 한국와 중국의 학술네트워크에 기여하고 있다. 한국고등교육재단의 국제학술지원사업은 예컨대 한국고등교육재단은 중국의 청년 연구자들이나 유망 연구자들을 한국으로 초청하여 연구활동을 지원하고 있다. 〈표 6〉의 한국고등교육재단 국제 학술교류 지원사업 현황을 보면 2000년부터 2012년까지 13년 동안 672명의 연구자들이 학술 교류차 일정기간 한국을 방문하였다.

해당 기간 한국 방문자 672명 가운데 중국 연구자들이 485명으로 전체 연구자의 72.2%를 차지할 정도로 압도적으로 많다. 전공별 현황을 보면, 672명 가운데 사회과학 전공자는 372명으로 55.4%를 차지하고, 인문학 전공자는 146명으로 21.7%를 차지하였다. 기타 에너지, 정보통신, 생명과학 등 전공자 154명이 한국을 방문하여 전체 방문자 가운데 22.9%를 차지하였다. 사회과학 전공자 372명 가운데 중국 연구자는 263명으로 70.7%를 차지하고 인문학 전공 방문 연구자 146명 가운데 중국 연구자는 127명으로 무려 87.0%를 차지한다(〈표 10〉 한국고등교육재단 국제 학술교류 지원사업 국가별/학문별 지원 비중 참조). 과학기술 분야 또한 전체 154명의 연구자 가운데 중국 국적의 연구자는 95명으로

그림 1 한국고등교육재단 국제학술지원사업 국가별 현황

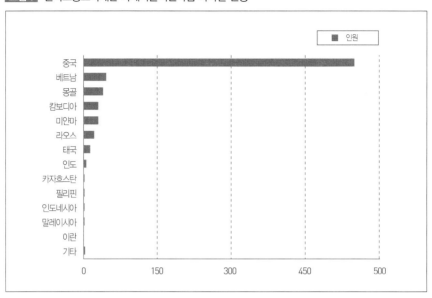

표 6 한국고등교육재단 국제 학술교류 지원 사업 국가별 지원 현황(2000~2012)

| 분야 | 사회과학 | | | | | | | | | | | 인문과학 | | 에너지 | 정보통신 | 생명과학 | 합계 |
국가/전공	경제	경영	정치	행정	법학	사회	교육	심리	인류	언론	지리	역사	철학				
중국	59	24	35	14	38	35	13	5	12	21	7	76	51	32	49	14	485
몽골	4	4	2	0	0	2	0	0	2	0	2	2	0	5	9	5	37
베트남	4	1	1	0	1	2	9	1	3	1	6	7	2	1	5	0	44
태국	0	0	0	1	0	0	1	1	0	0	0	0	0	8	0	2	13
미얀마	1	0	3	0	2	4	7	2	3	0	4	4	1	4	6	5	46
캄보디아	1	1	2	2	0	6	2	0	8	0	1	2	0	1	2	1	29
인도	0	0	0	0	0	0	2	0	0	0	1	1	0	0	1	1	6
인도네시아	0	0	0	0	0	0	0	0	0	0	0	0	0	0	1	0	1
말레이시아	0	0	1	0	0	0	0	1	0	0	0	0	0	0	1	0	3
필리핀	0	1	0	0	0	0	1	0	0	0	0	0	0	0	1	0	2
기타	1	0	2	0	0	1	0	0	1	0	0	0	0	0	1	0	6
합계	70	31	46	17	41	50	36	9	29	22	21	92	54	52	74	28	672

61.7%를 차지한다.

이와 같이 한국연구재단, 한국국제교류재단, 한국고등교육재단 등 주요 기관
들이 한중 학술교류를 선도하고 있다. 지난 20여 년간 한중 학술교류에서 중국
은 이미 중요한 협력 국가로 부상하였다. 특히 일회성 방문이나 단기 체류가 아
닌 장기적이며 지속적인 네크워킹을 구축할 수 있는 진정한 의미의 학술교류
활동이 한중 간에 끊임없이 확산되어온 점은 한중 사회 관계의 발전에도 긍정
적으로 작용하였다. 이러한 학술교류의 발전은 2013년 들어서 인문유대 강화
노력으로 더욱 심화되었다.

3) 인문교류

한중 사회교류에 있어서 인문교류는 한국과 중국 국민의 마음과 마음을 연
결하는 실질적인 협력이라는 점에서 2013년부터 강조되고 있다. 한국과 중국
은 2013년 전략적 협력동반자관계의 내실화에 이어 2014년 정상회담에서 성숙
한 한중 간 전략적 협력동반자관계를 구축하기로 합의했다. 이러한 양국관계를
발전시키기 위해서는 그 기반이 되는 인문교류의 기반이 매우 중요하다고 인식
하고 인문교류에 대한 관심을 더욱 기울이게 되었다. 예컨대 한중 양국이 공공
외교를 통해 상대국 국민의 마음을 얻고자 하는 이유도 바로 여기에 있다.

지난 2013년 6월 27일 한국과 중국 양 정상은 새 정부 들어서 첫 정상회담을
갖고 「한중 미래비전 공동성명」을 발표하였다. 당시 양측은 한중 전략적협력 동
반자관계를 신뢰에 기반하여 내실화하기로 합의하고 이를 위해 세 가지 방안
을 중점적으로 추진해 나가기로 합의하였다. 이 세 가지 합의 사항 가운데 인문
유대 강화와 한중 인문교류 공동위원회 설치가 중요 의제로 포함되었다. 2013
년 6월 양측이 합의한 인문유대 강화와 관련 한중 양국 외교부는 〈표 7〉과 같이
'19개의 인문유대 세부사업'을 실시하기로 합의하였다. 이후 인문유대에 관련
된 논의와 실천이 양국에서 활발하게 진행되었다.

한중 인문유대 사업은 한중 정부가 공동으로 한중 양 국민 간 유대감과 우호
감을 증진시킬 수 있는 쌍방향적 교류 사업을 전략적으로 선택, 추진함으로써
한중관계의 미래 지향적 발전 토대를 공고히 한다는 한중 공동인식에 기반한

표7 한중 외교부 합의 인문유대 세부사업(2013년)

사업명	주관 및 후원	일시/장소	사업개요
한중 인문교류 정책포럼	(韓) 한국외교부 경제인문사회연구회 (中) 중국외교부 신식정보연구원	하반기, 중국	한중 인문학자들이 '인문유대 강화'의 현황과 추진방향에 대해 논의
한중 전통예능 체험학교	(韓) 한국예술종합학교, 외교부(주중대사관) (中) 중국희곡학원	6월, 베이징	한국예술종합학교와 중국희곡학원 대학생들이 전통예능 공연을 통해 상호교류
한중 전통복식 세미나	(韓) 외교부(주시안총) (中) 시안공정대학	5월, 시안시	우리 생활과 가장 밀접한 '복식'을 주제로 한중 교류 역사를 조명하는 전통문화 교류행사
한국–산동성 유교문화 교류회	(韓) 외교부(주칭다오총), 성균관대 등 (中) 산동성 정부 외판 등	미정, 산동성 취푸	한중 문화의 원류인 유교문화를 테마로 하는 교류행사
탈춤–변검 교류 세미나	(韓) 외교부(주청뚜총), 안동탈춤페스티벌사무국 (中) 사천성천극원	10월, 청뚜	우리탈춤 전문가와 중국 변검 전문가가 탈춤과 변검을 주제로 상호교류
전주–소주 인문유산 교류	(韓) 전라북도, 외교부(주상하이총) (中) 장쑤성	10월 중, 쑤저우시, 상하이시	전주시의 한지공예 및 쑤저우시의 종이 자르기 등 각자가 보유한 '종이문화'를 소재로 하는 문화교류 활동 전개
한–중 중학생교류	(韓) 국립국제교육원 (中) 교육부	5월, 8월 한국, 중국	한–중 중학교 간 1:1 상호교류 프로그램으로, 일주일 간 상대 학교 방문, 문화 유적지 견학, 홈스테이 등 양국 생활·문화 체험
한–중 대학생 교류	(韓) 국립국제교육원 (中) 중국유학관리기금위원회	5~6개월 경희대, 베이징 어언대	한·중의 상대어 전공 대학생이 상대국에 체류하면서 전공언어 연수
정부초청 장학생(GKS)	(韓) 국립국제교육원 (中) 중국유학관리기금위원회	연중	중국 대학원생 대상 한국어 연수 및 학위과정 장학금 수여
한–중 교사교류 지원 사업	(韓) 국립국제교육원 (中) 국가한어판공실	11개월, 상대국 초중고 또는 대학교	한국 교사를 중국에 파견하여 한국어 교육을, 중국 교사를 한국에 초청하여 중국어 교육을 시행
한중 인문학포럼	(韓) 한국연구재단 (中) 사회과학원	11월, 한국	한·중 인문학자 간 정례 포럼
국제음악 고고학회	(韓) 국립국악원 (中) 하남박물관	3월, 국립국악원	고대음악 복원 촉진을 위해 교류 및 국제음악 고고학회 개최
민간제작인력 상호교류	(韓) 예술위원회 (中) 중국문학예술계연합	10월, 서울	양국 간 민간 공연예술 제작 노하우 및 제작인력 상호교류
우수작품 교류 확대	(韓) 예술위원회 (中) 중국문학예술계연합	연중, 한중 공연장	양국 간 우수공연예술 프로젝트 개발 및 창작작품 교류 확대
한중 청소년 특별교류 사업	(韓) 여성가족부 (中) 중화전국청년연합회	5~10월, 한국, 중국	한중 양국 청소년 각 500명이 상대국을 교차 방문, 문화체험, 역사탐방 등 진행
한중 청년 직업능력 개발 및 창업 교류사업	(韓) 여성가족부 (中) 중화전국청년연합회	9월, (한→중) 10월 (중→한)	한중 청소년이 상대국을 교차 방문, 직업능력 개발 및 창업 관련 체험 및 기관 탐방
한–중 청년교류	(韓) 한국국제교류재단 (中) 중국인민대외우호협회	6월 (중→한) 10월 (한→중)	양국 청년 대표단(각 약 150명) 상호 방문, 약 8일간 각국 유관 기관 방문, 주요 인사예방, 문화 체험 등 실시
한–중 지방정부 교류회의	(韓) 시도지사협의회 (中) 외교부, 중국지방정부	10월, 중국	지방교류 우수사례 공유 및 상호교류 방안 논의, 지방정부 주요 시책 관련 문화·산업 시찰
한–중 인문교류 테마도시	(韓) 경상북도(경주) (中) 산시성(시안)	연중	21세기 인문가치포럼, 인문으로 만나는 한중 청년포럼, 경북–산시성 자매결연 1주년 신라상징탑 제막식, 경주–시안자매결연 20주년 기념행사 등 개최

국민과 국민의 마음을 연결하는 사업이다. 이는 한국과 중국이 '인문'이라는 공통의 문화적 유산에 기초하여 근린국 국민으로서의 정서적 유대감이 있고 일반인이 쉽게 참여할 수 있으며 지속가능성이 높은 학술, 청소년, 지방, 전통 예능 등 한중 간 공유할 수 있는 가치를 기초로 추진하는 사업이라는 점에서 박근혜 정부와 시진핑 정부 들어서 더욱 탄력을 받고 있는 사업이기도 하다.[101]

양국은 인문유대 사업과 교류를 구체화하기 위한 제도적인 장치로 정부 차원에서 협의기구를 구성하기로 합의하였다. '한중 인문교류 공동위원회'를 출범시키기로 하고 2013년 11월 서울에서 출범식을 가졌다. 한중 인문교류 공동위원회는 양국 외교부 차관급을 수석대표로 하고 향후 동 공동위원회를 매년 개최하여 관련 구체 사업들을 심의, 확정하고 그 이행을 지도하는 책무를 맡게 되었다. '한중 인문교류 공동위원회'는 한중 인문유대를 강화하고 관련 사업들을 심의, 확정하고 지도하는 양국 최고위급 정부 간 채널이라고 할 수 있으며, 그 역할 또한 비교적 명확하다. '한중 인문교류 공동위원회'는 한국과 중국 양국 간 인문교류 관련 의제를 설정하고 상호 조율하여 인문유대 사업이 충실하게 추진될 수 있도록 하는 양국 간 협의 기구 성격이라고 할 수 있다. 따라서 양국이 매년 양국 간 인문유대 사업을 진행하기 위해서는 양국 간 협의가 필수적이고 이는 차관급을 대표로 하는 이 기구에서 처리하기로 합의한 점에서 양국 간 인문유대 관련 논의 구조는 비교적 명확하게 정립되었다. 현재 '공동위원회'에는 △학술, △청소년, △전통예능, △지방(지자체) 등의 4개 사업 분야가 존재하고 있다.

2013년 11월 19일 서울에서 한중인문교류공동위원회(中韓人文交流共同委員會) 제1차 회의가 개최되었다. 당시 회의에는 양국을 대표하여 양국 외교부, 문화부, 교육부 등 관계자 20여 명이 참석하여 양국 정상이 합의한 양국 인문교류 사업에 대해 토론을 벌였다. 2014년부터 연도별로 학술, 지자체, 청소년, 전통

---

101 시진핑 주석은 2014년 서울대 강연에서 "국가 간 관계의 발전은 종국에 가서는 국민 간 마음이 통하고 뜻이 맞아야 가능해진다"고 인문의 중요성과 가치를 강조하였으며 "정치와 경제 그리고 안보 협력이 국가 간 관계의 발전을 촉진하는 하드파워라면 인문교류는 국민 간 감정을 강화하고 마음을 통하게 하는 소프트파워이다"라고 인문의 중요성을 강조하였다.

예능 등 분야에서 세부 사업을 발굴, 공동 추진해 나가기로 합의하였다. 또한 양국 공동위원회는 다양한 인문유대 세부 사업을 매년 발굴해 나가면서 양 국민 간 상호 이해와 심적, 정서적 유대감을 심화시켜 나가기로 의견을 함께 하였다.

2014년에는 11월 20일 중국 시안에서 제2차 한중인문교류공동위원회 회의가 개최되었다. 이 자리에서는 2014년 19개 세부 사업의 성과를 평가하고 공동위원회의 향후 발전 방향, 그리고 2015년도 인문유대사업 추진계획 등을 협의하였으며 2015년에는 40여 개의 인문유대 사업을 공동으로 추진하기로 합의하였다. 한중 외교부는 2015년 1월 왕양 중국 부총리 방한을 계기로 한중 인문유대 세부사업으로 50개 사업을 실시하기로 확정 발표하였다. 2015년에는 ▲학술교육 분야 10개 사업 ▲지방 간 교류 15개 사업 ▲청소년 교류 7개 사업 ▲문화 분야 13개 사업 ▲기타 5개 사업 등 50개로 구성되어 있으며, 이 가운데 한중 청년 지도자 포럼, 한중 청년 지도자 100명 상호교류 사업, 한중 인문교류 테마도시(제주특별자치도-하이난성) 사업 등이 중점 추진될 예정이다.

한편 2014년 11월 3일 한국에서 '한중인문교류정책포럼'이 개최되었다. 한중인문교류정책포럼은 2013년 6월 박근혜 대통령의 중국 방문 후속조치인 '한중 인문유대 강화'와 2014년 7월 시진핑 주석의 국빈 방문 시 협의한 '한중 인문교류사업'의 일환으로 개최되었다. 경제인문사회연구회와 중국사회과학원은 '인문정책포럼'을 개최하여 왔으며 2014년 개최된 '한중인문정책포럼'은 한국 및 중국 양국 정부(외교부)의 후원하에 '한중인문교류정책포럼'으로 확대되었다.

향후 한중 인문유대 사업이 안정적이며 지속적으로 추진되기 위해서는 다양한 세부사업의 발굴 못지않게 코디네이터로서 한중인문교류공동위원회의 내실화가 요구된다. 〈그림 2〉에서 보는 바와 같이 한중 간 공동위원회 이외에 국내 공동위원회의 내실화 및 활성화도 필요하다. 이를 통해 한중 사회 관계가 순조롭게 발전할 수 있도록 해야 하는 과제가 우리에게 놓여 있다. 또한 이러한 인문유대 사업의 핵심 참여 주체는 지방자치단체라는 점에서 지자체 교류도 한중 사회교류에서 매우 중요하다.

그림 2 한중 인문유대 강화를 위한 공동위원회 체계화

한중 인문유대 강화를 위한 공동위원회 체계화

한중 인문교류 공동위원회 위상과 역할	국내 공동위원회 내실화	국내 공동위원회 내실화 구체적 대안
• 한중 정상회담에서 인문유대 강화와 인문교류 공동위원회 설치 합의 • 한중 공동위원회에서 사업 심의, 확정 및 이행 • 한중 인문유대 강화를 위한 정부 간 협의 기구	• 분과위원회 설치, 사업별 협의체 구성 • 한중 공동위원회 지원하는 국내 체계 구성 • 트랙1, 1.5, 2가 참여하는 공동 협의체 구성	• 중국에 상응하는 부문별 대응 기구 조응 방안 마련 • 국내 여러 인문 자원을 활용한 국내 공동위원회 구축 • 가칭 인문유대 '합동 사업단' 구성을 통한 시너지 발현

4) 지자체 교류

한중 사회 관계에서 지자체 교류의 핵심은 서울시의 대중국 교류를 들 수 있다. 서울시는 2013년 현재 21개국 23개 도시와 자매결연을 체결하고 있으며 13개국 19개 도시와 우호도시를 체결하고 있다. 대부분 아시아와 유럽에 분포하고 있으며 아시아의 경우 〈표 8〉에서 보는 바와 같이 중국에 집중되어 있다. 서울시는 중국과 2013년 말 현재 1개 도시와 자매도시 결연을 맺고 있고, 5개 도시와 우호도시 관계를 맺고 있다. 최근 2014년 11월에는 중국 상하이시와 우호도시 양해각서를 체결하였다.

표 8 서울시 대중국 자매 · 우호 도시 현황(2013년 말 현재)

교류 성격	교류 지역(도시)	행정급별	체결 일자
자매도시	북경시(北京市)	직할시(수도)	1993. 10. 23
우호도시	산동성(山東省)	성급 행정구	2008. 07. 19
	강소성(江蘇省)		2008. 07. 21
	광동성(廣東省)		2008. 07. 22
	절강성(浙江省)		2009. 04. 10
	천진시(天津市)	직할시	2009. 04. 12

자매도시는 1993년 중국의 수도인 북경시와 체결하였고, 우호도시는 각각

2008년과 2009년 순차적으로 산동성 등 5개 지역과 체결하였다. 자매도시와 우호도시는 각각 서울시와 중국 고위 공무원 시정 연수, 도시행정학 석사학위과정 운영, 서울-중국도시 발전포럼 등 상시적인 협력 프로그램을 가동하고 있으며 연례행사로 제도화되어 있다. 차이가 있다면 자매도시 협력 프로그램은 서울-북경 통합위원회가 주무 부서로서 전체 프로그램을 선도하는 역할을 하는 반면에 우호도시 협력 프로그램은 국제교류과가 주무 역할을 수행하고 있다. 서울시의 대중국 자매도시, 우호도시 협력 프로그램 현황은 〈표 9〉와 같다.

표9　서울시 자매·우호 도시 교류 프로그램

	자매결연도시	우호협력도시
대상	북경시	산동성, 강소성, 광동성, 절강성, 천진시
주요 교류 협력 프로그램	• 외국 도시 공무원 초청 시정연수 • 중국 고위 공무원 시정 연수 • 도시행정학 석사학위과정 • 서울-중국도시 발전포럼	• 중국 고위 공무원 시정 연수 • 개발도상국 도시행정 석사학위 과정 • 서울-중국도시 발전 포럼 • 인재개발원 자매우호도시 공무원 연수
컨트럴타워 (주무부서)	서울-베이징 통합위원회	국제교류과

서울시의 대중국 교류는 서울 내 거주하는 외국인 가운데 중국인의 비중이 매우 높고 특히 중국인들이 관계되는 사건, 사고가 많아서 중국인에 대한 체계적인 관리 필요성이 대두하면서 더욱 주목받고 있다. 2013년 4월 21일 박원순 서울시장은 베이징을 방문 왕안순(王安順) 시장과 만나 경제·문화·교육영역에서 장기 교류에 합의하고 양 도시 우호관계와 통합위원회 관련 협의문에 서명하였다. 2013년 9월 23일에는 서울에서 "하얼빈 주간" 행사를 진행하기도 했으며 2013년 10월 15일 서울에서 한국과 중국 광동성 발전 포럼이 개최되었는데 이는 한국 정부와 중국 지방정부 간 장관급 협력 통로라는 의미에서 주목받았다. 2013년 11월 29일에는 서울과 베이징 우호도시 20주년을 기념하여 서울역사박물관에서 "베이징 3천년: 도시의 포용적인 성장(北京三千年: 一座包容的城市的成長)"을 주제로 베이징 역사문화 특별전이 개최되기도 했다.

특히 서울-베이징 우호교류의 해 폐막식을 겸해서 개최된 2013년 서울-베이징 통합위원회 제1차 전체회의는 한국의 지자체 교류가 순조롭게 진화하고 있음을 잘 보여주었다. 당시 서울과 베이징은 새로운 미래 20년을 위한 미래 지향적 파트너십 구축을 위하여 경제, 문화, 교육 등 다 방면에서 전방위적인 교류와 협력을 진행하고 특히 관광, 통상, 청소년 분야의 전략적 협력을 강화하는 양해각서를 체결하여 양 도시가 한 단계 높은 신뢰 단계로 상승하는 제도적인 기반을 마련하였다. 서울과 베이징의 교류는 자매결연 20주년을 통해서 한중 지방정부가 실질적인 공동 협력 사업을 발굴하고 활성화하는 계기가 되었으며 여타 지방정부의 대중국 교류를 활성화하는 촉매제 역할을 하였다.

서울시의 대중국 교류는 2014년에 들어서 중국과의 협력 기반을 베이징에서 중국의 경제수도 상하이까지 본격적으로 확장되었다. 2014년 11월 4일 박원순 서울시장은 상하이시를 방문하여 "도시 간 우호교류 양해각서"를 처음으로 체결하였다. 특히 서울시는 〈표 10〉과 같이 상하이시와 체결한 양해각서(MOU)에서 ▲경제 · 무역 ▲도시관리 ▲도시교통 ▲문화예술 ▲관광 ▲인재양성 등 6개 항목에 대한 양 도시 간 포괄적 협력 내용에 합의하였다. 이러한 내용은 사실 정부 간 교류의 핵심 어젠다와 동일한 내용이라는 점에서 한중관계, 특히 사회 관계의 변화가 지자체를 통해서 투사되고 있다는 점을 잘 보여준다.

표 10 서울시 상하이시 도시 간 우호교류 양해각서

(2014년 11월 4일)

경제무역	도시관리	도시교통	문화예술	관광	인재양성
박람회, 전람회 등 경제협력 모색 / 도시재난 예방, 도시관리(사회복지, 고령화 등) / 문화예술분야협력(상하이 국제영화제, 상하이봄국제음악제, 서울시 지구촌 나눔 한마당) / 관광상품 공동개발 / 관광객 편의제공 / 상호 공무원 파견 / 대학생 단기교류 등					
서울시와 상하이시 경험과 정책의 공유					

출처: 서울시, http://economy.seoul.go.kr/archives/44297

III. 한중 사회 관계의 발전을 위한 제언

1. 한국의 대(對)중국 인식

앞서 살펴본 대로 한중 상호간 교류와 협력은 인적교류, 학술교류, 인문교류, 지자체 교류 등 여러 분야에서 전방위적으로 발전하였다. 그 변화 속도 또한 매우 빠르고 가파르다. 예컨대 한국의 대중 무역 총액의 경우 중국이 차지하는 비중은 2000년에서 2010년 사이에 9.4%에서 21.1%로 증가했으며 같은 기간 미국의 비중이 20.19%에서 10.1%로 감소한 것과 비교하면 매우 놀라운 변화라고 할 수 있다.[102] 이처럼 중국의 경제성장은 한국과 중국의 인적교류와 교역을 빠르게 증가시켰으나 상호 이해와 신뢰 등 인식의 폭과 깊이가 심화되었다고는 단정적으로 말하기 어렵다.

일례로 서울대 통일평화연구원의 '통일의식조사'에 따르면 제1무역상대국으로 중국과의 경제 관계가 매우 심화되고 있음에도 불구하고 〈표 11〉에서 보는 것처럼 중국에 대한 국가 이미지는 여전히 경쟁과 경계대상이다. 미국의 이미지가 협력대상이라는 결과와 달리 한국인의 대중국 이미지 혹은 인식은 여전히 이중적인 모습을 보인다. 이러한 한국인의 대중 인식은 중국의 존재에 대한 부정과 긍정의 교차 이미지가 중첩되어 있기 때문이다 .

새로운 협력과 번영의 21세기를 만들어가기 위해서 양국의 협력은 필수불가결하다. 그러나 협력이 필요하다는 인식과 실제로 협력이 되고 있는지는 별개의 문제이다. 이제는 한중관계의 외형적인 성장 못지않게 상호간의 인식 변화에도 관심을 기울여야 하는 시점이다. 건강한 한중 사회 관계는 우호적인 상호 인식에서 출발하기 때문이다.

---

102 이남주, "[한국]비대칭적 파워의 등장에 대한 불안", 『성균차이나브리프』, 1권 1호(2013), pp. 73-74.

표 11 한국인의 중국과 미국에 대한 국가 이미지[103]

중국의 이미지 (%)					미국의 이미지 (%)			
	협력대상	경쟁대상	경계대상	적대대상		협력대상	경쟁대상	경계대상	적대대상
2007	19.3	46.3	30.9	3.3	2007	53.1	21.9	21.9	2.9
2008	24.3	38.2	32.3	4.9	2008	70.2	13	14.7	2.1
2009	21.1	41.9	33.4	3.6	2009	73.6	13.7	11.7	0.9
2010	19.7	45.1	31.8	3.4	2010	76.4	14.6	8.2	0.8
2011	20.5	40.2	34.9	4.4	2011	75.0	14.2	9.7	1.1
2012	16.9	35.3	35.8	12.0	2012	77.3	11.0	10.9	0.8
2013	28.5	43.9	24.5	3.1	2013	79.9	11.8	7.8	0.6
2014	34.0	34.6	29.1	2.3	2014	80.6	11.8	7.2	0.5

1) 한국의 대중국 인식 변화 과정

한국과 중국의 정치, 군사, 경제, 외교, 문화 측면에서의 교류와 협력은 매우 가파르게 성장했다. 그 규모와 범위 또한 나날이 확대, 심화되고 있다. 그러나 기대만큼 양국 국민들 간 '인식의 공유' 혹은 '의식의 공감대'는 그리 두텁지 않다. 2014년 봄 미국 Pew Research Center의 Global Attitudes 조사에 따르면 〈표 12〉와 같이 아시아 각국의 대중국 호감도에서 한국인의 42%는 중국에 대해서 비호감을 갖고 있고 56%는 호감을 갖고 있다.[104] 2011년에 실시한 미래 세대인 중국과 한국의 5대 도시 총 2,016명의 대학생과 대학원생을 대상으로 한 상대국 인식과 태도 조사에서도 한국 청소년이 중국 청소년에 비해서 상대 국에 대한 비호감 비중이 더 컸다.[105] 양국의 우호 관계의 지속성을 담보하기 위해서는 상호 인식이라는 비공식적 관계도 매우 중요하다. 한중 사회 관계를 평가하고 새로운 대안을 모색하는 데 있어서 상대방에 대한 '호감' 그리고 '인식

. . . .

103 서울대학교 통일평화연구원 '통일의식조사' 자료를 한인택, "한국인의 대중 인식", 길림대 중한공공외교연구포럼(2014년 10월) 발제자료에서 재인용.

104 Pew Research Center, "Global Opposition to U.S. Surveillance and Drones, but Limited Harm to America's Image" (July 2014).

105 윤철경, "중국인과 한국인의 상대국에 대한 인식과 태도 연구: 청소년을 중심으로", 경제·인문사회연구회 대중국 종합연구 협동연구총서 11-03-05, 2011년.

의 공유', '의식의 공감대' 등은 양국관계를 오랜 기간 지속시키는 데 매우 중요한 요소이기 때문이다.

표 12 아시아 주요 국가들의 대중 인식

국가	비호감(%)	호감(%)
파키스탄	3	78
방글라데시	22	77
말레이시아	17	74
태국	17	72
인도네시아	25	66
한국	42	56
필리핀	58	38
인도	39	31
베트남	78	16
일본	91	7

신중국 성립 이후 한국인의 중국 인식은 몇 가지 흐름을 보여준다. 중국이 개혁개방 정책을 추진하기 전 한국의 대중국 이미지는 '공산당', '한국전쟁', '죽의 장막' 등으로 매우 제한적이었다. 1983년 중국민항기 불시착은 중국에 대한 단절과 고립의 이미지를 변화시켰다. 기존의 부정적 이미지를 호기심으로 바꿨으며 중국의 새로운 이미지가 국민들 사이에 확산되었다.[106] 그러나 이러한 변화에도 불구하고 한국과 중국의 거리는 여전히 가깝지 않았다.[107] 그 간극을 좁히는 계기가 바로 1992년 8월 한중수교였다. 특히 중국의 개혁개방은 한국과 중국의 상호의존을 높였다. '중국 특수', '중국 기회'로 한국의 대중국 인식 또한 새로운 변화를 시작하였다.

그러나 한국과 중국의 교류가 증가하면서 상호 이해도 증가하지만 한편으로

· · · · · · · · · · · · · · ·

106 예컨대 이 사건을 계기로 대학 입시에서 중국어 혹은 중문과에 대한 관심이 높아지고 사회적으로 중국 알기, 중국어 배우기 등 중국을 새롭게 보려는 흐름이 나타나기 시작하였다.

107 민항기 불시착 문제를 협의하기 위해 건국 이래 처음으로 한국을 찾은 중국 대표단의 '너무 돌아왔다'는 첫 마디가 당시 한중관계를 분명하게 보여주었다.

는 상호 불신과 갈등도 함께 증가하였다. 여기에는 한국과 한국인의 대중국 인식에 영향을 주는 몇 가지 요인이 자리 잡고 있다.

2) 한국의 대중 인식의 세 가지 흐름

먼저, 중국이 성장할수록 한국인들은 중국을 기회와 위험이 혼재하는 이미지로 인식한다. 중국의 경제 성장은 한국과 한국인들에게 새로운 기회를 제공하였다. 그러나 최근 모 여론 조사 결과는 한국인이 경제 분야에서 중국의 위협을 느끼고 있음을 보여준다.[108] 한국인들은 중국의 군사적 확장에 대해서는 66.4% 정도 위협을 느끼면서 경제적 확장에는 71.9% 위협을 느낀다고 응답했다. 반면 한국인의 81.0%는 중국과의 안보 협력을 지지한다. 2014년 7월 시진핑 국가 주석의 방한 전 실시한 한 조사에서 양국 정상회담의 핵심 현안이 북핵문제여야 한다는 의견이 53.6%로 가장 많았다는 사실도 이를 반증하고 있다. 심지어 한국인들은 북핵문제를 해결하는 데 있어서 미국(22.5%)의 주도적인 역할이나 한국(33.7%)의 주도적인 역할보다 오히려 중국(34.3%)의 주도적인 역할을 더욱 기대하고 있다. 한반도 통일과 평화구축에 있어서도 한국인의 82.4%는 중국의 도움이 필요하다고 생각하고 있다.[109] 이는 결국 안보적인 차원에서는 중국과의 협력이 필요하다는 인식이 있는 반면에 경제적인 측면에서는 중국의 성장이 갈수록 위협적이라는 혼재된 이미지가 한국인의 마음속에 자리 잡고 있다.

둘째, 중국과 중국인에 대한 한국인의 인식 부조화가 있다. 예컨대 '중국은 대국'이나 '중국인은 그렇지 않다'는 분리적 감정이다. 〈그림 3〉에서 보듯, 한국의 중국에 대한 국가 이미지는 일본에 비해서 두 배나 높다. 한국의 미국과 중국에 대한 호감도 격차는 점차 줄어들고 있다. 특히 2013년 8월 조사 결과 호감도는 각각 미국 5.55, 중국 3.97로 그 격차는 1.58였는데, 동년 12월 결과는 미국 5.40, 중국 4.37로 그 차이는 1.03으로 줄어들었다. 한국 내 중국 유학생은 5만 5천여

· · · · · · · · · · · · · · · ·

108 시진핑 중국 국가주석 방한(2014년 7월 초) 전에 실시한 중앙일보와 아산정책연구원의 대중국인식조사 결과(중앙일보와 아산정책연구원 홈페이지 참고)

109 물론 중국이 남북한 통일을 원하지 않는다는 답변도 68.1%를 차지할 정도로 중국의 역할론에 대한 회의적인 시각도 만만치 않다는 한국 사회의 현실에 주목해야 한다는 의견도 적지 않다.

명이며 한국 내 외국인 유학생 가운데 독보적인 1위를 차지하고 있다.[110] 이처럼 한국인의 인식에서 중국은 매우 가까운 나라라는 국가 이미지가 강하다. 그러나 '중국인에 대한 이미지'는 '중국이라는 국가 이미지'와는 사뭇 다르다.

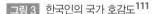 **그림 3** 한국인의 국가 호감도[111]

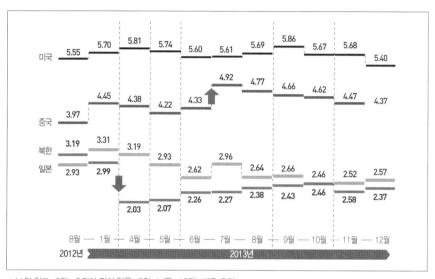

＊11점 척도, 0점: 호감이 전혀 없음, 5점: 보통, 10점: 매우 호감

표 13 한국인의 중국과의 협력 필요성

	필요	불필요
2008	80.7	19.3
2009	83.2	16.8
2010	88.9	11.1
2011	84.7	15.3
2012	68	32
2013	84.5	15.5
2014	88.6	11.4

· · · · · · · · · · · · · · ·

110 이주영, 양갑용, "중국 유학생의 한국 유학 선택 행위 연구: 근거이론에 기초하여", 『중국학연구』, 제69집, 2014. 8, pp. 364-366.

111 아산정책연구원, "2013년, 한국인의 주변국 인식 변화: 미·중·일·북 호감도 및 국가관계 평가", ISSUE BRIEF, Dec. 26, 2013. No.83.

셋째, 한국인의 중국에 대한 우월감과 열등감이 동시에 표출되어 나타난다는 점이다. 즉 한국인의 마음속에는 중국에 대한 부러움과 함께 비교적 낮게 평가하는 감정이 혼재돼 있다. 한국인은 중국의 성장에 의한 현실적 기회에는 긍정적으로 반응하지만 '그것이 중국'이라는 사실에 대해서는 아직까지 매우 흔쾌하게 받아들이지는 못하는 상태다. 이를 위해서는 더 많은 시간이 필요하며 특히 한중 양국 간 '상호 인식의 공유', '인식의 공감대' 형성 노력이 요구된다.

3) 한중 '인식의 공유'를 위하여

양국관계의 질적인 성장을 위해서는 위에서 언급한 세 가지 인식의 흐름을 '인식의 공유' 차원으로 끌어올리는 노력이 필요하다. 특히 언론과 유학생 그리고 리더의 역할이 매우 중요하다.

먼저 리더의 역할이다. 2013년 한국의 중국 인식을 볼 때, 북한과 일본보다는 높고 미국보다는 낮은 수준을 유지하고 있다. 2013년 박근혜 정부가 들어선 이후 보합세를 유지하고 있는 대중국 인식은 6월 27일 한중 정상회담을 계기로 7월에 급격하게 상승하였다.[112] 여기서 한 가지 원인을 찾는다면 바로 한국과 중국의 정상 간의 잦은 소통이다. 지도자의 노력에 의해 충분히 양국의 상호 인식을 변화시킬 수 있다. 2013년 4월 14일 중국 어선이 침몰하여 선원 17명 전원을 한국 해양경찰이 구조한 데 대하여 4월 22일 주한중국대사 장신선(張鑫森)은 한국 해양경찰청에 서한을 보내 중국 선원 구조에 감사를 표했다. 2013년 5월 10일 중국 주 광주 총영사관에서도 긴급 치료를 요하는 중국 선원을 목포 해경이 신속하게 조치한 데 대해 서신을 보내 감사를 표했다. 이명박 대통령은 2008년 중국 국빈 방문 시 지진 피해를 입은 지역을 직접 방문하여 위로하기도 했다. 이러한 지도자의 노력이 양국관계를 긍정적으로 발전시킨다는 점에서 리더의 역할이 매우 중요하다.

둘째, 언론의 역할이다. 2015년 KBS에서 방영된 〈슈퍼 차이나〉는 한국뿐만

. . . .

112 상게서

아니라 중국에서도 주목받았다. 한국인과 중국인은 언론이라는 '창(窓)'을 통해서 상대국을 바라본다. 따라서 양국 국민의 상호 인식을 제고하고, 특히 상호 관계 증진을 통한 '인식의 공유'를 창출하는 데 거울과도 같은 역할을 언론이 보여줘야 한다. 언론 종사자들 또한 사명감을 갖고 임해야 한다. SNS 공간 특히 인터넷이라는 가상공간이나 사이버 공간에서는 인식의 차이가 더욱 분화되어 나타나기 때문에 종합적이고 현실적이며 입체적인 노력이 요구된다.

마지막으로 한국의 대중 인식에 있어서 유학생의 역할에 대해 관심을 기울여야 한다. 언론이 양국 상호 인식의 '거울' 혹은 '창'이라고 한다면 이 거울을 들여다볼 수 있는 움직이는 '창'이 바로 유학생들이다. 이들의 한국 인식이 중국의 대한국 인식으로 직접 연결될 수 있다는 사실에 늘 관심을 기울여야 한다. 한 연구 조사에 의하면[113] 한국 내 중국 유학생들의 대(對)한국 인식은 대체로 그리 높지 않다. 이러한 현상을 극복하고 중국 유학생들을 미래의 우호세력으로 양성하기 위해 한국은 더욱 체계적인 유학생 관리를 실행해야 하며 유학생의 목소리에 귀를 기울여야 한다.

Ⅳ. 결론을 대신하여

지난 20여 년 동안 한국과 중국의 사회 관계는 견고한 흐름을 보여주고 있다. 2013년 들어서 상호 인식 또한 현저하게 개선되고 있다. 이를 기반으로 인적교류, 학술교류, 인문교류 등 다방면의 교류와 협력이 확대되고 있다. 중국과 중국인에 대한 인식 또한 안정적인 흐름을 나타내고 있다. 일례로 2013년 12월 중국의 방공식별구역(CADIZ) 선포 당시에도 한국인의 51.1%는 중국을 여전히 협력 상대로 인식하고 있다. 그리고 〈표 13〉에서 보는 바와 같이 중국과의 협력

· · · · · · · · · · · · · · · ·

113 이주영, 양갑용, 상게서, P. 382.

필요성에 대해서도 대다수 한국인들은 그 필요성에 공감하고 있다. 한국인의 대중국 인식은 분명 좋은 방향으로 변화하고 있다.

그러나 한국이 대중 인식, 그리고 중국의 대한 인식을 더욱 개선하고, 현재 나타나는 부정적 현상들을 해결해 나가기 위해 양국은 앞으로도 계속 협력해야 할 것이다. 앞서 밝혔지만 상호 긍정적 인식을 공유하기 위해서는 리더, 언론, 유학생들의 역할이 중요하다. 지난 20여 년 동안 한국과 중국 관계는 총체적으로 상호 보완적인 긍정적인 관계를 만들어왔다. 이제는 외형적인 성과뿐만 아니라 양국의 안정적이고 지속가능한 발전을 위해서도 상호 인식 증대와 심화에 대한 새로운 사고와 접근이 필요할 때다.

중한 사회교류 22년:
성과와 문제

한아이용(韓愛勇)

중한관계 22년의 발전 과정을 총체적으로 두 가지 규율로 정리할 수 있다. 먼저, 한중관계는 매 5년마다 새롭게 전면적 발전 단계로 도약하였다. 둘째, 높은 수준의 정치와 낮은 수준의 정치 분야에서 분명하게 양국 교류가 진행되는 과정에 있고 양국 관계는 아직 이상적인 상호 의존의 상태에는 도달하지 못했다.[114] 그러나 중한 사회교류의 시각에서 이 두 가지 규율을 본다면 사정은 완전히 이와 같지 않다. 22년 동안의 중한 사회교류는 작은 것에서 큰 것으로, 단일 영역에서 다방면으로, 자발적에서 자각적으로 발전과정을 보여주었다. 비록 성과는 현저하지만 중한 사회교류가 하위정치 영역의 교류에서 점점 더 이러한 역설이 나타나고 있다는 것을 인정하지 않을 수 없다. 즉 두 사회의 교류가 한층 긴밀해질수록 양국 국민들의 모순 정서가 점점 짙어지고 호감도는 점점 낮아지고 있다. 국가의 교류는 국민들이 서로 친함에 있다. 중한 전면적전략 협력 동반자관계는 결국 양국 대다수 국민들의 추동, 지지, 성원이 있어야 한다. 만약 중한 사회 관계의 역설이 해소될 수 없다면 중한관계 발전의 국내 비용은 점점 높아갈 것이고[115] 중한 전면적 전략협력동반자관계 구축은 기초가 없어질 것이

114　張慧智, 王簫軻, "中韓關系二十年: 成就與問題", 『現代國際關係』, 2013年 第1期, p.23.

115　국내 비용에 관한 논의는 탕샤오송(唐小松)의 "대중 비용이론과 대외정책결정-부시 부자의 외교 위기 처리를 사례로(公衆成本理論與對外政策決策—以布什父子處理外交危機爲例)"를 참고. 『國際 觀察』, 2007년 제6기. pp.1-5.; 林民旺, "國內觀衆成本理論與國際合作", 『敎學與硏究』, 2009年 第2

고 오랜 기간 지속될 수 없을 것이다.

Ⅰ. 중한 사회 관계 발전의 역사, 성과 그리고 원인

22년 동안 중한 사회교류는 인적교류, 학술교류, 비자와 영사관리, 지방정부교류, 위기관리시스템 구축과 우호단체 발전 등 방면에서 중대한 진전을 이뤘고 양국 국민들의 광범위한 지지을 받았다. 중한수교 이후 사회교류의 역사를 회고하면 대체로 걸음마, 빠른 발전 그리고 전면적 추진의 세 단계로 나눌 수 있다.

1. 중한 사회교류 걸음마 단계(1992-1993)

1992년 8월 24일 중국과 한국은 정식으로 외교관계를 수립하고 〈중한수교 연합성명〉(中韓聯合建交公報)을 발표하였다. 〈연합성명〉은 양국 관계의 기본 원칙, 발전 방향과 역할 정립을 확립하였으며 중국과 한국 사회의 정상적 교류의 기초가 되었다. 이 시기 중한 양국은 1992년 〈중한무역협정〉(中韓貿易協定), 〈투자보장협정〉(投資保証協定), 〈경제, 무역, 기술협력위원회 설립에 관현 협정〉(關於成立經濟 · 貿易和技術合作委員會的協定) 그리고 〈과학기술협력협정〉(科學技術合作協定) 등을 체결하여 양국 경제 · 무역교류와 과학기술 · 문화교류를 제도적으로 보장하였다. 이 시기 양국 사회 관계는 주로 인적교류와 과학기술 · 문화교류라는 두 가지 영역에서 나타났으며 1992년 중한 양국의 인적 교류는 13만 명을 넘어섰고 양국의 과학기술 · 문화교류 또한 걸음마를 시작하였다.

2. 중한 사회교류의 빠른 발전 단계(1994-2007)

이 시기 양국 인적교류 규모는 급격하게 확대되었다. 2006년 중국을 방문한 한국인은 440만 명에 달하여 매일 평균 1만 명 정도가 중국을 방문하였다.

. . . .

期, pp.81-88.

2007년 양국 교류 인원은 500만 명을 넘었으며 중국에 장기 체류하는 한국인도 50만 명에 이르렀다.[116] 양국 국민의 교류 가운데 특히 양국은 청년 간의 교류를 중시하였다. 1998년 한국의 김대중 대통령 방중 기간 양국 정부는 「청년 교류에 관한 양해각서」(關於青年交流的諒解備忘錄)를 체결하여 양국 청년 교류의 명확한 방향을 제시하였다. 2004년 중한 양국은 또한 「청소년 교류협정」(青少年交流協議)를 체결하여 중한 청소년 교류의 주체와 조직자를 한층 명확하게 하였다. 중국에서는 중화전국청년연합회(中華全國青年聯合會), 한국에서는 한국청년회의소(韓國青年會議所), 한국청소년단체협의회(韓國青少年團體協議会)가 교류를 활발히 전개하여 중한 청소년 교류를 추동하고 조직하는 중요 역량이 되었다. 양국의 빠른 발전의 사회교류에 적응하고 양국 국민의 인적교류를 한층 편리하게 하기 위하여 비자와 영사관리 방면에서 양국은 1998년 「중한 비자수속 간소화와 복수 사증 발급에 관한 협정」(中韓關於簡化簽証手續和頒發多次簽証的協定)을 체결하고 양국 국민의 상호 방문에 최초로 제도적인 보장 장치를 제공하였다.

인문사회과학 영역에서 양국의 교류도 활발하게 진행되었다. 1994년 3월 24일 김영삼 대통령 방중 시 양국은 「중화인민공화국과 대한민국 정부 문화협력협정」(中華人民共和國和大韓民國政府文化合作協定)을 체결하였다. 1994년 말, 쌍방은 문화협력 협정에 따라 베이징에서 중한문화위원회(中韓文化委員會) 제1차 회의를 개최하고 1995년, 1996년 중한 문화교류 계획을 체결하였다. 이후 중한문화위원회는 정례적으로 회의를 개최하고 1997년, 1998년, 1999년, 2000년, 2001년, 2002년, 2003년, 2004년 계속해서 문화교류계획을 체결하여 양국 문화교류가 빠른 발전 궤도에 진입하였다. 1998년 4월 중국과 한국은 「1998-2000년 교육 교류와 협력 협의」(1998~2000年教育交流與合作協議)를 체결하고 대표단 교류, 유학생 교류, 학술 교류, 언어교학 등에 대해서 규정하고 쌍방의 교육 교류와 협력의 기초를 다졌다. 양국의 고등교육기관은 각국 정부 주관 부문의 지원 아래 학교 간 교류와 협력 관계를 건립하였다. 이 시기 중한 양국은 각각 100여 개 대학에

. . . .

116 朴光海, 中韓文化交流的現狀及問題", 『當代亞太』, 2007年 第7期, p. 61.

서 학교 간 교류 협정을 체결하고 양국 대학의 교학, 과학 연구, 학술 활동, 교수 상호 방문, 공동 배양 등 방면에서 전방위적인 교류와 협력을 추진하였다.[117]

양국 간 인문교류를 확대하기 위하여 새롭게 취한 조치는 바로 한국 국민들이 중화문화를 이해하고 양국 문화교류와 협력을 촉진하기 위한 중요한 창구로서 세계에서 처음으로 2004년 11월 21일 서울에 공자학원을 정식으로 설립한 것이다. 이 외에도 양국은 각각 상대 국가에 대해서 문화년 활동을 전개하였다. 2006년 중국 국무원 신문판공실(中國國務院新聞辦公室)과 한국국정홍보처는 공동으로 "중국 인지, 한국행"(感知中國 · 韓國行)이라는 대형 문화활동을 서울에서 개최하였다. 2007년 "중한 교류의 해"(中韓交流年)로 이름을 바꿨다. 특히 주의 깊게 봐야 할 것은 이 시기 양국 사회교류 위기관리체계 건설 방면에서 거대한 진전을 이뤘다는 점이다. 중한 양국은 2000년 8월 「중한어업협정」(中韓國際漁業協定), 2000년 10월 「중화인민공화국과 대한민국 인도 조약」(中華人民共和國和大韓民國引渡條約), 2003년 7월 「중한민상사사법협조조약」(中韓民商事司法協助條約)을 체결하여 양국 민사 위기 관리의 법제화 틀을 초보적으로 확립하고 양국 사회교류 중 발생 가능한 여러 돌발 사건에 대응하기 위한 제도적인 보장 장치를 제공하였다.

3. 중한 사회교류의 전면적 추진 단계(2008년부터 현재)

2008년 중한 전략적 협력동반자관계 건립에 따라 양국 사회교류는 전면적인 추진 단계로 진입하였다. 이 단계에서 중한 사회교류는 다층차, 다경로, 다형식의 교류와 협력 모델을 만들어내기 시작하였다. 인적교류 방면에서, 주중 한국 대사관은 2014년 12월 8일, 2014년 말 현재 중국 전 지역에서 발급한 한국 입국 사증(비자) 수량은 320만 개이며 비자 발급이 면제되는 제주도 방문자를 포함할 경우 금년 한국을 방문한 중국인은 600만 명에 달한다고 발표하였다. 2014년 중국을 방문한 한국인은 400만 명에 이를 전망으로 양국 인적 왕래

....

117 朴光海, "中韓文化交流的現狀及問題", 『當代亞太』, 2007年 7期, p. 60.

는 천만 명을 돌파할 것으로 예상된다.[118] 한국은 이미 중국에 입국하는 가장 큰 입국 국가가 되었다. 중국 체류 한국 유학생과 한국 체류 중국 유학생은 각각 6만여 명으로 상대국 외국 유학생 가운데 가장 많은 수를 차지하고 있다.

학술교류 영역에서, 2009년 9월 중한 양국이 운영하기 시작한 "중한 공동 연구 프로젝트"의 전개와 지속에 따라 "공동 프로젝트" 중심의 양국 공동 연구가 점차 제도화의 특징을 보여주고 있다. 지금까지 230여 개의 중국 고등교육기관(대학과 연구기구)과 180여 개 한국 고등교육 기관과 협력 협의에 서명하였으며 학교 간 교류 관계를 구축하였다. 과학기술 영역에서, 중한 협력 범위는 기초 연구, 응용 기술과 고신기술(하이테크놀로지) 등 각 영역으로 확대되었으며 협력 주체 또한 중앙정부와 지방정부, 민간, 고등교육기관과 연구기구 그리고 기업 등 서로 다른 부문으로 확대되어 다원화의 발전 추세를 보이고 있다. 인문사회영역에서, 양국 교류는 신속한 발전 추세를 보이고 있다. 2008년 5월 양국은 「중한 고등교육 학력 학위 상호 인정 양해각서」(中韓高等敎育學歷學位互相認定諒解備忘錄)를 체결하였다. 이후, 양국 대학생들은 상대국의 대학에 진학하여 학습할 수 있게 되었다.

2008년 8월 양국은 중한 교육 교류 협정을 개정하였다. 이 개정의 주요 내용은 다음과 같다. 중한 대학교 총장 포럼과 직업 교육 포럼 지원 규정을 만들고 양국 중고등학생의 교류에 대해서 협의하였다.[119] 1992년 이래 중국 고등교육기관에서는 20여 개의 한국연구센터나 연구소가 설립되었고 110여 개 대학에 한국어 전공이 개설되었으며 27개 대학에 한국어과가 설치되었다. 2014년 12월 현재, 한국에는 이미 20개 공자학원과 4개 공자학당이 건립되었으며 한국은 아시아 아프키가 지역 공자학원 가운데 밀집도가 가장 큰 국가가 되었다.[120] 중국이 서울에 개설한 서울중국문화센터(首尔中國文化中心)와 한국이 중국에 설립한

. . . .

118 "韓使館: 2014年中韓人員往來有望突破1千萬人次" http://news.xinhuanet.com/world/2014-12/09/c_127288790.htm.

119 柳東春, "戰略合作夥伴關係下韓中敎育交流的方向", 『當代韓國』, 2010年, p. 64.

120 공자학원 홈페이지 참고. http://www.hanban.edu.cn/confuciousinstitutes/node_10961.htm.

한국문화원은 양국 사회 간 상대방 언어와 문화를 이해하는 중요한 창구가 되었다.

사증과 영사관리 방면에서, 2014년 7월 「중화인민공화국과 대한민국 영사협정」(中華人民共和國與大韓民國領事協定)에 서명하여 쌍방 모두 본국 국민이 상대 국가에서 업무, 학습, 교류와 생활을 하는데 있어서 합법적인 권익이라는 법률적인 근거에 따라 양국 국민 교류에 한층 건전한 법률적인 보장을 제공하였다. 2013년 중국은 한국의 부산, 광주, 제주에 3개 총영사관을 개설하고 한국은 중국에 중국 상하이(上海), 칭다오(青島), 광저우(廣州), 선양(瀋陽), 청두(成都), 시안(西安), 우한(武漢)과 홍콩(香港) 등 8개 지역에 총영사관을 개설하였다.

지방정부 교류 방면에서, 중국국가외국전문가국(中國國家外國專家局)과 한국 서울특별시는 2009년 3월 「우호교류협의서」(友好交流協議書)를 체결하고 중국과 한국의 인재 방면의 협력 교류 그리고 경제, 문화, 환경, 교육, 위생, 의료 등 영역에서 협력과 교류 관계를 공동 노력하여 발전시키기로 하였다.[121] 2013년 12월 현재 중국과 한국 모두 12개 우호도시 관계를 건립하였다.[122] 2014년 말 양국 주요 도시 간에는 47개 노선의 정기 노선이 개설되어 있으며 매주 850여 개의 항공편이 운항하고 있다. 또한 10여 기 정기 화물선이 매주 47회 운행되고 있다. 톈진(天津), 칭다오(青島), 다롄(大連), 옌타이(烟台), 웨이하이(威海), 롄윈강(連雲港)과 한국의 인천, 부산, 평택 등지로 정기 화물선이 운항하고 있다.

중한 사회교류 가운데 우호 단체는 적극적으로 특별하고 중요한 역할을 수행하고 있다. 현재 쌍방 간에는 중한우호협회(中韓友好協會), 한중우호협회(韓中友好協會), 한중문화협회(韓中文化協會), 21세기한중교류협회(21世紀韓中交流協會), 한중친선협회(韓中親善協會) 등이 중한 사회교류를 조직하고 촉진하는 과정에서 교량의 역할을 발휘하고 있다.

. . . .

121 "中韓簽署友好交流協議書", http://news.xinhuanet.com/newscenter/2009-04/13/content_11180763.htm.

122 위 데이터는 주한 중국대사관 누리집에서 가져옴. 홈페이지 "중한관계"(中韓關係) 참고. http://www.fmprc.gov.cn/ce/cekor/chn/zhgx/shuangbian/t720117.htm.

이와 같이 중한 사회교류는 거대한 성과를 냈으며 그 원인은 아래 네 가지 방면으로 귀결된다. 먼저, 사회 구조의 동질성과 이로 야기된 사유 방식의 동질성이다. 객관적으로 말해서, 사회구조의 동질성은 사회교류를 이끌어내는 빈도와 일치도가 이질성 사회에 비해서 훨씬 높은 것은 아니고 단지 우리들이 "같은 부류 사람들"이라는 심리적 암시와 우리들이 쉽게 교류한다는 심리적 기대를 형성하여 사회교류의 형성과 확대에 선험적인 심리적 복선을 제공한다는 점이다. 서방 사회의 개인 본위와 비교하여 중한 양국이 소속된 동방사회는 훨씬 관계 본위의 사회이다.[123] 동아시아 사회에서 사람들의 사유 핵심 위치를 점유하고 있는 것은 하나하나 상호 독립적이고 분리되어 있는 개인 혹은 개체가 아니라 개체들이 결합되어 있는 각종 관계나 집단이다.[124] 페이샤오퉁(費孝通)은 중국 사회와 서방 사회를 비교할 때 중국 사회를 일종의 질서의 층차 틀을 가진 사회로 인식하였다. 그 구조적인 특징은 마치 돌멩이를 물속에 던져 만들어지는 원형의 잔잔한 물결과 같이 개인의 한계라는 것이 불명확하다는 점이다. 반면에 서방사회는 하나하나 매어져 가지런히 놓인 볏짚과 같이 개체 간의 차이가 분명하다.[125] 동서방 사회 본체 상의 차이는 양자가 외부 세계를 관찰할 때 그들의 사유방식, 방법론과 분석 단위 등 방면에서 근본적인 차이를 노정한다.

나누어 말하면, 동방사회의 사유방식은 일종의 원형(圓性)의, 유추와 비유를 좋아하는 사유방식이다. 즉 먼저 하나의 중심 논점을 설정하고 그러고 나서 비유 방식으로 구체화하고 형상화한다. 계속해서 논술은 중심 논점을 중심으로 전개되고 확대되며 혹은 심화되어 간다. 하나의 전형적인 사례가 바로 명청 시대 중국의 팔고문(八股文)이다. 즉 먼저 "파제"(破題)하고 해석의 핵심 논점을 비유적으로 "승제"(承題), "기원"(原起), "제비"(提比), "허비"(虛比), "중비"(中比), "후

123 자오팅양(趙汀陽)에 의하면 동방사회에서 관계에 대한 강조의 근본적 의의는 우리들 본체론에 일종의 시사점(昈示)을 준다. 즉 동방사회의 관계본위는 서방사회의 개체본위와 근본적으로 차이가 있다. 자오팅양(趙汀陽), 『天下體系: 世界制度哲學導論』(南京, 江蘇敎育出版社, 2005), p. 46.

124 秦亞靑, "關係本位與過程建构: 將中國理念植入國際關係理論", 『中國社會科學』, 2009年 第3期, p. 72.

125 費孝通, 『鄕土中國: 生育制度』(北京, 北京大學出版社, 1998), pp. 27-30.

비"(后比)와 "대결"(大結)로 연이어 나아간다.[126] 동시에 이러한 사유방식은 모순 쌍방의 상호 전환을 강조하고 모순의 동태적 분석에 집중한다.

방법론적으로, 동아시아 사회의 관계주의는 사회 환경에 대한 중시와 집체의 개체에 대한 상대적 우위를 의미한다. 개체는 집체 중의 개체로 나타난다. 즉 감정 요소는 자연적으로 동아시아 사회에서 매우 중심 되는 기본적인 층면이며 관계 또한 기본적 분석 단위가 된다. 서방은 완전히 또 다른 경로이다. 외재 세계를 분석할 때 먼저 양자의 상호 분리와 대립 변수를 설정하고 그러고 나서 독립변수가 종속변수를 이끌어낸다. 이러한 분석 과정에서 두 개 변수는 시종 독립적이며 그것은 통시성뿐만 아니라 비용 수익 최대화의 원칙에 근거하여 상호 간에 연동한다. 비록 이익 저울추가 시종 행위체 상호 연동의 전제이지만 그러나 이성적으로 그 권익의 수익자는 개체이다. 그리고 관계와 감정의 돌출은 이익의 획득자가 우선은 집체라는 것을 의미하며 그런 연후에 비로소 집체 중의 개인이라는 점이다.[127]

바꾸어 말하면, 서방사회의 사유방식은 일종의 선형(線性) 사유이다. 동아시아 사회의 구조와 특징 그리고 그 연장선에서 동아시아 국가 관찰과 외부 세계 사고의 경로, 방식, 그리고 그것이 소위 장악하고 있는 철학적 이념은 동아시아가 그것을 이루기 위한 동아시아의 근본적인 원인이며 비록 그것이 사회 변천 과정을 겪었을지라도 그리고 현재 변천 과정에 있을지라도 그 독특성은 지금까지 오랜 기간 동안 사라지지 않고 있다.

둘째, 문화 배경의 유사성이다. 동아시아 전통문화의 이론 기초는 봉건시대 종법사상과 유가 경전 교의이다. 유가 교의는 '인'과 '예' 중요한 두 가지를 내포하고 있다. 그것은 주로 주(周) 나라의 문화와 정치전통에서 유래한다. '인'은 각종 미덕의 융합이며 박애(博愛), 공정(公正), 인애(仁愛)와 자선(慈善)을 포함하고 있으며 '예' 또한 예컨대 질서, 절제, 예절과 등급제 등 많은 함의를 포함하

---

126 項退结, 『中國民族性研究』 (臺北: 臺灣商務印書館, 1993), pp. 39-40.

127 秦亞青, "關系本位與過程建構: 將中國理念植入國際關系理論", 『中國社會科學』, 2009年 第3期, pp. 69-86.

고 있다. '인'은 윤리의 표출이며 '예'는 일종의 특수한 사회 구조이다.[128] 중국은 유가 전통문화의 발원지로서 유가문화는 시종 중국 전통문화의 커다란 주류이다. 비록 한국 조선시대에 널리 홍양된 유가 문화가 주로 성리학으로 다원화된 유파 쟁론과 유교, 도교, 불교의 삼교합일(三敎合一)을 반대하는 사상 경향이지만 한국 사회의 기본적인 형태를 만들어냈다.[129] 그러나 성리학은 어디까지나 여전히 유가 문화의 계보에 속하는 것으로 유가 문화가 새로운 시기 새로운 발전에 이른바 나타난 일종의 새로운 형태이며 그 핵심은 여전히 전통적인 공맹사상(孔孟思想)이다. 중국과 한국의 이러한 문화 유사성은 두 사회의 가치 이념과 도덕 판단이 일정한 같은 방향성을 갖고 있다는 것을 의미한다. 비록 이러한 방향성이 충분한 상호 이해를 가져오지 못한다할지라도 피차 간의 오판을 해소한다. 그러나 두 사회가 같은 시간 내에서 훨씬 더 많은 유사성을 상호 인지함으로써 결국 두 사회 교류의 안정성과 높은 효율성을 제고할 수 있다.

셋째, 정치 협력의 향도 역할이다. 앞서 언급한 대로 중한관계는 5년마다 새로운 단계로 격상되었다. 이러한 정치 협력의 순리적인 발전은 양국 사회 교류 간의 정치 코스트가 낮아지고 있음을 예시하는 것일 뿐만 아니라 동시에 양국의 정치 엘리트가 두 사회 보통 국민들에게 보내는 메시지이다. 즉 우리들은 상호 교류가 필요하고, 우리들은 우리들의 교류 행동을 통해서 당신들의 교류 행위를 지지하고 있다는 점이 필요하다. 다른 한편, 이러한 정치관계의 발전도 각자의 국민들에게 상대방을 이해시키는 가장 좋은 창구가 될 수 있다. 이는 바로 정치학 이론 중의 정치인 행위의 모범과 향도(嚮導) 역할이다.[130] 예를 들어, 2013년 6월 박근혜 대통령의 성공적인 중국 방문 이후 2012년 광복절 시기 한국 국민 의식조사 결과와 비교하면 한국 국민의 중국에 대한 호감도는 박근혜 대통령 방중 이후 10% 가까이 뚜렷하게 상승하였다.[131] 정치 협력의 향도 역할

. . . .

128 簡軍波, "中華朝貢關係: 觀念結構與功能", 『國際政治研究』, 2009年 第1期,, pp. 135-136.

129 張慧智, 王簫軻, "中韓關係二十年: 成就與問題", 『現代國際關係』, 2013年 第1期, p. 26.

130 楊光斌, 『政治學導論』(北京, 中國人民大學出版社, 2007), 第7章.

131 王星星, 殷棋洙, "當前韓國民衆對中國和中韓關係認識的實證研究", 『東北亞亞論壇』, 2014年 第2期 p. 82.

은 또한 양국 공동 성명 형식으로 사회 교류의 장기 규획과 전체 추진 전략의 선언에서도 나타나고 있다. 예컨대 2013년 6월 28일 「중한미래비전공동성명」은 "양국 국민들의 다양한 형식의 교류를 촉진하고 양국 인문 유대 활동을 한층 적극적으로 추진한다. 이를 위해, 양국 학술, 청소년, 지방, 전통예술 등 여러 인문 영역의 교류와 협력을 적극적으로 추진한다. 또한 양국 공공외교 영역의 협력과 각종 형식의 문화 교류를 진일보하게 촉진한다. 이로써 양국 국민 간의 상호 이해와 신뢰를 증진하고 양국 관계 장기 안정 발전의 기초를 충실히 한다"고 발표하였다.[132] 2014년 7월 4일 발표한 「중한공동성명」에서 중한 쌍방은 "쌍방향의 양국 국민의 직접 느낄 수 있는 인문교류 통해서 양국 국민 간의 감정의 유대를 강화하고 마음이 서로 통하는 신뢰 관계 구축"을 진일보하게 강조하였다.[133]

넷째, 경제교류의 효과이다. 2013년 중국과 한국 양자 무역액은 2,742억 달러에 달하였다. 이는 수교 초기의 55배이다. 2015년 중국과 한국 양자 무역액은 3,000억 달러에 이를 것으로 전망된다. 쌍방 경제협력은 이미 단순한 무역 교역에서 투자, 금융, 물류 등 각 영역에서 전면적인 경제 협력으로 발전하였다. 비록 중한 경제협력에는 거액의 무역 적자, 농산품 무역 갈등 등 여러 엄중한 문제들이 존재하지만 그러나 이러한 긴밀한 경제 교류 이면으로 쌍방 인원의 대규모 왕래를 불러왔다. 가장 간단하고 명료한 근거는 바로 밀접한 경제교류는 이러한 교류에 종사하는 인원이 한층 많은 경제 수익과 훨씬 높은 사회적 인증을 획득한다는 것을 의미한다. 또한 양국에 대량의 취업 기회를 만들어냈으며 이 또한 왜 중국과 한국인들의 왕래와 경제교류가 바로 상관 관계의 증가 추세를 나타내는지 해석해냈다. 2014년 11월 중순 중한 FTA 협상이 기본적으로 완료됨에 따라서 중국과 한국의 사회교류는 반드시 중한 경제교류가 진일보하게 밀접해진 이후 매우 빠른 발전의 새로운 고조기를 맞을 것이라는 것을 예상할 수 있다.

. . . .

132 "中韓面向未來聯合聲明", 『人民日報』, 2013年 6月 28日.

133 "中華人民共和國和大韓民國聯合聲明", 『人民日報』, 2014年 7月 4日.

II. 중한 사회 관계에서 존재하는 문제와 애로

중한 사회교류가 거대한 성과를 이뤘지만 문제 또한 홀시해서는 안 된다. 특히 중한 사회교류는 유효성이 부족하고 이와 같은 역설이 선명하게 드러나고 있다. 즉 두 사회의 교류가 긴밀하면 할수록 양국 국민들의 충돌 정서도 점점 농후해지고 있으며 호감도 또한 점점 낮아지고 있다. 가장 분명한 사실은 바로 중한관계 특히 경제 관계의 발전에 따라 양국 국민들 간에 상호간 대립적인 민족주의 정서도 관련하여 증가하는 추세이다. 상호 무시와 비방이 말 사이에 넘쳐나고 극도로 흥분된 분노 정서가 상대방의 발전과 양국관계를 전면적으로 살피는 냉정한 이성적 사유를 대체하고 있다. 연구자의 인식에까지 중한관계는 경제 영역에 머물러 있다.[134] 왜냐하면 중한관계는 양적인 성장에만 관심을 갖고 실질적인 내용을 발전시키는 구조적인 관계는 홀시하였다. 그들은 중한 전략적 협력동반자관계가 현실 상황인지 아니면 발전 목표인지 의문을 제기하고 인식의 차이를 만들어냈다.[135]

2013년 중한 상호 유학생 수는 모두 상대국 유학생 가운데 수위를 차지하고 있으며 이미 6.3만 명 정도에 이르고 있다. 그러나 중국에 대해서 분명한 반감 혹은 싫어하는 의사를 표시하는 한국 국민들은 종종 중국 여행의 경험을 가지고 있다. 게다가 한국 여행 혹은 유학 후 귀국한 중국인도 왕왕 한국에 대한 실망이나 혐오감을 표출한다.[136] 한국 안보와 관련된 문제에서 한국의 43% 국민과 44.2%의 학자들은 중국의 한국 안보 문제에서의 영향에 대해서 부정적인 태도를 보이고 있고[137] 18%의 한국 국민들도 중국이 위협적인 국가로 인식하고

· · · · · · · · · · · · · · · ·

134 金香海, "中國的崛起與朝鮮半島關係", 『東北亞論壇』, 2012年 第2期, p. 57.

135 詹德斌, "'天安艦'事件後韓國對中韓關係的反思", 『世界經濟與政治論壇』, 2011年 第6期. p. 121.

136 韓仁熙, "當前韓中文化外交存在的問題及對策", 『當代韓國』, 2011年, p. 86.

137 李政男, "韓國對中國在東北亞安全領域角色的認知", 『現代國際關係』, 2011年 第11期. p. 55.

있으며 북한이 위협적이라는 48%에 이어서 두 번째를 차지하고 있다.[138]

왜 한국 국민들이 중국에 대해서 부정적인 견해를 가지는가에 대해서 대부분의 피면담자들은 이러한 이미지가 만들어지는 원인을 분명하게 설명하지 못하고 있으며 심지어 구체적인 사실조차 제시하지 못하고 있다. 그러나 습관적으로 그리고 반복적으로 위와 같은 판단을 드러낸다.[139] 중국의 많은 국민들도 한국에 대해서 상당한 부정적인 견해를 가지고 있다. 가령 한국 유학생들을 '가오리방즈'(高麗棒子)라고 부르거나 한국이 조금 발전했다고 잘난 척하거나 자만하고 있다고 생각한다. 이러한 현상의 존재는 양국 사회의 교류가 상호 신뢰 개선과 양 사회의 상호 인식의 증대를 가져오지 못하고 오히려 반대로 되었다는 것을 설명해주고 있다. 이것은 사회교류의 증가가 사회 간의 신뢰를 반드시 불러오지는 않으며 사회교류의 유효성이 훨씬 중요함을 의미한다. 중국과 한국의 사회교류에서 나타난 문제로는 첫째, 비록 중한관계가 5년마다 한 차례 새로운 단계로 진입하였지만 사회교류는 중한관계의 총체적인 발전 심지어 정체되거나 중한관계의 전체 발전 속도에 비해서 정체되어 있다. 둘째, 비록 중한관계가 고급정치와 저급정치 분야가 분명하게 존재하고 있지만 저급정치 영역도 전체적인 추진 추세가 드러나지 않고 사회교류와 경제교류 분야에서만 존재하고 있다.

중한 사회 관계 역설을 야기하는 문제점은 중국과 한국 양 사회의 여러 관건적인 문제에서의 인식에서 존재하는 엄중한 편차이고 이러한 인식의 편차는 또한 중한 사회 관계 역설의 구조적인 원인을 만들어냈다. 먼저, 한반도 관련 문제이다. 2013년 6월 박근혜 대통령 방중 이후 한 연구조사에 따르면 37%의 한국인들은 북한 핵문제의 처리가 중국과 한국 양국 관계의 가장 중요한 사건이라고 생각하며 박근혜 대통령의 방중도 '북한 핵문제'에 확실히 집중되었다. 한편 동시에 양국이 '한반도 통일 문제에서 협력'이 가장 중요한 문제라고 21%가

. . . .

138   王星星, 殷棋洙, 상게서, p. 83.

139   王曉玲, "什麽因素影響韓國民衆在中美之間的立場—基於韓國民意調査的統計分析", 『世界經濟與政治』, 2012年 第8期, pp. 24-25.

인식하고 있다.[140] 바꾸어 말하면, 과반수를 넘는 한국 국민들은 북한문제가 중국과 한국 관계의 가장 중요한 문제라고 인식하고 있다. 이에 따라 북한문제에서 중국의 입장과 한반도 문제 해결에서 중국의 역할 발휘는 장차 과반수 한국 국민들의 대중국 인식에 영향을 줄 것이다.

비록 중국이 한반도 문제의 입장을 재차 천명, 즉 한반도 비핵화 견지, 한반도의 평화와 안정 유지, 대화와 협상 방식을 통한 한반도 문제의 해결, 동시에 한반도의 평화적 통일을 재차 천명할지라도 어떤 사람도 중국 앞마당에서 긴장 국면이 조성되어 전쟁이나 혼란이 발생하는 상황을 허락하지 않을 것이다.[141] 그러나 한국 국민들 입장에서 보면, 중국의 한반도 정책은 편파적이다. 즉 북한을 감싸고 두둔하는 것이 악행을 조장한다고 인식한다. 북한과의 경제교류의 발전은 종종 북한 핵무기 발전에 필요한 경제적인 자원을 제공하고 한반도 평화를 유지하는 기본적인 정책이 오히려 중국이 북한의 보호자로 인식되고 있다. 더욱 심각한 인식은 바로 1950년 중국이 한국전쟁에 개입하여 오늘날 한반도 분열의 구도를 만들었기 때문에 중국이 반드시 책임을 져야 하고 중국의 오늘날 행위는 그 역사적인 책임을 다하지 못하고 있다는 인식이다.[142] 한반도 문제의 복잡성은 일반 국민들이 충분히 이해할 수 있는 문제는 아니다. 그러나 그들은 분명하게 인식하고 있다. 중국이 북한과의 특수 관계를 버리고 한국의 '정의' 호소를 지지하고 아울러 최종적으로 한반도 통일에 적극적으로 참여하여 필요한 일을 해야(有所作爲) 비로소 중국이 책임을 짊어지는 국제적인 이미지가 만들어진다고 생각한다.

반면에 중국인들은 중국이 한반도 안정을 유지하려는 뜻은 국내의 개혁과 발전에 양호한 외부 환경을 만들어내는 것이라고 생각한다. 한반도 문제는 남북한의 문제이며 민족 내부 문제라는 인식이다. 중국은 북한을 원조했으나 수

. . . .

140 王星星, 殷棋洙, 상게서, p. 85.

141 "外交部: 絶不允許在中國家門口生戰生戰", http://military.people.com.cn/n/2014/0529/c1011-25078431.htm.

142 2014년 9월 17일, 한국 세종연구소 일행 중앙당교 국제전략연구소 방문 시, 세종연구소 소장 송대성(宋大晟) 교수의 견해. 아울러 한국에는 이러한 관점을 가진 사람이 많다고 말함.

차례 상대방의 배신을 경험했고 한국과의 관계를 발전시키려고 노력하였으나 오히려 상대방의 오해와 심지어 욕설을 불러일으켰다. 동시에 한반도 문제 심지어 전체 동북아시아도 결코 중국 국민들이 관심을 갖는 주요 방향은 아니다. 의심할 필요 없이 쌍방은 같은 문제에 대한 중요성 정도와 심리 인식 측면에서 매우 큰 간극이 존재한다. 그리고 중국 국민들의 이 문제에 대한 이해는 한국 국민들의 입맛에 부합하기가 어렵다.

둘째, 역사 인식 문제. 역사 인식 문제에서 다수 한국 학자들의 역사 인식 등 학술 문제의 정치화가 양국 학계와 민간의 격렬한 논쟁을 야기한다. 예를 들어 일부 한국 민족사학자들은 근대 이후 "북방의 고구려를 중심으로 한국의 역사 체계를 재구성"하고 중국을 한민족의 대립면으로 만들려고 한다. "고조선과 고구려를 고대 로마와 같은 대제국으로 형상화하고 아울러 흉노, 여진, 몽고, 선비족 등을 모두 같은 민족으로 보고, 조선족의 한족에 대한 침략과 식민의 '광영사'(光榮史)를 강조"함으로써 한국 국민들의 민족 정신을 불러일으키고 있다.[143] 이를 거울삼아 중국사회과학원과 동북3성 관련 학술기구와 대학 등이 공동으로 조직한 대형 학술 프로젝트인 "동북공정"(東北工程)이 2002년 2월에 시작되었다. 동북 변경 지역의 역사와 현상 등 문제에 대한 체계적인 조사 연구가 목적이다. 그러나 관련 연구 결과는 한국 학술계와 여론의 강렬한 항의와 비난을 불러일으켰다. 학술연구는 본질적으로 서로 보는 각도에 따라 견해가 다르다(仁者見仁智者見智). 그러나 정치가 개입하거나 그것이 정치화하면 학술연구는 그 본래의 의미를 잃게 된다. 비록 중국과 한국 정부 간 역사 인식 문제에서 구두 양해를 이뤘다고 하지만 국가 기원과 관련된 역사 인식은 오랜 기간 양국 사회 상호간 인식에 영향을 주고 있으며 간헐적으로 양국 국민들의 민감한 심금을 간헐적으로 건드리고 있고 중국과 한국의 사회교류에 영향을 주는 시한폭탄이 될 수 있다.

셋째, 중국의 부상에 대한 심리적인 문제이다. 중국의 부상에 대해서 중국 사

. . . .

143 張慧智, 王簫軻, 상게서, p. 22.

람들은 이것이 바로 중국이 민족 부흥을 실현하는 위대한 꿈의 필연적인 결과이며 주변 국가와 세계에 도움이 될 것이라고 생각한다. 다만 이러한 과정이 매우 오랜 기간 지속되어야 하며 미래 어떤 시간에 이르러서야 현실화된다고 생각하고 있다. 한국 학자들과 보통 국민들은 오래지 않아 중국의 부상에 따라서 중국은 미국을 초월하여 세계의 주도 국가가 될 것이라도 보편적으로 생각한다. 35.6%의 한국 학자들이 이러한 견해를 가지고 있다. 그러나 70% 이상의 한국인들은 중국의 부상에 대해서 부정적인 정서를 가지고 중국이 아시아의 주도 국가가 되는 것에 대해 비교적 받아들이기 어렵게 생각하고 있다.[144] 한국학자들의 중국 부상에 대한 관점에 대해서 이희옥 교수는 '현실주의 비관론'과 '자유주의 낙관론'이라는 두 시각으로 나누어 설명하고 있다. '현실주의 비관론'의 인식은 다음과 같다. 중국의 부상은 반드시 미국과 패권을 다투게 되고 한반도는 중국과 미국의 패권 경쟁의 첫 무대가 될 것이고 이것이 한반도의 동요를 야기할 것이다. 중국의 경제발전은 장차 한국 경제의 공동화를 야기할 것이다. '자유주의 낙관론'은 다음과 같이 인식한다. 중국은 단기간 내에 미국이 주도하는 세계질서에 불만족하지 않을 것이며 중국과 미국 간에는 역량의 평화적인 변화가 일어날 것이다. 이 과정은 한반도의 안정을 위협하지 않을 것이다. 한국의 경제발전은 중국보다 이익이 될 것이며 장차 한국의 이익도 중국으로부터 훨씬 많이 나올 것이다. 중국과 한국의 대규모 인문 경제교류는 양국 정치 협력의 기반이다. 따라서 양국관계의 발전은 되돌릴 수 없다.[145]

한국 국민들이 중국의 부상에 대해서는 단지 인식의 과정일 뿐이며 그 결과를 받아들이지 않는다는 것을 알 수 있다. 이는 한국 국민들이 한편으로 한미동맹을 한국 국가안전과 외교정책에 대해서 기본적으로 의존하고 있는 것으로 나타나고 있다.[146] 한편, 중국의 부상에 대한 부정확성이 많은 의문을 낳고 중국의 미래 발전에 대해서 우려를 낳고 중국 부상 이후 '강대국'이 될 것이라 걱정하

· · · · · · · · · · · · · · · ·

144 이정남, 상게서, p. 55.

145 이희옥, "중국 부상의 한국적 성질: 시각과 현실", 『한국과 국제정치』, 2009년 겨울, pp. 12-13.

146 石源華, 文恩熙, "試論中韓戰略合作夥伴關係中的美國因素", 『東北亞論壇』, 2012年 第5期, p. 19.

고 있다.

III. 중한 사회교류 진일보 추진을 위한 사고

중한 사회교류에는 쌍방의 예상을 벗어나는 역설이 존재하고 있다. 그러나 두 사회교류의 추세는 좋다. 특히 박근혜 대통령 방중과 시진핑 주석의 방한 시 모두 사회 차원의 교류가 양국의 전면적 전략협력동반자관계에 중요한 의의가 있다는 것을 강조하였으며 아울러 간절한 희망을 주었으며 사회교류가 한층 진일보하게 발전할 것을 기대하게 했다. 그러나 중한 사회 관계 발전을 추진하는 것과 동시에 한편으로는 사회교류의 역설에 대해 객관적으로 인정하고 이성적으로 대처해야 한다. 중한 사회교류에 영향을 주는 문제점이 하룻밤 사이에 해소되기를 기대해서도 안 되며 사회교류 과정에서 민족주의 정서가 양국관계의 발전을 볼모로 잡는 상황을 방지해야 한다. 다른 한편 미래 중한 사회교류의 복잡성과 발생 가능성이 있는 돌발 사건에 대해 심리적인 준비를 잘하고 사회교류의 양을 늘리는 동시에 사회교류의 효과성도 확실히 높여야 한다.

1. 중한 국민 인식 편차를 어떻게 줄일 것인가?

앞서 언급한 대로 양국 국민들의 중대한 문제에서의 인식 편차는 중한 사회교류 역설 내면의 구조적 원인을 유발한다. 이러한 문제들은 단기간에 해소되지 않을뿐더러 게다가 미래의 어느 시기에 갑자기 폭발하여 신속하게 양국 국민의 위화 정서에 불을 붙일 수도 있다. 또한 중한 사회교류의 불확실성 변수와 현실적 장애가 될 수 있다. 그래서 중한 사회교류 과정에서 발생하는 돌발 사건을 효과적으로 관리해야 하며 양국 국민들의 이러한 관건적인 문제에서의 인식 편차가 특히 중요해지는 것을 감소시켜야 한다.

첫째, 국민들이 심리적으로 좋은 준비를 하도록 인도해야 한다. 가장 중요한 것은 국민들의 개방적인 시각과 포용적인 태도를 배양하고 서로 다른 의견에 충분하게 그리고 대담하게 접촉하도록 한다. 그들이 현 세계가 개방되고 포용의 세계라는 것을 인식하게 하고 개방된 시각으로 주위의 환경 변화를 깊이 있게 주시하고 서로 다른 민족 간의 교류에 대처한다. 포용적인 태도로 상호 교류 과정에서 출현하는 문제를 대한다. 이는 양호한 국민 이미지 발전에 유리할 뿐만 아니라 상호간 이해와 공동 이익 촉진에도 유리하다.

다음으로 국민들이 이러한 문제들의 복잡성과 폭발 가능하다는 필연성을 인식하도록 인도한다. 이 일에는 과도하게 민감하거나 과격하게 반응할 필요가 없다. 앞서 언급한 대로 중한 사회교류는 이미 역사 인식의 편차가 있으며 또한 현실적 이익을 둘러싼 갈등도 있다. 게다가 핵심이익 차원에서는 훨씬 근본적인 차이가 존재한다. 역사와 현실이 교차하고 핵심이익도 다르다. 이것이 두 사회 교류 중에 출현하는 문제가 단기간 내에 해결하기 어렵고 반대로 어떤 시기에는 폭발할 수도 있다. 동시에 현대사회는 다원적인 요소가 공존하는 복합체 사회이고 서로 다른 사조가 한데 모여 있기 때문에 특정 민감한 문제에 대해 보편적인 일치된 시각을 보이기 매우 어렵고 오히려 문제 해결의 어려움을 가중하고 있다. 이에 대해 양국 정부는 국민들이 이들 문제의 복잡성을 인식하도록 적극적으로 이끌고 있다. 즉 양국 정부는 객관적인 마음으로 돌출하는 문제를 대하고 이성적인 태도로 이들 간의 불일치와 차이를 대하도록 하고 있다.

둘째, 양국 정부는 최대한으로 중한 사회교류의 공통점을 찾아내고 강조해야 하며 그 차이에 대해서는 회피하지 않고 약화시켜야 한다. 객관적으로 말하면, 문제를 발견하는 것은 본질적으로 중국과 한국이 공동으로 중한 사회교류의 장기 비전을 계획하는 데 유리하다. 어떻게 할 것인가? 하나의 방법은 바로 정부가 양국 연구기구의 협력 연구를 격려하고 지원하며 강화하는 것이다.

연구자들이 갖고 있는 지식, 전문적인 장점과 이성적인 우세를 발휘하도록 하여 구체적인 문제를 돌파할 수 있도록 하고 양국 사회교류의 공통점을 찾아서 양국 사회교류에 이성적인 방향과 틀을 제공한다. 그런 연후에 상호 교류 과정에서 공통점을 더욱 크게 하고 내실화하며 동시에 양국 매체가 양국 간의 유사점을 선전하도록 격려하고 중국과 한국이 "많은 공통점을 가지고 있다"는 여론 분위기를 촉진하고 공통점을 확대하여 두 사회의 교류를 확대하고 양 사회의 공동이익의 발전을 촉진한다.

또한 공동으로 상호간 갈등이 있는 부분을 약화시키고 갈등을 회피하지 않는 동시에 마지막으로 갈등을 해결하여 쌍방의 조건과 환경에 유리하게 만들어 긴다. 동시에 22년 동안 중한 사회교류 중의 성공 영역의 경험을 추출해서 쌍방의 공세적인 측면이 되도록 하고, 그 경험이 상대적으로 미진한 영역에까지 미치도록 하여 사회교류 각 영역의 균형적인 발전을 촉진한다.

셋째, 양국이 각자 책임을 나눠 맡는다. 북한 핵문제에서 중국과 한국은 일치된 보조를 유지해야 하며 반대되는 행위를 없애야 한다. 동시에 한국은 '한국 중심'과 '미국 중심'의 시각을 탈피하여 한미동맹의 북한 핵문제의 원인 그리고 위기 관리 중의 적극적인 역할과 소극적인 역할을 다차원적으로 주의 깊게 다시 봐야 한다. 자체 안보를 중시하는 동시에 한국이 자체 안보를 추구하는 노력이 인접국에 모종의 부정적인 영향을 가져온다는 점을 잊어서는 안 된다. 한반도 통일문제에서 한국은 중국이 도대체 얼마나 역할을 해야 하는지를 객관적으로 평가할 필요가 있다. 이에는 당연히 중국과 북한의 관계가 한반도 통일에 장애가 되는지도 포함된다. 역사 인식 문제에서 양국은 학술 연구의 정치화를 피하고 정치 의제의 학술 연구에 대한 불필요한 영향을 피하여 양국의 우호적인 역사관 교육을 수립해야 한다.

중국의 부상에 대해서 객관적으로 말해서 중국은 확실히 돌아볼 지점이 있다. 먼저 빠른 경제 번영이 중국 국민 심리의 단기적인 균형을 잃게 하였으며 강자에 대한 맹종과 약자에 대한 경시, 물질 추구에 대한 숭배 그리고 정신 수요에 대한 냉담, 일치된 의견에 대한 영합(迎合)과 분기된 쟁점에 대한 배척, 타자(他者) 개방에 대한 기대 그리고 자아 포용에 대한 홀시, 맹목적인 자신감과 심리적 취약함의 교차, 현실적인 팽창과 역사적 부담의 혼합으로 표출되었다. 다른 한편, 중국 외교는 충분한 자신감과 능력이 부족하고 항상 사소한 일을 크게 벌리고 대기만 해도 바로 반응하는 조급증이 있다. 이러한 국내와 외교 변수 때문에 중국은 자신을 진지하게 대할 필요가 있다. 당연히 이러한 문제는 중한 관계와 중한 사회교류 측면에서만 표출되는 것은 아니다.

2. 진일보한 방안

첫째, 사회교류 효과 평가 메커니즘, 정부의 사회교류에 대한 관리와 지도 강화, 교류 질 제고 중시.

상술한 대로, 중한 사회교류는 규모가 크지 않다고 말할 수 없고 발전의 속도 또한 느리다고 할 수 없다. 문제의 관건은 교류 효과가 두드러지지 않고 교류 과정이 효과적으로 관리되고 지도되지 않는다는 사실이다. 그래서 하루 빨리 중한 사회교류 평가 메커니즘을 건립해야 한다. 일정 시간 차원과 공간 범위 내에서의 사회교류의 효과를 평가해야 한다. 관건은 빨리 문제를 발견하여 그 대응책을 찾아서 나쁜 일이 더 이상 커지지 못하게 방지하고 그 장점은 널리 알리고 단점은 피하는 것이다. 평가 기제의 평가 결과에 기초하여 양국 정부는 신속히 효과적으로 사회교류에 대해 필요한 관리와 지도를 진행할 수 있다. 공통점을 두드러지게 하고 피차간의 불일치는 약화시킨다. 그렇게 하여 자연발생적이고 맹목적이며 무질서한 상태를 탈피하여 '사회교류 확대-양국관계 공고화-사회교류 확대'의 선순환 사이클을 만들어내야 하며 진정으로 사회교류가 사회 신뢰를 촉진하고 양국관계의 민의 기초를 두텁게 하는 역할을 해야 한다.

둘째, 사회교류 위기 관리기제 건립, 국민 정서의 합리적 소통, 민간 정서 대립 방지.

중한 사회교류는 유효성이 부족하다. 중요한 원인은 사회교류의 위기관리 메커니즘이 완전하지 않다는 데 있다. 일단 양 사회 간에 대립 정서가 나타나면 효과적인 대응 조치와 관리 메커니즘이 부족하기 때문에 방임이 확대되고 일반화된다. 중한 사회교류의 복잡성과 다원성에 비추어 보아 미래의 사회교류는 '고구려 역사', '단오제 세계유산 신청', '공자는 어느 나라 사람', '한반도의 분열은 누구의 책임' 등 문제와 유사한 많은 문제들이 나타날 것이다. 위기관리 메커니즘 건립은 한편으론 사회 차원의 공방전이 국가 외교 차원의 이슈로 상승하는 것을 방지하고 양국 관계의 건강한 발전에 영향을 준다. 다른 한편, 이러한 문제들에 대해서 이성적인 토론의 표준과 범위를 설정할 수 있고 민간 정서를 규범화하고 이끌고 소통할 수 있으며 대립 정서의 출현을 방지하고 특히 나로드니키주의(民粹主義)와 극단적 민족주의의 범람을 막을 수 있다.

셋째, 민간 우호 단체의 교량 역할 적극적 발휘. 우호 단체는 양국 관계가 기복이 있을 때 특수한 소통과 교량 역할을 발휘할 뿐만 아니라 양국관계가 평온하게 발전할 때도 양국 사회교류에 규범과 인도 역할을 할 수 있다. 우호 단체는 사실상 양국 민간, 양국 정부와 양국 정부와 민간 소통의 교량 역할을 맡고 중국과 한국 민간 교류의 1.5트랙의 지위를 갖는다. 즉 정부의 작용과 역할은 민간 우호 단체 교류의 배후에 숨어서 민간 단체의 도움을 받아 정부의 목소리와 관심을 드러내어 정부의 지도와 규범 역할을 훨씬 좋게 발휘한다. 특히 양국의 싱크탱크 교류는 점점 확대되고 있다. 자발적인 민간 교류와 비교하여 우호 단체는 훨씬 명확한 목표와 이성적인 행위 그리고 항구적인 계획을 가지고 있다. 우호 단체의 규모와 수량 확대는 사회교류의 역할에서 두드러지게 드러나고 있으며 또한 중한 사회교류의 유효성 제고에 적은 노력으로 많은 효과를 거두는 역할을 다하고 있다.

넷째, 중한 사회교류 층차를 풍부하게. 중한

사회교류는 이미 교류 주체 다원 병진의 추세가 나타나고 있다. 새로운 시기, 이러한 새로운 교류 주체의 출현은 중한 사회교류 발전에 새로운 활력과 요소를 가져왔다. 2014년 7월 3-4일 시진핑 주석은 부인 펑리위안(彭麗媛) 여사를 대동하고 한국을 단독 방문하였다. 방문 기간 펑리위안은 수차례 사회 활동에 참여하였다. 단정하고 장중하며 의젓한 동방 여성의 기질은 많은 한국 국민들의 관심을 받았고 한국에서 '퍼스트 레이디 폭풍'을 불러일으켰으며 당시 시진핑 주석의 한국 방한에서 사람들의 이목을 끌었다.[147]객관적으로 말해서 '퍼스트 레이디 외교'는 같은 나라에서 수차례 중복해서 나타나거나 복제되지 않는다. 그러나 그것이 보여주는 '국가 명함' 효과는 오히려 사회교류에서 본보기가 되고 널리 보급되기 때문에 양국 사회교류 중 각 영역의 새로운 '국가 명함'을 적극적으로 찾아서 사회교류의 차원을 더욱 풍부하게 하여 그 뿌리 기초를 훨씬 넓게 하고 영향이 미치는 범위를 한층 넓게 한다.

. . . .

147 http://ent.people.com.cn/n/2014/0705/c1012-25243106-2.html.

다섯째, 중한 사회교류 범위의 지속적 확대.

중한 사회교류 규모는 이미 대성황을 이루고 있다. 그러나 여전히 여러 이슈는 사회교류 즉 민간교류, 학술교류 등 방식을 통해서 그 가치와 역할을 한층 더 발휘해 나가야 한다. 예를 들어 위안부 문제에 관해서 한국에서 위안부 문제의 연구와 그들의 합법적인 권리 쟁취는 전 사회의 격려와 지지를 얻고 세계 각지의 정의로운 세력들의 찬사를 받았다. 그들 또한 용감하게 일어나서 일본 군국주의의 역사 죄악을 폭로하였다. 중국에서 이 문제에 관한 사회의 관심 특히 관련 학술연구는 매우 취약하다. 정의 차원에서 한층 더 많은 사회 역량의 지지가 필요하다. 만약 중국과 한국의 민간 연구 기구가 이 문제에서 효과적인 협력과 교류를 진행할 수 있다면 역사의 정의를 풍부하게 더욱 드러낼 뿐만 아니라 미래에 경각심을 보여줄 수 있다. 특히 현실에서 양국 사회 국민들의 소통과 교류에 마음의 위로를 가져올 수 있다. 이 외에도 중국과 한국 민간은 현대사회 거버넌스, 비전통 안보 등 의제에서 효과적인 협력을 전개할 수 있으며 양국 민족이 갖고 있는 지혜의 교류와 상호 귀감을 확대할 수 있다.

여섯째, 미디어 보도 규범화, 민간 우호 중요 경로 구축.

보도의 규범화는 진력하여 보도의 내용을 제한하고 언론의 자유를 방해하는 것이 아니라 보도의 진실성과 객관성을 추구하고 단편적인 보도나 악의적인 선전을 방지하고 각종 얼토당토 않는 괴상한 논거나 허위 뉴스 등을 단호하게 억제하는 것을 가리킨다.[148] 정보화 시대, 미디어는 이슈가 무한대로 확대되는 효용성을 갖고 있다. 보통 국민의 정서와 사고를 완전하게 이끌거나 심지어 묶어 둘 수도 있다. 미디어 보도는 양국 사회교류의 긍정적인 발전을 이끌 수도 있으며 또한 양국 국민들의 대립 정서를 이간질할 수도 있다.

그러나 이익추구의 본성 때문에 보도에 있어서도 구매요인(구매가격)에만 집중할 뿐 시간 요인 배후의 객관적 환경과 이성적 판단은 간과하곤 하는 조작적 경향을 어쩔수 없이 드러내곤 하기 때문에 미디어의 부정적인 역할이 아주 분

148 張慧智, 王簫軻,, 상게서, p. 27.

명하다. 이 때문에 양국 미디어 보도의 규범화는 기본적인 직업 도덕적 품행을 준수하고 보도의 단편성과 허위성을 피하고 보도의 주관적 억측을 철저히 막아내는 것이 매우 필요하다. 동시에 미디어 간 교류 또한 사회교류의 중요한 차원이며 내용이고 방식이다. 따라서 쌍방 미디어 교류의 확대는 사회교류를 풍부하게 하는 데 중요한 의미가 있다. 양국은 각자 매체에 대해서 상호 이익을 취하고 폐해를 피해가면서 미디어의 선전과 소통의 역할을 잘 발휘하게 해서 이것이 양국 우호적인 교류의 중요한 경로가 되도록 해야 한다.

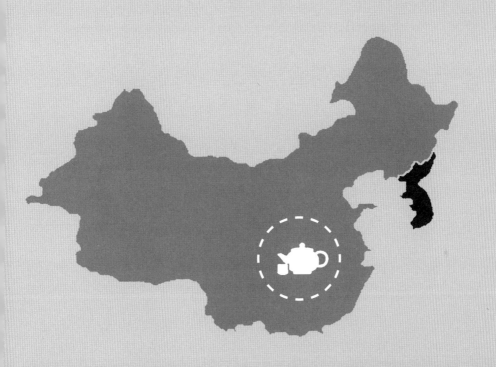

한중 문화관계

한중 문화교류
평가와 전망[149]

임대근(한국외대 교수)

한국과 중국이 공식 외교관계를 수립한 것은 1992년의 일이지만, 양국 간 문화
교류의 역사가 수천 년 세월 동안 축적돼 왔음을 부인할 사람은 없을 것이다.
물론 오늘날 우리가 말하는 양국 간 문화교류라는 개념은 근대 국민국가 수립
이후, 즉 1948년 대한민국 정부 수립과 1949년 중화인민공화국 수립이라는 기
점 이후의 상황을 의미하는 것임은 두말할 나위 없다. 그럼에도 그것은 근대국
가 이전의 역사를 거치며 축적되어 온 오랜 세월에 걸친 상호 문화 영향의 관습
과 전통으로부터 자유롭지 않다. 특정한 정치 체제가 갖추어지기 이전인 원시
시대부터 시작되었을 두 지역 간 문화적 영향 관계는 고대와 중세의 왕조 체제
를 거치면서 성숙했고, 근대 이후의 시기를 거치면서 오늘에 이르고 있다. 주지
하다시피 한중수교는 제2차 세계대전 이래 단절돼 왔던 양국관계를 회복한 역
사적 사건이었다. 수교 이후 양국은 전방위적 분야에서 상호 관계를 발전시키
기 위해 노력해왔다. 문화 영역 또한 예외는 아니다.

· · · · · · · · · · · · · · · ·

149 이 글의 전체 기조는 필자의 칼럼 "한중수교 20년, 문화 교류의 명암", 『프레시안』 2012. 9. 10에 근
거하고 있으며, 글의 내용은 이 칼럼을 바탕으로 수정, 보완하였다.

1. 한중 문화교류의 역사

1) "절반의 성공, 절반의 실패"

총체적으로 말하면, 20년 동안 양국의 문화교류는 "절반의 성공, 절반이 실패"라고 할 수 있다. '절반의 성공'이 문화교류의 양적 규모나 질적 수준이라는 측면에서 보았을 때, 이전과는 비교할 수 없는 성장을 거듭해왔음을 가리킨다면, '절반의 실패'라는 표현은 공식적 문화교류 위주의 성과가 주를 이루고 있고, 민간의 문화교류는 '한류'의 사례들에서 찾아볼 수 있듯 한국에서 중국으로의 '진출'이 중심이 되고, 중국에서 한국으로의 '진입'은 상대적으로 활성화되지 못함으로써 상호 불균형 현상을 보여주고 있음을 가리킨다.

2) 문화교류를 위한 정책적 노력

수교 직후 양국 문화교류의 상황은 오늘날처럼 활발하지는 않았다. 양국 간 문화교류의 필요성에 따라 1994년에는 양국 정부 간 「문화협력에 관한 협정」이 체결됐다. 모두 18개 조로 이루어진 이 '협정'은 "교육 · 학술 · 문화 · 예술 · 언론 · 라디오 · 영화 · 텔레비전 · 출판 · 청소년 및 체육 분야에서 양국 간 교류와 협력을 증진시키기를 희망"하여 체결한다고 명시하고 있다. 이러한 정신에 따라 "교사, 학자 및 전문가 방문, 연구 및 순회강연회의 상호 교환 장려 및 지원", 장학금 지급, 학술연구 여건 조성, 상호 학위 인정 검토, 작가 및 예술가 등 문화 인사 및 기관 교류, 상호 출판 협력 증진, 도서관 및 박물관 등 기관 교류 등을 규정하였다. '협정'의 체결은 양국 간 수교 이후 문화교류 활성화를 위한 정부 간 노력이 최초로 이뤄낸 결실이라고 평가할 수 있을 것이다.

'협정'은 두 나라 정부가 주체가 되어 체결한 탑-다운 방식의 결과물이다. 문화 간 교류가 기본적으로 민간 자율에 의해 이루어지는 것 아닌가 하는 전제로 생각한다면, 분량도 얼마 되지 않는 이런 협정문이 무슨 실제적인 역할을 할 수 있을까 하는 회의를 가질 수도 있다. 그러나 당시 '협정'은 양국 간 문화교류라는 측면에서 봤을 때, 작지 않은 실제적인 영향력을 행사한 것으로 평가된다. 그런 의미에서 협정문 중 유의미한 부분들을 살펴볼 필요가 있다.

첫째, '협정'을 통해서 두 나라가 이른바 "권한 있는 교육기관에서 발급"하거나 "수여한 학위" 등에 대해서 상호 인정할 수 있도록 검토를 시작했다는 점이다. 이런 진전은 특히 중국 내 한국 유학생의 급증 현상을 불러온 기초를 마련했다. 중국 교육부의 통계에 따르면 2011년 기준으로 중국 내 한국 유학생 숫자가 6만 명을 돌파했으며, 이런 수치는 전체 외국인 유학생 가운데 21.3%를 차지하면서 1위를 차지했다. 이는 각각 2위와 3위를 차지한 2만 3천여 명의 미국 유학생, 1만 7천여 명의 일본 유학생을 합한 숫자를 훨씬 웃도는 압도적인 기록이다. 이런 상황이 일어난 원인은 물론 여러 가지를 꼽을 수 있지만, 두 나라 사이의 문화협정을 통한 상호 학위 인정 노력이 중요한 역할을 했음을 부인할 수 없다. 이런 노력은 곧 한국 젊은이들의 대거 중국 유학을 불러왔다. 1990년대 중·후반 베이징의 우다오커우(五道口) 거리는 마치 한국 대중문화의 전시장처럼 변했다. 당시 노랑머리로 염색을 하고 한쪽 귀에 귀걸이를 한 젊은 한국 남학생들의 문화는 중국인들에게 있어서는 적지 않은 문화충격으로 다가왔고, 이들은 일상 속에서 한국 문화를 중국에 알리는 역할을 톡톡히 해냈다.

둘째, "호혜의 원칙하에 자국 국민에게 편견 없이 상대국의 문화와 예술을 소개하는 데 유리한 여건 조성을 장려한다"는 문구가 삽입됐다. 이런 선언적 문구는 사실 어떤 반작용에 대한 사전 예방 차원이 더 강하다고 할 수 있을 것이다. 특히 '편견 없이'라는 표현은, 당시로서는 아직 활성화되지는 않은 상태였으나 상호 문화 예술 교류가 모종의 편견을 수반할 수도 있을지 모른다는 부정적 인식과 예측의 결과라고 해도 무방할 것이다. 협정은 특히 교류의 범주를 "교육·학술·문화·예술·언론·라디오·영화·텔레비전·출판·청소년 및 체육 분야" 등으로 매우 폭넓고 구체적으로 언급했는데, 이는 한국이 다른 나라들과 체결한 문화교류협정에 비추어볼 때 이례적인 것이었다. 그것은 아마도 당시 중국의 문화 관련 업무가 교육부, 문화부, 라디오영화텔레비전총국(廣播電影電視總局), 언론출판총서(新聞出版總署), 스포츠총국(體育總局) 등으로 세분화돼 있던 상황에 따라 이들에게 각각 교류의 임무를 부여해야 하는 상황과 무관치 않을 것이다.

셋째, 이런 상황의 연장선상에서 '협정'은 또한 "상대국의 역사적·지리적 사실을 존중한다"고 언급했는데, 결과적으로 보면 이 또한 모종의 불편한 예견이었을지도 모른다. 왜냐하면, 두 나라 사이의 문화교류는 이러한 정책적 노력의 결과로 훨씬 진일보한 측면이 있으나, 2000년대 이후 '동북공정(東北工程)' 사건을 필두로 터져 나온 각종 문화 갈등이 위에서 언급한 상대국의 역사적 · 지리적 사실에 관한 문제뿐 아니라, 각 분야에 걸쳐 전방위적으로 지속돼 오고 있기 때문이다. 바꾸어 말하면, 한국과 중국 사이의 문화 교류는 협정이 '예견'하고 있듯이 시작부터 상당히 민감하면서도 복잡한 갈등 요인을 배태(胚胎)하고 있었던 것이다.[150]

이 협정의 내용에 따라 양국은 1994년 이후 2년마다 '한중 문화공동위원회'를 개최하여 구체적인 교류 내용을 결정해왔다. 그러나 이 위원회는 2011년 제8차 회의를 끝으로, 2013년 '한중 인문교류공동위원회'로 그 이름을 바꾸었다. 이는 2013년 6월 박근혜 대통령이 중국을 방문하였을 때, 양국이 '인문유대 강화'에 합의한 뒤 그해 11월 양국 외교부 차관을 수석대표로 하는 한중 인문교류공동위원회를 출범시킨 데(제1차 회의) 따른 것이다. 양국은 이 위원회를 통해 연도별로 학술, 지자체, 청소년, 전통예능 등 분야에서 세부사업을 발굴하여 공동 추진해 나가기로 합의하였다.

이에 따라 2014년 7월에는 시진핑 중국 국가주석의 방한을 계기로 '19개 인문유대 세부사업'을 2014년 안에 실시하기로 합의하였고, 그 가운데는 한중 인문교류 정책포럼, 한중 청소년 특별교류사업, 장학금 사업, 전통예술 체험학교, 한중 인문교류 테마도시(경상북도-산시성)사업 등이 포함되었다. 이러한 인문유대 사업은 '한중 전략적 협력동반자관계' 내실화의 일환으로 양국 국민 간 상호 이해와 심적 · 정서적 유대감을 심화시켜 나갈 목적으로 구상되었다.

한편 제2차 '한 · 중 인문교류공동위원회'는 2014년 11월 중국 시안(西安)에서 열렸다. 이 회의에서 양측은 인문학계 간 소통 강화, 청소년 등 미래세대 간 교류 활성화, 양국 국민 간 문화적 공감대 확산, 지방차원으로의 인문교류 확대

. . . .

150 이상 '협정'의 의미에 대해서는 다음을 인용하였음. 임대근, "대중문화교류". 이희옥 외, 『1992~2012: 한중관계 어디까지 왔나-성과와 전망』, (동북아역사재단, 2012).

등의 성과가 있었다고 평가하고 2015년 인문유대 세부 사업의 중점으로 주요 교류사업(청년지도자 포럼, 문화교류회의, 양국 관광의 해 활동 등), 사업 주관기관 및 사업 영역 확대, 사업의 연속성 확보 차원에서 2014년 사업의 일부를 계속 사업으로 지속 추진, 사업의 쌍방향성 강화 등에 합의하고, '인문교류 테마도시'로 2015년 자매결연 20주년을 맞이하는 제주도와 하이난성을 선정하였다.[151] 이와 같이 '한중 인문교류공동위원회'는 기존의 '한중 문화공동위원회'를 계승하면서 '인문' 관련 사업들을 일부 추가하여 시행하고 있는 상황이라 할 수 있다.

이러한 정책적 노력의 결과로 말미암아 한국과 중국 정부는 오늘날까지도 다양한 문화교류를 추진해오고 있다. 20여 년에 걸쳐 꾸준히 추진되어 온 문화교류를 통해 일련의 성과를 축적해왔다고 평가할 수 있을 것이다. 양국 외교, 문화 분야 관계자들이 상호 방문을 통해 다양한 현안들을 논의하고 새로운 인식의 전환점을 만들어내기도 했으며, 청소년 교류를 비롯해 게임, 영상, 패션, 대중음악 등 각 분야의 다양한 행사들을 기획하고 후원해오고 있다. 특히 2010년부터 2012년까지는 '한중 상호방문의 해'를 공동 추진하기도 했다.

그러나 이런 정책적 노력들이 거시적이고 총체적인 기획의 결과라고 말하기는 여전히 일러 보인다. 나라 사이에 엄존하는 문화 갈등의 측면을 애써 외면하거나 봉합하는 상태에서 현상으로서의 교류를 추진하거나 단순히 산업의 진출을 위한 후원 시스템으로만 작동하는 경향 또한 없지 않기 때문이다. 특히 양국 국민의 상호 문화에 대한 이해 수준은 2000년대 초반까지도 탐색 단계에 머물러 있었고, 그러한 상황은 여전히 크게 개선되고 못하고 있는 것으로 판단된다. 물론 2000년대 중반 이후 '한류' 열풍이 거세게 불기 시작하면서 중국 내 한국 대중문화에 대한 인지도가 상승하고 이를 통해 한국에 대한 중국 국민의 이해도도 개선된 것은 사실이다. 그럼에도 상호 이해를 확대한다는 층위에서 보면 이러한 상징적 사건들만으로는 여전히 역부족인 측면이 없지 않다. 또한 양국 간 문화갈등의 요소 또한 곳곳에 잠복하고 있어 양국관계를 시험하고 있는 중

. . . .

151 이상 '한중 문화공동위원회' 및 '한중 인문교류공동위원회'의 내용에 관하여는 외교부 관련 보도자료를 참조.

이다.

3) 한류: 빼놓을 수 없는 키워드

한중수교 20여 년 동안의 문화교류에 있어서 '한류'는 빼놓을 수 없는 키워드가 되었다. 한국인들의 인식에 있어서 한반도는 유사 이래 중국 문화의 영향권 아래 놓여 있었다. 그러나 한류는 중국 대륙으로부터 한반도를 향해 진행돼 왔던 이러한 일방향적 문화 전파의 영향 관계를 뒤바꾸어 한국의 문화가 중국 대륙을 향해 전파될 수 있다는 실증적 현상을 보여줌으로써 '민족적' 자존심을 강화하는 계기가 되었다. 동아시아 문화 형성의 구조는 전통적으로 중국 내에서 형성된 문화가 한반도를 거쳐 일본으로 유입되는 특징을 보여주었다. 그러나 한류는 이러한 방향성을 방사형으로 바꾸어 놓음으로써 동아시아 문화 형성 구조에 일련의 변화를 가져오게 되었던 것이다. 물론 이는 근대 이래 국가 간 교류의 플랫폼이 변화한 데 따른 현상이라고 할 수 있으며, 또한 한국 대중문화가 근대 이후 일본문화, 미국문화, 홍콩문화 등 요소를 다분히 흡수하면서 어느 정도 보편성을 확보했기 때문에 가능했던 현상이라고도 할 수 있을 것이다.

그럼에도 불구하고 한류 현상은 다소간의 민족주의 혹은 국가주의 정서를 수반하고 있다. 앞서 말한 바와 같이 한국 사회에는 한류를 민족적 자존심을 강화하는 계기로 간주하는 경향이 있다. 반대 입장에서 중국 또한 이러한 관점을 이용할 수도 있을 것이다. 그러나 한류 같은 문화현상이 민족주의적 정서의 자극을 받을 경우, 문화 교류에는 큰 충격을 미치게 될 수 있다. 이는 바꾸어 말해 문화 교류 자체가 매우 취약한 구조 속에 놓여 있음을 보여주는 것이기도 하다.

또한 한류의 주된 영역이 주로는 대중가요 등에 편중되어 있고, 출판이나 전시, 영화, 공연 등의 교류는 여전히 초보적인 수준에 머물러 있다는 사실은 앞으로 양국 간 문화교류가 어떠한 방향으로 추진되어야 하는지를 역설적으로 보여준다. 양국 간 문화교류에 있어서 더욱 큰 문제는 한국의 대중문화가 중국으로 진출하고 있는 상황과는 달리 중국의 대중문화가 한국으로 들어오는 현상은 여전히 낯설다는 점이다. 이러한 양국 문화교류의 불균형 상태는 역사적 문제 혹은 이데올로기적 문제로부터 기인한다고 말할 수도 있다. 그럼에도 한국 측

역시 지나치게 자국 문화의 '진출'에만 도취될 것이 아니라 마음의 문을 열어젖히고 중국의 대중문화 또한 받아들일 수 있는 자세를 지녀야만 할 것이다. 문화교류는 결국 양방향적 상호작용을 통해서만 선순환 구조를 구성해낼 수 있기 때문에 '진출'과 '진입'을 균형감 있게 고려할 필요가 있기 때문이다.

4) 낮은 층위에서 수행된 문화교류: 불충분한 상호 인식

한류 이외에 다른 분야의 문화교류는 비교적 낮은 층위에서 수행되었다. 정부 간 문화교류가 이른바 '문화외교'라는 명분으로 수행되기는 했으나, 그것은 자주 '주요 의제'의 뒷면에 가리워져 부차적인 층위에서 수행되거나 대부분 '분위기 조성용'으로 활용되는 경우가 빈번했다. 그와 달리 민간에서의 교류는 20여 년 동안 괄목상대한 변화를 이끌었음은 물론이다. 그럼에도 지역적으로나 분야별, 혹은 주체의 측면에서 모두 편중된 현상을 보여주고 있음도 사실이다. 이와 같은 비교적 낮은 층위에서 수행된 문화교류가 자신의 돌파구를 찾지 못하는 이유는 그것이 제도의 문제라기보다는 상호 이해 및 그 속에 내면화되어 있는 이데올로기의 문제에 있어서 두 나라 모두 적절하게 대응하지 못하고 있기 때문이라고 할 수 있다.

한중 양국이 문화교류를 언급할 때 양국 간 공통점과 유사점을 언급하는 문제에 대해서도 깊이 고민할 필요가 있다. 이러한 담론은 주로 상호 전통문화에 대한 이해가 서로 유사하다는 근거에서 비롯되는 경우가 많다. 그 가장 대표적인 사례는 역시 공자를 대표로 하는 유가문화이다. 그러나 사실 한국과 중국은 유가 이외의 다양하고 복잡한 문화전통을 보유하고 있다. 중국의 가장 중요한 문화전통 중 하나는 도가사상이다. 또한 근대 이래 형성되기 시작한 사회주의 문화 또한 중국적 전통으로 자리 잡고 있다. 그러나 한국인들은 기본적으로 이러한 문화전통에 대한 이해가 부족하다. 중국 사회는 유가의 현실적 이념 이외에도 도가의 개방성과 상상력, 사회주의 이데올로기가 동시에 작동하고 있다. 도가와 사회주의는 중국인들에게 있어서는 오랜 세월 동안 내면화된 문화적 요소들이지만, 한국인들은 그러한 체험적 내면화를 경험하지 못했기에 이들 요소를 이해하기 어려운 점이 있다. 한국인들에게 있어서 이러한 문화요소는 모두 매우 이질적 전통이기 때문이다. 한편 중국 또한 '남조선'이라는 호칭을 버린 지 얼마 되지 않았다. 한국의 대중문화는 공고한 유가 전통을 보유하고 있지만, 동시에 일본의 식민문화, 기독교 중심의 미국 대중문화 등이 혼종적으로 작동하면서 형성되고 있다. 이러한 측면들에 대해서 중국 또한 이해의 심도를 강화하기 어려운 면이 있음 또한 사실이다.

양국 사회와 국민들이 이러한 문제들을 이해 또는 극복하기 어렵다면 양국은 상호 내부 특수성을 파악하기 어려울 것이다. 특히 한국은 사회주의에 대한 이해의 정도가 일천하기 때문에 대부분 이데올로기 외부의 문화교류를 선호하는 경향이 있다. 중국 또한 한국 사회의 기독교 문화, 일본 문화의 잔재와 한국전쟁이 남겨준 상흔 등을 이해하려는 노력을 기울일 필요가 있다. 그렇지 않으면 양국관계는 유사성만을 강조하면서 이질성은 방기하는 결과를 초래하게 될 것이고, 이러한 결과는 양국의 상호 이해 증진을 위해서 결코 바람직하지 않은 상황을 조성하게 될 것이다.

5) 문화산업: 문화무역 규모의 확대를 위한 장애 요인 제거의 필요성

산업의 층위에 있어서 한중 간 문화교류 혹은 문화무역은 더욱 활성화될 필요가 있다. 한국 측이든 중국 측이든 문화를 산업으로 간주해온 시간은 그다지 길지 않았다. 중국은 한국보다도 훨씬 그 시간이 짧았다. 양국 간 문화산업의 교류에 있어서 가장 큰 문제는 한국 측이 줄곧 중국을 자국의 문화시장으로 간주하는 데 비하여 자신 스스로가 중국의 시장이 되는 데 대해서는 여전히 준비가 되지 않았다는 데 있다. 주지하다시피 문화산업은 자본과 인력, 기술이 모두 집중된 영역이다. 양국 모두 문화무역의 함의를 더욱 정확히 이해하고 이러한 자본, 인력, 기술 등의 요소 가운데 무엇을 주고 무엇을 받을지에 대해서 진지하게 고민할 필요가 있다.

한국은 출판, 방송, 영상, 게임, 전시, 공연, 축제, 테마파크 등의 영역에서 오랜 시간 동안 축적되어 온 인력과 기술을 보유하고 있다. 또한 중국은 최근 문화산업으로 집중되는 자본과 거대한 소비시장을 보유하고 있다. 양국은 각자 보유하고 있는 이러한 요소들을 어떻게 효과적으로 상호 결합하게 할 수 있을 것인지 고민할 필요가 있다. 한편 중국은 여전히 이데올로기 문제와 각종 행정 규제 등의 문제도 잠복해 있어 이러한 문제를 어떻게 처리할지에 대해서도 지혜를 모을 필요가 있다.

특히 2014년 11월에는 한국과 중국 간 자유무역협정(FTA)이 실질적으로 타결되었다고 발표되었다. 문화 분야에서는 엔터테인먼트산업에 있어서 한국 기업의 49% 지분 참여가 허용되었고, 실연자(performer)와 음반제작자의 보상청구권을 규정하고, 저작권과 저작인접권의 기술보호조치, 권리관리정보 보호를 명문화했으며, 방송 보호기간을 20년에서 50년으로 연장하고 그간 중국 법체계 미비로 반대해왔던 방송사업자의 배타적 권리를 인정하는 등 '저작권과 저작인접권(음반·방송사업자)'을 강화하여 중국 내 한류 콘텐츠를 보호할 수 있는 기반을 마련했다고 평가된다.

전반적으로 이번 협정을 통해 중국은 문화 분야의 개방을 확대하였다. 중국의 대한국 문화서비스 개방 정도는 홍콩과 대만 등 중국과 특수한 관계에 있는 지역 혹은 국가를 제외하고는 가장 높은 수준이라는 평가다. 특히 중국 측은 스포츠 시장 개방, 중국인 해외여행 업무 허용, 저작권 보호 수준 제고 등을 약속한 것으로 알려졌다.[152]

협상의 실질적 타결은 곧이어 공식 서명으로 이어질 것으로 보이며 양국 간 문화산업 교류에도 적지 않은 영향을 비칠 것으로 보인다. 그러나 이러한 노력은 큰 틀에서 보아 역시 양국 모두 문화적 창의성을 보장하고 개방의 범위를 확대함으로써 양국 문화교류의 규모는 물론 질적 성장에도 기여할 수 있는 방향으로 발전할 수 있어야 할 것이다.

6) 문화갈등: 새로운 한중관계 20년을 위하여

양국 간 문화교류 문제에 있어서 가장 핵심적인 뇌관은 언제 어디서 터질지 모르는 문화갈등의 문제다. 한중 간 문화갈등은 2000년대 초반 '둥베이 사업'으

. . . .

152 해당 내용은 산업통상자원부 보도자료를 참조.

로부터 시작되어 이후 다양한 사안들로 변주되어 왔다. 예컨대 '강릉 단오제'의 유네스코 세계문화유산목록 등재, 창춘(長春) 동계아시안게임에서 한국 선수단의 "백두산은 우리 땅" 퍼포먼스, "공자 한국인설" 논란, 서울에서 발생한 베이징올림픽 성화 봉송 중 폭력 사태, 한국 SBS의 베이징올림픽 개막식 사전 보도, 첨단 정보기기 한국어 자판 국제표준화 논란, '아리랑' 중국 국가 무형문화유산(非物質文化遺産) 목록 등재 등의 사건들이 이어졌다. 최근에 이를수록 이러한 문화갈등은 빈번해지고 있는 추세다.

문화갈등의 문제는 개별 사안마다 모두 각각의 특성을 가지고 있다. 따라서 각 사안별로 특수한 상황에 대한 연구와 검토를 거쳐 수행될 필요가 있다. 특히 최근 일련의 사건들은 강한 애국주의 또는 민족주의 성격을 표출하고 있는 경향도 보이고 있다. 또한 민간에서 우발적으로 발생하는 갈등 사건들은 양국의 언론 매체와 유명인사들이 개입하는 과정을 거치면서 확대재생산되는 경향도 있다. 때로는 양국 정부와 전문가들이 다양한 이해관계에 따라 갈등의 속도를 조절하는 상황도 연출되고 있다. 이러한 상황들이 지속되면서 문화갈등은 연쇄적으로 발생되고 그 규모 또한 확대되고 있다. 양국 모두 특수한 사회 관계와 구조를 가지고 있음을 인정한다면 이러한 갈등 자체를 불가피한 측면이 없지 않다. 그러나 양국 정부와 언론매체, 각계 전문가들과 민간 주체들은 적극적으로 이러한 갈등이 발생하지 않도록 예방하고, 불가피하게 발생했더라도 조속히 매듭지어지고 나아가 건설적인 미래를 지향할 수 있는 방향으로 해결될 수 있도록 노력해야 할 것이다.

2. 2014년 한중 문화교류의 키워드

2014년 한국과 중국의 문화교류 분야의 키워드는 크게 다음과 같이 네 가지로 집약될 수 있다. 이들은 각각 양국 정부와 민간의 교류를 대표하면서 한중관계의 일면을 보여주고 있다. 그 의미를 간략히 살펴보면 다음과 같다.

1) '여우커'(遊客)

2014년 한국 사회가 가장 주목했던 중국 문화와 관련한 현상은 '여우커'였다고 해도 과언이 아니다. 언론 매체는 연일 '여우커'에 대한 보도를 쏟아냈고, '여우커'라는 중국어 자체가 한국에서 새로운 외래어로 자리 잡는 듯한 양상까지 보이게 되었다. 서울연구원이 2014년 1월 발표한 바에 따르면 2013년 서울을 방문한 중국 '여우커'는 3,569,775명에 이르는데 이는 2012년 대비 53%가 증가한 수치다. 중국여행연구원은 2014년 말까지 '여우커'의 전체 숫자가 1억 명에 다다를 것이라고 예측하기도 했다. 한국 사회는 이와 같은 '여우커' 돌풍 속에서 주로 그 경제적 효과에 주목했다. 예컨대 중국 '여우커'가 1년 동안 한국에서 소비하는 규모가 7조 원에 이른다는 보도도 있을 정도였다. 그러나 이와 같이 경제적인 효과라는 측면에서만 '여우커'의 의미를 파악하고 설명하는 일은 장기적으로 양국 간 건강한 문화교류에 크게 도움이 되지 못할 것이다. 다른 입장에서 보면 '여우커'는 민간문화교류의 첨병이라 할 수 있기에 이들을 대상으로 경제적 효율만을 강조하는 것은 단기적 이익을 제고하는 결과를 가져올 수는 있을지 몰라도 장기적인 측면에서는 오히려 손실이 더욱 클 수도 있다. 한국 사회는 향후 더욱 성숙한 태도로 이들을 맞이할 준비를 해야 할 필요가 있다. 이를 위해서는 문화 및 관광 인프라를 확충하고 수준 높은 문화 활동과 프로그램 등을 마련해야 할 것이다.

2) 안중근

'안중근'은 최근 한중관계가 가장 의미 있는 진전을 보인 분명한 표지가 되었다. 2013년 박근혜 대통령이 방중 과정에서 이와 관련한 한국 측 의견을 제시한 바 있는데, 중국 측도 이를 기꺼이 받아들여 2014년 1월 하얼빈역에 공식적으로 '안중근의사기념관'(安重根義士紀念館)을 건립하여 개관했다. '기념관'의 개관은 한국과 중국 양국이 근대사에 있어 공유해온 공통된 인식을 보여주는 사례라 할 수 있다. 즉 일본 제국주의에 의해 각각 식민지와 반식민지로서의 뼈아픈 역사를 경험한 양국의 공통된 인식의 수준이 이와 같은 표지로 드러나게 된 것이다. 그것은 최근 일본의 우경화와 군국주의화가 날로 가속화하고 있는 상황에서 과거의 잘못을 뉘우치지 않은 채 한국과 중국이 공히 불편한 관계를 지속하고 있는 태도와 무관치 않을 것이다. 동아시아 3국의 역학 관계가 첨예한 근대사 문제를 매개로 하여 한국과 중국의 소통, 대일본 관계의 공조 등을 통해 표상되고 있는 것이다. 특히 한국의 경우 일본군 '위안부' 문제 등이 여전히 미해결 역사적 과제로 남아 있는 상황에서 중국의 우호적 지원은 일본에 대한 강한 압박 전술을 구사하는 데 도움이 될 것이다. 그러나 일본은 여전히 역사적 과오를 인정하거나 이에 대해 사과하지 않고 있고 오히려 군국주의를 강화하고 있는 상황이다. 한중 양국이 이에 대한 강한 저항을 보이고 있는 의미로서 '안중근의사기념관'의 의미는 적지 않은 역할을 하게 될 것이다. 한국 국민은 이를 계기로 민족적 자존심을 회복할 수 있을 것이며, 이는 한중관계의 발전에 있어서 중요한 이정표로 기능하게 될 것이다.

3) 〈별에서 온 그대〉

2013년 12월 첫 방영을 시작한 한국의 드라마 〈별에서 온 그대〉는 한국에서도 꽤 인기를 끌었던 TV드라마였다. 그러나 그 인기의 정도는 중국 시청자의 그것에는 훨씬 미치지 못했다. 2014년 2월까지 모두 21회에 걸쳐 방영된 이 드라마는 중국 수출 이후 동영상 인터넷 사이트를 통해 중국 대중과 만났다. 그러나 생각지도 못하게 폭발적인 인기를 끌게 되었다. 이 드라마로 인해 중국 사회에는 '치맥'과 여주인공 '천송이'의 립스틱 등이 크게 유행하게 되었다. 이로 인해 〈대장금〉 이후 중국에서 한국 드라마에 대한 열풍이 다시 불게 되었다. 한국인들 역시 이 드라마가 중국에서 '한류'가 성공한 사례로 간주하고 있다. 이를 통해 중국의 엔터테인먼트 산업계는 한국과의 합작을 더욱 강화하고자 노력하고 있고, 한국은 중국에 진출할 수 있는 좋은 기회로 여기고 있다. 이러한 상황에 비추어 보면 한편으로는 한국과 중국의 문화콘텐츠산업은 영화, 드라마, 엔터테인먼트 등 분야에서 다양한 방식의 합작을 가능하게 할 수 있을 것으로 보인다. 그러나 동시에 중국 내부에서는 여전히 이러한 현상에 대한 우려의 목소리가 작지 않은 것도 사실이다. 외국의 문화가 자국의 안방을 점령함으로써 자국 내 문화적 관습과 이데올로기가 급변할 것이라는 우려로 인해 여러 정책적 방안을 통해 이를 견제하고 있는 것도 사실이다. 따라서 한국의 입장에서는 이러한 문제들을 직시하고 더욱 지혜로운 방식으로 양국 간 합작과 협력의 모델을 수립해가야 할 필요가 있을 것이다.

4) 영화공동제작협정

한국과 중국 사이의 '영화공동제작협정' 체결은 오랜 시간 기다려온 양국 문화계의 주요 현안이었다. 2014년 7월 중국 시진핑 국가주석의 방한을 계기로 양국 영화 부문 책임자가 '협정'을 체결했고, 이 '협정'은 한중 FTA 협정의 부속문서로도 삽입될 예정이다. 이로써 양국이 공동제작하는 영화들이 일정한 조건만 갖추면 양국 모두에서 '국산영화'로 인정받게 됐다. '협정'에는 공동제작 영화의 승인절차와 기준, 프로덕션 진행의 혜택 등을 담고 있으며, 부속서에는 양국 당국의 공동제작 승인 절차 관련 서류 등을 제시하고 있다. 한중 영화공동제작 협정에 따라 중국을 거대한 시장으로 간주해왔던 한국의 영화인들은 중국 시장 진입을 위한 발걸음을 더욱 재촉하게 되면서 큰 기대감을 갖게 되었다. 특히 중국의 경우, 외국영화에 대한 다양한 진입 장벽을 설치해 놓고 있기 때문에, 공동제작이 이러한 장벽을 우회할 수 있는 합리적 선택을 제공한다는 점에서 더욱 기대를 모으고 있다. 영화 제작에 있어 한국은 기술력과 콘텐츠 기획력을 가지고 있고 중국은 자본과 시장을 보유하고 있다. 이러한 우월적 요인들이 잘 결합한다면, 한중 양국의 영화는 아시아적 정체성을 확고히 하면서 할리우드 영화의 도전에 대해서도 응전할 수 있는 역량을 갖추게 될 것이다. 물론 이 과정에서 한중 양국의 영화인들이 상호 문화적 관습과 코드를 이해하려는 노력을 경주해야 할 것이다.

3. 맺음말

한국과 중국은 수교 20주년이 넘어서면서 새로운 시대를 향해 달려가고 있다. 유학생과 관광객들을 비롯한 인적 교류의 양적 증가는 두말할 나위 없거니와,

공식적 층위에서 문화교류를 촉진하려는 정부 당국의 노력도 지속돼 왔고, 한류와 대중문화를 중심으로 한 민간의 교류도 꾸준히 확대되고 있다. 문화산업의 교류 또한 활성화되면서 중국의 자본이 한국에 대거 투자되기 시작했고, 한국의 상품은 중국인들에게 큰 호응을 이끌어내고 있다. 양적 규모의 측면에서는 역사상 유례없는 정도로 성장을 거듭하고 있다고 평가할 수 있을 것이다. 그러나 그러한 양적 규모 이면에 남겨진 질적 수준의 문제를 어떻게 담보해 나갈 수 있을 것인지가 앞으로 양국 문화교류의 층위를 가늠케 해줄 것이다. 더불어 돌발적으로 발생하는 문화갈등을 관리할 수 있는 성숙한 상호 이해와 인식의 지평 또한 더욱 심화할 필요가 있다.

중한 인문교류의 회고, 평가와 전망

슝제(熊洁)

중국과 한국은 가까운 인접국으로, 양국 국민들은 우호적인 관계를 맺고 있을 뿐만 아니라 상부상조해온 유구한 전통을 가지고 있다. 1992년 중한수교 이후, 양국은 상호 협력과 윈윈(Win-win)을 추구하고 빛나는 미래를 창조한다는 큰 방향성을 공유하며 서로의 핵심 이익을 존중하였을 뿐만 아니라 서로를 편안하게 배려함으로써 한계를 뛰어넘는 발전을 실현해 나가고 있다. 2014년 7월 시진핑 국가 주석의 방한 시, 박근혜 대통령과 함께 전략적 협력동반자 관계를 선포함으로써 양국은 공동의 발전을 실현하는 동반자, 지역의 평화에 힘쓰는 동반자, 아시아의 부흥을 위해 협력하는 동반자이자 세계의 번영을 촉진하는 동반자가 되었다. 오늘날, 양국은 역사상 가장 우호적인 관계를 구축한 시기를 맞이하였다. 정치적으로는 서로에 대한 믿음이 증대되고 경제적으로도 상생을 실현하는 동시에 인문교류에서도 장족의 발전을 이룩하면서 양국의 관계가 눈에 띄게 발전하였다. 우리는 한국과 중국이 수교를 맺은 후 20여 년 동안 인문교류가 중한관계의 발전에서 점차 중요하고 두드러진 역할을 해온 윤활유이자 촉진제가 되어왔다는 사실을 알 수 있다. 양국 인문교류의 발전은 양국의 관계를 더욱 다각적이고 입체적으로 전환하였을 뿐만 아니라 생기 넘치고 다채롭게 하였다. 또한 상위정치의 성단이 국민들의 보편적인 삶으로 확대되면서 더 많은 양국 국민들이 서로의 관계가 한층 발전했다고 느끼게 하였다.

1. 중한 인력 교류에 대한 회고, 현황 및 문제점

1992년 중한 양국이 공식적인 외교관계를 수립하기 전부터 민간 부문의 교류는 이미 시작되었다. 가장 가치 있는 두 가지 사례 중 첫 번째는 1983년 발생한 중국 민항기 피랍사건을 해결하기 위해 양국 정부가 1949년 이후 최초로 공식적인 접촉을 한 사례이다.[153] 이는 양국관계의 발전에 전환점이 되었다. 또 다른 사례는 1986년과 1988년 중국이 서울 아시안게임과 올림픽에 대규모 대표단을 파견한 사례로, 이를 통해 양국 국민들의 직접적인 교류가 시작되었다.[154] 1992년 중한 양국이 정식으로 수교를 맺은 이후, 양국의 정치적인 관계가 안정적으로 발전하고 특히 경제무역 부문에서의 급격하게 성장하면서 양국의 인력 교류가 더욱 빈번해졌다. 1993년, 중국을 방문한 한국인은 15만 명이었고, 같은 기간 한국을 방문한 중국인 역시 10만 명이 넘었다.[155] 1995년 상호 방문객 수는 50만 명을 초과하였고,[156] 1999년, 중국을 여행한 한국 여행객과 한국을 여행한 중국 여행객은 각각 82만 명과 31만 명에 이르는 것으로 나타났다.[157] 2004년, 중국을 방문한 한국인은 193만 7천 명, 한국을 방문한 중국인은 51만 5천 명이었으며 양국을 왕래한 항공편은 매주 379개에 이르는 것으로 조사되었다.[158] 2006년, 중국 여행객의 한국 방문 횟수는 90만 회가 넘었고, 중국에 상주하는 한국인은 70만 명인 것으로 나타났다.[159] 같은 해, 한국인의 중국 방문횟수는 440만 회로, 1일 평균 1만 명이 넘는 한국인이 중국을 방문한 것으로 집계되었다.[160]

. . . .

153 張英, "迅速發展的中韓關系", 『亞非縱橫』 1995年 第3期, pp. 12-15.

154 黃心川, "前景廣闊的中韓關系", 『亞太研究』 1993年 第6期, pp. 32-34.

155 張英, "迅速發展的中韓關系", 『亞非縱橫』 1995年 第3期, pp. 12-15.

156 潘志英, "中韓關系的發展", 『和平與發展』 1996年 第3期, pp. 13-14.

157 高浩榮, "推動中韓關系進一步發展", 『瞭望新聞周刊』, 2000年 第42期, p. 55.

158 汝信, "從政治經濟文化今年來看中韓兩國關系的發展", 『當代韓國』, 2005年\ pp. 1-2.

159 元涛, "告訴妳一個不一樣的韓國", 『國際先驅導報』, 新華網에서 재인용: http://news.xinhuanet. com/world/2007-08/24/content_6595428.htm.

160 李敦球, "十五年來中韓關系發展的回顧與瞻望", 『韓國研究論從』, 2007年 第16期, pp. 1-14.

2007년, 중한 양국 국민들의 상호 방문 횟수는 600만 회에 근접하였다. 이 중 한국인의 중국 방문횟수는 477만 회이고, 중국인의 한국 방문횟수 역시 100만 회를 초과하였다.[161] 2011년, 양국 국민들의 상호 방문횟수는 640만 5천 회였으며[162] 양국 도시 간 항공 편수는 매주 830회로, 전 세계에서 가장 많은 것으로 조사되었다.[163] 2013년, 한국에 상주하는 중국인은 70만 명을 넘어섰다.[164] 중국에 상주하는 한국인은 2009년에 이미 100만 명을 넘어섰다.[165] 2013년, 양국 국민들의 상호 방문횟수는 822만 회로,[166] 양국은 이미 상호 최대방문국이 되었다. 이 중 중국 여행객의 한국 방문횟수는 2013년 392만 회로,[167] 다른 국가들보다 월등히 많았으며 한국 여행객의 중국 방문횟수 역시 369만 9천 회에 이르렀다.[168] 이러한 거대한 수의 여행객은 양국 관광업과 관련 산업에 엄청난 활력소가 되었다. 2014년 7월, 중한 양국은 2015년과 2016년을 각각 "중국 관광의 해"와 "한국 관광의 해"로 선정한다고 발표하였다. 적극적인 협상 끝에 무비자 방안을 단계별로 확대하기로 합의함에 따라 여행객이 향후 양국의 인력 교류에 중요한 역할을 할 것으로 예상된다.

유학생은 양국 인적 교류의 중요한 구성요소이자 양국 교류의 민간 우호사절단으로, 양국의 우호적인 협력 관계를 발전시키는 대단히 중요한 역할을 한다. 현재 양국은 상호의 최대 유학생 파견국으로, 한국에 있는 중국 유학생과 중국에 있는 한국 유학생 모두 매우 많은 수를 차지하고 있다. 한국 법무부 외

. . . .

[161] 詹小洪, "中韓關係16年", 『韓國研究論從』, 2011年 第20期, pp. 59-69.

[162] 張慧智, 王簫軻, "中韓關系二十年: 成就與問題", 『現代國際關系』, 2013年 第1期, pp. 20-27.

[163] 張鍵, "中韓關系發展現狀及展望", 『當代韓國』, 2014年 第1期, pp. 24-32.

[164] 環球時報, "韓國駐華大使: 兩會關乎在華韓國人生活", http://news.sina.com.cn/c/2013-03-05/154226435253.shtml.

[165] 中國新聞網, "在華居住韓國人達百萬 北京人數最多達二十萬", http://news.xinhuanet.com/overseas /2009-10/08/content_12193602.htm.

[166] 中國駐韓國大使館網站 , http://www.chinaemb.or.kr/chn/sgxx/t113707.hta.

[167] 中國網, "韓媒: 富含旅遊外國人里中國遊客最多, 主要是購物", http://news.china.com.cn/world /2014-01/19/content_31237801.htm.

[168] 鳳凰網, "韓國來華旅遊與情及傳播效果調查報告", http://travel.ifeng.com/news/detail_2014_10/10/39031017_0.shtml.

국인출입국정책 담당부서의 통계에 따르면, 2013년 말 기준, 한국의 외국유학생은 8만 1,874명으로, 이 중 중국유학생이 전체 외국유학생의 60%에 이르는 5만 4,235명인 것으로 나타났다.[169] 2012년 기준, 중국에는 전 세계 200여 국가에서 파견한 32만 8,330명의 유학생이 있으며 이 중 한국 유학생은 1/5에 해당하는 6만 3,488명으로,[170] 가장 많은 유학생을 파견한 것으로 나타났다. 중한 양국의 유학생 수는 지난 10여 년 동안 줄곧 상승하는 추세를 나타냈고 2010년 이후에는 상대적으로 안정적인 규모와 추세를 유지하고 있다. 한국에 있는 유학생 중 중국 국적의 유학생이 차지하는 비율은 약 3/5인 반면, 중국에 있는 유

표1 한중 양국의 유학생 수 및 점유율(1999~2013)

연도	在中한국유학생 수	점유율	在韓중국유학생 수	점유율
1999	11,731	26.2%	–	–
2000	16,787	32.2%	–	–
2001	22,116	35.7%	–	–
2002	36,093	42.1%	–	–
2003	35,353	45.5%	–	–
2004	43,617	39.3%	8,677	51.6%
2005	54,079	38.3%	12,312	54.7%
2006	57,504	35.3%	19,160	58.9%
2007	64,481	33.0%	31,829	64.6%
2008	66,806	29.9%	44,746	70.0%
2009	64,232	27.0%	53,461	70.5%
2010	62,957	23.7%	57,783	68.9%
2011	62,442	21.3%	59,317	66.2%
2012	63,488	19.3%	55,427	63.8%
2013	–	–	54,235	66.2%

출처: 재중한국유학생 수: 중국교육부, 2013년 7월 20일, 재한중국유학생 수: 한국교육과학기술부, 2013년 8월 10일, 門洪華, 劉笑陽, "中韓戰略合作夥伴關系: 歷史進程, 現狀評估與未來展望", 「吉林大學社會科學學報」, 2013년 第6期, pp. 62-74에서 재인용.

· · · · · · · · · · · · · · · ·

169 中國新聞網, "留學韓國熱情降温 2013在韓中國留學生人數下滑", http://www.chinanews.com/ lxsh /2014/02-05/5804501.shtml.

170 中華人民共和國教育部網站, "2012年全國來華留學生簡明統計報告", http://www.moe.gov.cn/ publicfiles/business/htmlfiles/moe/s5987/201303/148379.html.

학생 중 한국 국적의 유학생이 차지하는 비율은 약 1/5 수준이다. 의심할 여지 없이, 이 거대한 규모의 유학생 그룹은 중한관계의 발전에 새로운 원동력이자 양국의 관계를 이끄는 핵심 세력이 될 것이다.

수교 직후 중한 양국은 상호 간 유학생 교류를 확대하기 위한 노력을 지속하였다. 이러한 노력으로 유학생그룹이 점차 확대되면서 유학 채널의 구축, 학생 자원의 수준 검증까지 점차 양국만의 독특한 "유학경제"를 형성하였다. 동시에 향후 정치, 경제 관계의 발전을 위해 공고한 인재 기반을 마련하였다. 통계에 따르면, 현재 중국에서 박사 학위를 받은 한국유학생은 이미 1천 명을 초과하였고, 한국에 졸업한 중국 유학생도 2012년 기준 1만여 명인 것으로 나타났다. 이러한 고급 인력들이 양국의 정치, 경제, 교육 등의 분야에서 활약함에 따라 양국관계의 발전 및 경제무역의 증진에 점점 중요한 역할을 해나가고 있다.[171]

양국 인재의 활발한 교류 열풍에는 관심을 가져야 할 문제점이 점차 나타나고 있는 실정이다. 구체적으로 보면,

첫째, 빈번한 인적 교류와 낮은 인지 수준 간의 현저한 괴리. 양국의 인적 교류 확대가 양국 국민들의 상대국에 대한 인식 수준을 당연하게 제고시키는 것은 결코 아니다. 심지어 일부 학자들은 양국의 인적 교류가 상대국에 대한 이해를 증가시킬 수 없을 뿐만 아니라 오히려 교류가 많을수록 반감이 심해져 상대국에 대해 잘못된 인식을 가지게 되는 역설적인 상황이 발생할 수 있다고 지적한다. 2007년 하반기, 중국의 저명한 잡지인『국제선구도보 (國際先驅導報)』에서는 한 웹사이트와 연계하여 중국 네티즌들의 인접국 이미지 조사를 시행하였다. 12,000명의 조사 대상 가운데 대다수는 고등교육을 받은 그룹이었다. "당신이 그다지 좋아하지 않는 국가는?"이라는 문항에 대해, 놀랍게도 40.1%에 이르는 응답자가 한국을 선택하면서 한국이 1위를 차지한 반면, 일본은 30.2%에 불과하였다. 이는 모든 이의 예상을 벗어난 결과였다.[172] 일부 학자들은 설문조사

· · · · · · · · · · · · · · · ·

171 中國駐韓國大使館教育處, http://www.chinaedukr.org/publish/portal109/tab5110/info91760. htm.

172 羅潔, "中韓民衆彼此厭煩了嗎",『世界知識』, 2009年 第4期, pp. 14-21.

를 통해 중국에 명백한 반감과 혐오를 나타내는 한국 국민들 중에 중국을 여행한 경험이 있었고, 한국에 여행을 갔거나 유학한 중국인 역시 한국에 대한 반감과 혐오를 나타냈다는 사실을 발견하였다.[173] 사실, 공자문화의 영향력하에 있는 한국과 중국의 가치관은 동일 문화 안에 포함되는 일본, 심지어 대만과 홍콩보다 더욱 밀접하다.[174] 이 논리에 따라 양국이 느끼는 동질감이 상당히 가까울 것으로 예상되었으나 현실에서는 비교적 큰 차이가 나타나고 있음을 알 수 있다. 세계가치관조사(World Value Survey)의 데이터를 분석한 김장수의 연구 결과에 따르면,[175] 설사 동일한 유교문화권에 속할지라도 중한 양국 국민들이 국가에 대해 느끼는 동질감은 "아시아인"이라는 동질감을 초월하는 것으로 나타났다. 양국 국민들이 느끼는 미국, 중국, 일본과 한국의 영향력에 대한 인식 역시 상당한 차이가 나는 것으로 나타났다. 중국인과 비교해, 한국인은 미국에 대해 더욱 동질감을 가지고 있었다. 상관성 분석에서도 역시 중한 양국 국민들의 범국가적인 교류와 아시아에 대한 동질감은 역상관관계라는 비정상적인 결과로 나타났다.[176]

둘째, 여행 러시에 존재하는 잠재된 위험. 한국은 중국 관광객이 가장 많이 방문하는 국가이고, 중국 역시 한국 관광객이 가장 많이 방문하는 국가이다. 때문에 관광산업은 양국관계의 중요한 산업 중의 하나이다. 그러나 오늘날 관광객의 수가 급격히 증가했다 할지라도 향후 발전을 위협하는 병목 현상이 존재하고 있다는 사실을 알 수 있다. 즉 관광산업의 가치사슬이 상대적으로 비교적 짧을 뿐만 아니라 관광 모델이 단순한 바, 더욱 계획적으로 개발해야 할 문제들이 있다. 중국의 경우, 한국 관광객의 유치 방안 모색이 급선무이다. 비록 한국

. . . .

173 韓仁熙, "當前韓中文化外交存在的問題及對策", 『當代韓國』, 2011年 第1期, pp. 83-91.

174 Ronald Inglehart and Christian Welzel, "Changing Mass Priorities: The Link between Modernization and Democracy." Perspectives on Politics, Vol. 8, No. 2, June 2010, pp. 551-567.

175 구체적인 데이터는 World Value Survey 공식 홈페이지의 데이터 다운로드를 참조, http://www.wvsevsdb.com/wvs/WVSData.jsp.

176 金莊洙, "東北亞地區的民族國家認同, 地區認同與對外認知", 『當代韓國』, 2010年 第4期, pp. 1-9.

의 해외여행자가 매년 증가하는 추세를 나타내고 있고, 향후 여전히 증가할 여지가 남아있음에도 불구하고 중국을 찾는 한국 관광객의 수는 오히려 현저한 감소 추세를 나타내고 있다. 이러한 현상이 발생하는 원인은 스모그, 인민폐 강세 등의 객관적인 요인, 한국 해외여행자의 여행 취향 및 연령 구조의 변화 등 주관적인 요인 이외에도 한국 관광객을 대상으로 한 여행상품의 획일화, 낮은 매력도 등과도 직접적인 관계가 있다. 향후 3년 이내에 가장 가고 싶은 여행지를 조사했을 때, 가장 선호도가 높은 지역은 36.7%를 기록한 미국이었고, 프랑스, 영국과 일본이 뒤를 이었다. 홍콩과 대만은 7위, 중국은 10위에 머물렀다.[177] 한국의 인구는 5천만 명에 불과하지만 중국을 여행한 경험이 있는 사람은 이미 전체 인구의 1/3에 이르고 있다. 한 사람이 한 차례 중국을 방문한다면 몇 년도 채 걸리지 않을 것이고 이는 한국시장의 개발가능성이 더 이상 남아있지 않았음을 의미한다. 현재 50세 이상의 중년 남성들의 중국 여행 비중이 가장 높은 반면, 다른 연령대는 중국 여행보다 일본 여행을 선호하는 바, 이 젊은 세대를 어떻게 유치할지에 관심을 가질 필요가 있다. 또한 한국 관광객의 주요 행선지는 동부와 동남부 연안, 베이징, 상하이, 산둥, 랴오닝, 저쟝, 쟝쑤 등과 같은 일선도시(一線城市) 중심으로, 한국 관광객의 2/3가 이러한 지역을 방문하였다. 지금까지, 이러한 발전된 지역의 여행상품은 "하드웨어적 관광 위주"로, 다시 말해 경치가 아름다운 지역이나 관광명소 위주이다. 때문에 한국 관광객들을 매료시킬 수 있는 중서부의 관광노선을 더욱 확충해야 한다. 동시에 테마여행, 힐링여행 등 전문성을 갖춘 소프트웨어적 관광의 수준을 제고시킬 필요가 있다.

한국의 경우, 관광산업의 가치사슬을 어떻게 확장시킬 것인지, 자국만이 갖춘 특색과 경쟁 우위를 어떻게 부각시킬 것인지가 가장 중요한 목표이다. 최근 중국 관광객의 한국 방문횟수가 매년 급격히 증가하고 있으나 중국 관광객이 한국을 방문하는 가장 큰 목적은 한국의 경치나 문화체험을 위한 것이 아니라 쇼핑을 위한 것이다. 2012년, 중국 관광객이 한국에서 지출한 1인당 평균

· · · · · · · · · · · · · · · ·

177 鳳凰網, "韓國來華旅遊與情及傳播效果傳查報告", http://travel.ifeng.com/news/detail_2014_10/10/39031017_0.shtml.

소비액은 2,317달러로, 한국을 여행한 외국 관광객 중 가장 큰 비중을 차지하였다. 반면, 중국 관광객이 숙박으로 지불한 비용은 292달러에 불과하였고, 많은 관광객들이 호텔 등 여행과 관계된 시설이나 서비스에 불만을 나타내었다. 이에, 많은 한국 전문가들은 한국을 대체할 쇼핑의 성지(聖地)가 나타나거나 다른 국가들의 환율 변동으로 인해 중국 관광객이 새로운 시장으로 발걸음을 돌릴 상황을 우려하고 있다(인접한 일본, 러시아 혹은 싱가포르와 동남아 국가 등). 실제로, 64.3%의 일본 관광객이 한국을 방문 후 다시 방문하고 싶다는 의사를 표한 반면, 8.7%의 중국 관광객만이 한국을 재방문하겠다고 밝혔다. WSJ가 최근 발표한 중국인이 가장 선호하는 해외 여행지 순위에서 한국은 10위 안에도 포함되지 못했다.[178] 따라서 한국은 중국에 한국 관광에 대한 홍보를 강화할 필요가 있다. 동시에 특색을 갖춘 관광 노선을 기획 및 개발하고 부대시설의 품질을 업그레이드 함으로써 관광산업의 가치사슬을 확장시켜야 한다.

셋째, 거대한 유학생 그룹 뒤에 존재하는 사회적 문제. 중국은 해외 유학생 중 한국 유학생이 차지하는 비중이 가장 높은 국가이다. 한국 역시 해외 유학생 중 중국 유학생이 가장 많다. 매년 수만 명에 이르는 학생이 상대국으로 유학을 가서 학문에 매진하고 있다. 의심할 여지없이, 이 거대한 수의 유학생 그룹은 양국이 우호적인 관계를 형성하는 데 도움이 되지만 이러한 유학생 그룹으로 인해 초래되는 수많은 사회적 문제들도 여전히 존재하고 있다. 많은 수로 인해 유학생들은 일부 지역에 함께 거주함으로써 현지인들과의 왕래나 교류가 매우 제한적이게 된다. 이로 인해 언어를 향상시키기 쉽지 않을 뿐만 아니라 독자적인 소그룹을 형성함으로써 자국이나 상대국에 다양한 사회적 문제를 야기한다. 한국에 있는 중국인들의 대다수가 서울, 인천, 부산 등에 집중되어 있고, 특히 서울에서는 대림동, 연희동, 가리봉동에 집중되어 있다. 중국에 있는 한국인 역시 베이징, 상하이, 칭다오 등 동부 도시에 집중되어 있고, 특히 베이징에서는 왕징(望京)과 우다커우 (五道口)에 집중되어 있다. "중국성(城)", "한국성(城)"

178 中國網, "韓媒: 富含旅遊外國人里中國遊客最多, 主要是購物", http://news.china.com.cn/world/2014-01/19/content_31237801.htm.

이라 불리는 곳에 사는 유학생들은 심지어 자국의 언어만으로도 생활이 가능하기 때문에 현지의 언어와 사회에 융화할 필요성을 느끼지 못한다. 생활이 편하다 할지라도 현지의 사람, 문화와 사회생활을 이해해야 하는 정상적인 유학 생활을 실천할 수 없을 뿐만 아니라 오히려 현지인들의 생활에 피해가 되는 사회적인 문제를 초래한다. 또한 양국 유학생의 연령대가 점차 낮아지고 있다. 이들은 "중국성", "한국성" 등 안에서 생활하며 자국의 친구들과 교류한다. 그러나 모국어 수준이 매우 제한적이기 때문에 수많은 유학생들의 학업 상황이 우려할 만한 수준에 이르게 된다. 입학은 쉬우나 졸업이 어려운 상황이 발생하면서 유학 초기의 희망을 결코 실현할 수 없게 된다. 졸업 후에도 유학생 수가 많기 때문에 대부분의 유학생들이 유학한 국가에서 직업을 찾거나 인턴을 경험할 기회역시 찾기 쉽지 않은 실정이다. 자국에 돌아간다 할지라도 언어, 학력과 능력등 여러 제약으로 인해 수많은 유학생들이 취업의 어려움에 또다시 직면하거나심지어 귀국하자마자 실업자가 되는 상황에 처하게 된다.

2. 한국학과 중국학의 발전과 번영

(1) 수교 이전의 맹아기/발전기

냉전이라는 시대적인 원인으로, 중국의 한국학 연구와 한국의 중국학 연구는 상대적으로 발전이 더딘 시기가 지속되었고, 연구 규모 역시 제한적이었다. 중화인민공화국 성립 이후, 중국의 한국학 연구는 중한관계, 북중관계 등의 영향으로 눈에 띄는 시대적인 특징을 나타내고 있고, 대략 세 단계로 구분할 수 있다.[179] 첫 번째 단계는 중화인민공화국 성립부터 1970년대 말까지의적대적인 시기로, 극동지역의 불안정한 국제 정세와 양국의 왜곡된 관계가 20여 년 동안 중국의 한국학 연구에 커다란 영향을 미쳤다. 연구 수가 적을

....

179 石源華, "中國韓國學研究的回顧與展望", 『當代中國』, 2002年 여름호, pp. 73-79.

뿐만 아니라 내용 역시 편중되어 있다. 냉전시대의 잔해가 그대로 남아 있는 션산공(潘善共)의 『한국연구중문목록(韓國研究中文目錄)』의 통계에 따르면, 이 시기에 출판된 약 210여 편의 저서 중 정치외교 분야가 대부분이었고, 내용 역시 항미원조(抗美援朝) 전쟁과 북한에 대한 홍보 및 소개가 집중되어 있다. 연구 분야는 정치, 국제관계에 편중되어 있고, 경제 등 기타 분야는 비교적 적었다. 연구 내용 역시 기본적으로 북한이었고, 한국이 반영된 소수의 저서 역시 시대적인 특징으로 인해 강렬한 적대적 정서가 표출되었다. 두 번째 단계는 1970년대 말부터 1990년대 초까지로, 국제 정세(특히 중미 수교의 영향)와 양국의 구체적인 국정 변화에 의해 양국관계가 부드러워졌다. 중국은 개혁개방이라는 중요한 전략을 추진하면서 계급투쟁에서 경제건설 중심이라는 방침을 수립하였다. 아울러 "아시아의 네 마리 용", "아시아의 네 마리 호랑이" 국가의 경제 발전 성공 경험을 배우는 것을 중국의 가장 시급한 임무라고 간주하였다. 이에 한국과의 관계 개선, 특히 주변 외부환경 개선을 중국 외교의 중요한 임무로 간주하며 경제 발전에 양호한 외부환경을 조성하기 위해 노력하였다. 중미, 중일 관계의 변화 역시 중국에 대한 한국의 태도를 변모시켰다. 한강의 기적을 이룩하며 아시아의 네 마리 용에 진입한 한국은 글로벌 시장을 한층 더 개척하기를 희망하였고, 이에 중국과의 관계 개선이 시급하다고 인식하였다. 이러한 변화가 양국의 학술연구에 반영되면서 중국의 한국학 연구가 점차 활기를 띄기 시작했고, 특히 80년대 후반부터 90년대 초반까지 최고조에 이르렀다. 중국에서 출판된 각종 한국학 저서는 250편에 이르렀고, 한국 경제의 빠른 발전에 대한 연구가 중국학자들이 가장 관심을 가지는 연구대상이 되었다. 내용 역시 정치와 경제 분야를 초월한 역사, 문화 등 더욱 광범위한 분야로 확대되기 시작하였고, 특히 한국의 독립운동 및 한국임시정부의 역사가 한국학 연구의 중요한 과제이자 관심사가 되었다. 세 번째 단계는 1992년 한국과 중국이 수교를 맺은 후로, 이 시기에 중국의 한국학 연구는 전대미문의 번영기를 맞이하였다. 한국의 정치문제, 한반도 평화 메커니즘, 남북통일, 한국 임시정부, 한국의 역사 등이 중요한 연구대상이 되었

다.[180]

우리는 중국의 한국학 연구가 발전하는 과정에서 시대적인 특징을 나타낸다는 사실을 알 수 있다. 사실, 동일한 시기에 한국의 중국학 연구 역시 발전하는 과정에서 유사한 추세를 나타내며 냉전이라는 시대적 상황과 이데올로기적 색채를 선명하게 드러냈다. 한국학자들 역시 한국의 중국학 연구 발전과정을 다음과 같이 요약했다.[181] 첫 번째 단계는 제2차 세계대전 이후 1970년대까지로, 이 시기에는 냉전의 영향으로 상호교류가 없었기 때문에 중국 본토와 관련된 연구 자료와 전문적인 연구 인력이 거의 없었다. 따라서 한국의 중국학(문학, 언어, 철학, 역사 등) 연구는 주로 대만과의 교류를 통해 이루어졌고, 대만에서 유학한 한국학자들에 의해 추진되었다. 두 번째 단계는 1970년대로, 이 시기에 중미 관계가 비약적으로 발전하였고 중국은 UN에 재가입하였다. 이러한 시대적 배경에 따라 유럽과 미국에서 유학한 연구자들을 중심으로 한국에서는 국제관계이론 및 비교정치학적 측면에서 중국과 관련된 문제에 대해 관심을 갖기 시작했고, 정치체제비교, 동북아 국제관계 및 북·중 관계를 집중적으로 연구하였다. 그러나 중국이 여전히 폐쇄적인 상황에서 관련된 정보와 자료가 제한적일 수밖에 없었고, 더욱이 양국이 여전히 적대관계에 있었기 때문에 관련된 연구 규모 역시 제한적이었다. 세 번째 단계는 1979년 중국이 개혁개방 정책을 시행한 이후의 시기이다. 중국이 문호를 개방하고 한국의 경제가 급속하게 발전함에 따라 한국은 중국이라는 거대한 해외시장에 관심을 갖기 시작하였고, 점점 더 많은 한국의 주요 대학들이 중국 관련 연구기관을 설립하였다. 이는 중국에 대한 연구가 본격적으로 시작하였음을 의미한다. 1992년 한국과 중국이 수교를 맺으면서 중국학 연구는 번영기에 진입하였고, 연구인력 역시 크게 증가하였다.

(2) 수교 이후의 번영기

한국과 중국이 수교를 맺은 이후, 한국의 중국학과 중국의 한국학 연구는 모

· · · · · · · · · · · · · · ·

180 상게서.

181 康埈榮, "韓國的中國學研究趨勢和展望", 『學習與探索』, 2012年 第1期, pp. 127-132.

두 발전의 황금기를 맞이하였다. 양국의 연구는 연구기관 설립과 연구 성과에서 모두 장족의 발전을 이룩하였다.

양국의 기관 설립 측면에서 볼 때 중한수교 이후 중국학과 한국학 관련 교육 및 연구기관은 대대적인 발전을 이룩하였고, 수량 역시 증가하였다. 통계에 따르면, 현재까지 4년제 대학 가운데 87개 대학이 한국어 전공을 개설하였고, 2년제 대학을 포함하면 중국의 약 200여 개 대학에 한국어 전공이 개설되어 있다. 또한 중국 내 설립된 17개 세종학당에서 한국어를 교육하고 있다.[182] 이와 함께 60여 개에 이르는 주요 종합대학과 연구기관에 한국(북한)문제연구소와 연구센터가 설립되어[183] 한국과 북한 문제를 전문적으로 연구하고 있다.

현재 한국에는 91개 대학원, 200개 대학, 75개 전문대, 1천여 개의 고등학교, 400여 개의 중학교, 100여 개의 초등학교에 중국어 혹은 중국학과 관련된 전공이 개설되어 있다. 167개 대학에는 "중국어", "중국어교육", "중어중문", "중국학", "중국어번역", "중국통상" 등 다양한 영역의 전공이 개설되어 있다.[184] 2004년 11월 전 세계 최초로 서울에 공자학원이 설립된 이후, 공자학원 19개와 공자학당(課堂) 4개가 연이어 설립되었다. 이 밖에도, 한국의 사회단체와 개인이 설립한 중국어학원이 100여 개에 이르고, 연간 수강생이 30여만 명에 이르는 것으로 나타났다. 또 다른 통계에 의하면, 한국에는 현재 50만 명에 가까운 고정적인 장기 중국어 학습자가 있고, 이 밖에 대학 강의, 기업 교육, 여행 혹은 시대적 흐름을 따라가기 위해 인터넷으로 중국어를 배우는 단기 중국어 학습자도 약 200여만 명에 이른다고 한다.[185] 한국 정부 역시 중국학 연구에 대해 점차 중요시하였다. 2003년 6월 노무현 대통령의 방중 전, 한국 정부는 중국문제 전문가 육성에 관한 보고를 공포하였다. 보고서는 2004년부터 2008년까지 한국은

. . . .

182 中國網, "韓國文化院院長談中韓交流", http://www.china.com.cn/fangtan/2012-04/23/content_25213492.htm.

183 李忠輝, 肖霞, "基於1998~2010年CSSCI數據: 中國韓國學研究的現狀特徵與趨勢", 『當代韓國』, 2012年 第3期, pp. 108-120.

184 康埈榮, "韓國的中國學研究趨勢和展望", 『学習與探索』, 2012年 第3期, pp. 127-132.

185 中國駐韓國大使館, http://www.chinaedukr.org/publish/portal109/tab5110/info91760.htm.

이공계와 인문계 배경지식을 갖춘, 중국문제에 정통한 22,000명의 학사, 석사와 박사를 양성할 계획이라고 명시하였다.[186] 한편, 다음 표는 제2차 세계대전 이후부터 2010년 7월까지, 한국에서 중국학 관련 서 · 박사 학위를 취득한 인력에 대한 통계이다.

표1 한국의 중국학 관련 석 · 박사 학위 취득자 현황

	1945-1989년	1990-1999년	2000-2009년	2010년	총 계
박사	33	211	550	34	828
석사	366	1,357	5,247	342	7,312
총계	399	1,568	5,979	376	8,140

출처: 康埈榮, "韓國的中國學研究趨勢和展望",『學習與探索』, 2012년 제1기, pp. 127-132.

교육 및 연구기관 수량 이외에도 한국학과 중국학의 연구 수량 역시 눈여겨볼 만하다. 시간 분포로 볼 때, 중한수교 이후 한국학과 중국학에 대한 연구는 봄날을 맞이하였다. 한국국회도서관의 전자도서관 검색시스템을 이용하여 목록을 재분류한 결과, 1945년부터 2009년까지 한국의 중국학 관련 연구 성과는 43,114편(학술논문, 학술지, 저서 등 포함)에 이르렀고, 이 중 1990년 이후의 연구 성과와 2000년 이후의 연구 성과가 차지하는 비중은 각각 90.19%와 66.95%에 이르렀다. 상술한 통계를 통해 1990년대 이후, 혹은 중한수교 이후 한국의 중국학 연구가 중한관계와 함께 크게 발전하였다는 사실을 알 수 있다. 중국 역시 유사한 추세를 나타내고 있다. 『한국연구중문자료』의 통계에 따르면, 중한수교부터 1993년 말까지 출판된 서적은 70여 편에 불과하지만,[187] 2000년부터 2009년까지의 연구 성과(완팡DB)는 8,451편에 이르면서 전체 연구 성과의 59%를 차지하였다. 이는 지난 55년 동안의 연구 성과를 초월한 수치이다.[188] 또 다른 중요한 학술DB(CNKI)에서 한국과 관련된 연구와 논문(학술지, 학위논문, 회의논문, 주

· · · · · · · · · · · · · · · ·

186 何培忠,『當代國外中國學研究』(北京: 商務印書館, 2006), p. 461.

187 藩善洪(編),『韓國研究中文文獻目錄(1992-1993)』(杭州大學出版社, 1994).

188 李奎泰, "當代韓國'中國學'與中國'韓國學'之比較",『當代韓國』, 2012年 第1期, pp. 92-118.

요 신문)의 연간 수량을 통해 이 추세를 설명할 수 있다. 1991년, "한국"을 키워 드로 설정한 글은 154편에 불과했으나 양국이 수교한 1992년에는 599편, 1993 년에는 1,651편에 이르렀다. 이후 한국과 관련된 글의 수가 기하학적으로 증 가하였다. 2000년, 2002년, 2005년, 2007년, 2012년과 2014년에 각각 6,605편, 11,316편, 18,570편, 24,624편, 22,706편, 20,190편에 이르렀다.[189] 중국의 한국 학 연구주제로 볼 때, 1990년대 중한수교 후 중국이 가장 관심을 가진 연구주 제는 경제발전으로, 한국으로 대표되는 신흥공업국가의 경험을 배우고자 하였 다. 이 시기, 연구주제 중 십중팔구는 경제무역문제, 한국의 경제발전 모델인 반 면, 한국의 정치체제나 역사에 관한 연구는 매우 적었다. 2000년대 들어서며 한 국학 연구 인력이 강화되었다. 경제무역 분야에 대한 연구가 여전히 중점적으 로 진행되었으나 점차 많은 학자들이 한국의 정치체제, 산업정책 비교 및 한국 사회에 관한 연구를 시작하였고, 연구주제 역시 다양해지는 추세를 나타냈다. 주목할 만한 점은, 중국학자들이 글로벌화 및 지역 환경이라는 측면에서 양자 관계에 대한 새로운 모델을 연구하기 시작했다는 것이다.

　기타 국가 혹은 기타 지역과 비교하여, 중국의 한국학과 한국의 중국학 연구 가 국내에서 차지하는 지위에는 다소 차이가 있다. 한국에서 중국학 연구는 사 회적으로 가장 관심을 받는 학문 중의 하나로, 연구 규모와 연구 성과가 이미 다른 국가와 다른 지역의 연구를 초월하였다. 이규태(2012)의 통계에 따르면, 한 국에서 중국학 연구에 대한 관심도는 이미 일본 연구와 미국 연구보다 높은 것 으로 나타났다. 한국국회도서관 전자도서관 검색 결과, 2010년 1년 동안 발표 된 학위 논문과 학술 논문 목록 가운데 중국과 관련된 논문은 3,828편으로, 일 본 연구의 1.5배(2,458편), 미국 연구의 2.5배(1,497편), 러시아 연구의 10.1배(378편) 에 이르는 수준이다.[190] 여기에 대만과 홍콩 관련 연구를 더할 경우 규모는 더욱 방대해진다. 이를 통해 한국의 중국학 연구와 중한관계에 대한 관심도를 엿볼 수 있다. 그러나 한국의 중국학 연구에 대한 규모가 확대되었다 할지라도 역사

. . . .

189　中國知網數據庫數據, http://epub.cnki.net/kns/brief/default_result.aspx.

190　李奎泰, "當代韓國'中國學'與中國'韓國學'之比较", 『當代韓國』, 2012年 第1期, pp. 92-118.

적으로 일제강점기를 경험한 원인으로 인해 연구의 입장과 시각이 일본의 중국학 연구에 대한 영향을 적지 않게 받았다는 사실을 간과할 수 없다.[191]

중국의 한국학 연구 현황은 조금 다르다. 중국 학계의 국가별 연구는 여전히 미국 중심이다. 물론 한국 연구 혹은 한국학 연구 역시 학계에서 상대적으로 중요한 위치를 확보하고 있다. 완팡DB를 이용한 검색 결과, 2010년 미국 관련 학위 논문은 3,390편으로 일본 관련 학위논문의 2.7배(1,220편), 한국 관련 학위논문의 12.2배(276편)인 것으로 나타났다. 그러나 학위논문과 학술논문으로 범위를 확대할 경우, 한국 관련 연구는 3,482편으로, 일본 관련 연구인 2,224편에 비해 많은 것으로 나타났다. 주목할 만한 점은, 한국과 중국의 러시아 관련 연구 모두 관심도가 매우 낮다는 유사성을 보이고 있다. 중국의 러시아 관련 학위논문은 69편으로, 미국과 일본 관련 연구와 비교할 수 없을 뿐만 아니라 북한 관련 연구(82편)보다 적었다. 한편, CNKI에서 한국 관련 논문 및 글의 수는 미국 연구의 1/10 수준인 것으로 나타났다. 2014년 미국과 관련된 연구는 232,898편인데 반해, 한국과 관련된 연구와 보도는 20,190편에 불과했다.[192] 또 다른 데이터에 의하면 동기간 한국의 중국학 연구자의 성과가 중국의 한국학 연구자의 성과보다 약 세 배 정도 많은 것으로 나타났다. 이를 통해 한국의 중국학 열풍이 중국의 한국학 열기에 비해 높다는 사실을 알 수 있다.[193]

한국학과 중국학의 연구에는 다음과 같은 문제점이 나타나고 있다.

첫째, 대부분이 단기적이고 시의적인 연구이며, 주제가 경제와 정치 분야에 집중되어 있다. 중국의 한국학이나 한국의 중국학 연구 모두 현재에 입각한 양국의 경제 교류와 중한관계에 대한 연구에 편중되어 있다. 다시 말해 일정 기간이 지나면 의미가 퇴색되는 시의적인 성격의 연구와 그 시기에만 적합한 대책을 제안하는 제언적인 성격의 연구 비중이 너무 높다. 이러한 현상은 양국관계의 급속한 발전으로 인해 각 연구 분야에 필요한 인재가 급증하는 긍정적인 효

191 于微, "當代韓國的中國學", 『沈陽大學學報』, 2014年 第2期, pp. 251-254.

192 中國知網數據庫數據, http://epub.cnki.net/kns/brief/default_result.aspx.

193 李奎泰, "當代韓國'中國學'與中國'韓國學'之比較", 『當代韓國』, 2012年 第1期, pp. 92-118.

과를 유발할 수도 있으나 학문의 발전이라는 시각에서 볼 때, 지속적으로 개선해야 할 부분이다. 또한 연구의 시간적 범위가 단기적이고, 현재의 상황에만 치중하는 경향을 보임에 따라 시사보도를 분석하는 성격의 연구가 많아졌다. 특히 당장의 정책 결정을 위한 제언이 포함된 연구가 더욱 많아졌다. 이에 반해 장기적으로 역사와 문화적인 측면에서 중한관계의 발전 현황을 고찰하는 연구는 매우 드물다. 주지하다시피, 이러한 시의적인 연구와 보도를 뒤쫓는 연구는 생명력이 매우 짧다. 또한 연구의 의의와 가치 역시 어느 특정 단계에 머물 뿐, 매우 빠르게 퇴색되거나 도태되기 때문에 장기적인 역사 규율에 대한 고찰과 연구를 결코 대체할 수 없다. 수천 년에 이르는 중한관계의 발전사(史)는 양국 관계 연구의 중요한 보물창고로, 그 안에는 양국의 학자들이 모두 느끼고 발굴하며 발전시킴으로써 오늘날에 이용할 수 있게 된 수많은 가치 있는 연구의제가 내포되어 있다. 과거 5천 년에 이르는 중한교류의 역사라는 비옥한 토지만이 한국학과 중국학 연구라는 나무에 더욱 많은 영양소를 공급하여 활기 넘치게 할 수 있을 뿐만 아니라 비로소 더욱 장기적인 발전을 추진하는 원동력이 될 것으로 예상한다.

이 밖에 오늘날의 다른 연구와 마찬가지로, 한국학과 중국학 연구 역시 여전히 강력한 실용적인 색채를 나타내고 있다. 국가의 정책과 시대적 발전이라는 수요로 인해 연구 주제가 정치와 경제 분야에 집중되어 있다. 반면, 문화, 사회생활 등 기타 분야의 연구는 여전히 적은 바, 학자들이 이러한 분야에 더욱 많은 관심을 가져야 할 필요가 있다. 국제관계와 관련된 의제가 다양해짐에 따라 정치와 경제가 문화, 사회, 환경 등 다른 분야의 연구를 결코 대체할 수 없다는 사실을 알게 되었다. 이러한 새로운 영역, 새로운 시각, 새로운 의제(agenda)에 대한 연구는 우리가 상대국과의 교류를 더욱 생동감 있고 입체적으로 이해하고 인식할 수 있게 해줄 것이다.

둘째, 연구이론의 깊이와 인문학적 관심을 더욱 제고할 필요가 있다. 한국의 중국학 연구와 중국의 한국학 연구 모두 대부분이 당시의 현실적이고 구체적인 정치 · 경제 문제를 해결하는 데 초점을 맞추고 있을 뿐, 장기적이고 역사적인 고찰이나 인문학에 대한 관심은 부족하다. 양국은 자연과학, 사회과학 분야의 연구와 교류를 중시하는 동시에, 인문학의 구축과 교류도 강화해야 한다. 일부 한국학자들은 양국의 중국학과 한국학에서 이론에 대한 깊이 있는 분석이 부족하다는 점을 언급하고 있다. 이들은 양국이 국제지역연구의 종합적인 연구 방법을 중시함으로써 상대국에 대한 전반적인 이해도를 확충해야 할 뿐만 아니라 중장기적인 관점에서 정치와 경제 사상 및 이론적인 문제에 더 많은 관심을 가져야 한다고 지적하였다.[194] 중국학자들 역시 마찬가지로 중한 수교 이후 중국의 한국학 연구가 이성적으로 확립되면서 의미 있는 발전과 성과가 축적되었고, 이는 중한 문화교류를 추진하는 데 합당한 공헌을 하였다고 평가하고 있다. 그러나 중대한 의의를 지닌 연구 성과가 여전히 부족하고 연구의 깊이가 제고되어야 하며 기본적인 사료(史料)의 수집과 정리가 현저히 부족한 문제가 여전히 나타나고 있다고 지적하였다.[195]

셋째, 연구 경비와 지원이 여전히 제한적이다. 양국의 연구 경비와 지원은 주로 국가의 사회과학연구 지원과 기업의 정부지원 경비에서 비롯된다. 다른 국가들과 마찬가지로, 양국 모두 국가로부터 나오는 경비는 매우 제한적이기 때문에 다양한 수요를 충족시킬 방법이 없다. 또한 사회과학과 인문학의 경우, 투입한 자금에 상응하는 경제적 가치가 즉각적으로 나타나지 않기 때문에 기업의 지원 역시 매우 제한적일 수밖에 없다. 1997년 이전, 한국 기업, 특히 대기업과 여러 재단에서 한국학과 중국학 연구를 위한 경비를 제공함으로써 상대적으로 경비가 넉넉하였으나 1997년 외환위기 이후 지원이 급격히 감소하였다.[196] 중국기업 역시 인문학과 사회과학 연구에 대한 지원이 매우 제한적이다. 한국학과 중국학은 추진해야 할 기본연구가 여전히 방대하다. 때문에 수많은 자료의 번역 분석과 정리에 필요한 경비를 각기 다른 경로를 통해 확보해야만 한다.

. . . .

194 상게서.

195 鄭成弘, "當代中國的韓國學研究現狀與趨勢", 『中國社會科學院研究生院學報』, 2003年 第1期, pp. 86-90.

196 石源華, "中國韓國學研究的回顧與展望", 『當代中國』, 2002年 여름호, pp. 73-79.

3. 한류(韓流)와 한풍(漢風)

유구한 역사가 흐르는 동안, 인류가 함께 생활하는 환경에서 만들어진 언어, 풍습, 도덕, 종교 등 공통의 문화적 특성은 특정한 문화권(圈)을 형성하게 하였다. 수천 년 동안 한국과 중국은 문화적으로 변화와 발전을 거듭하며 극히 유사한 생활방식, 행위규범, 풍속과 종교 신앙 등을 이어왔다. 특히 유교 사상의 영향을 받은 것이 대표적이라 할 수 있다. 제2차 세계대전과 6·25전쟁 종식 후, 한국의 문화는 오랜 기간 식민주의적인 색채를 강하게 나타내며 일본과 미국의 문화를 흡수하였다.[197] 민주화 운동과 경제의 비약적인 발전으로 민족적 자신감이 증대한 1980년대를 지나 1990년대 이후 한국은 유교문화가 기반이 된 전통문화와 시장경제를 기반으로 한 현대문화가 융화된 현대적 대중문화를 점차 구축하였다. 한국의 현대적 대중문화는 유교적 전통과 한국의 민족적 특색을 준수할 뿐만 아니라 현대 시장에서 대중의 수요를 반영하는 매우 두드러진 특징을 가지고 있다. 수교 이후, 중국인들은 수천 년 동안 이어진 유교문화를 기반으로 하는 전통적 기원으로 인해 중한 양국이 수많은 유사한 관념을 공유하고 있는데다 동일한 검은 눈과 검은 머리를 가진 황인종이라는 사실을 알게 되었다. 이는 한국 드라마로 대표되는 한류가 중국인들에게 일말의 생소함이나 거리감을 느끼지 못하고 오히려 자연스러운 친밀감을 가지게 하는 계기가 되었다.[198] 동시에, 한류는 중국인들이 아직 익숙하지 않지만 유럽과 미국에서 유행하고 있는 상업적인 문화를 동반하였다. 한류를 통한 중국문화와 서양문화의 "합리적인 충돌과 융합"은 한류가 중국에서 유행하고 오랜 동안 지속될 수 있는 중요한 원인이 되었다. 중국에서 "한류(한국 드라마)"가 광범위하게 방영되면서 중국인들의 한국에 대한 인식 역시 개선되었다. 1997년 CCTV에서 방영한 〈사랑이 뭐길래〉는 4.2%의 시청률을 기록하며 한국 드라마의 흥행을 알리는 서막을 열었다. 1990년대 후반, 한국 드라마가 가져온 "한류"는 중한 양국의 청

....

197 申師名, 『當代中韓大衆文化比較研究』, 中央民族大學 2006년 박사학위논문, pp. 17-19.

198 牛林傑, "中韓建交以來兩國文化敎育交流綜述", 『東北亞論壇』, 2007년 第5期, pp. 110-115.

소년들이 공통된 정서를 교류할 수 있는 기반이 되었을 뿐만 아니라 양국 국민들이 상대방의 전통문화에 관심을 가지고 이해하는 계기가 되었다. 한국 드라마는 유교문화의 매력을 발산하였을 뿐만 아니라 양국 국민들의 상호 이해와 교류를 심화시키는 매개체가 되었다.[199] "대장금"부터 "별에서 온 그대"까지 이어진 한국 드라마는 한국의 수많은 스타들이 중국에 이름을 알리는 동시에, 한국의 역사와 문화, 자연 경관, 먹거리 등을 중국인들에게 보여줬다. 이를 통해 한국이 유행의 지표라는 인식이 광범위하게 확산되었다. 아시아는 물론 전 세계적으로 유행하는 한국의 패션, 액세서리 등은 중국인들의 호감과 관심을 유도하였다. 한 미디어의 통계에 따르면, 중국 청소년들은 미국 상품 다음으로 한국의 문화상품을 좋아하는 것으로 나타났다.

동시에, 중국의 "한풍" 역시 한국을 휩쓸기 시작했다. 개혁개방 이후, 중국이 문호를 개방하고 경제적으로 발전함에 따라 "한풍"이 점차 해외로 뻗어 나가기 시작했다. 한풍은 깊고 풍부한 문화와 역사적 가치를 바탕으로 한국은 물론 전 세계에서 한국과 중국의 대중문화를 비교 연구하는 젊은 학자들에게 참신한 동양 문화의 신비함과 아름다움을 전달하였다. "한풍"의 유행은 특히 중국어의 확산에서 더욱 두드러졌다. 한국에서는 점점 더 많은 젊은이들이 중국어를 배우기 시작했다. 2011년, 131,500명에 이르는 해외 HSK 응시자(중국 현지 응시자 제외) 중 한국에서 시험을 본 응시자는 65,767명으로 전체 응시자의 약 50%를 차지한 것으로 나타났다.[200] 〈황제의 딸(원제: 還珠格格)〉 등 중국 드라마 역시 한국에서 큰 사랑을 받았다. 중국 시장경제의 발전에 따라 개혁개방 후 중국의 새로운 모습이 더욱 반영된 영화와 드라마가 점차 해외로 수출되기 시작하였다. 그러나 전통문화상품과 비교할 경우, 수량과 규모에서 여전히 매우 제한적이다.

중한 간 문화교류에는 다음과 같은 문제점이 존재하고 있다.

첫째, 양국 문화상품의 수출이 불균형한 형태를 나타내고 있다. 문화는 국가

· · · · · · · · · · · · · · · · ·

199 孫僑兵, "不同而和，和而共進—基於韓劇熱的中韓文化交流的思考與探索", 『赤峰學院學報(漢文哲學社會科學)』, 2013年 第11期, pp. 127-128.

200 解妮妮 등, "新漢語水平考試在韓國實施情況報告", 『中國考試』, 2012年 第4期, pp. 48-51.

와 민족의 생존에 필수적인 정신적 자산이자 기반이다. 시장경제가 발전함에 따라 문화가 상업화, 시장화의 길을 걷기 시작하면서 문화는 국가의 경제발전을 위한 중요한 원동력이 되었고, 이에 더 많은 국가들이 문화산업을 국가의 경제발전을 위한 중요한 사업 중의 하나에 포함하기 시작했다. 한국의 문화산업은 이미 국민경제를 구성하는 중요한 요소로 자리 잡았을 뿐만 아니라 수출무역에서도 상당한 비중을 차지하고 있다. 1998년 김대중 대통령 재임 당시 "문화입국(文化立國)"을 국가전략 가운데 하나로 선포하고 21세기 문화대국과 지식경제강국으로 도약하겠다는 목표를 수립하였다. 2001년, 노무현 대통령은 당선 직후, "창조한국" 전략을 추진하기 시작하였다. 이명박 대통령 역시 "문화입국" 전략을 지속적으로 추진하였다. 2009년 한국 정부는 문화산업을 녹색성장산업으로 선정하였고, 이는 한국경제의 새로운 성장 동력이 되었다. 한국의 문화산업 정책은 큰 성공을 거두었다. 2008년 전 세계 문화산업에서 한국이 차지하는 비중은 2.5%로, 전 세계 9위에 올랐다. 이로써 한국은 국력과 비슷한 수준으로 문화산업이 성장하였을 뿐만 아니라 유럽과 미국이 독점한 시장의 틈새에서 생존권과 발전할 여지를 확보하게 되었다.[201] 2008년부터 2011년까지, 한국 문화산업의 수출 규모는 연간 22.5%에 이르는 급격한 성장 속도를 기록하였다.[202]

중국 경제의 고속 성장에 따라 중국의 문화산업도 장족의 발전을 이룩하였다. 문화산업 교역액은 끊임없이 기록을 갈아치웠다. 2011년 말까지, 중국의 문화산업 교역액은 145억 3천만 달러로, 꾸준히 흑자를 유지하였고, 2012년에는 217억 3천만 달러에 이르렀다. 중국의 문화산업 교역액이 장족의 발전을 이루었을지라도 다른 선진국과 비교하면 여전히 커다란 격차가 존재한다. 미국은 전 세계 문화산업 시장에서 전통적으로 패권적 지위를 확보하고 있고 EU, 일본과 한국이 뒤를 잇고 있다. 전 세계 문화산업 교역액 중 중국이 차지하는 비중은 여전히 4%에 미치지도 못하고 있는 실정이다. 이는 전 세계 2위의 경제대국

· · · · · · · · · · · · · · · · ·

201 劉炳香, "韓國文化外交: 路徑與啓示", 『當代韓國』, 2013年 第1期 pp. 42-51.

202 亞洲新聞, "韓國文化産業出口規模再創新高", 2012년 12월 12일, 中華人民共和國商務部網에서 재인용, http://www.mofcom.gov.cn/aarticle/i/jyjl/j/201212/20121208478556.html.

이자 오천 년의 유구한 역사와 문명을 가진 국가의 국제적 지위에 부합하지 않는 결과이다.[203] 2013년, 중국의 문화상품 수출입 총액은 274억 1천만 달러인 것으로 집계되었다. 이 중 수출액은 2006년 대비 2.6배 증가한 251억 3천만 달러인 것으로 나타났다. 문화서비스 수출입 총액은 95억 6천만 달러였고, 이 중 수출액은 2006년 대비 3.2배 증가한 51억 3천만 달러인 것으로 조사되었다.[204] 중국의 GDP에서 문화산업이 차지하는 비중은 3.77%인데 반해, 해외시장에서 중국의 문화상품이 차지하는 비중은 1.5%에 불과하다. 이는 미국의 42.6%에 한참 미치지 못할 뿐만 아니라 한국의 2008년도 수치인 2.5%보다도 낮은 수치이다.[205] 무역 구조적인 측면에서 볼 때, 한국 등 다른 선진국과 비교해 여전히 커다란 차이가 나타난다. 중국이 수출하는 문화상품은 시각예술품(공예품 등), 신형 미디어(게임기 등), 인쇄물, 악기 위주로 여전히 부가가치가 크지 않은 노동집약형 상품에 집중되어 있다. 영화, 드라마, 음악, 게임 등의 수출 수준은 선진국에 미치지 못하고 있다. 또한 문화 서비스 역시 주로 광고홍보서비스 위주로 구성되어 있다. 양국의 양자 간 문화 교역의 경우, 산업 발전의 성숙도와 구조적 차이로 인해 중국은 장기적으로 수입이 수출을 초과한 상황이 지속되고 있다. 또한, 한국의 문화민족주의와 문화무역 보호주의 등의 요인은 중한 간 문화교류가 불균형한 상태가 지속되는 결과를 초래하였다.[206]

둘째, 양국은 상대방 미디어에 나타나는 이미지를 개선할 필요가 있다. 양국 국민들의 교류가 나날이 빈번해졌지만 양국 미디어에서 나타나는 이미지는 개선할 필요가 있다. 양국 간 교류 중 미디어가 하는 역할을 없앨 필요는 없지만 정치적, 상업적 요소로 인해 때로는 미디어가 양국의 교류 중 상대적으로 부정적인 역할을 수행하기도 한다. 일부 학자들은 한국 영화에서 나타나는 중국에 대한 이미지가 대부분 부정적인 인물로 묘사되는 것을 지적한다. 역사적인

. . . .

203 劉萌, "中韓文化貿易發展狀況分析",『北方經貿』, 2014年 第11期, pp. 17-18.

204 中國商務部網站, "我國對外文化貿易發展簡況", 2014年 4月 1日, http://www.mofcom.gov.cn/article/difang/zhejiang/201404/20140400536172.shtml.

205 方圓庫, "中國文化出口的困境解讀", http://scopein.baijia.baidu.com/article/42356.

206 張鍵, "中韓關系發展現狀及展望",『當代韓國』, 2014年 第1期, pp. 24-32.

이유도 있고 시대적인 배경 때문이기도 하지만 이는 당시 중한관계의 사실적인 묘사이기도 하고 역사적으로 이어진 여러 문제들이 있었기 때문이다. 그러나 결국 이러한 이미지로 인해 오늘날 한국 사회의 엘리트부터 일반 국민들은 현재의 중국에 대해 그릇된 인식과 오해를 가지게 되었다. 물론 중국의 빠른 부상에 대한 심리적인 방어벽일 수도 있고, 강자에게 약하고 약자를 경시하는 한국인들의 관습에서 비롯된 것일 수도 있다. 한국인들의 전통적인 인식에는 강대국인 중국의 모습을 보지 못한 것이 아니라 중국을 강대국으로 인정하지 않으려는 성향이 있다. 이는 한국인들이 강력한 배타성과 민족적 단일성을 가지고 있기 때문이기도 하고 놀랄 만한 응집력과 민족적 구심점을 가지고 있기 때문이다.207 중국의 미디어, 특히 청소년들이 자주 이용하는 인터넷에는 한국에 대한 편파적인 묘사로 인해 중국인들에게 강한 민족주의적 정서를 불러일으키고 있다. 양국은 기본적으로 미디어의 체제가 다르다. 이로 인해 한국인들은 중국 미디어에서 발표된 글들이 정부의 의도라고 오해하고, 중국인들은 일부 한국 인터넷에 게재된 진위 여부를 알 수 없는 글들이 한국인들의 보편적인 생각이라고 오해한다. 게다가 양국의 미디어 사이에는 효율적으로 소통하고 해명할 수 있는 장치가 없기 때문에 서로에 대한 오해가 지속될 뿐만 아니라 심지어 양국 국민들의 불만과 분쟁을 촉발시킨다.

셋째, 한류와 한풍은 인문학적 토대(Base)를 강화해야 한다. 한류와 한풍 모두 당시의 유행을 뒤쫓거나 인스턴트적인 문화에 집중되어 있다. 조금만 시간이 지나면 사라져버리기 때문에 오랜 기간 계승할 수 있는 문화가 매우 적다. 때문에 한류와 한풍은 전통적인 인문학적 토대를 한층 강화하고 양국 문화가 가지고 있는 심층적인 정수(精髓)와 가치를 발굴할 필요가 있다. 최근 양국 국민들의 문화 교류는 주로 TV, 인터넷과 기타 새로운 미디어를 통해 이루어지고 있다. 자극적이고 순간적이며 극단적인 인스턴트 문화의 급속한 전파는 청소년들에게 특히 두드러지게 나타난다. 이러한 문화는 "급하게 왔다가 급하게 가는" 중

· · · · · · · · · · · · · · · ·

207 張琦, "大衆傳媒與國家形象的建立: 以韓國電影中的中國形象爲例, 『藝術科技』, 2014年 第4期, p. 110.

요한 특징을 가지고 있다. 이러한 문화는 짧은 시간 내에 사람들의 감각을 자극하지만 시간이 지남에 따라 형성되는 심리적인 여운과 정신적인 사고를 동반하기 쉽지 않다. 동시에 인스턴트 문화로 인해 수천 년의 역사와 전통을 자랑하는 활자 인쇄 문화와 사람 중심의 인문학이 점차 설 자리를 잃어가고 있다.[208] 오랫동안 이어져 온 고전의 영향력과 감화력이 점차 생기를 잃어가며 시장에서 사라졌다. 한국과 중국은 모두 역사적으로 유구하고 찬란한 문화를 가지고 있다. "한류"와 "한풍"은 이러한 농후한 문화적 기반에서 나오는 무궁무진한 보물을 찾아내야 한다.

4. 중한 인문교류의 현황과 문제점

중한수교 20여 년 동안, 한국과 중국의 인문학은 괄목할 만한 성과를 이룩하였으나 동시에 다양한 문제점도 나타났다. 때문에 어떠한 태도로 인문교류에서 나타난 성과와 문제점을 인식하고 판단할지가 매우 중요하다. 우리는 역사적인 시각과 상대적인 안목을 바탕으로 오늘날 중한관계의 종합적인 상황을 고려하여 이성적으로 분석해야 한다.

먼저, 장기적이고 역사적인 시각에서 볼 때, 중한 인문교류는 오천 년 중한관계 발전사(史)에서 줄곧 긍정적이고 중요한 추진동력이 되었다. 향후에도 이러한 추세가 지속되어야 한다. 양국 국민들은 모두 유교 문화가 기반이 되는 공통의 문화적 뿌리를 가지고 있다. 때문에 한국인들은 중국의 문화와 언어에 친밀감을 느낀다. 또한 양국은 인접국이자 유교문화권에 속하는 국가로 역사적으로 오랜 기간 동안 교류를 하였다. 뿐만 아니라 양국은 예로부터 행정체제, 교육시스템은 물론 의복과 식습관까지 매우 흡사하다. 최근 양국은 정치, 경제, 사회, 문화 등 다양한 분야에서 적극적으로 교류하고 어우러지며 서로에게 영향을 미

．．．．．．．．．．．．．．．．

208 申師名, 상게서, pp. 41-45.

치고 있다. 이는 동아시아 문명을 구성하는 중요한 요소가 되었다. 또한 중한 양국은 유구한 역사를 가지고 있으며 양국의 전통문화는 오천 년의 관계를 구축하는 중요한 기반이 되었다. 양국 정치관계의 발전이라는 시각에서 보면, 기나긴 역사에서 양국은 때때로 충돌하고 전쟁이 발발하기도 하였으나 전반적으로 평화적이고 우호적인 관계를 지속하였다. 양국 국민들의 긴밀한 교류 역시 양국의 문화적인 특징과 밀접한 관계가 있다.[209] 1994년, 김대중 대통령은 푸단대학에서의 강연 중, "전 세계 어느 지역에서도 한국과 중국 같이 유구한 우호적인 관계를 유지하는 국가는 찾아볼 수 없다"고 언급하였다. 양국의 문화교류라는 시각에서 볼 때, 유학(儒學), 이학(理學), 도교, 인도에서 중국으로 전파된 불학(佛學) 등을 포함한 중국 대륙의 선진적인 학문들이 중국을 거쳐 한국으로 전파되었고, 이는 한국 전통문화의 중요한 구성요소가 되었다. 전통문화가 양국 관계에 얼마나 커다란 영향을 미쳤는지에 대한 회고와 탐구는 오늘날 중한관계의 발전을 추진함에 있어 중요한 의의를 지닌다.

둘째, 단기적인 중한 교류의 역사적인 시각에서 볼 때, 양국 인문교류의 공로를 간과할 수 없다. 설사 중한 간의 인문교류가 중한 수교를 추진한 결정적인 요인이라고 할 수는 없지만 긴장 상태의 중한관계를 완화시켰고 이는 중한관계의 발전을 촉진한 중요한 공적이자 문화적 배경이기 때문에 잠재된 역할을 과소평가해서는 안 된다. 냉전의 종식 후, 양국의 문화교류는 중한 간의 정치적 경시(輕視), 군사적 대립, 경제적 단절을 해소하게 만든 중요한 동력이자 문화적 배경이 되었다. 비록 양국의 수교는 늦었지만 양국의 관계는 오히려 매우 빠르게 발전하였다. 이러한 빠른 속도와 맹렬한 기세는 전 세계 어느 국가와도 비교할 수 없다. 이러한 상황을 가능하게 한 양국의 문화적 뿌리와 인문학적 교류를 결코 과소평가할 수 없는 이유이다. 양국이 현대화를 추진하는 과정에서 전통문화는 양국의 현대화에 각기 다른 특성을 나타냈다. 각기 다른 특성으로 인한

· · · · · · · · · · · · · · · · ·

209 石源華, "傳統文化與中韓關系的歷史發展", 『韓國傳統文化的反思與新探(제4회 한국전통문화국제 학술회의논문집)』, 2002년, 서언.

경험과 교훈을 상호 존중하고 연구할 가치가 있다.[210] 한국과 중국은 양국의 전통문화를 바탕으로 더욱 친밀한 교류와 협력을 장기적으로 유지해야 한다. 아울러 이를 기반으로 새로운 시대에 새로운 아시아를 대표하는 새로운 문화와 새로운 가치관을 함께 창출해야 한다.

셋째, 비교학적 관점에서 볼 때, 수교 이후 양국의 인문교류는 여전히 다양한 문제점이 존재한다. 그러나 이는 수교 이전과 비교해 큰 차이가 있을 뿐만 아니라 피할 수 없는 역사적 관성의 영향을 받았기 때문이다. 미소 냉전의 국제정세, 특히 6 · 25전쟁의 영향으로, 중한 양국은 오랜 기간 동안 정치적으로 적대시하고 군사적으로 대립하였다. 또한 경제적으로 단절되었으며 문화적으로 소원해졌다.[211] 적대적인 상황에 직면한 양국은 회복이 불가능할 정도로 서로를 헐뜯고 비방하는 단계에 이르렀고, 심지어 국제대회에 출전해서도 서로 만나지 않았을 뿐만 아니라 설사 양국이 대결하게 되면 경기를 포기하기도 하였다. 따라서 양국 국민들의 일반적인 감정은 당연히 적대적일 수밖에 없었다. 중한수교 초기의 어려움에 대해, "반세기에 가까운 장벽으로 인해서인지, 과거 오랜 기간 동안 서로 교류를 하지 않아서인지, 서로의 이데올로기 차이인지 모르겠으나 만남과 교류가 생소한 감정에서부터 시작했다"[212]고 회고하는 학자도 있다. 과거에는 양국 국민들이 상대국으로 여행을 간다거나 유학을 간다는 것은 상상도 할 수 없는 일이었다. 1970년대 말부터 1980년대 초까지, 국제 정세에 커다란 변화가 생기고, 중국이 개혁개방을 시행하면서, 그리고 한국 역시 "북방외교"를 추진하면서 양국관계가 점차 변화되기 시작했다. 1992년 8월 24일, 중한 양국이 공식적인 외교관계를 수립하면서 양국의 관계가 전대미문의 맹렬한 기세로 발전하는 새로운 시대에 진입하였다. 이러한 배경하에, 불과 20여 년의 시간 동안 중한관계는 이미 장족의 발전을 이루었다. 그러나 시간적, 제도적, 역사적 요인의 영향으로 인해 일부 문제점들이 단번에 해결될 수 없다. 따라서

. . . .

210 상게서.

211 石源華, "中韓民間文化衝突的評估, 解因和應對", 『當代韓國』, 2009年 여름호, pp. 39-42.

212 沈儀林, "憶往昔, 涓涓細流匯成河—漫談中韓學術交流", 『當代中國』, 2002年 여름호, pp. 12-15.

더욱 장기적인 교류를 통해 이러한 문제들을 상호 절충하고 조정함으로써 해결해 나가야 한다.

넷째, 중한관계의 발전으로 인해 파생된 상대방에 대한 오해나 불균형한 교류로 인해 야기된 인식상의 문제를 생각해볼 필요가 있다. 스위엔화(石源華)는 "양국 국민들에게서 발생하는 서로에 대한 불만은 상호교류 중 상대방에 대한 환상이 깨졌을 때 발생한다"는 날카로운 분석을 내놓았다. 수교 초기, 한국은 경제, 과학기술 등 많은 분야에서 개혁개방 중이었던 중국보다 앞서 있었다. 당시 중국은 한국을 포함한 "아시아의 네 마리 용"으로 대표되는 신흥공업국들의 빠른 경제성장을 배우기 위해 노력하였다. 리우야저우(劉亞洲)는 "한국의 경험은 의심할 정도로 매혹적이다. 중국의 재계, 학술계, 군인 모두 한국에게 배울 점이 무엇인가를 심사숙고해야 한다"고 솔직하게 말하였다.[213] 이는 인접국인 한국의 비약적인 경제성장을 보는 중국인들이 당시에 느꼈던 복잡하고 미묘한 감정이 비교적 정확하게 반영되었다고 할 수 있다. 동시에, 한국은 중국에서 적극적으로 해외시장을 개척하기 위한 준비에 돌입했다. KDI의 조경태 연구원은 "중국은 한국의 기회이다. 한국은 선진국과 개도국의 중간에 처한 국가로 해외에서 맞닥뜨릴 어려움이 점차 커질 것"[214]이라고 기탄없이 말했다. 황병태 당시 주중한국대사 역시 "10억여 인구를 가진 거대한 중국시장이 우리 옆에서 나날이 발전하고 있다. 향후 한국 경제의 성패는 중국시장의 확보 여부에 달려있다"[215]고 직접적으로 말했다. 의심할 여지 없이 수교 초, 경제 등 여러 분야에서 양국은 상당한 격차를 나타냈지만 중국이 개혁개방과 경제의 급속한 발전을 거치면서 양국의 국력은 역전되기 시작했다. 2006년 한국의 對중국 의존도는 5.7%였고, 중국의 對한국 의존도는 5.6%로, 양국의 상호 무역의존도는 별 차이가 나지 않았다. 그러나 2007년, 중국의 對한국 의존도는 8%에 불과했으나 한국의 對중국 의존도는 21%까지 증가하면서 상호 의존도에서 비교적 큰 차이

. . . .

213 玄雄(저), 潘屹(역), 『朴正熙』(紅旗出版社, 1993), p. 5.
214 參考消息, "韓國『中央經濟報』2月2日報道", 1994年 3月 2日.
215 상게서.

를 나타냈고 경제무역구조 역시 커다란 편차가 발생했다. 이에 양국 국민들의 심리상태 역시 변화가 발생하기 시작했다.[216] 구체적으로, 한국의 총수출액에서 중국이 차지하는 비중은 1992년의 5.1%에서 2012년에 23.9%까지 증가하였고, 총수입액 역시 1992년의 3.5%에서 2012년에 24.5%까지 증가하였다.[217] 전반적으로 볼 때, 한국의 對중국 무역의존도는 점차 증가하였다. 중국은 전 세계 2위 규모의 경제규모를 가진 국가가 되었다. 양국의 국력 변화에 따라 상대방에 대한 인식 역시 편파적이고 어긋나는 경향이 나타나기 시작했다. 한국은 중국보다 우위에 있는 국가에서 상대적으로 열세인 국가로 전환되면서 거대한 심리적 좌절감을 맛보게 되었고, 과거 동아시아에서 행해진 조공제도의 영향으로 일부 한국인들은 "중국위협론"을 언급하거나 혹은 "벼락부자(Parvenu)"의 시각으로 자신의 이웃을 바라보기 시작했다. 마찬가지로 중국 경제의 급격한 성장은 일부 중국인들에게 자긍심을 가지게 하며 민족정서를 고조시켰다. 이러한 양국 국민들의 심리변화가 양국의 교류에서 피할 수 없는 각종 문제를 유발하였다. 때문에 중한 양국은 서로에 대한 인식을 올바르게 확립해야 한다. 한국 국민들은 중국 경제의 고속성장을 올바르게 이해할 필요가 있다. 중국은 한국을 위협하거나 향후 한국의 생존에 영향을 미치지 않을 것이다. 오히려 중국 경제의 고속성장을 통해 한국은 정치적, 경제적 이익을 얻을 수 있을 것이다.

5. 중한 인문교류를 추진하기 위한 건의

김영삼 전 대통령은 베이징대학에서의 강연에서 "역사의 소용돌이로 인해 양국의 관계는 잠시 단절되었다. 그러나 중국의 대다수 강물은 동쪽으로 흐르고 한국의 대다수 강물은 서쪽으로 흘러 양국의 강물이 결국 황해에서 만나 어우러지듯 양국의 관계가 밀접해지는 것은 숙명이다. 양국이 태평양 시대를 열어

. . . .

216 羅潔, "中韓民衆彼此厭煩了嗎", 『世界知識』, 2009年 第4期, pp. 14-21.

217 王利梅, "中韓貿易摩擦環境要因分析", 『中國經貿』, 2013年 第24期, pp. 3-5.

갈 동반자가 되는 것 역시 피할 수 없는 운명이다"[218]라고 언급하였다. 한국과 중국은 지속적으로 밀접한 관계를 유지하며 미래를 향해 나아갈 것이고, 인문교류 역시 이러한 시대적인 흐름을 역행할 수 없다. 이러한 발전과정에서 우리는 다음과 같은 몇 가지 문제를 주의해야만 한다.

첫째, 한류와 한풍을 올바르게 이해하고 협력과 혁신을 강화해야 한다. 다른 신흥경제국과 마찬가지로, 한국과 중국은 문화를 발전시키는 과정에서 유사한 문제에 직면해 있다. 빠른 경제발전 과정에서 경제적 가치 추구에 집중하였고 경제적 가치를 판단의 기준으로 간주하였다. 또한 자본주의 생산 방식을 성공적으로 받아들였다. 그러나 이로 인해 동반된 서양의 생활방식과 가치관이 자국의 전통적 가치관과 충돌함에 따라 갈등이 발생하였다. 양국은 이러한 갈등을 해결해야 하는 상황에 직면해 있다. 따라서 양국은 경제의 글로벌화를 수용한 이후, 문화적 민족성과 국제화 역시 수용해야 한다. 또한 "한류"와 "한풍"을 경쟁의 대상이 아닌 상호작용하는 유기체로 바라봐야 한다.[219] "한류"와 "한풍"이 순리적으로 발전해야만 양국은 서로를 이해하고 교류하며 발전해 나갈 것이다.

둘째, 양국 공통의 노력을 통해 문화적, 역사적, 전통적으로 공유할 수 있는 공통된 유산을 찾고 미래에 대한 구상을 모색해야 한다. 또한 양국이 협력과 혁신을 강화함으로써 양국이 아시아의 새로운 가치관을 창출할 수 있는 주체가 될 수 있도록 노력해야 한다. 중국과 미국의 인문교류가 서로에 대한 이해와 존중을 목적으로 하는 교류라면, 한국과 중국의 "인문학적 유대"는 역사와 문화로 형성된 귀속감과 공유할 수 있는 가치관이 전제되어야 한다. 가치관의 공유와 유대감을 기반으로 한 중한 양국의 인문학적 유대를 도모하는 것이야말로 장기적으로 국제질서의 변화에 대응할 수 있는 새로운 공통된 가치체계를 창

. . . .

218 中國駐韓國大使館官方網站, "楊厚蘭參贊在外國語大學發表演講", http://www.fmprc.gov.cn/ce/ cekor/ chn/sgxx/gyjh/t81685.htm.

219 申師名, 상게서, pp. 34-36.

출하는 방안이 될 수 있다.[220] 중국은 유구한 역사와 문화를 가지고 빠른 경제 성장을 이룩하였다. 한국은 있는 힘을 다해 자국의 문화를 보호한 특수한 경험과 문화산업에서의 혁신적인 성과를 확보하고 있다. 한국과 중국이 가진 경험과 성과는 향후 아시아의 새로운 가치를 형성하는 중요한 역량이 된다. "중국의 꿈(中國夢)", "한국의 꿈(韓國夢)"은 문화적 소통을 통해 공통의 "아시아의 꿈(亞洲夢)"으로 전환될 수 있다.

셋째, 각 계층별 주체가 체계화된 중한 인문교류 네트워크를 구축하고 이를 제도화하기 위한 노력을 기울여야 한다. 중한 양국은 정부와 민간은 물론 학술, 문화, 교육 등 각 계층과 분야가 복합적으로 교류할 수 있는 네트워크를 구축하는 동시에 장기적이고 효율적인 연계 메커니즘과 교류 메커니즘을 마련해야 한다. 2013년 6월, 박근혜 대통령의 방중 기간 동안, 양국 정상은 중한 인문교류 공동위원회의 설립에 합의하고 이를 『중한 미래비전 공동성명』과 『중한 미래비전 공동성명 부속서: 중한 전략적 협력동반자 관계 내실화 이행 계획』에 포함하였다. 양국 정상이 합의한 구체적인 조치를 이행하기 위해 2014년 11월 19일 중한 양국은 서울에서 제1회 중한 인문교류 공동위원회 회의를 개최하였다. 본 회의의 개최는 양국이 중한 인문교류위원회라는 중요한 메커니즘을 공식적으로 운영한다는 상징적인 의미를 갖는다. 인문 분야의 유대감을 기반으로, 관련된 역사 문제와 문화 문제에 대해 다각적인 대화 메커니즘과 상응하는 학술연구 메커니즘을 구축한 바, 양국 미디어의 보도 활동 역시 한층 규범화되어야 한다. 보도의 신뢰도를 제고함으로써 중한 양국의 민간 그룹에 대한 규범화된 관리 역시 강화해야 한다.

넷째, 양국 청년들의 교류와 활동을 강화함으로써 중한 청년들의 문화 전파 역량을 점진적으로 증대시켜야 한다. 2007년 4월, 원자바오 총리의 방한 시, 양국 청년들과의 대화에서 "정치는 기초, 경제는 허브, 문화는 교량, 청년은 미래"라고 언급하였다. 중한 양국의 청년들은 국가 건설이라는 막중한 임무를 짊어

. . . .

220 田寅甲, "韓中'人文紐帶'的政治學—韓國的視角", 『當代韓國』, 2013年 第3期, pp. 86-97.

지고 있을 뿐만 아니라 중한 우호사업의 추진이라는 역사적인 임무 역시 짊어
지고 있다. 문화에 대한 박근혜 대통령의 개인적인 각별한 관심과 사랑으로 인
해 양국은 문화교류를 촉진할 수 있는 절호의 기회를 맞이하였다. 이러한 소중
한 기회를 놓치지 않기 위해 중국은 더 많은 한국 청년들에게 중국의 평화발전
에 관한 이념, 지금의 중국과 중국의 문화를 이해시킴으로써 향후 양국의 발전
을 위한 믿음과 우호의 씨앗을 뿌리기 위해 노력해야 한다.[221]

시진핑 주석은 한국의 주요 미디어에 기고한 「순풍에 돛을 달자(風好正揚帆)」라
는 글을 통해 "인문교류를 꾸준히 지속하여 우호적인 다리를 건설해야 한다. 중
한 양국의 문화는 이미 상대국 국민들의 생활에 스며들어 있다. 양국 국민들의
서로에 대한 인정과 이해는 양국관계를 발전시키는 중요한 기반이다"라고 언
급하였다. 중한 양국 국민들의 상호 이해를 증진시키고 양국이 중요한 협력동
반자가 되어야만 비로소 양국의 관계는 안정적인 발전을 지속할 수 있다. 이 목
표를 실현하기 위한 가장 중요하고 가장 효율적인, 그리고 가장 지속적인 방법
은 바로 양국 간의 문화 교류를 강화하는 것이다.

· · · · · · · · · · · · · · ·

221 劉勃然, 黃鳳志, "韓國朴槿惠政府東北亞外交戰略的調整及其影響", 『國際論壇』, 2014年 第3期, pp.
7-12.

부록

부록 1 한중관계 대사기 (1992–2014)

🌐 1992년

- 8. 24: 한중 수교 공동성명(대사급 외교관계)에 서명 (중국 베이징)
  - ※ 한국: 이상옥 외교부 장관, 중국: 첸치천(錢其琛) 외교부장
- 8. 27: 주한중국대사관 개관
- 8. 28: 주중한국대사관 개관(1991. 1. 30. 대표부 설립 후 대사관으로 승격)
- 9. 27: 노태우 대통령 중국 방문(한국 국가원수 최초), 한중 공동선언 발표

🌐 1993년

- 7. 14: 주중상하이(上海)총영사관 개관
- 9. 6: 주한부산총영사관 개관
- 11. 19: 김영삼 대통령–장쩌민(江澤民) 주석 정상회담
  - ※ 제1차 APEC 정상회담 (미국 시애틀)
- 12. 30: 주중한국대사관 무관부 개설

🌐 1994년

- 3. 26: 김영삼 대통령 방중 (장쩌민 주석과 정상회담)
- 3. 28: 한중 정부문화협력협정에 서명
- 4. 1: 주한중국대사관 무관부 개설
- 9. 12: 주중칭다오(青島)영사관 개관
- 11. 14: 김영삼 대통령–장쩌민 주석 정상회담
  - ※ 제2차 APEC 정상회담 (인도네시아 자카르타)

🌐 1995년

- 11. 13: 장쩌민 주석 방한 (김영삼 대통령과 정상회담)
- 12. 3: 두만강유역개발계획(TRADP) 5개국위원회 협정에 서명

※ 참가국: 한국, 중국, 북한, 러시아, 몽고 (미국 뉴욕)

🜨 1996년

- 11. 24: 김영삼 대통령-장쩌민 주석 정상회담
  　　※ 제4차 APEC 정상회담 (필리핀 마닐라)

🜨 1997년

- 11. 24: 김영삼 대통령-장쩌민 주석 정상회담
  　　※ 제5차 APEC 정상회담 (캐나다 벤쿠버)
- 12. 9: 제1차 4자회담 개최
  　　※ 참가국: 한국, 중국, 미국, 북한 (스위스 제네바)

🜨 1998년

- 3. 15: 제2차 4자회담 개최 (스위스 제네바)
- 4. 26: 후진타오(胡錦濤) 부주석 방한
- 5. 5: 중국, 한국을 해외여행 자유구역으로 선포
- 10. 21: 제3차 4자회담 개최 (스위스 제네바)
  　　※ 한반도 평화체제구축과 긴장완화 논의를 위한 분과위원회(2개) 구성에 합의
- 11. 11: 김대중 대통령 방중, "한중 협력 동반자관계" 선언

🜨 1999년

- 4. 24: 제4차 4자회담 개최 (스위스 제네바)
- 7. 8: 주중선양(沈陽)영사관 개관
- 9. 11: 김대중 대통령-장쩌민 주석 정상회담
  　　※ 제7차 APEC 정상회담 (뉴질랜드 오클랜드)

🜨 2000년

- 8. 3: 한중 어업협정 합의(2001. 6. 30부로 발효)
- 9. 6: 김대중 대통령-장쩌민 주석 정상회담
  　　※ UN 새천년 정상회담(Millennium Summit), (미국 뉴욕)
- 10. 18: 한중 범죄인 인도조약 체결

2001년

- 8. 31: 주중광저우(廣州)총영사관 개관
- 10. 19: 김대중 대통령-장쩌민 주석 정상회담
  ※ 제9차 APEC 정상회담 (중국 상하이)

2002년

- 3. 27: 한중수교 10주년 기념 "한중 민간교류의 해" 행사 개최 (중국 베이징)
- 10. 20: 김대중 대통령-장쩌민 주석 정상회담
  ※ 제10차 APEC 정상회담 (멕시코 로스까보스)

2003년

- 7. 7: 노무현 대통령 방중
  ※ "한중 공동성명" 발표 후 "전면적 협력동반자관계" 선언
- 8. 27: 북핵문제 해결을 위한 제1차 6자회담 개최
  ※ 참가국: 한국, 중국, 미국, 북한, 러시아, 일본 (중국 베이징)
- 10. 19: 노무현 대통령-후진타오 주석 정상회담
  ※ 제11차 APEC 정상회담 (태국 방콕)

2004년

- 2. 15: 제2차 6자회담 개최 (중국 베이징)
- 6. 23: 제3차 6자회담 개최 (중국 베이징)
- 11. 19: 노무현 대통령-후진타오 주석 정상회담
  ※ 제12차 APEC 정상회담 (칠레 산티아고)

2005년

- 9. 19: 제4차 6자회담 개최 (중국 베이징)
  ※ "제4차 6자회담 공동성명" 발표
- 11. 16: 후진타오 주석 방한
  ※ "한중 공동성명" 발표
  ※ 노무현 대통령, 중국의 완전한 시장경제 지위 인정, 북핵문제 평화적 해결 의지 재천명
  ※ 후진타오 주석, 제13차 APEC 정상회담 참가 (한국 부산)

2006년

- 2. 13: 제5차 6자회담 개최 (중국 베이징)
- 9. 21: "감지중국 · 한국행(感知中國 · 韓國行)" 문화행사 개최 (한국 서울)
  ※ 중국이 한국에서 개최한 최대 규모의 대외문화교류 행사
  ※ 주최: 한국 국정홍보처, 중국 국무원 신문판공실
- 11. 20: 2007년부터 FTA 체결을 위한 산 · 학 · 연 연구 추진 계획 발표

2007년

- 3. 19: 제6차 6자회담 개최 (중국 베이징)
- 8. 22: "Dynamic Korea(動感韓國)" 행사 개최 (중국 베이징)
  ※ 한중수교 15주년 기념 "한중 교류의 해" 행사의 일환

2008년

- 5. 27: 이명박 대통령 방중
  ※ "한중 공동성명" 발표 후 "전략적 협력동반자관계" 선언
- 8. 25: 후진타오 주석 방한
- 10. 24: 이명박 대통령 방중, 이명박 대통령-후진타오 주석 정상회담
  ※ 제7차 ASEM 정상회담 (중국 베이징)
- 11. 15: 이명박 대통령-후진타오 주석 정상회합
  ※ G20 금융시장과 세계경제 정상회담 (미국 워싱턴 D. C.)
- 11. 22: 이명박 대통령-후진타오 주석 정상회합
  ※ 제16차 APEC 비공식정상회담 (페루 리마)

2009년

- 4. 3: 이명박 대통령-후진타오 주석 정상회담
  ※ 제2차 G20 정상회담 (영국 런던)
- 6. 18: 주한광주총영사관 개관 (영사사무소에서 승격)
- 9. 23: 이명박 대통령-후진타오 주석 정상회합
  ※ 제3차 G20 정상회담 (미국 피츠버그)
- 10. 10: 이명박 대통령 방중
  ※ 제2차 한중일 정상회담 참석 (중국 베이징)
- 12. 16: 시진핑(習近平) 부주석 방한

🔹 2010년

- 4. 30: 이명박 대통령 방중
  ※ 2010 상하이 엑스포 개막식 참석 후 후진타오 주석과 회합
- 7. 26: 한국 법무부, "중국 여행객 비자제도 개선 방안" 공포
- 11. 11: 후진타오 주석 방한
  ※ 제5차 G20 정상회담 참석 (한국 서울)

🔹 2011년

- 3. 26: 안중근 의사 서거 101주년 기념행사 개최 (중국 뤼순)
- 4. 26: 우다웨이(武大偉) 특사 방한(6자 회담 재개 및 협력 방안 논의)
- 5. 30.: 아시아지역 공자학원대회 개최 (한국 대구)
- 7. 27: 제1차 한중 국방전략대화 개최 (한국 서울)
- 12. 22: 한중문화산업발전센터 설립 (베이징 798예술구)
  ※ 한국 국가브랜드위원회, 중국국가발전개혁위원회 후원

🔹 2012년

- 1. 9: 이명박 대통령 방중
- 3. 26: 후진타오 주석 방한
  ※ 2012 서울 핵안보정상회담 참가 (한국 서울)
- 5. 13: 이명박 대통령 방중
  ※ 제5차 한중일 정상회담 참석 (중국 베이징)
- 7. 31: 제2차 한중 국방전략대화 개최 (중국 베이징)

🔹 2013년

- 6. 27: 박근혜 대통령 방중
  ※ "한중 미래비전 공동성명" 발표
  ※ "전략적 협력동반자관계의 내실화" 선언
- 10. 7: 박근혜 대통령-후진타오 주석 정상회담
  ※ 제21차 APEC 정상회담 (인도네시아 발리)
- 11. 28: 제3차 한중 국방전략대화 개최 (한국 서울)
- 12. 6: 제1차 한중 ICT 협력 전략대화 개최 (한국 서울)
- 12. 6: 제1차 한중 국책연구기관 합동 전략대화 개최 (한국 서울)

🔷 2014년

- 3. 24: 박근혜 대통령-후진타오 주석 정상회담

  ※ 2014 헤이그 핵안보정상회담 (네덜란드 헤이그)

- 7. 3: 시진핑 주석 방한

  ※ "한중 공동성명" 및 부속서 발표

- 7. 22: 제4차 한중 국방전략대화 개최 (중국 베이징)

- 10. 28: 제2차 한중 ICT 협력 전략대화 개최 (한국 서울)

- 11. 10: 한중 FTA 체결

- 11. 11: 박근혜 대통령 방중

  ※ 제22차 APEC 정상회담 (중국 베이징)

- 12. 17: 제2차 한중 국책연구기관 합동 전략대화 개최 (중국 베이징)

I. 정치 · 외교

한중 의원외교 현황(1992–2014)

년도	방한 중국인사	방중 한국인사
1993	• 田紀雲 상무제1부위원장 등	• 정석모 자민련 부총재 등 6명
1994	• 의원친선협회	• 민주당 김한규 등 5명
1995	• 喬石 전인대 상무위원장 등 • 周覺 외사위원회 부주임 등	
1996	• 蘇秋成 전인대 상무위 판공청 부비서장 등 • 黃毅誠 전인대 재경위 부위원장 등	• 김현욱 자민련 안보특위 위원장 등 4명
1998		• 신상우 국회부의장 등 6명
1999	• 郭振乾 재정경제위원회 부주임 등 • 王兆國 정협 부주석 등	
2000	• 趙南起 정협 부주석 등	• 한나라당 정병국 등 4명
2001	• 李鵬 전인대 상무위원장 등 • 馬萬祺 정협 부주석 등 • 曾建徽 전인대 외사주임 등	
2002	• 胡光寶 전인대 법률위 부주임 등 • 任正隆 전인대 농업위원 등	• 이만섭 국회의장 등 4명 • 민주당 함승희 등 6명
2003	• 吳邦國 전인대 상무위원장 등	• 열린우리당 임채정 등 7명 • 김운용 대한체육회장 등 4명
2004	• 賈慶林 정협 주석 등	• APPF 제12차 총회 참가단 (열린우리당 김부겸 등 4명) • 고구려사 왜곡실태조사단 (황우여 등 8명) • 난저우 국제심포지움 참가단 (열린우리당 이강래 등 7명)
2005		• 국회의장 주요국 순방 사전협의단 (열린우리당 윤호중) • 주변경쟁국 경제특구시찰단 (열린우리당 문석호 등 7명) • 한중외교협의회 3차 합동회의단 (한나라당 김덕룡 등 7명)

년도	방한 중국인사	방중 한국인사
2006	• 劉劍鋒 정협 외사위원회 주임 등 • 烏雲其木格 전인대 상무위 부위원장 등	• 김원기 국회의장 등 9명 • 한중 해양의원포럼 참가단 (열린우리당 제종길 등 10명)

2007	• 祝銘山 내무사법위원회 부주임 등	• 임채정 국회의장 등 4명
		• 한중의원 외교협의회
		  (한나라당 김덕룡 등 4명)
		• 중국공산당 초청 여성의원대표단
		  (열린우리당 김명자 등 11명)
		• 한중 의회간 정기교류체제 협의단
		  (열린우리당 이용희 등 6명)

2008	• 曹衛洲 중한우호소조회장 등 • 趙中權 전인대 상무위 인사국장 등	• 베이징올림픽 개막식 참관대표단 (한나라당 안상수 등 6명)

2009	• 趙啓正 정협외사위원회 위원장 등	• 김형오 국회의장 등 6명
		• 한반도 평화통일을 위한 특별위원회 설치 지지 유치단
		• 천진 방문 대표단
		  (한나라당 이주영 등 8명)
		• 한중의회 정기교류체제 4차 합동회의단
		  (한나라당 이윤성 등 7명)

2010		• 광저우 아시안게임 선수단 격려방문단
		  (박희태 국회의장 등 4명)
		• 국회운영위원회 방문단
		  (한나라당 김무성 등 8명)
		• 한중의원 외교협의회 방문단
		  (한나라당 김무성 등 11명)

2011		• 한중의회 정기교류체제 대표단 (한나라당 정의화 등 8명)
2012	• 陳至立 전인대 상무위원회 부위원장 등 • 孫懷山 정협 상무 부비서장 등	• 중국진출 현지기업 및 고속철도 시찰단 (새누리당 김성태 등 4명)

2013		• 한중의원 외교협의회 청년의원 대표단
		  (새누리당 정몽준 등 10명)
		• 강창희 국회의장 등 5명
		• 한중의원 바둑교류전 대표단
		  (새누리당 원유철 등 10명)
		• 한중의회 정기교류체제 8차 합동회의단
		  (이병석 국회부의장 등 8명)

2014	• 嚴雋琪 민주촉진회 중앙위원회 주석 등
	• 古小玉 전인대 상무위 판공청 인사국장 등
		• 한중에너지협력 연구모임 대표단
		  (민주당 강기정 등 10명)
		• 국회대표단
		  (새누리당 정몽준 등 42명)
		• 한중의회 정기교류체제 대표단
		  (정갑윤 국회부의장 등 12명)

출처: 대한민국 국회 국제국

II. 국방 · 안보

🔵 한중 연도별 국방비 내역(1992-2014)

년도	한국			중국		
	국방비 (억 원)	GDP대비 (%)	증감율 (%)	국방비 (억 달러)	GDP대비 (%)	증감율 (%)
1992	84,100	3.08	12.5	68.52	1.40	14.4
1993	92,154	2.97	9.6	73.90	1.21	12.7
1994	100,753	2.75	9.3	63.90	1.14	29.3
1995	110,743	2.58	9.9	76.26	1.05	15.6
1996	122,434	2.54	10.6	86.61	1.01	13.1
1997	137,865	2.60	12.6	98.02	1.03	12.8
1998	138,000	2.63	0.1	112.90	1.11	15.0
1999	137,490	2.38	−0.4	130.03	1.20	15.2
2000	144,774	2.28	5.3	145.87	1.22	12.2
2001	153,884	2.24	6.3	174.22	1.32	19.4
2002	163,640	2.15	6.3	206.33	1.42	18.4
2003	175,148	2.16	7.0	230.50	1.40	11.7
2004	189,412	2.16	8.1	265.80	1.38	15.3
2005	211,026	2.29	11.4	302.18	1.34	12.5
2006	225,129	2.33	6.7	373.74	1.38	20.4
2007	244,972	2.35	8.8	467.51	1.34	19.3
2008	266,490	2.41	8.8	601.69	1.33	17.6
2009	289,803	2.52	8.7	724.80	1.45	18.5
2010	295,627	2.34	2.0	787.86	1.33	7.7
2011	314,031	2.36	6.2	933.29	1.27	13.0
2012	329,576	2.39	5.0	1,060.11	1.29	11.0
2013	344,970	2.42	4.7	1,146.00	1.40	10.7
2014	357,056	2.38	3.5	1,315.60	1.50	12.2

출처: 2014 한국국방백서, 중국재정부(中國財政部)

III. 경제

🌐 한중 연도별 수출입 통계(1992~2014) : 한국 측 데이터

(단위: 백만 달러, %)

년도	수출		수입		수지
	총액	증감율	총액	증감율	금액
1992	2,654	164.7	3,725	8.3	−1,071
1993	5,151	94.1	3,929	5.5	1,222
1994	6,203	20.4	5,463	39.0	740
1995	9,144	47.4	7,401	35.5	1,742
1996	11,377	24.4	8,539	15.4	2,838
1997	13,572	19.3	10,117	18.5	3,456
1998	11,944	−12.0	6,484	−35.9	5,460
1999	13,685	14.6	8,867	36.7	4,818
2000	18,455	34.9	12,799	44.3	5,656
2001	18,190	−1.4	13,303	3.9	4,888
2002	23,754	30.6	17,400	30.8	6,354
2003	35,110	47.8	21,909	25.9	13,201
2004	49,763	41.7	29,585	35.0	20,178
2005	61,915	24.4	38,648	30.6	23,267
2006	69,459	12.2	48,557	25.6	20,903
2007	81,985	18.0	63,028	29.8	18,957
2008	91,389	11.5	76,930	22.1	14,459
2009	86,703	−5.1	54,246	−29.5	32,457
2010	116,838	34.8	71,574	31.9	45,264
2011	134,205	14.9	86,426	20.8	47,779
2012	134,323	0.1	80,785	−6.5	53,538
2013	145,870	8.6	83,053	2.8	62,817
2014	145,328	−0.4	90,072	8.5	552.56

출처: 한국무역협회

● 한중 연도별 수출입 통계(1993~2014) : 중국 측 데이터

(단위: 억 달러)

년도	수출		수출		무역수지
	총액	증감율	총액	증감율	총액
1993	28.60	–	53.60	–	-2499.94
1994	43.76	53.0%	73.18	36.5%	-2942.22
1995	66.88	52.8%	102.88	40.6%	-3599.69
1996	75.27	12.5%	124.84	21.4%	-4957.36
1997	91.36	21.4%	148.85	19.2%	-5749.32
1998	62.66	-31.4%	150.21	0.9%	-8754.78
1999	78.18	24.8%	172.33	14.7%	-9415.41
2000	112.87	44.4%	232.18	34.7%	-11931.2
2001	125.44	11.1%	233.96	0.8%	-10851.5
2002	155.08	23.6%	285.81	22.2%	-13072.9
2003	201.05	29.6%	431.61	51.0%	-23055.8
2004	278.10	38.3%	621.66	44.0%	-34356.1
2005	351.17	26.3%	768.74	23.7%	-41756.9
2006	445.58	26.9%	898.19	16.8%	-45260.2
2007	561.29	26.0%	1040.44	15.8%	-47915.6
2008	739.05	31.7%	1121.75	7.8%	-38269.8
2009	536.39	-27.4%	1025.02	-8.6%	-48863
2010	688.18	28.3%	1384.24	35.0%	-69606.3
2011	829.53	20.5%	1626.79	17.5%	-79726.6
2012	877.07	5.7%	1685.73	3.6%	-80866.2
2013	912.00	4.0%	1830.26	8.6%	-91826.3
2014	1004.20	10.1%	1903.91	4.0%	-89971.4

출처: 중국 해관총서(中國海關總署)

● 한중 양국 간 투자규모(1992-2014)

(단위: 건, 천 달러)

년도	한국의 對중국		중국의 對한국	
	신고건수	신고금액	신고건수	신고금액
1992	328	223,288	6	1,056
1993	768	658,536	29	6,864
1994	1,328	862,723	33	6,145
1995	1,298	1,357,222	51	10,892
1996	1,551	1,982,343	63	5,578
1997	1,160	943,640	76	6,518
1998	626	912,859	97	8,381
1999	884	503,188	323	26,585
2000	1,452	1,037,733	1,165	76,288
2001	1,842	1,040,679	810	69,739
2002	2,655	2,163,547	442	249,380
2003	3,277	2,949,807	522	50,206
2004	4,196	3,757,424	596	1,164,760
2005	4,898	3,702,318	672	68,414
2006	4,888	4,602,733	332	37,887
2007	4,830	7,329,371	363	384,131
2008	3,457	4,905,276	389	335,601
2009	2,237	2,761,738	537	159,607
2010	2,414	4,422,545	616	414,178
2011	2,297	4,881,540	405	650,853
2012	1,856	6,532,968	512	726,952
2013	1,880	4,809,235	402	481,186
2014	1,605	3,753,703	525	1,189,362

출처: 한국수출입은행, 산업통상자원부

Ⅳ. 사회

● 한중 관광교류 현황(1994~2014)

(단위; 명, %)

년도	방한 중국인		방중 한국인	
	수	성장률	수	성장률
1994	140,985	41.0	233,675	111.3
1995	178,359	26.5	404,421	73.1
1996	199,604	11.9	532,332	31.6
1997	214,244	7.3	584,487	9.8
1998	210,662	−1.7	484,009	−17.2
1999	316,639	50.3	820,120	69.4
2000	442,794	39.8	1,033,250	26.0
2001	482,227	8.9	1,297,746	25.6
2002	539,466	11.9	1,722,128	32.7
2003	512,768	−4.9	1,569,245	−8.9
2004	627,264	22.3	2,334,781	48.8
2005	710,243	13.2	2,963,162	26.9
2006	896,969	26.3	3,923,986	10.8
2007	1,068,925	19.2	4,776,752	21.8
2008	1,167,891	9.3	3,960392	−17.1
2009	1,342,317	14.9	3,197,500	−19.3
2010	1,875,157	39.7	4,076,400	27.5
2011	2,220,196	18.4	4,185,400	2.7
2012	2,836,892	27.8	4,069,900	−2.8
2013	4,326,869	52.5	3,969,000	−2.5
2014	6,126,865	41.6	3,825,400	3.6

※ 2006년 7월부터 한국인 출국행선지 파악 불가로 인해 중국국가여유국(中國國家旅遊局)에서 집계한 한국인 입국 수치를 넣었음.

출처: 한국관광공사, 중국국가여유국

부록 3 중국, 동북아 협력 및 한중관계 관련 한국 측 연구 (2013~2014)

■ 정부간행물

류중민.『중국근대 해양방어 사상사』. 해양전략연구소, 2013년.

문준조.『중국이 체결한 FTA상 서비스무역 자유화 조문에 관한 연구』. 한국법제연구원, 2014년.

안유화.『중국채권시장 현황과 한국 금융기관의 진출전략』. 자본시장연구원, 2014년.

이기평.『한중 FTA 경쟁분야 협상 대비 중국 경쟁법 집행사례연구』. 한국법제연구원, 2013년.

이기평.『한중 FTA에 대비한 중국의 BIT 모델안 및 기체결 투자협정 연구』. 한국법제연구원, 2014년.

이시영 등.『한국기업 중국 현지법인의 생산성 연구』. 산업연구원, 2013년.

임민경 등.『중국 진출 한국기업의 유턴 유형화 및 유턴정책 개선방안』. 대외정책경제연구원, 2013년.

코트라.『2014 해외진출 한국기업 디렉토리 – 중국편』. 코트라, 2014년.

한국형사정책연구원.『중국 동북지역 한국관련 마약범죄와 보이스 피싱범죄의 실태 및 대응방안에 관한 연구』. 한국형사정책연구원, 2014년.

■ 저서

● 정치/사회

고충석 등.『이어도』. 한국학술정보, 2013년.

고희영.『다큐멘타리 차이나』. 나남, 2014년.

공봉진.『시진핑 시대의 중국몽』. 한국학술정보, 2014년.

공봉진 등.『차이나 컨센서스』. 한국학술정보, 2013년.

김규환.『시진핑 시대 중국의 엘리트파워』. 서해문집, 2013년.

김능우 등.『중국 개항도시를 걷다』. 현암사, 2013년.

김승범.『파워엘리트 중국 정치의 힘』. 마로니에북스, 2014년.

김태연,『21세기 중국 사회의 문화 변동』. 학고방, 2013년.

김한규.『김한규 중국과 통하다』. 박영북스, 2014년.

김흥규.『중국 신외교전략과 당면한 이슈들』. 오름, 2013년.

류영하.『중국 민족주의와 홍콩 본토주의』. 산지니, 2014년.

문대근.『중국의 대북정책』. 늘품플러스, 2013년.

문유근.『시진핑의 차이나드림』. 북스타, 2014년.

박병구.『중국의 현대화』. 차이나하우스, 2014년.

박 실.『중국 공문서와 자료로 본 중공군의 한국전쟁』. 청미디어, 2013년.

박인규.『글로벌 시대를 비상하는 중국』. 만남과치유, 2014년.

소치형.『현대중국 정치외교론』. 건국대출판부, 2013년.

안치영.『덩샤오핑 시대의 탄생』. 창비, 2013년.

원광대 한중관계연구원.『G2 시대 중국은 우리에게 무엇인가』. 서해문집, 2014년.

윤여상.『중국의 탈북자 강제소환과 인권실태』. 북한인권정보센터, 2014년.

이규철.『시진핑과 차이나의 도전』. 부연사, 2013년.

이동춘.『중국은 만리장성을 무너뜨려야 한다』. 그린, 2013년.

이상국.『중국지방정부간 권력조정의 정치경제』. 아연출판부, 2013년.

이재형.『중국과 미국의 해양전쟁』. 황금알, 2014년.

이정남.『개혁개방기 중국공산당』. 아연출판부, 2014년.

이창휘 등.『중국을 인터뷰하다』. 창비, 2013년.

이춘석.『중국 패권의 뿌리와 이념』. 고려대출판부, 2014년.

이태환.『중국 동북 3성과 한반도의 미래』. 오름, 2013년.

이희옥.『중국의 새로운 민주주의 탐색』. 성균관대출판부, 2014년.

장기표.『한반도 통일과 중국』. 사회와연대, 2013년.

전성흥.『공산당의 진화와 중국의 향배』. 서강대출판부, 2013년.

정근식 등.『한국과 중국의 사회변동 비교연구』. 나남, 2013년.

정덕구 등.『기로에 선 북중관계』. 중앙북스, 2013년.

정명기.『중국 현대사회의 이해』. 글누리, 2014년.

정승욱.『새로운 중국 시진핑 거버넌스』. 함께, 2013년.

조영남.『중국의 꿈』. 민음사, 2013년.

주장환.『중국 엘리트정치』. 아연출판부, 2013년.

최은진 등.『현대 중국의 진화와 지식네트워크』. 길, 2013년.

필영달.『한국과 중국의 입장』. 경인문화사, 2014년.

홍순도.『시진핑과 중난하이 사람들』. 서교출판사, 2014년.

홍순도 등.『베이징 특파원 중국문화를 말하다』. 서교출판사, 2013년.

● **경제/경영**

곽복선 등.『중국경제론』. 박영사, 2014년.

구기보.『중국경제론』. 삼영사, 2014년.

구기보.『중국금융론』. 삼영사, 2014년.

김난도 등.『트랜드차이나』. 오우아, 2013년.

김동하.『차이나 머천트』. 한스미디어, 2013년.

김동하.『현대 중국경제와 통상제도』. 부산외대출판부, 2013년.

김동하 등.『차이나 인사이트』. 산지니, 2014년.

김명신.『상하이 비즈니스 산책』. 한빛비즈, 2014년.

김명신.『중국 경제 다시 읽어라』. 더난출판사, 2013년.

김병추.『중국 비즈니스 케이스 스터디』. 필맥, 2013년.

김상민 등.『중국업계지도』. 어바웃어북, 2014년.

김상철.『중국 비즈니스의 맥』. 알키, 2013년.

김성욱 등.『중국통상론』. 두남, 2013년.

김용선.『중국경제와 통상』. 남서울대출판국, 2013년.

김용준.『중국 현대기업과 상업관행의 변화』. 한국학술정보, 2013년.

김용준 등.『중국 일등기업의 4가지 비밀』. 삼성경제연구소, 2013년.

김인숙.『중국시장에서 저작권으로 돈벌기』. 투데이북스, 2014년.

김종득 등.『중국무역환경론』. 두남, 2014년.

김지영.『사막여우 중국MBA를 가다』. 필맥, 2013년.

김태일.『굴기의 시대』. 이담북스, 2013년.

류재윤.『지금이라도 중국을 공부하라』. 센추리원, 2014년.

맹경뢰.『중국에 대한 외국인직접투자의 기술파급효과』. 전북대출판문화원, 2014년.

박동훈.『글로벌 금융 위기 이후의 중국과 한반도』. 한국학술정보, 2014년.

박승두.『한중 이중과세 회피 전략』. 회계법인지평, 2014년.

박영만.『차이나 마켓코드』. 미래의창, 2013년.

박태영 등.『중국과 인도의 혁신과 추격』. 진한엠앤비, 2013년.

서홍일.『이우에 없으면 세상에 없다』. 앱북스, 2014년.

성균중국연구소.『차이나핸드북』. 김영사, 2014년.

성시일.『중국경제 1949-1995』. 한림대출판부, 2014년.

신동준.『초한지 후흑학』. 을유문화사, 2014년.

오강돈.『중국시장과 소비자』. 쌤앤파커스, 2013년.

우수근.『우수근 교수의 실사구시 중국진출전략』. 매일경제신문사, 2014년.

유진호.『Real 중국 문화의 이해』. 북랩, 2014년.

윤주익.『나, 중국 잘 압니다?』. 생각나눔, 2014년.

윤항진 등.『후강퉁시대 지금 당장 중국본토 A주에 투자하라』. 한스미디어, 2014년.

이규철.『중국회사 경영관리 매뉴얼』. 부연사, 2014년.

이금휘.『북한과 중국의 경제지정학적 관계와 경협활성화』. 선인, 2014년.

이병우.『만만디의 중국고수들과 싸울 준비는 했는가』. 멘토프레스, 2014년.

이상일 등.『중국사업 관리실무』. CFO아카데미, 2013년.

이슬기.『중국'퉁'물류ㆍ비즈니스』. 에스씨엘플러스, 2014년.

이중엽.『중국 소싱 노하우』. e비즈북스, 2013년.

임형록.『글로벌 경제 매트릭스: 중국 편』. 새빛에듀넷, 2013년.

임호열.『중국몽』. 나남, 2013년.

장석만.『난세의 처세술』, 팬덤북스, 2013년.

장세진.『중국의 경쟁다이나믹스』. 박영사, 2013년.

전문일.『중국으로』. 좋은땅, 2014년.

전병서.『한국의 신국부론, 중국에 있다』. 참돌, 2014년.

전재홍.『중국 비즈니스문화』. 탑북스, 2014년.

정순필.『지금 중국 주식 천만원이면 10년 후 강남아파트를 산다』. 스마트비즈니스, 2014년.

정영재.『중국주식, 저평가된 강한 기업에 투자하라』. 이레미디어, 2014년.

조용준.『10년의 선택, 중국에 투자하라』. 한스미디어, 2013년.

조용준.『중국 내수 1등주에 투자하라』. 한스미디어, 2014년.

조준현.『중국 경제』. 부산대출판부, 2014년.

조평규.『중국은 우리의 내수시장이다』. 좋은땅, 2014년.

홍순도 등.『베이징 특파원, 중국 경제를 말하다』. 서교출판사, 2013년.

● 인문/역사/문화

곽승지.『조선족 그들은 누구인가』. 인간사랑, 2013년.

권중달.『중국분열』. 삼화, 2014년.

기세찬.『중일전쟁과 중국의 대일군사전략』. 경인문화사, 2013년.

김병철 편.『중화민족의 위대한 부흥』. 차이나하우스, 2014년.

김정현.『높은 중국 낮은 중국』. 황금물고기, 2014년.

류제승.『6 · 25 아직 끝나지 않은 전쟁』. 책세상, 2013년.

박정현 등.『중국 근대 공문서에 나타난 한중관계』. 한국학술정보, 2013년.

박형기.『권력은 총구에서 나왔다 박정희 vs 마오쩌둥』. 알렙, 2014년.

안세홍.『겹겹 : 중국에 남겨진 일본군 위안부 이야기』. 서해문집, 2013년.

유광종.『중국이 두렵지 않은가』. 책밭, 2014년.

정현철.『중국에서 중국을 보다』. 나눔사, 2014년.

최문형.『일본의 만주침략과 태평양전쟁으로 가는 길』. 지식산업사, 2013년.

현병경.『중국을 만든 사람들』. 무한, 2014년.

홍문숙 등.『중국사를 움직인 100대 사건』. 청아출판사, 2013년.

■ 논문

* 『국제정치논총』, 『한국정치학회보』, 『국가전략』, 『한국과 국제정치』, 『현대중국연구』
  수록 논문에 한함

구갑우. "제2차 북미 핵갈등의 담론적 기원: 202년 10월 3일~11월 26일, 말의 공방과
     담론의 생태계".『한국과국제정치』. 30권 4호 (2014).

김근식. "김정은 시대 북한의 대외전략 변화와 대남정책: '선택적 병행' 전략을 중심으
     로."『한국과국제정 치』. 29권 1호 (2013).

김기주. "센카쿠(댜오위다오)열도 영토분쟁을 둘러싼 일 · 중 간 전쟁 발발 가능성 전
     망."『국제정치논총』. 53권 2호 (2013).

김동길. "제2의 해방: 북한자주화와 1956-57년의 중국-북한관계."『국가전략』. 20권
     2호   (2014).

김상기. "기로에 선 한반도: 2010년대 미중관계 변화와 한국의 전략."『한국정치학회

보』. 48권 5호 (2014).

김상기. "동아시아의 국가건설 : 군사분쟁, 국가능력, 민주주의의 상관관계."『한국정치학회보』. 48권 2호 (2014).

김상준. "시역과 헤게모니 : 미국 헤게모니의 쇠락과 일본의 지역주의 전략 변화를 중심으로."『국제정치논총』. 53권 1호 (2013).

김송죽. "중국-미얀마 송유관 건설의 정치적 배경 및 효과."『국제정치논총』. 53권 4호 (2013).

김시중. "새 지도부의 등장과 중국 경제: 평가와 전망."『현대중국연구』. 14권 2호 (2013).

김애경. "중국의 대외정책 결정과정에서의 공산당의 역할."『현대중국연구』. 15권 2호 (2014).

김영진. "초기 중국의 통일국가 형성 기제에 대한 이론적 고찰 : 권력규모의 관점."『한국정치학회보』. 47권 1호 (2013).

김태균. "북한의 개발역량 발전을 위한 시론: 남북협력 파트너십으로서 지식공유 · 역량발전의 유연성."『국가전략』. 20권 4호 (2014).

박건영. "오바마의 주판(珠板)과 긴 파장(波長)?: 재균형과 한반도에 대한 함의."『한국과국제정치』. 29권 3호 (2013).

박동훈. "중국에서의 한국정치 연구 동향과 과제:『韓國研究論叢』과『當代韓國』을 중심으로."『한국과국제정치』. 29권 2호 (2013).

박병인. "시진핑 정부의 대중앙아시아 안보 · 경제 병진전략 탐구: 상하이협력기구와 '신 실크로드' 구상을 중심으로."『한국과국제정치』. 30권 4호 (2014).

박영구. "상하이협력기구 발전과정에 대한 고찰: 러중 전략적 안보관계를 중심으로."『한국정치학회보』. 29권 4호 (2013).

박인휘. "북핵 20년과 한미동맹 : '주어진' 분단 vs.'선택적' 분단."『국제정치논총』. 53권 3호 (2013).

박정진. "남북기본합의서와 동서독기본조약 비교 : '분단국갈등관리론' 모델의 적용."『국제정치논총』. 53권 2호 (2013).

박정진. "`유훈`과 변화 사이의 의사 결정 : 북한 김정은 체제 후계 권력구도의 행보와 특징."『한국정치학회보』. 48권 4호 (2014).

박주진. "북、중 동맹관계의 재고찰 : 제도와 행태 분석을 중심으로."『한국정치학회보』. 48권 1호 (2014).

박형중. "김정은 시대 북한의 정치와 경제의 동학: 장성택 숙청의 구조적 배경."『한국과국제정치』. 30권 1호 (2014).

박홍서. "냉전기 중국의 대소련 동맹 딜레마와 군사 행태."『현대중국연구』. 15권 1호 (2013).

박홍서. "푸코가 '중국적 세계질서'를 바라볼 때: 중국적 세계질서의 '통치성'."『국제 정치논총』. 54권 4호 (2014).

박휘락. "핵억제이론에 입각한 한국의 대북 핵억제태세 평가와 핵억제전략 모색."『국 제정치논총』. 53권 3호 (2013).

배병인. "'힘의 분포'와 지역통합 : 경험적 검증과 동아시아에의 함의."『한국정치학회 보』. 47권 1호 (2013).

백우열. "현대 중국의 부동산 개발, 사회불안정, 신형도시화."『한국정치학회보』. 48권 4호 (2014).

백우열. "현대 중국의 탄원(信訪, petition)정치 : 권위주의정권의 정치참여, 쟁의정치, 그리고 거버넌스."『한국정치학회보』. 47권 5호 (2013).

서정경. "미 · 중 민족주의의 특성과 양국관계: 메시아니즘과 천자관의 조우."『국가전 략』. 19권 2호 (2013).

신범식. "북-중-러 접경지대를 둘러싼 초국경소지역 개발협력과 동북아시아 지역정 치."『국제정치논총』. 53권 3호 (2013).

신봉수. "경제결정론에 대한 비판과 정치자율성에 관한 시론 : 중국정치지도자들의 사 상을 통한 고찰."『국제정치논총』. 53권 3호 (2013).

신성호. "19세기 유럽협조체제에 나타난 강대국 정치를 통해 본 21세기 중국의 신형 대국관계."『국제정치논총』. 54권 3호 (2014).

신욱희. "21세기 미중일 관계의 전망: 역사적 유추의 두 관점."『국가전략』. 19권 4호 (2013).

신욱희. "중국의 한국전쟁 참전: 중국 대북정책의 역사적 형성과 지속."『한국과국제 정치』. 30권 2호 (2014).

신종대. "남북관계사의 분석 수준과 주요 의제."『한국과국제정치』. 30권 3호 (2014).

신종호. "중국의 대외정책에서 지방정부의 역할."『현대중국연구』. 16권 1호 (2014).

양길현. "재중 북한이탈주민을 둘러싼 쟁점과 한국의 정책 방향."『국가전략』. 19권 2 호 (2013).

양문수. "김정은 시대 경제정책의 변화 가능성: 새로운 '경제관리방법'을 중심으로." 『한국과국제정치』. 30권 1호 (2014).

엄상윤. "한 · 미 · 일 MD협력의 양상과 전망."『국가전략』. 20권 2호 (2014).

여유경. "중국 경제개혁 심화에 내재된 제도적 제약: 영도소조, 혼합소유제, 정치화된 기업지배구조."『한국과국제정치』. 30권 2호 (2014).

우승지. "북한은 현상유지 국가인가? : 김정일 시기 북한의 국가성향 고찰." 『국제정치
논총』. 53권 4호 (2013).

우승지. "탈냉전 시기 북한의 의존 네트워크 분석." 『한국정치학회보』. 48권 2호
(2014).

원동욱. "중국의 대북 영향력 분석 및 전망: 제3차 북핵실험 전후 시기를 중심으로."
『국가전   략』. 19권 4호 (2013).

유 사. "북한과 중국 체제의 정치문화 비교." 『국제정치논총』. 54권 4호 (2014).

윤진형. "김정은 시대 당중앙군사위원회와 국방위원회의 비교 연구 : 위상·권한·엘
리트 변화를 중심으로." 『국제정치논총』. 53권 2호 (2013).

윤철기. "김정은 시대 북한의 주변부 국가성과 국가과제." 『한국과국제정치』. 30권 1
호 (2014).

윤철기. "북한체제의 주변부로의 귀환 : 김정일 시대 '정치적 렌트수취국가'으로의 이
행과 '과도기 사회'적 특성." 『한국정치학회보』. 47권 1호 (2013).

이동률. "중국의 1972년 대미 데탕트: 배경, 전략, 역사적 함의." 『국가전략』. 20권 3호
(2014).

이명찬. "센카쿠제도를 둘러싼 중·일간 갈등과 동북아." 『국제정치논총』. 53권 1호
(2013).

이문기. "중국 민족주의의 세 가지 특성과 국가 정체성 : 역사적 제도주의 시각에서."
『국제정치논총』. 54권 3호 (2014).

이문청. "북한과 중국의 사회주의 대중동원운동 비교연구 : 천리마운동과 대약진운
동." 『한국정치학회보』. 47권 4호 (2013).

이삼성. "한국전쟁과 내전 : 세 가지 내전 개념의 구분." 『한국정치학회보』. 47권 5호
(2013).

이상근. "북중경협 강화와 한반도의 미래: 북중경협이 북한 개혁·개방과 통일에 미치
는 영향을 중심으로." 『국가전략』. 20권 2호 (2014).

이상신. "우리는 북한을 신뢰할 수 있는가? : 여론조사 데이터로 본 한반도 신뢰프로
세스." 『한국정치학회보』. 47권 4호 (2013).

이성우. "아시아와 중국의 아시아 : 아시아로 회귀와 신형대국관계의 충돌." 『국제정
치논총』. 54권 2호 (2014).

이수훈. "헤게모니 퇴조와 동북아 지역정치." 『한국과국제정치』. 29권 1호 (2013).

이시영. "한-중 FTA: 개혁의 기회인가 혹은 수렁인가?." 『국가전략』. 19권 2호 (2013).

이영학. "북한의 세 차례 핵실험과 중국의 대북한 정책 변화 분석." 『국제정치논총』.
53권 4호 (2013).

이정남. "중미관계에 대한 중국의 인식: 이익상관자, G2와 신형강대국 관계를 중심으로." 『현대중국연구』. 15권 1호 (2013).

이종성. "한중일 삼국의 독자적 국제관계 이론화 성과에 대한 고찰." 『국제정치논총』. 54권 4호 (2014).

이진명. "동북아시아에서 경제적 상호의존과 분쟁 : 상생 또는 동상이몽?." 『국제정치논총』. 53권 3호 (2013).

이창신. "중국 대약진운동의 정책결정과정에 대한 연구 : 집단사고(groupthink) 모형을 중심으로." 『한국정치학회보』. 47권 3호 (2013).

이택선. "조선과 명의 관계를 통해 본 중국패권의 작동 : 갈등과 협력의 복합게임 Ⅰ." 『한국정치학회보』. 47권 4호 (2013).

이희옥. "중국식 민주주의의 진화 : 협상민주주의 도입의 의미와 한계." 『국제정치논총』. 54권 2호 (2014).

조동호. "경제 · 핵 병진노선의 의미와 김정은 시대의 경제정책 전망." 『국가전략』. 19권 4호 (2013).

조성복. "현실주의 시각에서 본 미 동북아정책의 딜레마 : 북핵해결과 중국견제." 『국제정치논총』. 54권 2호 (2014).

조영남. "시진핑 시대의 중국 외교 전망: 중국공산당 제18차 당대회의 정치보고를 중심으로." 『한국과국제정치』. 29권 2호 (2013).

조은정. "국제 핵 · 미사일 통제체제의 구조적 공백과 북한의 핵 · 미사일 협력 네트워크." 『국가전략』. 20권 3호 (2014).

주장환. "중국 정치 엘리트 유형 변화 요인에 관한 연구: 간부 선발 및 충원 정책을 중심으로." 『현대중국연구』. 16권 1호 (2014).

차창훈. "중국의 대(對)한반도정책: 책임대국과 시진핑의 대북정책 딜레마." 『한국과국제정치』. 29권 1호 (2013).

차창훈. "중국의 신형대국관계(新型大國關係) 제기에 대한 일 고찰 : 내용, 배경 및 평가를 중심으로." 『한국정치학회보』. 48권 4호(2014).

천자현. "화해의 국제정치 : 화해 이론의 발전과 중일관계에 대한 비판적 적용." 『국제정치논총』. 53권 2호 (2013).

최지영. "국 공산당 정법위원회(政法委員會)의 조직과 역할 연구 : 당과 국가의 관계를 중심으로." 『국제정치논총』. 54권 1호 (2014).

태지호. "`유훈`과 변화 사이의 의사 결정 : 북한 김정은 체제 후계 권력구도의 행보와 특징." 『한국정치학회보』. 48권 4호 (2014).

허만호. "6 · 25전쟁 휴전회담 분석 : 불가역적 적대자 관계에서의 군사분계선 설정."

『국제정치논총』. 53권 4호 (2013).

황지환. "김정은 시대 북한의 대외전략: 지속과 변화의 '병진노선'." 『한국과국제정치』. 30권 1호 (2014).

가. 총론

北京大學韓國學研究中心. 『韓國學論文集』. 2012第二十一輯. 廣州: 中山大學出版社, 2013年.

北京大學韓國學研究中心. 『韓國學論文集』. 2013第二十二輯. 廣州: 中山大學出版社, 2014年.

複旦大學韓國研究中心. 『韓國研究論叢・第二十五輯』. 北京: 社會科學文獻出版社, 2013年.

複旦大學韓國研究中心. 『韓國研究論叢・第二十六輯』. 北京: 社會科學文獻出版社, 2013年.

姜維東. 『東北亞研究論叢(七)』. 長春: 東北師範大學出版社, 2014年.

姜維東. 『東北亞研究論叢(八)』. 長春: 東北師範大學出版社, 2014年.

金健人. 『韓國研究(第十二輯)』. 杭州: 浙江大學出版社, 2014年.

李向陽. 『亞太地區發展報告(2013)』. 北京: 社會科學文獻出版社, 2013年.

李向陽. 『亞太地區發展報告(2014)』. 北京: 社會科學文獻出版社, 2014年.

牛林傑, 劉寶全. 『韓國發展報告(2013)』. 北京: 社會科學文獻出版社, 2013年.

牛林傑, 劉寶全. 『韓國發展報告(2014)』. 北京: 社會科學文獻出版社, 2014年.

牛林傑, 劉寶全. 『中韓人文社會科學研究(2013)』. 濟南: 山東大學出版社, 2013年.

牛林傑, 劉寶全. 『中韓人文社會科學研究(2012)』. 濟南: 山東大學出版社, 2013年.

나. 한반도 정세

畢穎達. "中國對六方會談的戰略思考及演變". 『當代韓國』. 2013年 第2期.

畢穎達. "朝核問題困境與應對方向". 『世界經濟與政治論壇』. 2013年 第5期.

陳宗權. "朝核問題上中美戰略互動關係的轉型". 『社會科學』. 2014年 第10期.

程曉勇. "歷史與現實. 朝鮮核危機的背景和緣起". 『南通大學學報. 社會科學版』. 2013年 年 第3期.

笪志剛. "美國戰略調整背景下朝鮮半島地緣戰略困境的演變與突破". 『當代韓國』. 2013年 第2期.

郭銳. "朝鮮半島問題與中俄關係的互動". 『俄羅斯東歐中亞研究』. 2013年 第1期.

郭銳, 蘇紅紅. "中國在朝鮮半島的地緣戰略選擇: 資源基礎, 目標構想與主要課題". 『當代韓國』. 2014年 第2期.

郝群歡. "朝鮮核試驗與日朝關係". 『現代國際關係』. 2014年 第6期.

黃鳳志, 劉清才等著. 『東北亞地區政治與安全(2014)』. 北京: 社會科學文獻出版社. 2014年.

黃鳳志, 劉雪蓮. 『東北亞地區政治與安全報告(2013)』. 北京: 社會科學文獻出版社. 2013年.

黃鳳志, 孫國強. "中美在朝核問題上的互動及其前景探析". 『現代國際關係』. 2013年 第11期.

姜紅, 李永強, 沈海濤. "論朝鮮半島和平共處的實現與保障". 『東北亞論壇』. 2014年 第5期.

梁志. "從聯合托管到南北分立: 美國與朝鮮半島冷戰對抗局面的形成(1944-1948)". 『武漢大學學報(人文科學版)』. 2014年 第4期.

劉勝湘, 李明月, 戴衛華. "從中國的聯合國投票看中國的朝鮮半島政策——基於周期性視角". 『社會主義研究』. 2013年 第6期.

劉雪蓮, 邢樹君. "邊緣地帶"國家的海陸分裂性格與對外戰略選擇——以朝鮮半島國家爲分析主體". 『東北亞論壇』. 2013年 第3期.

馬晶. "中美兩國在朝鮮核問題上的合作與沖突". 『延邊大學學報(社會科學版)』. 2013年 第6期.

朴鍵一. "冷戰後朝鮮半島局勢演變的基本特征". 『美國研究』. 2014年 第1期.

朴鍵一. "中國周邊安全環境與朝鮮半島問題". 北京: 中央民族大學出版社. 2013年.

史春林, 李秀英. "朝鮮海峽安全問題與中國的戰略對策". 『東疆學刊』. 2014年 第4期.

孫麗琴. "論中美關係中的朝鮮半島問題". 『人民論壇』. 2013年 第14期.

孫茹. "奧巴馬政府對朝"戰略忍耐"與朝核問題". 『現代國際關係』. 2013年 第7期.

王海凡, 姜龍範. "試論中國對朝鮮半島戰略價值的判定". 『延邊大學學報(社會科學版)』. 2014年 第5期.

王暉, 張玉山. "美國"重返亞洲"戰略對朝鮮半島局勢的影響". 『社會科學戰線』. 2014年 第7期.

王君. "試析近年來朝鮮半島核問題的演化以及中國的作爲". 『延邊大學學報(社會科學版)』. 2014年 第5期.

王俊生. "1979-2012年中國有關朝鮮半島問題的研究狀況——基於"中國知網"相關文獻的分析". 『當代韓國』. 2014年 第2期.

魏志江. "試論韓國朴槿惠政府的外交政策趨向與朝鮮半島局勢". 『當代韓國』. 2013年 第1期.

吳志成. "關於朝鮮半島和平與安全的思考". 『現代國際關係』. 2013年 第10期.

張璉瑰. "維護朝鮮半島無核化處於成敗關鍵期". 『東北亞論壇』. 2013年 第3期.

다. 동북아 안보와 정치

陳志恒, 崔健, 廉曉梅, 胡仁霞, 姜梅華, 吳昊. "東北亞國家區域合作戰略走向與中國的戰略選擇(筆談)". 『東北亞論壇』. 2014年 第5期.

公爲明, 冷春洋. "東亞安全困境之新變化及其思考". 『世界經濟與政治論壇』. 2014年 第3期.

郭銳, 孫衍彬. "'安全困境'視角下的朝鮮半島和平機制". 『社會主義研究』. 2013年 第1期.

韓愛勇. "東北亞大國協調與複合型安全合作架構的建立". 『當代亞太』. 2013年 第6期.

韓升洲, 董向榮. "東北亞的權力轉移與政策困境". 『當代韓國』. 2013年 第4期.

侯典芹. "美國的戰略東移與東北亞". 『世界經濟與政治論壇』. 2013年 第4期.

黃鳳志, 孫國強. "21世紀初中國東北亞地緣政治環境的新變化". 『中國靑年政治學院學報』. 2014年 第5期.

金景一, 金强一. "東北亞國際秩序的轉型與大國的角色定位". 『東北亞論壇』. 2013年 第1期.

金新. "關於東北亞區域安全機制的構建". 『理論探索』. 2013年 第1期.

李家成, 王帥. "東北亞海權格局的演變與重塑". 『太平洋學報』. 2014年 第8期.

李開盛. "東北亞地區碎片化的形成與治理——基於分析折中主義的考察". 『世界經濟與政治』. 2014年 第4期.

李開盛. "論碎片化狀態下的東北亞競合困境". 『太平洋學報』. 2014年 第9期.

劉勃然, 黃鳳志. "韓國朴槿惠政府東北亞外交戰略的調整及其影響". 『國際論壇』. 2014年 第3期.

劉强. "東北亞安全困局: 特征成因路徑". 『南京政治學院學報』. 2014年 第1期.

門洪華, 甄文東. "共同利益與東北亞合作". 『外交評論(外交學院學報)』. 2013年 第3期.

南琳. "韓國大洋海軍戰略及其對東北亞安全的影響". 『上海大學學報(社會科學版)』. 2014年 第3期.

朴炳奭. "朴槿惠政府東北亞和平合作構想的具體化和改進方向". 『當代韓國』. 2014年 第1期.

齊興霞. "朴槿惠時代的韓國東北亞政策分析". 『當代韓國』. 2013年 第1期.

石源華. "論朝鮮加入東北亞區域合作的新路徑". 『東疆學刊』. 2014年 第1期.

宋海洋. "試論東北亞安全困境成因及其解決途徑". 『人民論壇』. 2014年 第23期.

孫國强. "東北亞地區安全態勢與中美關係. 『學術探索』. 2014年 第12期.

譚紅梅. "美國重返亞太對中日韓關係的影響". 『延邊大學學報(社會科學版)』. 2014年 第3期.

王俊生. "'安全困境'的形成與緩解——以冷戰後東北亞安全爲例". 『教學與研究』. 2014年 第11期.

王俊生. "中美雙領導體制與東北亞安全: 結構失衡與秩序重建". 『國際政治研究』. 2013年 第4期.

王秋彬. "歷史問題爭端與東北亞安全". 『理論視野』. 2014年 第5期.

王巍巍. "結構衝突: 安全博弈中的一體化困境——以東北亞地區為例". 『延邊大學學報(社會科學版)』. 2014年 第2期.

工文峰. "東北亞安全形勢與中美戰略關係評析". 『現代國際關係』. 2013年 第6期.

王希亮. "日本右翼勢力與東北亞國際關係". 北京: 社會科學文獻出版社, 2013年.

許亮著. "東北亞安全制度中的同盟主義與多邊主義:理論與曆史". 北京: 中國政法大學出版社, 2014年.

于光勝. "東北亞安全合作動力的多重審視". 『理論月刊』. 2013年 第10期.

于海洋. "對東北亞地區領土爭議的戰略思考". 『國際問題研究』. 2014年 第3期.

張慧智, 于艇. "朴槿惠政府的東北亞外交政策新課題". 『東北亞論壇』. 2014年 第1期.

朱鋒. "中美戰略競爭與東亞安全秩序的未來". 『世界經濟與政治』. 2013年 第3期.

祝濱濱. "後危機時代中國應對東北亞地緣安全環境的戰略思考". 『社會科學戰線』. 2013年 第8期.

祖彥, 劉麗. "21世紀初東北亞安全格局觀察". 『人民論壇』. 2014年 第11期.

라. 한중FTA, 한중일FTA 및 동북아 경제협력

【韓】安玹鎬著. 『中韓日經濟三國演義. 誰爲勝者』. 北京: 中國經濟出版社, 2014年.

【韓】具天書著. 『東北亞共同體建設. 阻礙性因素及其超越——韓國的視角』. 北京: 北京大學出版社, 2014年.

【日】羽場久美子著. 『全球化時代的亞洲區域聯合』. 北京: 中央編譯出版社, 2014年.

敖麗紅, 趙儒煜. "關於中日韓自貿區建設的理論與實證分析". 『東北亞論壇』. 2013年 第4期.

陳東琪. 『中韓經貿關係20周年回顧與未來展望——2012年中韓經濟合作研討會文集』. 北京: 中國計劃出版社, 2013年.

陳元澈, 曹玲. "中韓自由貿易區的構建及對策分析". 『稅務與經濟』. 2014年 第2期.

戴維·阿拉斯, 許佳. "東北亞經濟合作展望. 前景更加光明". 『東北亞論壇』. 2014年 第3期.

丁匡達. "中韓貿易結構與趨勢特征及其對FTA談判的啟示". 『國際經濟合作』. 2013年 第6期.

董向榮. "中韓經濟關係. 不對稱依賴及其前景". 『國際經濟評論』. 2013年 第2期.

樊樺. "依托新亞歐大陸橋 深化中韓經貿與交通合作". 『宏觀經濟管理』. 2014年 第8期.

高世憲著. 『中國-東北亞區域能源合作戰略』. 北京: 中國經濟出版社, 2014年.

關慧. "新形勢下東北亞區域合作面臨的新挑戰". 『延邊大學學報(社會科學版)』. 2014年 第6期.

胡淵, 楊勇. "多邊化區域主義背景下中韓自貿區前景分析". 『亞太經濟』. 2014年 第2期.

姜躍春. "亞太區域合作的新變化與中日韓合作". 『東北亞論壇』. 2013 第2期.

金強一, 朴東勳. 『東北亞國際合作. 困境與出路——圖們江論壇2013論文集』. 北京: 社會科學文獻出版社, 2014年.

金向東著. 『東北亞區域整合現狀及趨勢. 以圖們江區域合作開發爲助推器』. 廈門: 廈門大學出版社, 2013年.

李冬新著. 『新功能主義理論與中日韓FTA建構模式』. 北京: 社會科學文獻出版社, 2014年.

李凡著. 『戰後東北亞主要國家間的領土糾紛與國際關係研究』. 南京: 江蘇人民出版社, 2013年.

李靜秋. "東北亞區域合作新變化及其對中國東北地區的啟示". 『開發研究』. 2014年 第1期.

李靜秋. "東北亞區域一體化的福利效應分析". 『當代經濟研究』. 2014年 第11期.

李力, 楊柳. "中日韓締結自由貿易區的實證分析——基於中日韓三國經濟相關度的視角". 『華中師範大學學報(人文社會科學版)』. 2013年 第3期.

李慶利. "後危機時代中韓經貿合作分析與思考". 『商業時代』. 2014年 第25期.

李天籽, 李霞著. 『東北亞區域能源安全與能源合作』. 北京: 社會科學文獻出版社, 2014年.

李廷江, 石源華編. 『東亞區域合作與中日韓關係』. 北京: 社會科學文獻出版社, 2013年.

李向陽主編. 『中日韓自由貿易區面臨的挑戰』. 北京: 社會科學文獻出版社, 2013年.

李軒. "東北亞地區貿易便利化的發展狀況, 面臨挑戰與對策研究". 『亞太經濟』. 2013年 第6期.

李雪威, 吳昊. "新貿易環境下中韓FTA促進戰略評析". 『東北亞論壇』. 2013 第3期.

李玉芬. "中日韓區域經濟一體化研究". 『延邊大學學報(社會科學版)』. 2013年 第1期.

李鍾燦. "推進中韓兩國FTA談判的現狀與問題分析". 『對外經貿實務』. 2013年 第5期.

李鍾燦. "中韓FTA研究". 『商業時代』. 2013年 第26期.

李宗勳. "圖們江區域合作與中朝韓歷史發展的地緣優勢". 『延邊大學學報(社會科學版)』. 2013年 第3期.

劉國斌杜云昊. "論東北亞絲綢之路之紐帶——圖們江區域, 琿春, 國際合作示範區建設的戰略思考". 『東北亞論壇』. 2014年 第3期.

劉朋春. "TPP背景下中韓自由貿易區的經濟效應——基於GTAP模型的模擬分析". 『亞太經濟』. 2014年 第5期.

劉向麗, 王厚雙. "中日韓FTA的三大經濟瓶頸及發展趨勢探討". 『亞太經濟』. 2013年 第1期.

劉雪蓮, 李曉霞. "中日韓自貿區談判的協調型博弈分析". 『吉林大學社會科學學報』. 2014年 第5期.

劉文編著. 『比較, 競爭與合作——中日韓自貿區發展研究報告』. 北京: 中國經濟出版社, 2014年.

孟繁華. "中韓貿易發展的特點, 原因及對策研究". 『價格月刊』. 2014年 第7期.

朴英愛, 金香蘭. "朴槿惠政府加快推進中韓FTA的經濟動因分析". 『東北亞論壇』. 2014年 第1期.

盛九元. "中日韓FTA的建構及其對兩岸經貿關係的影響". 『世界經濟研究』. 2013年 第12期.

施錦芳. "中日韓FTA建設優勢, 問題及前景分析——基於與NAFTA比較的視角". 『國際貿易』. 2014年 第4期.

司傳寧. "中韓自由貿易區的空間效應分析". 『山東社會科學』. 2014年 第1期.

松野周治, 李雪. "全球金融危機後國際收支結構性變化下的東北亞經濟合作". 『社會科學戰線』. 2014年 第1期.

孫玉紅. "中日韓三邊投資協定的新變化及中日利益取向分析". 『國際貿易』. 2013年 第11期.

王江麗. ""東北亞區域合作與整合"研討會綜述". 『國際政治研究』. 2013年 第1期.

王琳. "中韓自由貿易協定經濟效應的再分析——基於GTAP模型研究". 『國際商務研究』. 2013年 第5期.

王珊珊, 邱嘉鋒. "優先構建中韓雙邊自由貿易區的合理性分析". 『商業研究』. 2014年 第6期.

王蕭軻. "中韓經濟相互依賴關係的比較分析". 『亞太經濟』. 2013年 第5期.

王占霞. "基於東北亞區域經濟合作新構想的分析". 『哈爾濱商業大學學報(社會科學版)』. 2013年 第3期.

文學. "政治困境下的東北亞經濟一體化問題透析——區域和歷史的視角". 『鄭州大學學報(哲學社會科學版)』. 2013年 第6期.

吳德烈. "東北亞經貿合作與和平發展". 『國際貿易』. 2013年 第12期.

冼國明. "中日韓自由貿易區與東北亞經貿合作前景". 『延邊大學學報(社會科學版)』. 2013年 第5期.

徐春祥. "推進中日韓自貿區建設是中國在亞洲唯一區域戰略選擇". 『東北亞論壇』. 2014年 第3期.

徐光耀, 劉曉東. "中韓建交20周年貿易結構演變及高技術產品貿易特征分析". 『中國科技論壇』. 2013年 第5期.

徐長文. "建立中日韓自貿區促進亞洲一體化進程". 『國際貿易』. 2013年 第4期.

許剛雁. "東北亞區域經濟合作途徑探析". 『商業時代』. 2014年 第10期.

許佳, 牛一. "中韓FTA與東北亞經濟合作". 『延邊大學學報(社會科學版)』. 2013年 第2期.

楊帆, 滕建州. "東亞貿易自由化與經濟收斂關係研究". 『經濟學家』. 2013年 第3期.

楊攻研, 劉洪鐘. "中日韓三國貿易與分工的新趨勢". 『亞太經濟』. 2013年 第4期.

楊立強, 魯淑. "TPP與中日韓FTA經濟影響的GTAP模擬分析". 『東北亞論壇』. 2013年 第4期.

楊平變, 尚詠梅. "韓中FTA存在的主要問題與推進方向". 『社會科學戰線』. 2014年 第1期.

298

于曉燕. "中韓FTA貨物貿易結構及自由化前景展望". 『南開學報(哲學社會科學版)』. 2013年 第4期.

袁立波. 『中日韓區域服務貿易自由化研究』. 北京: 社會科學文獻出版社, 2013年.

袁曉莉, 王威. "中國在中日韓自貿區服務貿易談判中的策略選擇──基於RCA指數視角". 『現代日本經濟』. 2013年 第4期.

張彬, 劉晨陽. 『中日韓自由貿易區問題研究』. 北京: 人民出版社, 2013年.

張華, 鄭貴斌, 楊金衛. 『中日韓地方經濟合作示範區建設研究』. 濟南: 山東人民出版社, 2013年.

張建青. "中日韓自貿區談判的困難與應對". 『國際經濟合作』. 2013年 第4期.

張京紅. 『日韓對華直接投資戰略及貿易效應比較研究』. 北京: 北京語言大學出版社, 2013年.

張蘊嶺. "中國參與和推動東北亞區域經濟合作的戰略". 『東北亞論壇』. 2013年 第1期.

張征. "中日韓經濟合作. TPP既是挑戰也是動力". 『東北亞論壇』. 2014年 第2期.

趙恩嬌. "全球生產網絡下中韓產業內貿易發展研究". 『亞太經濟』. 2013年 第2期.

趙金龍, 程軒, 高鐘煥. "中日韓FTA的潛在經濟影響研究──基於動態遞歸式CGE模型的研究". 『國際貿易問題』. 2013年 第2期.

趙亮, 穆月英. 『東亞經濟一體化對中國農業的影響研究』. 北京: 國經濟出版社, 14年.

周偉萍, 李秀敏. "形勢下東北亞區域經濟合作問題與探索", 『經濟縱橫』. 2014年 第11期.

마. 한중관계, 북중관계, 남북관계 및 한미관계

畢穎達. "朝韓對交叉承認構想的立場及其演變". 『史學集刊』. 2014年 第2期.

畢穎達. "朴槿惠政府對朝政策的現實與超越". 『世界經濟與政治論壇』. 2014年 第1期.

車在福. "韓中建交二十一年──論充實, 拓展韓中關係與學術交流的重要性". 『當代韓國』. 2014年 第1期.

程曉勇. "國際政治博弈中的武力展示. 基於美韓同盟及上合組織軍事演習的分析". 『遼寧大學學報(哲學社會科學版)』. 2013年 第1期.

董向榮, 韓獻棟. "'朝鮮半島信任進程'. 背景, 特征與展望". 『東北亞論壇』. 2014年 第3期.

馮東興. "美國與1963年韓國民主選舉". 『史學月刊』. 2013年 第12期.

馮東興. "美韓越南軍事合作析論". 『當代韓國』. 2013年 第3期.

付玉帥, 劉寶全. "朴槿惠政府對朝政策解析". 『當代韓國』. 2013年 第2期.

郭銳. "中國的朝鮮半島政策評估──歷史經驗, 當前成果與若干不足". 『當代韓國』. 2013年 第2期.

郭銳, 蘇紅紅. "'朝鮮式特區經濟'與中朝邊境經濟區合作". 『亞太經濟』. 2013年 第2期.

韓愛勇. "東亞合作與中韓關係". 『當代韓國』. 2014年 第1期.

黃鳳志, 劉勃然. "美韓同盟強化與中國的戰略應對". 『國際論壇』. 2013年 第2期.

金東珠, 金志虎, 甘玉璽. "20年中韓關係陰晴冷熱及其展望". 『東北亞學刊』. 2013年 第5期.

李奎泰. "韓中關係與東北亞國際合作體制". 『當代韓國』. 2013年 第2期.

李熙玉, 于婉瑩. ""均衡"的東北亞國際關係與半島安全結構——以新型韓中關係構想爲中心". 『東北亞論壇』. 2014年 第4期.

李雪威. "戰略靈活. 朴槿惠政府對朝政策重塑". 『東北亞論壇』. 2014年 第6期.

梁志著. 『戰後美國與朝鮮半島關係研究』. 北京: 九州出版社, 2014年.

梁志, 孫艷姝. "冷戰時期美韓同盟信任危機析論——以1968年美韓外交爭執爲中心". 『東北師大學報(哲學社會科學版)』. 2013年 第3期.

劉會清. "區域一體化視閾下朝韓民族和解問題探析". 『世界民族』. 2014年 第4期.

劉群. "中韓關係. 二十年的回顧與展望". 『當代韓國』. 2013年 第4期.

劉雪蓮, 邢樹君. "提升中韓關係的戰略思考". 『吉林大學社會科學學報』. 2013年 第5期.

劉勇恒, 彭衛民. "傳統中韓關係研究三種話語體係". 『人民論壇』. 2014年 第17期.

劉中偉, 沈家文. "美國亞太貿易戰略新趨勢. 基於對『美韓自由貿易協定』的研究視角". 『當代亞太』. 2013年 第1期.

呂蕊, 趙建明. "韓國對蘇岩礁的政策立場析評". 『現代國際關係』. 2013年 第9期.

門洪華, 韓愛勇. "如何深化中韓戰略合作夥伴關係". 『理論視野』. 2014年 第2期.

門洪華, 劉笑陽. "中韓戰略合作夥伴關係. 歷史進程, 現狀評估與未來展望". 『吉林大學社會科學學報』. 2013年 第6期.

門洪華, 辛正承. 『東北亞合作與中韓關係』. 北京: 中國經濟出版社, 2014年.

歐陽維. "深化中韓關係對保持朝鮮半島穩定具有重要意義". 『和平與發展』, 2013年 第6期.

朴現圭. "東亞視域下的中朝海域問題(兩篇)". 『甘肅社會科學』. 2014年 第1期.

千勇, 畢穎達. "中國反霸權主義外交思想與中韓關係發展". 『當代韓國』. 2013年 第4期.

權赫秀著. 『東亞世界的裂變與近代化』. 北京: 中國社會科學出版社, 2013年.

山奇, 【韓】權基永著. 『對話韓國』. 成都: 四川人民出版社, 2013年.

沈志華. "面對歷史機遇. 中美關係和解與中朝關係(1971—1974)". 『華東師範大學學報(哲學社會科學版)』. 2014年 第1期.

宋成有著. 『中韓關係史 · 現代卷』. 北京: 社會科學文獻出版社, 2014年.

孫茹. "試析中美韓三邊對話與合作的可能性". 『現代國際關係』. 2014年 第5期.

孫艷姝. "20世紀60年代末美國對韓國安全政策調整及其影響". 『史學集刊』. 2013年 第4期.

孫豔姝. "美韓同盟信任危機的歷史根源". 『社會科學戰線』. 2013年 第10期.

譚紅梅. "美國重返亞太後韓美關係變化及對中韓關係的影響". 『社會科學戰線』. 2014年 第7期.

譚紅梅. "同盟關係變化對韓朝關係的影響". 『當代韓國』. 2014年 第2期.

唐家璇. "共築和平, 共襄繁榮, 共創未來". 『國際問題研究』. 2014年 第6期.

滕奎秀楊興龍. "中朝金融合作的驅動因素與對策分析". 『東北亞論壇』. 2013年 第1期.

汪偉民. 『美韓同盟再定義與東北亞安全』. 上海: 上海辭書出版社, 2013年.

王剛, 馬菲, 楊明等. 『親歷韓國——駐韓中國記者一線實錄2012』. 北京: 世界知識出版社, 2013年.

王佳佳. "朝韓開城工業園區的經驗與教訓", 『武漢大學學報(哲學社會科學版)』. 2013年 第6期.

王俊生. ""第三條道路"與朴槿惠政府對朝政策走向", 『當代韓國』. 2013年 第1期.

王俊生. "冷戰後美國對朝政策——戰略缺失與敵意螺旋的形成". 『教學與研究』. 2013年 第9期.

王俊生. "冷戰後中國的對朝政策——美國的解讀與分歧". 『東北亞論壇』. 2013年 第4期.

王簫軻. "美韓經濟關係與中韓經濟關係的比較分析——兼論美韓FTA的戰略影響". 『國際論壇』. 2013年 第4期.

王小甫. 『中韓關係史 · 古代卷』. 北京: 社會科學文獻出版社, 2014年.

王曉玲. "韓國發展方向的轉變及其對中韓關係的影響". 『東北亞論壇』. 2013年 第4期.

王仲殊. 『古代中國與日本及朝鮮半島諸國的關係』. 北京: 中國社會科學出版社, 2014年.

魏志江, 王宇涵. "朴槿惠總統訪華後的中韓, 中朝關係與朝鮮半島局勢", 『廣東外語外貿大學學報』. 2013年 第5期.

吳志成, 陳一一. "美國在黃岩島與釣魚島問題上的立場緣何不同?". 『現代國際關係』. 2013年 第4期.

謝桂娟. "建構主義視角下的中韓關係". 『當代韓國』. 2013年 第3期.

辛圓, 黃碩琳. "中韓海洋權益問題研究". 『上海海洋大學學報』. 2013年 第3期.

辛正承. "東北亞局勢與韓中關係". 『理論視野』. 2013年 第2期.

辛正承. "近期東北亞局勢與韓中關係". 『東北亞論壇』. 2014年 第2期.

徐萬民等著. 『中韓關係史 · 近代卷』. 北京: 社會科學文獻出版社, 2014年.

徐正京. "習近平主席訪韓與韓中關係. 分析與建議". 『東北亞論壇』. 2014年 第6期.

楊龍, 張彥華. "中韓地方政府跨國合作的現狀與前景". 『南開學報(哲學社會科學版)』. 2013年 第2期.

楊魯慧. "中韓新型夥伴關係與朴槿惠政府的"信任外交"". 『理論視野』. 2014年 第2期.

楊魯慧, 趙偉寧. "韓美不對稱同盟及其對韓國外交的影響". 『社會科學』. 2014年 第2期.

楊昭全, 孫艷姝. 『當代中朝中韓關係史』. 長春: 吉林文史出版社, 2013年.

袁學哲. "中國對朝政策走向探析". 『學術探索』. 2013年 第1期.

詹德斌. "海洋權益角力下的中韓漁業糾紛分析". 『東北亞論壇』. 2013第.

張慧智, 王簫軻. "中韓關係二十年. 成就與問題". 『現代國際關係』. 2013年 第1期.

張鍵. "論韓國朴槿惠政府的"信任外交"政策". 『當代韓國』. 2013年 第4期.

張鍵. "中韓關係發展現狀及展望". 『當代韓國』. 2014年 第1期.

張景全. "美國亞洲再平衡戰略及美韓同盟在其中的作用". 『教學與研究』. 2013年 第9期.

張英. "朴槿惠執政後中韓關係發展趨勢分析". 『東北亞外語研究』. 2013年 第1期.

張玉山. "深化中朝友好合作,落實沿邊毗鄰地區的互利共贏". 『東北亞論壇』. 2014年 第2期.

鄭成弘. "論戰後初期美國對韓國政治的影響". 『東北亞論壇』. 2014年 第6期.

鄭在浩. "韓中"戰略合作夥伴"關係的新解析". 『東北亞論壇』. 2013年 第6期.

바. 한중 인문교류

【韓】金惠媛. 『中韓文化談』. 北京: 北京大學出版社, 2013年.

蔡建國主編. 『東亞文化的差異與認同』. 上海: 同濟大學出版社, 2013年.

陳曦. ""星星"之火, 何以燎原?——對韓國文化產業產生中國效應的再思考". 『當代韓國』. 2014年 第2期.

胡春惠. "從中韓關係史中談漢學之東漸". 『湖南大學學報(社會科學版)』. 2014年 第5期.

季羨林, 湯一介總主編; 魏常海主編. 『中華佛教史. 中韓佛教交流史卷』. 太原: 山西教育出版社, 2014年.

金一. "韓國文學在中國的翻譯與出版現狀綜述". 『延邊大學學報(社會科學版)』. 2013年 第4期.

劉寶全. "韓流在中國的傳播及其對中韓關係的影響". 『當代韓國』. 2014年 第1期.

沈定昌. "加強中韓人文交流,深化戰略合作夥伴關係". 『當代韓國』. 2014年 第1期.

沈儀琳. "見證中韓文化學術交流繁榮發展". 『當代韓國』. 2014年 第1期.

田艷著. 『文化聚合與文化推進. 在京韓國人組織與文化的人類學解讀』. 北京: 中央民族大學出版社, 2014年.

田寅甲. "韓中"人文紐帶"的政治學——韓國的視角". 『當代韓國』. 2013年 年 第3期.

王淑玲著. 『韓國華僑歷史與現狀研究』. 北京: 社會科學文獻出版社, 2013年.

王曉玲著. 『韓國人的中國觀』. 北京: 社會科學文獻出版社, 2014年.

王星星, 殷棋洙. "當前韓國民眾對中國和中韓關係認識的實證研究". 『東北亞論壇』. 2014年 第2期.

吳前進. "跨國棲居與民間關係的互動——以近20多年中韓民間關係爲例的分析". 『國際觀察』. 2014年 第6期.

肖瑤. ""韓流"來襲的文化思考". 『現代傳播(中國傳媒大學學報)』. 2014年 第3期.

邢麗菊. "關於加強中韓人文交流的思考". 『東北亞論壇』. 2014年 第6期.

邢悅, 李智珩. ""韓流". 韓國政府對華公共外交論析". 『外交評論(外交學院學報)』. 2014年 第6期.

詹德斌. "韓民族"恨"的心理特征與韓國外交". 『國際政治研究』. 2013年 第3期.

詹德斌. "從周邊看中國──韓國『東亞史』教科書中的當代中國形象". 『社會科學』. 2014年 第10期.

趙玎, 黃多帥. "中韓民間對立的探究與化解". 『雲南行政學院學報』. 2014年 第1期.

부록 5 한중 미래비전 공동성명 (2013)

2013년 6월 27일, 베이징

박근혜 대한민국 대통령은 시진핑(習近平) 중화인민공화국 국가주석의 초청으로 2013년 6월 27일부터 30일까지 중국을 국빈 방문하여 중국 정부와 국민들의 성대한 환영과 따뜻한 영접을 받았다. 방문기간중 박근혜 대통령은 시진핑 국가주석과 정상회담을 가졌으며, 리커창 국무원총리, 장더장 전인대 상무위원장과도 면담하였다.

양측은 1992년 수교 이래 양국관계 발전 성과를 평가하고, 한·중관계, 한반도 정세, 동북아를 포함한 지역정세 및 국제문제 등 상호 관심사에 대해 심도 있는 의견 교환을 가졌으며, 한·중간 전략적 협력동반자 관계를 신뢰에 기반하여 내실있게 발전시켜 나가기 위한 미래비전을 제시하였다.

1. 양국관계 발전 방향 및 원칙

1-1 양국관계 발전 평가

양측은 수교 이래 양국관계가 상호존중, 호혜평등, 평화공존, 선린우호의 정신 하에 제반 분야에서 눈부신 발전을 이루었다고 평가하였다.

양측은 양국간의 역사적인 수교와 지난 20여 년간의 관계발전이 양국의 번영, 양국민의 복지증진과 한반도의 평화와 안정, 그리고 아시아의 공동 번영에도 기여해 왔다는 데 의견을 같이 하였다.

1-2 양국관계 발전 방향

양측은 양국관계 발전 성과를 토대로 양국간 전략적 협력동반자 관계를 양자 및 지역 차원뿐만 아니라 국제사회의 평화와 번영을 위한 협력 차원으로까지 더욱 진전시켜 나갈 필요성이 있다는 데 인식을 같이 하였다. 아울러, 양측은 앞으로 정치안보 분야의 협력과 경제통상, 사회문화 분야의 협력을 모두 대폭 발전시켜 나가기로 하였다.

이러한 방향으로 나아가는데 있어, 양측은 향후 5년간 함께 협력할 양국 신정부가 공히 국민 행복과 인류사회의 복지 증진을 국정목표의 우선순위로 두고 있다는 점이 중요한 추동력으로 작용할 것이라는 데에 의견을 같이 하였다.

1-3 양국관계 발전 원칙

이러한 공통된 인식 하에, 양측은 향후 양국관계 발전의 기본 원칙으로 첫째, 상호이해와 상호신뢰 제고, 둘째, 미래지향적 호혜협력 강화, 셋째, 평등원칙과 국제규범의 존중, 넷째, 지역·국제사회의 평화안정과 공동번영 및 인류의 복지 증진에의 기여를 제시하였다.

2. 전략적 협력동반자 관계의 내실화

2-1 중점 추진 방안

이러한 기본 원칙을 바탕으로, 양측은 한·중 전략적 협력동반자 관계를 신뢰에 기반하여 내실화하기로 하고, 이를 위해 다음 세 가지 방안을 중점적으로 추진해 나가기로 하였다.

첫째, 정치·안보 분야에서 전략적 소통을 강화한다.

이를 위해, 양국 지도자가 긴밀히 소통하고, 양국의 정부, 의회, 정당, 학계 등 다양한 주체간의 전략적 소통을 포괄적·다층적으로 추진하여 상호 전략적 신뢰를 가일층 제고한다.

이를 통해, 한·중관계 발전, 한반도와 동북아의 평화·안정, 지역협력 및 글로벌 이슈의 해결에도 함께 기여한다.

둘째, 경제 · 사회 분야에서 협력을 더욱 확대한다.

이를 위해, 기존 협력을 더욱 확대하는 동시에 새로운 협력 분야와 사업을 지속적으로 개발한다. 특히, 양측은 실질적인 자유화와 폭넓은 범위를 포괄하는, 높은 수준의 포괄적인 한 · 중 자유무역협정(FTA) 체결을 목표로 한다는 점을 재확인하였다. 양측은 모델리티 협상의 실질적 진전을 평가하고, 한 · 중 FTA 협상팀이 협상을 조속히 다음 단계로 진전시킬 수 있도록 노력을 강화할 것을 지시하였다.

아울러 양국 국민의 건강과 안전확보를 통한 삶의 질 제고를 위해 공동으로 노력하며, 새로운 성장동력을 조성하기 위한 교류협력을 증진시켜 나간다.

이를 통해, 양국의 호혜적 이익과 양국민 뿐만 아니라 인류의 복지증진에도 기여해 나간다.

셋째, 양국민간 다양한 형태의 교류를 촉진하고, 특히 인문유대 강화 활동을 적극 추진한다.

이를 위해, 학술, 청소년, 지방, 전통예능 등 다양한 인문분야에서 교류를 적극적으로 추진한다. 아울러 양국간 공공외교 분야에서의 협력, 그리고 다양한 문화교류도 가일층 촉진시킨다.

이를 통해, 양국관계의 장기적, 안정적 발전의 기반이 되는 양 국민간의 상호 이해와 신뢰를 제고한다.

2-2 세부 이행계획

양측은 전략적 협력동반자 관계의 내실화를 위한 상기 세 가지 중점협력 방안을 구체적으로 이행하기 위해, 이 공동성명의 첨부 부속서를 통해 아래와 같은 다섯 가지 사항을 중심으로 하는 세부 이행계획을 제시하였다.

첫째, 정상 및 지도자간 빈번한 상호방문과 회담, 서한 교환, 특사 파견, 전화 통화 등 방식으로 상시적 소통을 추진한다. 한국의 청와대 국가안보실장과 중국의 외교담당 국무위원간 대화체제를 구축한다. 외교장관 상호방문의 정례화 및 핫라인의 구축, 외교차관 전략대화의 연간 2회 개최, 외교안보대화, 정당간 정책대화, 양국 국책연구소간 합동 전략대화 등을 추진한다.

둘째, 거시경제정책 공조와 국제금융위기 등 외부경제위험에 대한 공동대처 등 경제통상 협력을 더욱 강화하고, 정보통신, 에너지, 환경, 기후변화 등 미래지향적인 분야에서의 협력사업을 지속 개발한다. 또한, 보건의료, 식품안전, 인구구조 변화 등 사회 분야에서도 발전 경험을 공유하기 위해 다양한 협의채널 확충 등의 노력을 강화한다.

셋째, 인문유대 강화를 위한 정부 차원의 협의기구로서 '한·중 인문교류 공동위원회'를 설치하고, 동 공동위를 연례 개최하여 관련 협력사업 계획을 수립하고 그 이행을 지도한다. 또한, 교육, 관광, 문화, 예술, 스포츠 등 분야에서의 다양한 교류를 강화한다. 아울러, 이 분야에서의 교류협력을 제3국으로 확대하는 데에도 협력해 나간다.

넷째, 양국민간 교류과정에서 국민에 대한 편의 제공과 권익 보호 등 분야에서 영사 협력을 강화한다.

다섯째, 지역 및 국제무대에서의 협력을 강화한다.

3. 한반도

한국측은 한반도의 긴장을 완화시키고 지속가능한 평화를 구축하기 위한 '한반도 신뢰프로세스' 구상을 설명하였다. 이에 대해 중국측은 박근혜 대통령이 주창한 '한반도 신뢰프로세스' 구상을 환영하고, 남북관계 개선 및 긴장 완화를 위하여 한국측이 기울여온 노력을 높이 평가하였다.

양측은 한국과 북한이 한반도 문제의 직접 당사자로서 당국간 대화 등을 통해 한반도 문제 해결을 위하여 적극적인 역할을 해야 한다는데 의견을 같이 하였다.

한국측은 북한의 계속되는 핵실험에 대해 우려를 표명하고, 어떤 상황에서도 북한의 핵보유를 용인할 수 없음을 분명히 하였다. 이와 관련, 양측은 유관 핵무기 개발이 한반도를 포함한 동북아 및 세계의 평화와 안정에 대한 심각한 위협이 된다는 점에 인식을 같이 하였다. 양측은 한반도 비핵화 실현 및 한반도 평화와 안정 유지가 공동이익에 부합함을 확인하고 이를 위하여 함께 노력해 나가기로 하였다.

양측은 안보리 관련 결의 및 9.19 공동성명을 포함한 국제 의무와 약속이 성실히 이행되어야 한다는데 인식을 같이 하였다.

양측은 6자회담 틀 내에서 각종 형태의 양자 및 다자대화를 강화하고, 이를 통하여 한반도 비핵화 실현 등을 위한 6자회담의 재개를 위해 긍정적인 여건이 마련되도록 적극 노력하기로 하였다.

한국측은 한반도 평화와 안정을 위한 중국측의 노력을 평가하고, 한반도에서의 새로운 변화를 통해 동 지역의 평화와 안정이 증진될 수 있도록 중국측이 건설적인 기여를 해 줄 것을 희망하였다. 중국측은 남북한 양측이 대화와 신뢰에 기반하여 관계를 개선하고 궁극적으로 한민족의 염원인 한반도의 평화통일 실현을 지지한다고 표명하였다.

4. 대만

중국측은 세계에 하나의 중국만이 있으며, 대만은 중국 영토의 불가분의 일부분임을 재천명하였다. 한국측은 이에 대해 충분한 이해와 존중을 표시하고, 중화인민공화국 정부가 중국의 유일 합법정부라는 것과 하나의 중국 입장을 계속 견지해 나가기로 하였다.

5. 지역·국제무대 협력

5-1 한·중·일 3국 협력

양측은 한·중·일 3국 협력이 3국 각자의 발전에는 물론 동북아의 평화와 공동 번영에 매우 중요한 역할을 하고 있다고 평가하였다. 이를 위해, 양측은 3국 정상회의를 정점으로 하는 3국 협력체제가 안정적으로 발전해 나가야 한다는 데 인식을 같이하고, 금년 제6차 3국 정상회의가 성공적으로 개최될 수 있도록 공동 노력하기로 하였다.

5-2 동북아 평화협력 구상

양측은 아시아 지역이 경제 발전과 상호의존의 확대에도 불구하고 정치·안보 협력은 이에 미치지 못하는 역설적인 현상에 직면하고 있고, 특히 최근에는 역사 및 그로 인한 문제로 역내국가간 대립과 불신이 심화되는 불안정한 상황이 지속되고 있는데 대해 우려를 표명하고, 역내 신뢰와 협력의 구축이라는 공통의 목표를 달성하기 위해 노력하기로 합의하였다. 이러한 맥락에서 중국측은 박근혜 대통령이 제시한 '동북아 평화협력 구상'에 대해 적극적으로 평가하고 원칙적으로 지지한다는 입장을 표명하였다.

5-3 지역 및 국제이슈에 대한 협력

양측은 지역의 안보 증진과 공동번영을 위해 함께 노력하기로 하였다. 또한 양측은 국제사회의 안전과 인류의 복지에 새로운 위협이 되고 있는 대량파괴무기 확산, 국제 테러리즘, 사이버 범죄, 마약, 해적, 금융 범죄, 하이테크 범죄, 원자력 안전 등 국경을 초월한 각종 범세계적 문제의 해결을 위해 상호 협력을 강화해 나가기로 하였다. 이를 위해 양측은 양국이 지역 및 국제 협력체에서도 아래와 같이 긴밀히 협력해 나가기로 하였다.

첫째, 개방적 지역협력을 더욱 확대해 나갈 필요성에 공감하고, ASEAN+한 · 중 · 일, 동아시아정상회의(EAS), 아세안지역안보포럼(ARF), 아시아태평양경제협력체(APEC), 아시아유럽정상회의(ASEM) 등에서 정책적 조율과 협력을 계속 유지한다.

둘째, 유엔 헌장의 정신을 존중하고 국제사회의 평화와 공동번영, 인권 존중을 위한 업무에 관해 협력을 더욱 긴밀화한다. 2013-14년 한국의 유엔 안보리 비상임이사국 수임을 계기로 양국간 유엔 차원의 협력을 강화해 나가기로 한다.

셋째, 세계경제의 견실하고 지속가능한 균형성장을 이룩하기 위해 G20을 포함한 국제경제협력체제에서 협력을 더욱 강화해 나간다. 또한, 한 · 중 · 일 자유무역협정(FTA), 역내 포괄적 경제동반자협정(RCEP) 등 동아시아 자유무역협정 논의 과정에서 긴밀히 협력해 나간다.

부록 6 한중 공동성명 (2014)

1. 시진핑 중화인민공화국 국가주석은 박근혜 대한민국 대통령의 초청으로 2014년 7월 3일부터 4일까지 한국을 국빈 방문하여 한국 정부와 국민들로부터 성대하고 뜨거운 환영을 받았다. 방문 기간 시진핑 국가주석은 박근혜 대통령과 정상회담을 가졌으며, 정의화 국회의장, 정홍원 국무총리와도 각각 면담하였다.

2. 양 정상은 한중 양국이 1992년 수교 이래 다양한 분야에서 비약적으로 관계를 발전시켜왔으며, 이러한 관계 발전은 양국 간 호혜적 이익 증진과 동북아시아 지역의 공동 번영에 기여해왔다는 데 인식을 같이 하였다. 양 정상은 한중 양국이 2013년 박근혜 대통령의 국빈 방중과 2014년 시진핑 주석의 국빈 방한을 통해 전략적 협력동반자관계 내실화 목표의 완성을 향해 착실히 나아가고 있다는 데 대해 의견을 같이하였다.

3. 양 정상은 2013년 6월 「한중 미래비전 공동성명」이 제시한 양국관계 발전의 청사진에 따라, 지난 1년여간 ▲양국 지도자 간 소통을 긴밀히 유지하고, 각 급에서의 다양한 전략대화 메커니즘을 신설하는 등 이전에 볼 수 없었던 높은 수준의 전략적 소통 관계를 구축하였으며, ▲창조와 혁신을 원동력으로 하는 새로운 경제 체제 구축과 관련한 협력을 증진하고, 양국 경제협력의 제도적 기반을 착실히 다져왔으며, △인문유대 사업 활성화, 공공외교 분야 협력 개시, 교육 · 문화 교류 강화 등을 통해 인적 · 문화적 교류의 깊이와 폭을 심화 · 확대하여 왔다는 데 인식을 같이하였다.

4. 양측은 한국과 중국이 동북아 지역의 가깝고 중요한 이웃이자 동반자로서, 공동발전을 실현하는 동반자, 지역 평화에 기여하는 동반자, 아시아의 발전을 추진하는

동반자, 세계 번영을 촉진하는 동반자가 되기 위해 「한중 미래비전 공동성명」과 금번 「공동성명」을 토대로 양국관계의 미래를 다음과 같은 방향으로 발전시켜 나가기로 합의하였다.

첫째, 상호 신뢰를 바탕으로 각 급에서 공동의 관심사 및 중·장기적 문제를 수시로 긴밀하게 논의하는 성숙한 전략적 협력동반자관계를 구축한다. 한반도와 동북아의 평화와 안정의 증진을 위한 협력을 강화해 나간다.

둘째, 함께 창조와 혁신을 통해 미래지향적인 전략적 경제통상 및 산업협력을 확대하고, 양국 국민의 삶의 질을 지속적으로 향상시켜 나가며, 동아시아 지역 경제통합 및 세계경제 회복을 추진하기 위해 양국이 함께 노력함으로써 지역 및 세계 경제 성장에 있어서 견인차 역할을 해나간다.

셋째, 쌍방향적이고 국민체감적인 인적·문화적 교류를 통해 양국민 간 정서적 유대감을 심화함으로써, 마음과 마음이 서로 통하는 신뢰관계를 구축해 나간다.

넷째, 양국 정부와 국민 간 상호 이해와 신뢰를 기초로, 지역 및 국제사회의 다양한 문제에 대한 협력을 가일층 강화해 나감으로써, 동북아 지역의 평화와 안정은 물론, 세계의 발전과 공동 번영에도 기여해 나간다.

5. 이를 위해 양 정상은 다음과 같은 주요 사업 추진에 합의하였으며, 분야별 세부사업은 본 「공동성명」의 부속서에 명기하기로 하였다.

정치·안보 분야에서는 양국 지도자 간 상호 방문 및 한국 청와대 국가안보실장과 중국 외교담당 국무위원 간 외교안보 고위전략대화를 정례화하고, 양국 외교장관 간 연례적인 교환 방문을 정착시키며, 양국 정부와 민간이 함께 참여하는 1.5 트랙 대화 체제를 설치하고, 양국의 미래를 이끌어 나갈 청년 지도자들이 참여하는 한중 청년 지도자 포럼을 정례적으로 개최한다. 양국 국방·군사관계의 양호한 발전 추세를 유지하고, 상호 이해와 신뢰를 부단히 증진하며, 역내 평화와 안정 유지에 기여해 나간다. 또한, 2015년에 해양경계획정 협상을 가동하기로 한다.

미래지향적 호혜협력 분야에서는 높은 수준의 포괄적인 한중 자유무역협정(FTA)을 체결하기 위한 협상의 진전을 긍정적으로 평가하고, 연말까지 협상을 타결하기 위한 노력을 강화한다. 자국 통화 결제를 활성화하는 것이 양국 간 경제·무역 발전에 이익이 된다는 데 인식을 같이 하고, 원화와 위안화 간 직거래 체제를 구축하기 위해 적극 노력하며, 한국 서울에 위안화 청산체제를 구축하고, 중국 측은 한국 측에 800억 위안 규모의 위안화 적격해외기관투자자(RQFII) 자격을 부여하기로 합의한다. 아울러, 국민 위생 및 안전을 위하여 미세먼지 등 대기오염 감축, 사고·천재지변 등에 대한 긴급구호·지원, 원전 안전, 구제역·조류인플루엔자 등을 포함한 동물질병과 인체감염병 대처 등에 있어서의 협력을 강화하고, 기후변화 대응 및 해양 분야의 협력을 확대·심화해 나간다.

인적·문화적 교류 분야에서는 《대한민국과 중화인민공화국 간의 영사협정》 체결을 계기로, 양국 인적왕래의 법률적 기초를 가일층 다지고, 양국 영사관계 및 협력의 수준을 제고한다. 2015년과 2016년을 각각 "중국 관광의 해"와 "한국 관광의 해"로 지정하고, 양측 간 합의된 2014년 인문교류 세부사업을 공동 추진하며, 교육 및 청소년 분야의 교류와 협력을 강화하고, 관용·공무 여권 소지자에 대한 상호 사증면제 협정 문안 합의를 환영하며, 사증면제 범위의 단계적 확대 방안을 적극적으로 협의해 나가기로 한다. 지방정부 간 교류와 협력을 활성화하고, 2016년까지 양국 간 인적교류 1,000만 명 목표를 실현하기 위해 노력한다. 양국의 유관기관 등이 판다 공동연구를 실시하는 것을 지지하기로 한다. 《대한민국 정부와 중화인민공화국 정부 간의 영화 공동제작에 관한 협정》을 체결한다.

6. 양측은 한반도에서의 핵무기 개발에 확고히 반대한다는 입장을 재확인하고, 한반도 비핵화 실현과 한반도의 평화와 안정 유지가 6자회담 참가국들의 공동의 이익에 부합되며, 관련 당사국들이 대화와 협상을 통하여 이러한 중대한 과제를 해결해야 한다는 데 인식을 같이하였다.

양측은 6자회담 참가국들이 2005년 9월 19일에 합의한 9.19 공동성명 및 유엔 안보리 관련 결의들을 성실히 이행해야 한다는 데 입장을 같이 하였다.

양측은 한반도 비핵화 실현을 위하여 관련 당사국들이 6자회담 프로세스를 꾸준히 추진하며, 이 과정에서 관련 당사국들이 상호 존중의 정신하에 양자 및 다자간 소통과 조율을 강화하고, 9.19 공동성명에 따른 관련 당사국들의 관심사항을 해결해야 한다는 데 인식을 같이하였다.

양측은 6자회담 참가국들이 공동인식을 모아 6자회담 재개를 위한 조건을 마련해야 한다는 데 견해를 같이하였다. 양측은 6자회담 수석대표 간 다양한 방식의 의미 있는 대화를 통해 한반도 비핵화의 실질적 진전을 이루기 위해 노력하는 것을 지지하였다.

7. 한국 측은 한반도 신뢰프로세스를 통해 남북 간 상호 신뢰를 형성함으로써 남북 관계를 발전시키고 한반도에 평화를 정착시키기를 희망하였다. 또한, 남북한 주민들의 인도적 문제 해결, 남북한 공동번영을 위한 민생 인프라 구축, 남북 주민 간 동질성 회복을 위한 노력이 한반도 평화통일과 동북아의 공동 번영에 기여하게 될 것임을 강조하였다.

   이와 관련하여, 중국 측은 남북 관계 개선을 위해 기울인 한국 측의 노력을 적극적으로 평가하였다. 또한, 남북이 대화를 통해 관계를 개선하고 화해와 협력을 해나가는 것을 지지하고, 한반도의 평화적 통일에 대한 한민족의 염원을 존중하며, 궁극적으로 한반도의 평화적 통일이 실현되기를 지지하였다.

   아울러, 양측은 이 지역의 평화와 협력, 신뢰 증진 및 번영을 위하여 양자·다자 차원에서의 협력을 강화하고 소지역 협력을 검토해 나가기로 하였다.

8. 중국 측은 세계에 하나의 중국만이 있으며, 대만은 중국 영토의 불가분의 일부분임을 재천명하였다. 이에 대해 한국 측은 충분한 이해와 존중을 표시하고, 중화인민공화국 정부가 중국을 대표하는 유일한 합법정부라는 것과 하나의 중국만이 있다는 입장을 계속 견지해 나가기로 하였으며, 양안관계의 평화적 발전을 지지하기로 하였다.

9. 한국 측은 중국 측의 제22차 아시아태평양경제협력체(APEC) 정상회의 개최를 지지하고 이를 위해 긴밀히 협력하기로 하였다. 양측은 금번 APEC 정상회의를 통해 지역경제통합 진전, 혁신적 발전·경제개혁 및 성장 촉진, 포괄적 연계성 및 인프라 개발 강화 등 핵심의제에서 실질적 성과를 거두어 아태지역 발전에 기여할 수 있도록 함께 노력하기로 하였다.

10. 양측은 시진핑 국가주석의 금번 국빈 방한이 양국관계가 새로운 도약을 하는 데 있어서 이정표적 의미를 지닌다는 데 인식을 같이하였다. 시진핑 국가주석은 대

한민국 정부와 국민들의 진심 어린 환대에 사의를 표하고, 박근혜 대통령이 편리한 시기에 중국을 재차 방문하여 줄 것을 초청하였다. 박근혜 대통령은 이를 흔쾌히 수락하였다.

2014년 7월 3일 서울

한중관계의 재구성: 과거를 넘어 미래로

초판 1쇄 인쇄 2015년 4월 23일
초판 1쇄 발행 2015년 4월 30일

편 저 자 이희옥 · 한바오장
펴 낸 이 정규상
펴 낸 곳 성균관대학교 출판부
출판부장 안대회
편   집 신철호 · 현상철 · 구남희
마 케 팅 박인붕 · 박정수
관   리 박종상 · 김지현
등   록 1975년 5월 21일 제1975-9호
주   소 서울특별시 종로구 성균관로 25-2
대표전화 02) 760-1252~4
팩시밀리 02) 762-7452
홈페이지 press.skkup.edu

© 2015, 성균중국연구소

ISBN 979-11-5550-103-0 04340
세트   979-11-5550-104-7

잘못된 책은 구입한 곳에서 교환해드립니다.